KB219962

현대의 철학적 신학

현대의 철학적 신학
－ 철학과 신학이 만나는 터(Da) 그리고 현대의 신 논의

2023년 9월 25일 초판 1쇄 발행

지은이 | 이관표
펴낸이 | 김영호
펴낸곳 | 도서출판 동연
등   록 | 제1-1383호(1992. 6. 12)
주   소 | 서울시 마포구 월드컵로 163-3
전   화 | (02)335-2630 팩스 | (02)335-2640
이메일 | yh4321@gmail.com
인스타그램 | dongyeon_press

Copyright ⓒ 이관표, 2023

이 책은 저작권법에 따라 보호받는 저작물이므로 무단 전재와 복제를 금합니다.
잘못된 책은 바꾸어드립니다. 책값은 뒤표지에 있습니다.

ISBN 978-89-6447-920-9 93230

이 저서는 2021년 대한민국 교육부와 한국연구재단의 인문사회분야 신진연구자
지원사업의 지원을 받아 수행된 연구임(NRF-2021S1A5A8061216)

현대의 철학적 신학

철학과 신학이 만나는 터(Da)
그리고 현대의 신 논의

이관표 지음

동연

머리말

    필자도 그랬지만 철학이나 신학을 처음 공부하는 이들의 경우, 철학적 신학이라는 단어를 처음 접했을 때 어리둥절했던 경험을 가질 것이다. 이 단어가 무언가 철학과 신학이 밀접하게 연관되어 있음을 지시한다는 것은 알겠는데, 또 무엇인가 그럴듯한 어감은 가지고 있는데, 오히려 철학적 신학이라는 단어 자체는 어떤 분과인지 명확하지 않기 때문이다. 또한 왜 철학적 신학이라는 단어가 있는데, 신학적 철학은 없는지 그리고 철학적 신론이라는 영역은 철학적 신학과 어떻게 차이를 가지는지 등 철학적 신학의 분과는 철학도 및 신학도들에게 많은 의문점이 들게 만든다.

    물론 철학적 신학이 정확히 무엇을 의미하는지 그리고 앞서 물었던 철학과 신학이라는 단어의 연결로부터 나온 몇 가지 질문에 정확히 어떤 대답을 할 수 있는지를 지금 당장은 분명하게 대답할 수 없다. 전통적으로 철학적 신학이라는 단어는 사용되었지만, 그것이 정확히 어디서 시작되었고, 또한 무엇을 의미하며, 정확히 어떤 내용을 다루고 있는지가 밝혀져 있지 않기 때문이다. 최소한 조직신학을 연구하는 학자들이 자신들의 한 분과로 다루거나 혹은 철학을 연구하는 학자 중 신학 혹은 기독교 신론에 관심을 두고 수행하는 한 분과로 언급된다는 점은 분명하다.

    『현대의 철학적 신학』이라는 제목을 지닌 이 책은 앞의 불분명함을 해결하기 위해 애썼던 결과물들을 모아 구성했으며, 이를 위해 일차적으로는 현대 철학과 현대 신학의 내용에 등장하는 신과 인간에 대한 논의를 다룸으로써 철학적 신학이라는 하나의 분과를 정립하고자 시도하였다.

필자가 철학적 신학이라는 분과에 관심을 갖고 연구하기 시작한 이유는 결국 따져보면 필자의 '형이상학적 불안(?)'이 철학과 신학 양쪽 모두에 속했었기 때문이다. 이 형이상학적 불안이란 사라지지 않고, 해결되지 않는 근거를 알 수 없는 불안의 감정이라 말할 수 있다. 하이데거에 따르면, 불안은 죽음으로부터 온다. 그리고 불안은 자기 자신을 잃어버린 채 일상적인 그들 안에 빠져 있는 인간 현존재를 자신의 본래적 모습 앞에 세운다. 이러한 불안을 굳이 형이상학적이라고 부르는 이유는 그것의 근거 이면으로 들어가 왜 그런지를 물을 수 없기 때문이다. 즉, 인간은 누구든지 죽을 수밖에 없는 자이며, 동시에 그 죽음을 자신의 것으로 인식할 수밖에 없는 자이기에 언제든지 불안 앞에 설 수밖에 없고, 이것은 그 이면의 '왜'를 물을 수 없는 것이라는 점에서 형이상학적 불안이다. 그리고 이를 통해 해결할 수 없는 질문들은 우리에게 끊임없이 대답을 요구하며, 이러한 질문의 요구에 이끌려 철학과 신학을 헤매고 다녔던 결과가 지금 여기 부끄럽지만 내놓는 '현대의 철학적 신학'이라는 제목의 책이다.

철학만 전공하였거나 혹은 신학만 전공하였다면, 철학적 신학에 이렇게 집착하지 않았을 것이다. 또한, 해결하지 못해 전전긍긍하던 이 '형이상학적 불안' 때문에 철학과 신학을 오갔기에 철학적 신학이라는 이 단어에 그 누구보다 가까이 머물게 되었다. 철학과 신학을 정신없이 헤매면서 많은 내용을 습득하고 종합함으로써 오히려 앞서 필자를 괴롭혔던 형이상학적 불안이 자체로 철학적 신학의 내용을 구성해주었다. 철학과 신학 안에서 나타났지만, 철학만으로도, 그렇다고 신학만으로도 해결되지 않았던 질문들이 결국 철학적 신학이라는 분과의 내용으로 등장했던 셈이다.

본 책은 필자가 지금까지 철학과 신학의 영역 안에서 연구했던 논문들을 수정하고 보완해 내용에 맞춰 한번 정리해 본 결과물이다. 그리고 한국에서의 신학박사 과정에서부터 현대의 철학적 신학 그리고 철학과 신학이 연결되는 지점의 연구가 일관되게 작성된 것을 생각하면 결코 헛된 망상을 헤매지는 않았다는 안도감이 들기도 한다.

본 책을 출판하면서 감사한 분들이 많다. 먼저 2년에 한 번씩 본 책에 실린 글들을 기초로 대학원 세미나를 개최할 때마다 열심히 글을 읽고 토론해주신 한세대 대학원 원우들에게 감사드린다. 또한 책이 나오게 되면서 글의 내용뿐만 아니라 기본적인 사항들을 확인하고 수정사항을 전달해준 동료들 그리고 동연출판사 관계자분들께도 감사한다. 공식적으로는 인문학의 궁핍한 상황을 알고 많은 인문학자에게 연구할 수 있는 기회를 제공해주시는 한국연구재단에도 감사를 전하고 싶다.

마지막으로 경제적으로, 정신적으로 유학 생활을 유지하기 힘들어했던 동양의 낯선 이방인을 선뜻 제자로 삼아주시고, 또한 철학적 신학(론)의 핵심 단초들을 가르쳐 주셨으며, 철학 박사학위도 최고 성적(summa cum laude)으로 허락해주셨던 나의 독토파터 (故) 토마스 렌취 교수님(+Prof. Dr. Thomas Rentsch)에게 감사드린다.

본 책에서 다룬 복잡한 현대의 철학적 신학 및 철학적 신론의 문제와 대답들이 독자들의 학문과 삶에 조금이라도 도움이 된다면, 필자는 기쁜 마음으로 다음의 연구 단계로 나갈 수 있을 것 같다.

이관표

차례

시작하며

본 연구의 핵심 목표는 철학적 신학의 정체를 밝히는 일이다. 철학적 신학은 철학과 신학이라는 두 가지 단어로 구성되어 있듯이 다양한 의미를 지님과 더불어 철학 분야와 신학 분야 모두에서 독특한 위치를 각각 점유하고 있다. 먼저 신학에서는 일종의 학문적 출발점으로서 방법론을 의미한다.

'신학'이란 하나님에 대한 학문이며, 여기에는 조직신학(Systematic Theology)이 가장 대표적인 분과로 속한다. 성경과 전통을 통해 전승되어 온 신앙의 내용을 체계화하는 학문 분과이다. 이 조직신학은 여러 학자에 의해 다양하게 분류되는데, 특별히 하이데거의 『존재와 시간』을 영어로 번역했던 미국의 신학자 존 맥쿼리는 이것을 철학적 신학, 상징 신학(교리 신학), 적용 신학으로 분류한다.

그는 자신의 책 *Principles of Christian Theology*에서 조직신학을 철학적 신학(Philosophical Theology), 상징 신학(Symbolical Theology) 그리고 적용 신학(Applied Theology)으로 구분한다. 먼저 상징 신학이란 일반적으로 교리학에 해당되며, 상징을 통해 직접적으로 언표할 수 없는 신학의 대상, 즉 하나님에 대해 최대한 가깝게 언술하는 작업을 지시한다. 적용 신학이란 기독교 윤리, 해방 신학, 목회 신학 등과 같이 신학을 삶의 현장에 특수한 주제를 가지고 적용시키는 영역이다. 그리고 철학적 신학은 신학의 가장 처음에 수행되어야 하는 원초적인 신학의 방법론, 즉 프로토-테올로기(Proto-Theologie)로 명명될 수 있다.

철학적 신학의 과제가 무엇인지를 파악하기 위해 먼저 철학이라는 단어를 분석할 필요가 있다. 잘 알려져 있는 것처럼 철학은 필로스(Philos)와 소피아(Sophia)의 합성어이다. 소피아란 일반적으로 지혜를 의미한다. 그러나 철학자 하이데거에 따르면 이 단어는 '일자'라는 의미의 단어 소폰(Sophon)으로부터 파생되었다. 그리고 필로스는 사랑을 뜻한다. 사랑은 플라톤의 『향연』에 따르면 부자와 완벽의 신 포로스(Phoros)와 가난의 여신 페니아(Phenia) 사이에서 태어났다. 사랑이란 완전함을 알지만, 결코 도달할 수 없는 끊임없는 결핍이다. 따라서 Philos-Sophia란 일자를 향해 끊임없이 나아가지만 도달할 수는 없는 인간의 모습을 드러내면서, 인간이 유한하며 늘 오류를 가지고 있을 수밖에 없음을 이야기한다.

이와 다르게 신학은 테오스(Theos)와 로고스(Logos)의 합성어이다. 즉, 신에 대한 말이며, 신에 대한 학문이 신학이다. 여기서 테오스, 즉 신은 철학의 사랑 대상인 소피아에 연관된다. 철학에서 언급하던 일자에 대한 논의가 신학에서는 신이다. 그리고 신학은 신에 대한 인간 인식의 불완전성을 반성해야 한다. 왜냐하면 철학이 말해 주듯이 인간은 본디 늘 불완전할 수밖에 없기 때문이다.

유한한 인간의 본질을 성찰하지 못한 로고스는 늘 신 자체를 왜곡할 수 있다. 완전한 분은 신이지 그에 대한 인간의 경험이나 지식이 아니다. 오히려 잘못된 것은 신 자신만이 완전하다는 당연한 사실을 자기 자신의 인식이 완전하다는 것으로 착각하고 있다는 점이며, 신학 내 철학적 신학은 바로 이러한 문제점을 지속적으로 신학 전체에 제시하는 역할을 한다. 철학적 신학으로부터 시작하게 될 때 신학함은 자신의 오류 가능성을 늘 반성하게 되며, 그럼으로써 완전하신 신에 대한 학문을 올바르게 시작할 수 있다. 그래서 이것은 원초적 방법론, 즉 원초-신학이라 명명될 수 있으며, 신학함의 처음에 수행되어야 하는 방법론이다.

두 번째로 철학적 신학은 철학 분야에서 철학의 내용들을 활용한 신에 대한 논의를 지칭한다. 종교 혹은 신앙에 대해 말하다 보면, 이것만큼 중요한 것이 있을까 하는 그런 물음이 제기되곤 한다. 그것은 바로 "하나님은 어떤 분인가" 하는 것이다. 어떤 이들은 신앙이란 절대적 대상에 대한 것이기 때문에 그분은 저 너머에 계신 분, 즉 절대 초월이라고 주장하는 반면, 또 어떤 이들은 신은 내 안의 신적 가능성을 일컫는 것이라고 주장하기도 한다. 그리고 이러한 신에 대한 성격 규정은 당시의 철학 사조와 긴밀히 연결되어 있다.

예를 들어 칸트와 계몽주의 그리고 헤겔과 관념론의 영향을 받았던 18, 19세기 자유주의 신학은 인간이 가진 어떤 성격 내지 가능성 안에서 하나님을 발견할 수 있다는 주장으로부터 자신들의 신학을 출발한다. 그래서 하나님은 인간 이성의 한계 내에서 가장 완전한 분으로 규정되며, 그는 도덕과 윤리의 하나님이면서 절대이성(정신)이다. 이와 정반대로 헤겔과 관념론을 극복하려던 키에르케고르의 영향하에 있던 바르트는 하늘에 계신 하나님과 땅에 있는 인간 사이의 절대 단절이 우리 안에 놓여 있으며, 따라서 이러한 하나님은 절대타자로만 명명될 수 있다고 주장한다. 그뿐만 아니라 실존 철학적 존재론이 유행하던 시대에 신학을 전개했던 틸리히는 하나님이 만물의 궁극적 관심이자 근거로서의 존재 자체라고 이야기한다. 에른스트 블로흐의 희망 개념을 받아들였던 몰트만은 신이란 미래로부터 도래하는 분이라 주장하면서 하나님의 본질을 미래적 희망으로 제시한다. 이처럼 신에 대한 이해는 철학의 내용을 사용하여 구성되어 왔으며, 이를 철학적 신론이라고 명명할 수 있다.

본 연구는 앞의 두 가지 흐름 모두를 포함한 논의이다. 신학의 출발점으로서 참다운 신에 대한 논의를 위한 철학적 신학의 원초적 방법론에 대한 논의와 더불어 철학 안에서 다양한 단초를 빌려와 현시대에 적합한 신에 대한 논의를 재구성하는 작업을 시대 순서로 확인하게 되며, 그 안에서 철학과 신학이 만나고 있는 다양한 장소, 즉 터(Da)를 확인하게 될 것이다. 그 터전은 인간인 우리가 스스로를 통찰하는 터이기도 하며, 바로 이러한 통찰 이후 진정한 신에 대한 논의가 거기로부터 새롭게 드러나는 터이기도 하다.

철학적 신학은 신학이 시작되는 터이며, 동시에 신에 대한 새로운 논의가 시작되는 터이다. 그 안은 인간의 유한성 때문에 끊임없이 해체가 이루어짐과 동시에 신의 무한성 때문에 구성이 끊임없이 발생해야만 하는 터이다. 그리고 이러한 끊임없는 해체와 구성의 반복만이 유한한 인간이 비로소 무한한 신을 만날 수 있는 가능성이다. 왜냐하면 유한한 인간이 신의 무한함을 담을 수 있는 방법은 끊임없이 한계 지어진 터를 비워냄과 채움을 반복하는 것뿐이기 때문이다.

논의는 다음과 같은 순서로 전개된다. 1부에서는 현대 사상 안에서 나름의 위치를 차지하고 있는 철학적 신학의 원리들을 살펴본다. 1장은 신학 내 방법론으로서의 철학적 신학을 논의하며, 여기서는 철학의 어원으로부터 시작하여 포이에르바하와 불트만의 신학 비판에 대한 한계를 지적하고, 그 이후 철학적 신학의 신학적 의미를 제시한다. 2장에서는 토마스 렌취의 부정초월에 대한 논의를 살펴보고, 이를 통해 철학의 영역 안에서 신론이 어떻게 전개될 수 있는지 고찰하게 된다.

2부에서는 현대 철학의 내용 안에서 전개되는 신에 대한 논의를 다룬다. 현대 철학은 일반적으로 니체의 등장으로부터 시작되었다고 인정되며, 따라서 여기서도 니체의 종교성에 대한 해석을 시작으로 니체를 새롭게 해석하여 자신의 철학 및 니체 철학의 영향력을 확장시켰던 하이데거 그리고 요즘 들어 하이데거의 부정신학적 흐름과 잘 비견되고 있는 비트겐슈타인의 신 논의를 함께 살펴본다. 그 이후 하이데거의 무 물음과 신 논의 관련성과 더불어 이를 통해 하나님에 대한 새로운 이해를 주장하고 있는 현대 신학자들의 논의를 소개한다. 그 이후 최신 흐름인 과정 사상과 에코페미니즘이 신학적으로 적용된 과정신학과 에코페미니즘의 신론을 다루게 된다. 마지막으로 현재 가장 활발히 진행되고 있는 과학과 신학 사이의 대화와 신 논의의 가능성에 대한 내용을 과학신학과 자연신학을 중심으로 소개했다.

3부에서는 '철학적 신학'의 다양한 논의를 통과한 신학이 현대의 비움 주제에 알맞게 재구성되는 흐름을 소개한다. 신학은 케노시스를 통해 새로운 흐름을 획득하게 되며, 이는 곧 자기를 비워 직접 이 땅에 오신 성자 예수님을 따라 성부 하나님과 성령님을 새롭게 이해하는 것이고, 이와 더불어 인간과 생명의 모습도 하나님의 케노시스에 맞춰 비움으로 변경하는 일이다.

4부에서는 현대의 죽음 신학을 다룬다. 죽음은 철학과 신학 안에서 단순히 사라짐의 경악이 아니라 부정성의 극단화 과정 안에서 전적으로 다른 사건을 개방하는 단초로 이해된다. 필자는 이러한 내용을 11장에서 현대 개신교 신학 중 전적 죽음과 자연적 죽음의 논의를 통해 기술하고, 12장에서는 융엘을 통해 희망의 죽음론과 부활론을 그리고 13장에서는 몰트만의 해방의 죽음론을 통해 보다 상세하게 제시한다.

현대 철학적
신학의 원리

1부에서는 현대 사상 안에서 나름의 위치를 차지하고 있는 철학적 신학의 원리를 살펴본다.

  철학적 신학은 먼저 신학에서는 조직신학의 한 분과이자 신학을 수행하는 자의 자기 반성, 자기 성찰을 가능하게 하는 일종의 방법론으로 사용된다. 1장은 바로 이러한 신학 내의 방법론으로서의 철학적 신학을 논의하며, 여기서는 철학의 어원으로부터 시작하여 포이에르바하와 불트만의 신학 비판에 대한 한계를 지적하고, 그 이후 철학적 신학의 신학적 의미를 제시한다.

  철학적 신학은 철학 안에서도 자신의 위치를 가진다. 그것은 철학적 신론으로서 철학의 내용을 가지고 신 존재에 대한 다양한 사항을 논한다. 2장에서는 토마스 렌취의 부정초월의 논의를 살펴보고, 이를 통해 철학의 영역 안에서 신론이 어떻게 전개되는지 고찰한다.

1 장

신학에서의 '철학적 신학'
: 신학의 출발점

이번 장은 신학에서의 '철학적 신학'의 위치를 다룬다. 이를 위해 철학적 신학을 신학함에 있어 가장 먼저 수행되어야 하는 방법론, 즉 신학함의 원초적 방법론을 규정하고, 이어서 이것의 예시를 그리스도교 신학과 교리의 재해석 안에서 살펴보게 된다. 여기서 말하는 원초적 방법론이란 신학함의 시작에서 반드시 통과해야 하는 자기 성찰, 자기 반성을 의미하며, 이러한 의미에서 '원초-신학'이라 명명될 수 있다.

신학이란 무엇인가? "신학의 대상은 하느님"이며,[1] 그래서 신학은 이 대상으로서의 신의 절대 초월성 때문에 '신의'(von Gott) 그리고 '신으로부터'(aus Gott)의 학문이라고 말해질 수 있다. 특별히 그 대상의 절대 초월성에도 불구하고 신학이 학문이라는 이름을 획득할 수 있는 이유는 대상으로서의 테오스(Theos)를 드러내는 로기아(logia, 학문)의 근거가

---

1 발터 슈미탈스/변선환 옮김, 『불트만의 실존론적 신학』 (서울: 대한그리스도교출판사, 1983), 28.

인간에게 속한 로고스(logos)이며, 나아가 인간의 정신과 말을 의미하기
때문이다. 다시 말해 신학은 전적으로 인간의 경험을 뛰어넘어 있는
신에 대한 어떤 것이라는 점에서 학문적 성격으로부터 벗어나 있는 것처
럼 보이지만, 동시에 신에 대한 사태를 인간의 정신과 말에 의해 표현한
다는 점에서 학문의 성격 안으로 편입되어 왔다. 그럼으로써 신학은
보다 구체적으로 말해 신을 설명하고자 할 때, 즉 우리 "신앙의 내용을
설명하고자 할 때, 가장 분명하고 고유하며, 적절한 단어를 찾는 연구로
규정될 수 있다."[2] 그리고 신학의 학문성에 대한 고대로부터 현대에 이르
는 다양한 논의들은 이제 신학이 신 자체에 대한 언술이 아니라 그에
대한 인간의 경험 혹은 신앙에 대한 언술로 규정되면서 결론에 도달한
것으로 보인다.

　대상에 대한 사항 이외에도 신학의 학문성에 대한 증거들은 방법론
과도 연관된다. 모든 학문은 방법론을 가지며, 일정한 방법론을 통해
타당성 혹은 정당성을 획득하는 것은 그 출발 시기로부터 학문이 스스로
를 발전시켜 온 필연적 조건이었다. 즉, 어떤 방법론이 있는가 하는 문제
는 그 영역을 학문이라 칭할 수 있는가에 대한 중요한 단초가 되어 왔다.
그리고 최소한 신학이 자신을 학문으로 주장하고자 한다면, 분명 그것
은 자신만의 혹은 다른 곳으로부터 차용한 방법론을 사용하고, 그럼으
로 자신의 타당성 및 정당성을 획득해야만 한다.

　이번 장은 앞서 언급한 학문으로서의 신학의 방법론에 대한 논의이
며, 그중에서도 특별히 철학적 신학을 다룬다. '철학적 신학'이라는 단어
자체는 이미 철학과 신학이 형용사와 명사의 관계로 연결되어 있는,

---

2 John Macquarrie, *Principles of Christian Theology* (London: SCM Press LTD, 1975), 1.

다시 말해 철학의 도움을 받아 신학함을 수행하는 상호관계를 표현하고
있다.3 그렇다면 철학적 신학이란 구체적으로 무엇을 말하는가?

철학적 신학에 대한 규정은 일차적으로는 조직신학 안에서 발견된
다. 예를 들어 존 맥쿼리(John Macquarrie)에 따르면 철학적 신학이란
조직신학의 한 분과이다. 그에 따르면 조직신학은 철학적 신학, 상징
신학(symbolical theology) 그리고 적용 신학(applied theology)으로 구분
되는데,4 여기서 철학적 신학이 "첫 번째 주요한 조직신학의 구분으로서
언급될 때, 이것은 철학적 신학이 많은 옛 체계의 처음 부분을 형성시키
는 것… 바로 그것을 의미한다."5

물론 맥쿼리는 이러한 처음 부분을 자연신학과 연관시키고 있지만,
우리는 구체적인 자연신학에 대한 논의 이전에 그가 언급한 사항, 즉
철학적 신학이 신학의 가장 처음을 지시하고 있다는 점에 주목해 볼
필요가 있다. 그럼으로써 우리는 철학적 신학이 모든 신학의 출발점으
로서 그리고 신학의 한계와 근거를 성찰, 반성, 규정한다는 점에서 신학

3 물론 이와 다르게 철학 안에서는 신학적 철학(theologische Philosophie)이라는 분과 혹은
방법론 대신에 종교철학이라는 이름을 사용하고 있으며, 그래서 철학적 신학은 종교철
학과 일맥상통하는 영역을 지칭하게 된다.
4 "… 조직신학은 세 가지의 중요 구분으로 잘 구별될 수 있다. … 첫 번째는 철학적 신학이
다. … 두 번째 큰 구분은 상징 신학이다. … 교리 신학은 일반적으로 상징 신학보다 넓은
범위를 가진다. … 세 번째 구분은 적용 신학이다. … 적용 신학은 이러한 특수한 연구들
(그리스도교 윤리, 도덕 신학, 목회 신학 등)이 그들의 특수한 영역을 움직이는 신학적
원리를 제공한다." Macquarrie, *Principles of Christian Theology*, 35-36.
5 Macquarrie, *Principles of Christian Theology*, 40. '철학적 신학'의 분과를 명확히 규정하
기에는 그 범위가 너무 넓다. 그러나 분명한 사실은 아리스토텔레스의 신학 개념은 그
출발점이 철학이었고, 바로 이러한 의미에서 철학과 신학은 불가분의 관계를 가지고 있
다는 점, 특별히 절대자에 대한 영역에서 그렇다는 것을 부정할 수 없다. Josef Schimidt,
Philosophische Theologie, Grundkurs Philosophie, Bd. 5 (Stuttgart: W. Kohlhammer
GmbH, 2003), 27-31.

의 원초적 방법론이라 지칭할 수 있게 된다. 왜냐하면 철학은 인간의
근본을 탐구하는 학문으로서 이 철학의 근본 문제들을 통해 우리는 신학
함의 처음에서 그것을 수행해 가는 인간의 기본 태도를 성찰할 수 있기
때문이다.[6]

앞의 전제들을 통해 이제 우리는 철학적 신학이 신학의 한계를 성찰
함으로써 그것을 가능하게 한다는 의미에서 신학 정초의 방법론이라
말할 수 있다. 그리고 이처럼 신학의 출발점이며, 새로운 정초를 의미한
다는 면에서 철학적 신학은 '원초-신학'이라 명명된다. 철학과 신학 둘
모두는 이처럼 절대적 초월을 지향한다는 점에서 가장 앞선 물음에 속하
며, 나아가 그 둘의 통일적 영역으로서의 철학적 신학은 신학의 출발점
으로서의 '원초-신학'으로 명명될 수 있다. 그러므로 이 "원초-신학의
기획은 신을 사유할 수 있기 위해 우리가 앞서 사유하고 파악해야만
하는 것을 밝히려는 목적을 가진다."[7]

---

6 철학과 신학은 전자가 '지혜 혹은 지혜의 여신에 대한 사랑'(Philos + Sophia)이고, 후자가
'신에 대한 로고스'(Theo + Logos)라는 점에서, 즉 그 둘 모두가 절대적 초월자를 다루고
있다는 점에서 상호 밀접한 관계 안에 놓여 있는 것처럼 보인다. 다시 말해 그 둘은 이미
신론이라는 측면에서 필연적으로 만나고 있는 셈이다. Schimidt, *Philosophische
Theologie*, 17 이하 참조. 이러한 영향 관계 때문에 대부분의 독일 가톨릭 신학과는 '기초
신학'(Fundamentale Theologie)과 '철학의 근본 문제들' (Grundfrage der Philosophie)이
라는 이름의 분과를 함께 소유하고 있다.

7 Thomas Rentsch, *Gott* (Berlin: Walter de Gruyter, 2005), 48.

1. 철학의 어원 그리고 신학과의 관계

철학적 신학이란 철학에서는 신에 대한 철학적 물음을 지칭하며, 신학에서는 철학을 사용하는 신학의 방법론을 말한다. 특별히 철학과 신학 모두는 '지혜 혹은 지혜의 여신에 대한 사랑'(Philos + Sophia)과 '신에 대한 로고스'(Theo + Logos)라는 이름을 통해 절대 초월을 향한다는 공통점을 가진다. 즉, 그 둘은 이미 신에 대한 논의의 영역 안에서 필연적으로 만나고 있다. 이 둘의 관계는 그러나 동시에 영역의 차이를 지닌다. 철학이 인간적 의미를 이해하고, 그것을 다시금 실천적으로 비판하는 학문, 즉 인간의 자기 이해와 세계 이해를 구성하고 동시에 그 한계를 비판하는 학문인 반면, 신학은 인간을 넘어선 영역, 즉 신과 종교에 대한 것을 연구의 대상으로 삼고 있기 때문이다.

철학이란 어원상 사랑(Philos)과 지혜(Sophia)의 합성어이다. 일반적으로 학문이 감정 혹은 의지를 배제하고 있는 것에 반해 철학은 자기 자신 안에 사랑이라는 비합리적일 수 있는 단어를 수용하고 있으며, 이것은 철학이 학문의 일반적 규정과는 상당히 다른 방식의 무엇을 지향하고 있음을 드러낸다. 이는 도달할 수 없는 것(Sophia)을 향해 끊임없이 나아가는(Philos) 인간의 삶, 즉 유한하지만 무한을 향해 나아가는 인간의 본성을 지시한다. 그리고 이러한 철학은 신학의 출발점에서 테오스(Theos)를 향해 나아가는 인간 로고스(Logos)의 주제 파악과 자기 한계 규정을 돕는다.

일자(sophon)로부터 기원된 지혜[8]를 사랑하는 철학의 지향점은 인

---

8 하이데거는 지혜가 일자로부터 기원되었다는 사실을 다음과 같이 밝히고 있다. "필로소

간에 대한 것이며, 특별히 그것은 인간이 사랑을 자신 안에 품고 있고, 사랑으로 규정될 수 있다는 기본적 전제를 밝히고 있다. 그리고 우리는 여기서 우선 사랑의 기원에 대한 이해를 통해 고대 그리스인들이 어떠한 의미를 이 단어 안에 심어놓고 있는지에 보다 관심을 기울이도록 한다. 이를 위해 우리가 먼저 살펴보아야 하는 부분은 바로 플라톤의 『향연』이다.[9] 그 줄거리는 다음과 같다.

어느 날 소크라테스와 그의 친구들이 벌이는 잔치가 있었다. 당시의 잔치는 현대인들과 마찬가지로 술과 음식을 풍족하게 제공하고, 취한 상태에서 많은 이야기를 나누는 형태를 지녔다. 향연에서 나오는 잔치 역시 술과 음식이 거나하게 차려진 채 술에 취한 사람들이 서로 격식을 허물고 함께 이야기를 나누는 장면으로부터 시작된다. 우리가 주목하는 사랑, 즉 에로스에 대한 논의는 소크라테스가 티오티마의 연설을 전해 주는 것으로 각색되어 있다.

아프로디테가 출생했을 때 신들이 잔치를 베풀었는데, 그 자리에는 교지의 신 메티스의 아들인 풍요의 신 포로스도 있었어요. 식사가 끝날 무렵에 페니아(궁핍)가 구걸하러 와서 거지들이 으레 하는 것처럼 요란스럽게

피아라는 그리스 낱말은 필로소포스라는 낱말에서 유래된 것이다. … 아네르 필로소포스는 소폰을 사랑하는 사람이다. … 여기서의 소폰이란 헨 판타, 즉 '하나는 모든 것이다'라는 말이다. 여기서 모든 것은 판타 타 온타, 즉 전체, 다시 말해 존재하는 것 모두를 의미한다. 헨, 즉 하나는 일자, 유일한 것, 모든 것을 통합하는 것을 뜻한다." 마르틴 하이데거/신상희 옮김, 『동일성과 차이/철학－그것은 무엇인가/사유의 경험으로부터/초연한 내맡김』 (서울: 민음사, 2000), 82-83.

9 잘 알려져 있는 것처럼 『향연』은 플라톤이 스승 소크라테스를 주인공으로 내세워 사랑에 대해 설명하고 있는 대표적 저서이다. 플라톤은 특별히 이 책 안에서 사랑에 대한 몇 가지 이야기를 중심으로 삼되 소크라테스가 이야기한 사랑의 신적인 기원을 보다 강조한다.

굴면서 문간에 서 있었습니다. 포로스는 이때 벌써 신주를 많이 마시고
취한 데다가 아주 고단하여 제우스신의 정원에 들어가 깊이 잠들었습니
다. 그러자 페니아는 포로스에게서 자식을 얻음으로써 자신의 궁핍에서
벗어나려는 계획을 세웠지요. 그래서 그녀는 포로스의 곁에 누웠고, 결국
에로스를 잉태하게 되었던 것입니다. … 에로스는 포로스와 페니아의 아
들인 까닭에 그의 삶의 많은 부분이 이들과 닮게 되었습니다. 첫째로 그는
항상 가난합니다. … 이건 그 어머니를 닮아 언제나 궁핍하기 때문입니다.
그러나 아버지를 닮은 데도 있어서 아름다운 것과 선한 것을 차지하려고
계획합니다.[10]

소크라테스가 티오티마의 입을 빌려 말하고 싶었던 사랑의 규정은
결핍과 풍요를 지속적으로 경험해야 하는 역설적 상황에 대한 것이다.
태어난 어머니가 가난의 여신 페니아이기 때문에 늘 결핍에 시달리는
사랑은 결코 완전이나 만족에는 도달할 수 없다. 그러나 그는 불편한
관계일지라도 풍요의 신 포로스를 아버지로 두고 있다. 그의 아버지는
원치 않았을지라도 사랑이라는 아들에게 풍요함의 일부를 나누어 주었
고, 그렇기에 늘 사랑은 풍요함을 채우기 위해 그것을 지향하게 된다.

이러한 풍요와 결핍의 공존으로서의 사랑, 즉 필로스는 철학 안에서
소피아(지혜)와 연결되면서 인간의 본성을 설명한다. 철학의 어원 안에
서 인간은 결단코 완전 혹은 완벽에 도달할 수 없음이 적나라하게 드러난
다. 앞서 언급한 것처럼 여기에서 지혜란 여신이며, 인간이 감히 다가갈

---

10 플라톤·아리스토텔레스/최명관 옮김, 『니코마코스 윤리학, 향연, 파이돈』(서울: 을
유문화사, 1995), 78.

수 없는 일자이다.[11] 그것은 다가갈 수만 있다면 영원을 획득할 것 같은 그런 것이지만, 동시에 인간은 그것을 사랑만 할 뿐 쟁취할 수 없다. 왜냐하면 본질상 사랑이란 결단코 충만함, 완전함, 풍족함에 도달할 수 없기 때문이다.

이처럼 철학은 그 시작으로부터 어떤 완전, 절대, 일자를 향한 사랑과 더불어 결코 그곳에 도달할 수 없음을 의미하는 유한성의 모습을 가지고 인간의 삶을 규정하며, 여기에서 인간은 자기 자신의 본질을 통찰하게 된다. "풍요한 가운데 얻은 것은 늘 어느 새엔가 사라져 버리고 (만)다. 그래서 에로스는 빈궁하지도 않고 부유하지도 않고",[12] 오히려 완전함을 향해 끊임없이 실패를 반복할 운명이다. 철학이 보여주는 인간의 본성은 그가 결코 완전에 도달할 수 없음이다. 그러나 인간은 끊임없이 자신의 불완전함을 넘어 전체의 일자에게로 향해야만 한다. 왜냐하면 그는 그것을 사랑할 운명이기 때문이다.

물론 이러한 불완전함에도 불구하고 완전을 추구하는 인간의 한계는 결코 그의 삶의 잘못을 의미하지 않는다. 오히려 이것은 인간이 언제나 자유 안에 놓여 있음을 보여 준다. 왜냐하면 그는 그 어떠한 절대적인 것을 소유할 수도, 알아들을 수도, 통찰할 수도 없기에 또한 그 어떠한 절대적인 것에도 얽매일 수 없기 때문이다. 다시 말해 어떤 것에도 절대적으로 귀속될 수 없으며, 모든 것에 대하여 늘 자유로울 수밖에 없는 존재자가 바로 인간이다. 그리고 이러한 그의 불완전함과 자유에 대한 논의는 당연하게 신학에도 해당될 수밖에 없다. 비록 인간이 말하는

---

11 하이데거, 『동일성과 차이/ 학－그것은 무엇인가/사유의 경험으로부터/초연한 내맡김』, 82-83.

12 플라톤 · 아리스토텔레스, 『니코마코스 윤리학, 향연, 파이돈』, 79.

신 자신은 절대적이라 할지라도 그것을 말하는 인간 그리고 그의 로고스
는 늘 불완전하기 때문이다.

신학은 테오스와 로고스의 합성어이며, 여기서 테오스, 즉 신은 철학
안의 사랑의 대상인 소피아에 연관된다. 다시 말해 철학에서 언급하던
어떤 절대적인 것 혹은 완전한 것에 대한 논의가 신학에서는 신을 적중시
킨다. 그리고 결국 로고스 안에서 언급하기 위해서는 늘 신(Theos)의
자리에 들어서는 대상 자체의 불완전성, 즉 신에 대한 인간 인식의 불완
전성이 성찰되고 반성되어야 한다. 왜냐하면 철학이 말해 주듯이 인간
은 본디 늘 불완전할 수밖에 없기 때문이다. 신이 완전자임을 고백하는
신학 안에서 신 자체와 신에 대한 우리의 인식은 언제나 구분되어야
하며, 나아가 신학은 나 자신의 한계를 자각하는 자기 성찰로부터 신에
대한 언술을 시작할 수밖에 없다.

그러나 필로스가 보여주는 유한한 인간의 본질을 성찰하지 못한 로
고스는 늘 신 자체를 왜곡해 왔고, 그럼으로써 신 자체의 완전성을 자신
의 것으로 착각하여 폭력을 행사해 왔다. 신 자체가 완전하다는 기본
전제를 가지고 대부분의 종교들은 신 자체가 아닌 자신들의 신-인식을
절대적인 것으로 주장하곤 한다. 그러나 완전한 분은 신 자체이지 그에
대한 우리의 인식이 아니다. 오히려 잘못된 것은 신 자신만이 완전하다
는 당연한 사실을 자기 자신의 인식이 완전하다는 것으로 착각하고 있다
는 점이며, 철학은 바로 이러한 문제점을 지속적으로 신학에 제시할
수 있다는 점에서 철학적 신학의 위치는 정립된다.[13]

신 자체의 완전성과 신에 대한 인간의 인식 사이의 차이는 인류의

---

13 Schimidt, *Philosophische Theologie*, 17 이하.

사상 안에서 다양한 왜곡과 폭력을 양산해 왔다. 그리고 마침내 이 왜곡과 폭력에 대한 성찰이 근대로부터 시작하여 현대에 이르기까지 논의되기 시작하는데, 특별히 우리는 이것을 포이에르바하의 슬로건, "신학은 인간학이다"[14] 안에서 분명하게 성찰할 수 있다.

2. 포이에르바하와 불트만을 넘어

포이에르바하에 따르면 인간의 욕심과 욕망에 따라 신의 형태는 다르게 나타났으며, 이러한 한에서 신에 대한 모든 언술은 사상과 종교의 역사 안에서 인간의 자기 투사, 자기 이해, 자기 절대화로 귀결되어 왔을 뿐이다.

1) 포이에르바하의 "신학은 인간학이다"

포이에르바하의 "신학은 인간학이다!"라는 선언은 독일관념론의 영향 아래에서 인간의 신적인 본성을 긍정하는 전제를 지닌다. 그에게 있어 인간의 정신은 이미 자기 외부의 신이 필요 없을 만큼 고귀하며, 그 자체로 이미 신적이다. 그는 또 다른 신을 필요로 하지 않는다. 그는 말한다.

---

14 루드비히 포이에르바하/강대석 옮김, 『종교의 본질에 대하여』 (서울: 한길사, 2013), 63. "나의 학설은 '신학은 인간학이다'라는 말로 요약될 수 있다."

그리스어로 테오스, 독일어로 신(Gott)이라 불리는 종교의 대상에서 말
하고 있는 것은 인간의 본질에 불과하다. 또는 인간의 신은 인간을 신격화
시킨 본질에 불과하며 그러므로 종교의 역사 또는 신의 역사는 인간의
역사에 불과하다.[15]

절대적 관념을 지닌 인간은 그러나 지속적으로 신을 투사해야 하며,
그것을 통해 자신이 가지고 있는 불안을 극복해 나아간다. 그리고 특별
히 그리스도교는 이러한 불안 극복을 위한 왜곡을 인간의 구성 요소
안에서 실행해 나아간다. "이성, 의지, 심정이 그것이다."[16] 다시 말해
그리스도교의 신 혹은 신학이란 인간이 '지(知), 의(意), 정(情)'을 통한
자기 무한 본질의 외화에 불과하다. 그럼으로써 이제 인간은 신에게
의지하는 것이 아니라 무엇인가 자신이 직접 수행해 가야 하는 존재자로
드러난다. 세상에 그 어떤 절대적 기준도, 신적인 어떤 것도 존재하지
않는다. 그는 홀로 이 땅에 서 있어야 하며, 자신의 위대함을 견뎌내면서
세상을 살아내야 한다.

이러한 인간의 상황 아래에서 포이에르바하는 오히려 신학이 정직
함을 제대로 소유하지 못했음을 지적한다. 왜냐하면 우리에게 경험되
는 것에 눈을 감아 버리고 자신의 나약한 감성을 달래기 위하여 전혀
삶과 상관없는 것들을 만들어 내기 때문이다. 인간은 그리스도교 신학
안에서 환상에 시달리고 있다. 성찬도, 마리아도 그리고 신비하다고
여겨지는 모든 사건과 교리조차도 인간이 만들어놓은 환상이며, 허상

---

15 포이에르바하, 『종교의 본질에 대하여』, 63.
16 Ludwig Feuerbach, *Das Wesen des Christentums* (Stuttgart: Reclam, 1974), 39.

에 불과하다. 거기서 "신격화되는 것은 항상 인간적인 힘, 특성, 능력일 뿐"[17]이다. 오히려 여기에서 포이에르바하는 어떤 그리스도교적이거나 신적인 것을 찾지 말고, 인간의 주위에 그렇게 놓여 있는 그 자체의 가치를 강조해야 한다고 주장한다. "인간의 전제가 되는 본질, 인간의 원인과 근거가 되고 인간의 발생과 존속을 좌우하는 본질은 나에게는 신이 아니고, … 자연이다."[18]

물론 이 안에서도 인간은 여전히 자기를 절대자로 투사하여 무엇인가 위로를 찾는 그 일을 멈추지 못한다. 왜냐하면 여전히 "인간은 자연을 자기 의미대로 자기의 신앙에 유리하게 해석"[19]하기 때문이다. 바로 여기에서 포이에르바하는 보다 정직해진 인간을 강조한다. 인간은 이미 위대한 정신을 지니고 있으며, 그 안에서 그는 자기 자신을 실현해야 한다. 아니, 보다 정확히 말한다면 이미 그리스도교 및 종교의 이름으로 펼쳐 왔던 다양하고 아름다운 이야기들이 인간 자신에 대한 좋은 서술어이다. 인간 그 스스로가 얼마나 위대하며 아름다운 존재인지를 확인하기 위해 그는 더욱더 그리스도교를 발가벗겨야만 한다. 인간은 그 자신을 더욱더 잘 이해해야 하며, 그러기 위해 신학의 인간학적 한계는 더욱더 분명하게 노출되어야만 한다.

앞선 그의 주장은 그러나 전혀 예상치 못한 문제점을 지니게 된다. 그것은 그가 새롭게 성립시키려고 했던 인간 정신의 위대함의 찬양이 결국 그리스도교가 비판받았던 것과 동일한 방식의 자기 신비화이면서

---

17 포이에르바하, 『종교의 본질에 대하여』, 374.
18 앞의 책, 68.
19 앞의 책, 378.

왜곡에 불과할 수도 있다는 점이다. 다시 말해 그리스도교를 극복한 포이에르바하에게는 여전히 자기 절대화로서의 신화와 환상이 함께 한다. 오히려 인간은 모든 것을 홀로 생각하고 결정해야 하지만, 동시에 그는 유한하고 제한되어 있기에 모든 것을 홀로 생각하고 결정할 수 없다. 그리스도교를 극복한 포이에르바하에게는 여전히 자기 절대화라고 하는 신화와 환상이 나타나 있는 반면, 인간은 그가 생각한 대로 그렇게 대단한 존재가 못 된다. 왜냐하면 인간은 본래 결코 절대적인 어떤 것도 소유할 수 없는 운명이기 때문이다. 그리고 여기서 우리는 비슷한 표현으로 전혀 다른 것을 말하고 있는 불트만의 논의를 발견할 수 있다.

2) 불트만의 "하나님을 말한다는 것은 인간을 말하는 것이다"

불트만은 현대 독일 신약성서학의 대표 인물이지만, 조직신학 내 실존주의 신학자로서의 공헌도 무시할 수 없는 학자이다. 잘 알려져 있는 것처럼 그는 독일 철학자 하이데거(Martin Heidegger)와의 교류를 통해 실존이라는 단어를 발견하고, 그것을 자신의 신앙과 신학 안에 적극적으로 수용한다.

불트만에게 인간은 실존주의에서 말하는 것처럼 그 어떤 본질보다도 먼저 세상에 던져진 자이다. 인간은 본래 아무것도 허락받지 못했으며, 아무것도 없는 빈손으로 삶을 살아가야 한다. 특별히 그의 실존주의적 인간 이해는 신앙 안에서 보다 분명해진다. 그리고 이러한 신앙의 대상은 단순한 신이라는 단어보다는 신앙적 이름으로서의 하나님으로 표기되어야 한다. "하나님을 신앙하고자 하는 자는 그가 자체로 소위 말해 아무것도 없는 텅 빔 안에 놓여 있다는 사실을 알아야만 한다. …

인간은 하나님 앞에 있을 때, 언제나 빈손으로 서 있는 존재일 따름이다."[20] 그러므로 이제 인간은 그 어떤 절대적 본질, 확신, 증명 등을 신에 대한 인식에 투영시킬 수 없다. 왜냐하면 그는 자체로 그 어떤 완벽한 것도 소유할 수 없는 자이기 때문이다.

물론 이러한 상황은 신 자신의 문제가 아니라 인간의 문제이다. "만약 우리가 '하나님에 관해(von)' 말한다고 하는 표현으로 '하나님에 대해 (über)' 말한다고 이해한다면, 이러한 말함은 도대체 그 어떤 의미도 지니지 못하고 있는 셈이다. 왜냐하면 이것이 나타났던 바로 그 순간, 그 대상 신을 상실해 버렸기 때문이다."[21] 이미 인간이 어떤 상황에서든 하나님에 대해서 말한다는 것은 그를 우리의 외부에 있는 대상으로 두는 것이며, 그런 한에서 하나님에 대한 언술은 사실상 불가능한 것이 되어버린다. 오히려 하나님은 우리에게 외부의 대상으로, 즉 객관적인 어떤 것으로 인식될 수 있는 존재가 아니다. 그렇지 않고 그를 외부의 어떤 대상으로 두는 순간 그것은 그 자신이 아닌 그에 대한 우상으로 나타나며, "이런 의미로 신을 말하는 것은 오류이고 광란(Wahn)일 뿐 아니라 죄다."[22] 그렇다면 우리는 신에 대해 말하는 것을 포기해야만 하는가?

불트만은 이러한 불가능의 상황 아래에서 신에 대해 말하는 것을 그것의 대상화가 아닌 신 자신으로부터 말하는 것, 그럼으로써 오직

---

20 Rudolf Bultmann, *Glauben und Verstehen 4. Gesammelte Aufsätze* (Tübingen: J. C. B. Mohr, Paul Siebeck, 1993), 188. "Wer an Gott glauben will, muß wissen, daß er selbst sozusagen in einem Vakuum steht... Der Mensch hat immer leere Hände vor Gott."

21 Rudolf Bultmann, "Welchen Sinn hat es, von Gott zu reden?", Rudolf Bultmann, *Gesammelte Aufsätze* (Berlin: Evangelische Verlagsanstalt Berlin, 1973), 3.

22 앞의 책, 4.

종교적 신이 아닌 자신의 삶을 지배하고 규정하는 하나님으로부터 주어
지는 것으로 사유하고자 한다. 왜냐하면 절대타자로서의 하나님은 우
리의 대상화에는 갇힐 수 없지만, 그러함에도 불구하고 우리의 삶은
오직 그에 의해 규정되며, 나아가 어떠한 방식이든지 간섭되고 지배되
고 있기 때문이다. 그리고 바로 여기에서 이것을 가장 잘 반영하고 있는
불트만의 통찰이 나온다. 결국 "실존적인 의미에서 하느님에 관해 말한
다고 할 때… 실존적인 의미에서 인간에 관해 말하는 한에서만 가능하
다."[23] 하나님은 우리의 삶 안에서, 우리의 관계 안에서 우리를 간섭하고
지배한다는 의미에서 그에 대한 언술은 철저히 우리의 실존에 대한 언술
로만 드러날 수 있다.

　우리는 신 자신을 경험할 수도, 그렇다고 외부의 대상처럼 기술할
수도 없다. 이와 반대로 신이 인간을 규정하며, 바로 이러할 때 우리는
그를 만날 수 있다. 오히려 인간에게 명증적으로 드러나길 바라는 객관
적, 대상적 증명의 방식은 인간이 하나님을 의존하지 않고 자신의 인식
과 이성의 확실성에 의존하려 하는 일종의 우상 숭배에 불과하다. "예수
그리스도 안에서 신의 계시를 만난다는 사실은 그 어떤 인간에게도 자명
하게 증명될(andemonstriert) 수 없다."[24] 신앙 안에서 확실한 증명을 찾아
거기에 따르려는 그 어떤 시도도 반드시 버려져야만 하는 일이다. "따라
서 우리가 신에 관해(von) 말하고자 한다면, 우리는 분명히 자기 자신에
관해(von) 말해야만 한다는 사실이 드러난다."[25] 우리는 우리 자신에

23 슈미탈스, 『불트만의 실존론적 신학』, 44.
24 Rudolf Bultmann, "Die Frage der natürlichen Offenbarung", Rudolf Bultmann, *Gesammelte Aufsätze* (Berlin: Evangelische Verlagsanstalt Berlin, 1973), 196.
25 Bultmann, "Welchen Sinn hat es, von Gott zu reden?", 5.

대해 정확히 파악하고 있어야만 그 한계와 문제점을 극복함과 동시에 신에 대해 말할 수 있게 된다. 그렇다면 이것은 어떠한 방식으로 나타나는가?

우선 분명한 것은 하나님에 대해 언급하기 위해 인간의 실존을 말하지만, 이것이 단순히 인간의 능력으로부터 주어진 것은 아니라는 사실이다. "내가 나 자신에 대해 말하는 것은 결국 나 자신이 말하는 것"[26]으로 보이는 것은 당연하다. 그러나 여기에서는 인간의 상황과 하나님에 대한 절대타자로서의 경건이 함께 고려되어야 한다. 왜냐하면 비본래적이며 죽을 수밖에 없는 인간에게 절대타자로서의 하나님에 대한 언술은 결코 가능하지 않으며, 만약 언술이 가능하다면 그것이 인간 실존에 대한 것이든 혹은 하나님에 대한 것이든 간에 단지 그쪽으로부터 와야만 하기 때문이다. 다시 말해 하나님에 대한 언술뿐만 아니라 우리의 실존에 대한 언술 역시 우리의 한계 때문에 결코 스스로 할 수 있는 것이 아니다. 우리에게는 오직 침묵만이 남아 있다. "우리의 실존은 하나님처럼 그렇게 특별한 사태"이고,[27] 우리가 마음대로 할 수 없는 것이다.

그러나 불트만에 따르면 우리는 하나님에 대해서 말"해야만 한다". 우리는 말할 수 없지만, 하나님께서 우리가 침묵해야만 하는 그 한계조차도 허물어 버림으로써 우리는 우리의 상황을 벗어나 새로운 단계에 머물며, 이 안에서 우리는 말해야만 한다. "이 해야만 함(Müssen)은 분명 신으로부터 말해지고 있으며, 전적으로 우리의 지배로부터 벗어난다."[28]

---

26 위의 책, 같은 곳.

27 앞의 책, 8.

28 앞의 책, 12.

이러한 해야만 함은 그러나 동시에 우리에게 자유로서도 다가온다. 왜 나하면 그 해야만 함은 의무이지만, 동시에 우리에게 있는 가장 근원적 인 가능성이 되어 주기 때문이다. 다시 말해 우리가 가능성을 자유로서 선택하는 실존인 한에서 그것은 해야만 함이지만, 동시에 가능성이라 는 측면에서 자유로운 행위로 남게 된다. "그리고 바로 이것이 신앙을 의미하며, 그 이외에 다른 것이 결코 아니다."[29]

그러나 불트만에게도 비판점이 존재한다. 왜냐하면 그에게는 여전 히 인간의 가능성에 대한 결단성이 하나의 '능력, 즉 할 수 있음'으로 남아 있기 때문이다. 불트만은 하이데거를 따라 인간이 가진 가능성을 결단하는 그 결단성으로부터 신에 대한 언술의 근거를 획득하고자 한 다. 그러므로 이제 해야만 함 혹은 할 수밖에 없음은 여전히 그것이 가능 성인 한에서 인간의 결단 능력 아래에서 움직여야 하는 한계를 지닌다. "신에 대해서 우리는 단지 그가 우리에게 행하는 바만 말할 수 있다"[30]는 불트만의 언명은 여전히 인간으로 하여금 아무런 보장도 되어 있지 않은 그 무근거 속에서 무엇인가를 결단하도록 제안한다. 그러나 인간은 스 스로 무엇이든 결단할 수 있는 한에서 결코 자신의 상황, 자신의 욕심, 욕망으로부터 자유로울 수 없는 존재자이다. 즉, 인간이 결단을 내세우 는 한에서 그는 여전히 신을 왜곡할 가능성 안에 서 있을 수밖에 없다는 역설의 상황이 등장한다.

불트만적 실존의 인간은 여전히 할 수 없음을 결단하는 한에서 여전 히 그는 무엇인가를 할 수 있는 능력을 가져야만 한다. 그러나 인간이란

---

29 앞의 책, 같은 곳.
30 앞의 책, 13.

앞서 언급한 것처럼 무엇인가 해야 하는 그런 자이지만, 동시에 그는 아무것도 할 수 없는 자이다. 그는 아무것도 할 수 없기에 결단도 할 수 없는 존재자이다. 결단조차도 그가 할 수 있는 것이 아니라 단지 결단되는(entschlossene) 것이며, 그는 아무런 쓸모도 없는 것으로 보이는 흙으로 창조되었듯이 그렇게 그 어떤 가치나 능력도 보장되지 않은 채 내던져진(geworfene) 존재자에 불과하다. 그는 전적으로 '무'(Nichts)이며, 무로서만 존재할 뿐이다.

3. 철학적 신학의 의미: 자기에 대한 주제 파악

앞서 밝힌 포이에르바하와 불트만은 신학의 작업 안에 어쩔 수 없이 들어가 있는 인간의 자기 욕망과 그것을 통한 신학의 왜곡을 분명하게 지적하고 있다. 그리고 이러한 둘의 접근 방식은 신학이 빠져들 수 있는 자기 절대화, 자기 우상화의 문제점을 때려 부숴야 한다는 의무를 우리에게 제안해 주고 있으며, 이러한 우상의 문제를 직시함으로써 이제 신학은 자기 자신이 가지고 있는 욕망을 제거하고 신 스스로가 자신을 말하는 장소에 도달하게 된다. 그리고 바로 여기에서 철학적 신학의 방법론적 역할이 시작된다.

이제 철학적 신학은 인간의 한계를 성찰하고 반성함으로써 지금까지의 신학의 시야를 뒤집고 진정한 신학의 영역으로 나아갈 수 있는 길을 연다. "철학적 신학의 시야 안에서… 봄의 방식의 전환과 전회가 따라와야만 한다."[31] 신학함의 출발점에서 인간은 자기 자신의 유한성과 한계를 통해 결코 자기 자신이 자기 절대화, 자기 우상화를 통해 신을

구성해서는 안 됨을 분명히 통찰한다. 그의 생각과 그의 태도가 전환된
다. 나 자신이 원하는 그런 신을 만드는 것이 아니라 오직 그쪽으로부터
찾아오시는 그런 하나님이 신학의 중심이 되어야 한다. 그럼으로 인간
의 자기 이해로 구성되던 신 담론은 이제 우상 파괴의 과정을 겪는다.

　그리스도교는 근본적으로 '우상 파괴'(Nichtung der Götzen)를 자신
의 최고의 덕목으로 가지고 있다. "나 외에 다른 신을 섬기지 말라", "여호
와의 이름을 망령되이 일컫지 말라" 그리고 "너를 위해 우상을 두지 말
라"는 십계명 1, 2, 3의 명령은 수없이 자기 자신을 위해 다른 우상을
섬겨 왔던 인간의 모습을 반증한다. 특별히 우상 파괴 정신이란 진정한
신을 섬기기 위해 다른 신들을 섬기거나 어떤 형상 혹은 사물을 진정한
신에 대치시키지 못하게 하는 유대교-그리스도교적 전통이며, 이것은
특별히 창조주 하나님 앞에서 유한한 인간이 자신의 한계를 겸손히 인정
함을 의미한다. 그리고 바로 이러한 의미에서 "한계에 대한 인식은 오히
려 성서적, 그리스적 유일신론의 기초이다."[32] 만약 우리가 신앙의 하나
님, 절대자이신 하나님을 말하고자 한다면, 우리는 언제나 그 경험의
내용을 유한하게 받아들일 수밖에 없다는 한계를 인정함과 더불어 그분
의 자리를 단지 깨끗이 비워두어야 할 뿐이다. 왜냐하면 신은 우리가
아무것도 할 수 없는 곳에서 전적으로 자유롭게 자기 자신을 말하며,
우리를 새로움으로 이끌기 때문이다.

　철학적 신학은 기본적으로 신학이 도달하고자 하는 장소를 위한 방
법론을 제공한다. 다시 말해 신학의 출발점으로서의 철학적 신학, 즉

---

31 Rentsch, *Gott*, 52.
32 앞의 책, 120.

원초-신학은 지금까지 전통적으로 구성되어 왔던 인간의 투영인 신의 모습을 비판하고, 다시금 신이 우리가 어떻게 할 수 없는 그 영역에서 자신을 개방할 수 있도록 준비하는 작업이다.[33] "본래적인 신-이해에 도달하고 그것을 살기 위해서는 잘못되고 소외된 신의 표상들로부터의 해방이 보다 구체적으로 획득되어야만 한다."[34]

지금까지 머물러 왔던 인간학의 아류로서의 신학으로부터 해방되어 어떤 것을 준비한다는 의미에서 이제 철학적 신학은 신학의 새로운 출발점을 의미하게 된다. 철학적 신학이 가능하게 하는 인간의 자기 반성, 자기 성찰은 그래서 신학의 처음에 수행되어야 하는 빈 공간 준비의 방법론, 즉 '원초-신학'이다. 그렇다면 이러한 원초-신학으로서의 철학적 신학은 어떠한 신학적 전환을 가져올 수 있는가?

---

[33] 물론 이러한 비판이란 전통의 전적인 파괴를 의미하지 않는다. 오히려 이것은 전통 안에서 화석화된 신론의 해체를 의미하며, 나아가 그 안에서 올바르게 드러나지 못해 왔던 신의 근원적인 모습과 능력의 주도권을 절대적 초월로서의 신 자신에게 되돌려 드리는 겸허의 자세이다. 그렇다면 우리는 무엇을 해야 하는가? "참으로 다 깨부수어 버린다면, 그제야말로 그분이 무엇인가를 하실 것이다. 우리가 노심초사할 일이 아니다. … 결국 우리가 할 일은 망치로 깨부수는 것뿐이다. 그 뒤에는 그분이 하실 것이다." 정재현, 『망치로 신-학하기』(서울: 한울아카데미, 2006), 284.

[34] Rentsch, *Gott*, 101.

4. 철학적 신학을 통한 전통 신학의 재해석
: 창조함으로부터 창조됨에로 그리고 힘의 신으로부터 케노시스의 하나님에게로

전통 교리 안에서 지고한 신이란 결국 인간 주체의 자기 절대화 혹은 자기 고양의 산물이었다. 그러한 신은 모든 것을 창조해야 하며, 결국 신은 완전하고 변하지 않는 형이상학적 실체였고, 그러므로 예수 그리스도의 십자가는 인간의 죄만을 조건 없이 삭제해 주는 대속'이어야만 했다. 그러나 이것들은 이제 인간의 자기 성찰로서의 철학적 신학을 통과하면서 전혀 새로운 모습의 해석을 획득하게 된다. 왜냐하면 인간의 욕망으로 잘못 해석되어 그 의미를 현대에 제대로 전달할 수 없는 대표적인 교리가 바로 '창조', '예수 그리스도의 대속', '기도' 등이었기 때문이다. 그러나 철학적 신학의 성찰 안에서 인간의 한계와 욕망이 노출됨과 동시에 이제 우리는 이 교리들의 다른 측면 혹은 보다 근원적인 차원으로 눈을 돌리게 된다.

전통 교리들 안에서 숭배되던 하나님 이해는 포이에르바하의 비판과 같이 늘 자기 자신의 힘에 대한 숭배에 머물러 왔다는 비판을 면하기 힘들다. 힘 있는 신, 무조건 정복하고 모든 것을 지배하는 그런 신을 주장하는 한에서 그리스도교 신학은 늘 자기 자신에 대한 우상 숭배의 위험과 함께할 수밖에 없었다. 그뿐만 아니라 단순한 사변적 신 역시 현대에 와서 거절당할 상황에 이른다. 왜냐하면 제일원인으로서의 신이란 단지 인간의 사유 안에서 추상된 것일 뿐, 결코 우리의 고통을 알고, 우리를 위해 행동하는 신앙의 하나님으로 이해될 수 없기 때문이다. 그러나 철학적 신학의 원초적 성찰 안에서 자기 자신의 유한성과 나약함을 통찰한 인간은 이제 신 이해에 대한 전적인 전환을 경험하게 된다.

철학적 신학은 먼저 철저한 인간의 자기 성찰을 요구한다. 앞서 여러 번 언급했던 것처럼 철학이 보여 준 인간의 정체는 그가 유한한 자이며, 결단코 완전을 소유할 수 없는 그런 자라는 것이었다. 그리고 이러한 인간의 유한성에 대한 자각은 특별히 현대 철학이 주체 해체라는 명칭을 가지고 행해 왔던 흐름에 귀속한다. 현대에 이르러 우리는 더 이상 주체의 절대성을 인정하지 못한다. 다양한 포스트모더니즘의 흐름 안에서 현대는 주체가 가진 능력을 해체하는 방향으로 나아갔기 때문이다. 이러한 흐름 안에서 현대 신학은 더 이상 주체 중심주의가 지배했던 기존의 교리들을 그대로 반복하여 가르칠 수 없고 또한 강단에서 설교할 수 없는 상황에 이르렀다. 현대 사회의 상황에 참여하지 못하는 신학의 이야기 방식이 점점 외면받는 현실은 바로 이것에 대한 예시이기도 하다. 그리고 이것은 특별히 창조론에서 극명하게 드러난다.

태초에 하나님이 천지를 창조하시니라(창 1:1).

성서의 첫 번째 부분이 분명하게 언급하듯이 창조는 결코 포기할 수 없는 그리스도교의 핵심이다. 그리고 이것은 전통 신학 안에서 절대적 존재가 자신의 의지대로 무엇인가를 만들고 지배함을 주장해 왔던 것이 사실이다. 그러나 이제 더 이상 절대적 존재도 또한 그가 절대적 의지대로 세상을 만들고 지배함을 당연하게 주장할 수 없는 시대에 우리는 들어서게 되었다. 왜냐하면 경험의 주체조차도 해체되어 버린 이 시대에 그 주체를 넘어 더 위대한 어떤 존재를 상정한다는 것은 사람들에게는 허황된 이야기로 취급되고 있기 때문이다. 다시 말해 신 그 자신의 존재가 어떠하든지 간에 현대인들이 자신들의 삶 안에서 언급하고 있는 신뿐만 아니라 일체의 종교적 대상들은 사실상 없기에 무의미한 것으로 간주되며, 여기에서 창조는 그 단어조차 소멸되어야 할 것으로 공격당한다. 그럼에도 불구하고 이러한 시대적 흐름 안에서 창조는 철학적 신학의 자기 성찰과 자기 반성을 통해 이전과는 다른, 그러나 현시대에 알맞은 새로운 방식의 이해를 만날 수 있다. 그것은 바로 현대인들이 직접 경험할 수 없는 신의 '창조함'에 대한 강조를 잠시 내려놓고 우리의 한계 안에서 경험되고 있는 피조물들의 '창조됨'에 초점을 맞추는 일이다.

현대 현상학자들의 통찰을 통해 우리는 존재함이라고 하는 것이 전적으로 내가 할 수 있는 어떤 행위가 아니라는 사실을 알게 되었다. 다시 말해 존재란 전적으로 주어짐의 사건이며, 그래서 선물이다. "그것이 존재를 준다. … 그것에 속해 있는 주어짐의 양식으로부터, 다시 말해 역운으로서의 줌으로부터… 우리가 그것을 사유한다."[35] 창조 역시 우리는 이러한 존재를 되어짐, 주어짐의 사건으로 보는 현대의 논의로부터 해석할 필요가 있다. 이것은 우리의 존재가 결코 나 자신의 노력으로 주어진 것이 아니라 철저히 내가 알 수 없는 영역과 더불어 나를 둘러싼 다른 모든 것을 통해 가능함을 통찰하는 것이다.

우리가 창조되었고 또한 창조되고 있다는 사실은 우리의 삶이 다른 이들의 희생에 의해 이루어지고 있다는 것, 나아가 우리는 늘 그들의 희생에 빚을 지고 살고 있음을 의미한다. 따라서 우리의 창조됨은 우리

---

35 Martin Heidegger, *Zur Sache des Denkens* (Tübingen: Max Neymeyer Verlag, 1969), 19.

역시도 빚을 지고 있는 것과 마찬가지로 다른 이들을 위해 희생하고 내어줄 수 있어야 함을 말한다. 즉, 우리 역시도 다른 이들과 다른 피조물들의 생명을 위해 희생해야 할 때가 되면 기꺼이 나 자신을 내어 주는 자로 스스로를 규정해야 하며, 이것이 바로 자기 자신을 십자가에 내주어 대속하신 예수 그리스도의 구원의 사건을 따르는 일이다. 그리스도의 십자가 희생은 단순히 인간들의 죄의식을 벗어나게 해주는 교리에 머물 수 없다. 십자가 사건은 구원의 획득으로부터 출발하여 이제 우리가 세상을 살아가면서 당연히 따라야 하는 십자가의 길을 드러내 주는 것으로 확장된다.

이제 철학적 신학의 자기 성찰, 자기 반성을 통해 신학은 하나님의 창조함을 말하기 이전에 인간과 피조물의 창조됨의 빚(Schuld)을 말하며, 나아가 하나님, 인간, 피조물 사이의 상호적 희생과 더불어 그 안에 놓인 그리스도의 십자가의 의미를 전달한다. 그리고 여기에서 결국 전능성만을 강조해 왔던 전통의 신 이해는 이와 다르게 자기를 비우고 내주는 사랑의 하나님, 즉 케노시스적 신 이해로 변경되기 시작한다.

케노시스란 용어는 빌립보서 2장 5-11절, 그리스도 찬가에서 '비움' 또는 '자기-비움의 행동'을 지칭하는 데 사용되었다. 그리고 "현금의 신학의 주된 특징 가운데 하나는 삼위일체 하나님의 자기 낮추심의 행동(kenotic action)을 강조한다는 것이다."[36]

---

36 신옥수, "몰트만의 창조 이해에 나타난 하나님의 케노시스", 「한국조직신학논총」제 27집 (2010), 79. 케노시스 개념에 대한 가장 두드러진 신학적 논의는 17세기의 개신교 기독론 논쟁으로부터 강조되기 시작했고, 특별히 19세기 독일 루터교 신학자들에게서 유행하였다. 우선 루터(1483~1546)는 케노시스론을 특별하게 발전시키지는 않았지만, 그러함에도 불구하고 성자의 낮아짐과 영화의 상태(erniedrigten und ver-herrlichten Zustand) 사이의 이중성에 대해 언급했었고, 그가 사망한 이후 루터 신학

현대에 요청되는 케노시스적 하나님은 힘을 추구하고 그것을 폭력
으로 행사하는 자가 아니다. 오히려 그는 모든 인류의 공생을 염려하며
어떻게 살아가야 하는지를 새롭게 보여주는 자이다. "하나님은 스스로
를 세계로부터 십자가에로 몰아넣었다. (따라서) 하나님은 세계 안에서
무력하시고 약하다. 그리스도는 그의 전능으로 도우시는 것이 아니라
그의 약함으로, 그의 고난으로 우리를 돕는 것이다. 단지 고난받는 하나
님만이 도울 수 있다."[37] 그의 아들이 자신을 비워 우리를 구원했던 것처
럼 그 역시 이미 태초부터 스스로를 비워 존재자를 존재하게 하고 있다.

기존의 전통 신학적 관점에서 "우주 만물 위에 계신 성부는 분명히
행동하시고 또한 분명히 영향을 받지 않는다. 이것은 그가 고통을 겪을
수 없다는 것을 의미한다."[38] 그러나 이제 케노시스적 신은 전통적 이해
와 전적으로 다른 방식인 비움의 나약함을 통해 자신의 완전성을, 자신
의 전능함을 그리고 자신의 무한성을 드러낸다. 왜냐하면 무한함에도

을 중요하게 다루었던 기센 학파와 튀빙엔 학파는 이 케노시스의 이중성을 주제로
논쟁하게 된다. "교리사적으로 케노시스 개념은 두 가지 큰 역할을 했다. 하나는 17
세기의 루터 정통파 내에서 기센 학파와 튀빙엔 학파 사이의 싸움에서이다. 그리고
다시금 19세기에는 몇십 년 동안 케노시스론으로서 신학적으로 지배했다. 이런 과
정은 다시금 나중에 두 가지로 반복되는데, 먼저 영국에서 19세기에서 20세기로의
변형에 그리고 그 이후 케노시스가 러시아적인 종교철학에… 의미를 가지게 되었
던 러시아 안에서였다." Lyle Dabney, *Die Kenosis des Geistes. Kontinuität zwischen
Schöpfung und Erlösung im Werk des Heiligen Geistes* (Neukirchen-Vluyn:
Neukirchener Verlag, 1997), 56. 이러한 개념의 확장의 과정을 통해 케노시스는 마침
내 현대에 이르러 그리스도의 이중본성론의 문제에 대한 답변을 넘어 신의 자기 비
움의 본성으로 해석된다.

37 Dietrich Bonhoeffer, Eberhard Bertge(Hg.), *Widerstand und Ergebung. Briefe und
Aufzeichnungen aus der Haft* (München: Chr.Kaiser, 1970), 394.

38 Geddes MacGregor, *He Who Let Us Be: A New Theology of Love* (New York: Seabury
Press, 1975), 71.

불구하고 자신을 비우고 고통 안에 서 있을 수 있는 신만이 진정으로 완전하고 전능할 것이기 때문이다. 고통을 당하지 못하는 신이 아닌 당할 필요가 없는 고통을 자신이 받아들일 수 있는 신이 더욱 완전하고 전능하다.

이와 더불어 여기에서 인간이 가져야 하는 신앙의 형태 역시 새로운 모습으로 해석된다. 예를 들어 기도는 힘 있는 신에게 자신의 필요를 구하던 형식에서 "실천적인 삶의 형식으로서의 전체적인 실존의 형식이 된다. 스스로를 의존하는 앎의 의미에서의 감사함으로서 그리고 미래적인 의미에로의 개방성으로서"[39] 참된 기도란 자기 욕망으로 점철되어 있던 기복신앙과 기적에의 집착으로부터 해방된 기도이다. 또한 이것은 모든 행복과 기적을 포기하는 비참한 숙명론으로부터도 해방되어 있는 기도이다. 절대적 초월로서의 신에게 하는 기도란 기복적인 것을 넘은 신뢰함 안에서 어떤 것을 구하는 것이다. 우리가 할 수 있는 기도란 구하지만 욕심에 집착하지 않고 모든 것을 신뢰하여 맡기는 것뿐이며, 바로 이것이 신앙의 본래적 의미를 회복하는 길이다.

이처럼 철학적 신학은 인간 주체의 철저한 자기 성찰을 가능하게 하며, 그것을 통해 신학은 기존 교리 해석을 반성하고, 그럼으로써 각 시대에 맞는 신학적 담론을 새롭게 구상할 수 있는 장소를 획득한다. 모든 신학이 가진 근거를 반성하고 새로운 신학적 담론을 위한 빈 장소 (Leerstelle)를 마련한다는 의미에서 철학적 신학이란 신학의 원초적 방법론으로서의 원초-신학이라 칭해질 수 있다.

---

39 Rentsch, *Gott*, 102.

지금까지 우리는 철학적 신학을 신학의 최초의 방법론, 즉 원초신학으로 규정하고, 이것이 신학의 처음에서 인간의 한계를 성찰하는 신학함의 출발점이어야 함을 언급하였다.

철학적 신학에서 차용하는 철학이라는 분과는 인간에 대한 자기 성찰·자기 반성이며, 이 안에서 스스로의 유한성을 통찰하는 인간은 신학의 논의를 위한 새로운 관점을 획득하게 된다. 이는 곧 인간이 면면의 역사 안에서 추구해 왔던 신학이 결국 인간의 자기 이해, 자기 절대화의 영향력 아래에서 벗어날 수 없었다는 반성이며, 우리는 이것을 포이에르바하의 "신학은 인간학이다"와 불트만의 "하나님에 대해 말한다는 것은 인간에 대해 말하는 것이다"라는 두 가지의 철학적, 신학적 언술로부터 확인할 수 있었다. 그러나 이러한 자기 이해, 자기 절대화의 유혹 안에 있을 수밖에 없는 신학은 그 원초적 단계에서 철학적 신학의 성찰·반성을 통해 전적으로 다른 관점과 태도를 획득할 수 있다. 그럼으로써 신학은 인간이 늘 자기 우상화의 과정 안에 있을 수밖에 없음을 통찰하고, 이제 하나님 스스로가 자신을 알려오시는 빈자리의 준비로부터 자신의 논의를 시작한다.

이제 철학적 신학의 성찰을 통해 나타나는 결과들은 빈자리로부터 시작하여 끊임없는 전통 교리와의 대화에 들어간다. 현대에 무시되는 창조론을 새롭게 창조됨을 통해 해석하고, 현대인들의 외면을 받았던 예수 그리스도의 대속을 모든 이들을 위해 자신을 내어 주는 생명의 빛과 희생을 통해 이해하며, 나아가 이기적인 욕구로 간주되었던 기도의 행위를 하나님에 대한 신뢰의 행위로 변경시키는 작업이 나타난다. 이러한 해석들을 통해 신학은 지금까지 받아 왔던 힘 숭배라는 오해를 벗어내고, 우리의 고통과 함께하는 케노시스적 신을 고백하기 시작한다. 우리의 욕심과 힘에 대한 갈구에 점철된 신이 아니라 우리를 위해 자체로 고통당하심과 동시에 우리의 고통까지 자신이 짊어지고 함께 아파하시는 그런 참된 하나님이 이제 우리에게 고백될 수 있다. 그리고 이러한 노력하에서 이제 현대인들은 신학을, 게토화를 넘어 함께하는 것으로, 현대에 통용될 수 있는 것으로 새롭게 이해하고 수용하게 되는 것이다.

결론적으로 말해 철학적 신학은 전체 신학의 주제 파악과 한계 설정의 역할을 하는 분명한 방법론이다. 특별히 철학적 신학이 가지고 있는 복잡한 정의의 갈래들 때문에 이 단어는 뚜렷한 방법론으로 제기될 수 없었다. 그 이유는 신학이 철학에 대해 가지고 있는 막연한 두려움과 더불어 불신 때문이었고, 동시에 철학이 신학에 대해 가지고 있는 무지와 무시 때문이었다. 그러나 철학적 신학이 지시하고 있는 철학과 신학의 접점은 인간 스스로가 아무것도 할 수 없음을 경험하는 자기 성찰, 자기 반성 그리고 자기 우상화 파괴의 장소이며, 바로 여기로부터 신학은 새롭게 하나님에 대한, 하나님에 의한, 하나님을 위한 학문을 시작한다. 그래서 신학에서의 철학적 신학은 원초적 방법론, 즉 원초-신학이라 명명될 수 있다.

2장

철학에서의 '철학적 신학'
: 토마스 렌취의 부정초월과 철학적 신론

신에 대한 논의는 보통 인간이 가진 죽음에 대한 공포로부터 시작되었다고 생각되곤 한다. 즉, 부정성에 대한 인간의 불안과 그것의 극복의 희망이 종교 안에 깊게 드리워져 있다. "불안(혹은 두려움)이 신들을 만들었다"(Timor fecit deos).[1] 그러나 이러한 논의들에도 불구하고 우리는 신이 단지 우리의 부정적인 요소 때문에 인간이 만들어 낸 망상에 불과하다고만 말할 수는 없는 것처럼 보인다. 그리고 이것은 특별히 부정성과 신의 논의 사이의 관계가 전적으로 다른 시야로부터 주목될 때 분명해질 수 있다.

일상적으로 우리는 부정적인 사건을 만날 때, "하늘도 무심하시지!"라거나 "하나님 맙소사!", "반드시 천벌을 받을 것이다!" 등의 표현을

---

1 Alfred Jäger, *Gott. Nochmals Martin Heidegger* (Tübingen: J. C. B. Mohr (Paul Siebeck), 1978), 434.

사용하면서 어떤 절대자의 존재를 상정 혹은 요청하곤 한다. 때때로 우리는 신을 믿지 않던 사람들이 죽음을 앞두거나 위험에 처할 때 신을 찾기 시작하는 모습을 본다. 또한 우리는 저개발 국가의 국민일수록 혹은 빈부격차가 심해 사회가 불안한 국가의 국민일수록 종교에 대한 신뢰도가 높다는 사실을 여러 가지 보도들을 통해 들어 왔다. 이것들의 정확한 이유를 여기서 밝혀낼 수는 없지만, 단지 이러한 사실들과 관련하여 분명하게 이야기할 수 있는 것은 신에 대한 신앙이 어떠한 방식으로든지 우리의 부정적인 요소들과 연관되어 있다는 점이다. 오히려 다음과 같이 이야기할 수 있다. 죽음, 고통, 불안 등은 일상 안에서 감추어지지 않은 채 우리로 하여금 어떤 다른 차원에 눈을 돌리도록 만든다. 그럼으로 부정성은 이제 우리를 신에 대한 관심으로 이끌며, 이러한 사실은 그것이 신에 대한 논의의 필수적인 요소임을 분명히 보여 준다. 즉, 우리에게 내재해 있는 부정성이란 신의 논의와 연관된 '어떤 것'으로 이해될 수 있다.

위의 전제를 가지고 이번 장은 철학 내 철학적 신학, 즉 철학적 신론을 살펴본다.[2] 이를 위해 앞서 언급한 부정성과 신의 논의 사이의 연관 관계 안에서 철학적 신학의 과제를 새롭게 해명하게 되며, 특별히 독일 철학자 토마스 렌취(Thomas Rentsch)[3]의 부정초월(negative Transzendenz)의 철학에 주목한다. 다시 말해 이번 장은 렌취의 부정초월의 통찰을 통해

---

2 철학 내 철학적 신학은 일반적으로 철학의 내용들을 사용하여 신에 대한 다양한 사항들을 논하는 것을 의미하며, 따라서 '철학적 신론'이 더 나은 번역어이다.

3 토마스 렌취는 독일 드레스덴 (공과) 대학 철학과의 실천철학/윤리학 분과 주임교수이다. 독일 콘스탄츠 대학에서 철학과 개신교 신학을 공부했다. 주요 저서로는 『하이데거와 비트겐슈타인』, 『부정성과 실천이성』, 『신』, 『초월과 부정성. 종교철학적-미학적 연구들』 이외에 다수가 있다.

철학 안의 철학적 신학을 새롭게 이해하려는 작업이다. 특별히 렌취의 철학으로부터 하나의 신학적 작업이 수행되어야만 하는 이유는 그의 부정초월의 논의가 현대에서 나타나고 있는 '신에 대한 무조건적인 거부'와 '신에 대한 편협한 맹신' 모두의 한계, 즉 극단적으로 한쪽만을 집착하는 신-이해들의 한계를 정확하게 지적하고 있으며,4 그럼으로써 우리의 일상적 사고뿐만 아니라 왜곡된 형이상학적 전제들을 깨부수고, 신-이해의 새로운 영역을 개방할 수 있는 철학적 가능성을 지니고 있기 때문이다.

이러한 필요성을 통해 이번 장은 다음과 같은 순서로 전개된다. 우선 우리는 렌취의 논의를 따라 철학적 신학을 원초-신학으로 규정한 이후 부정성을 통해 초월의 기초적인 차원들을 해명함과 동시에 그것의 실천적 의미를 살펴보고, 마지막으로 이것들을 신-이해에 적용해 보기로 한다. 그리고 이러한 논의를 통해 철학적 신학의 과제는 부정성을 통한 초월의 해명으로 규정될 것이며, 나아가 초월을 통해 재구성된 신-이해가 우리의 실존과 세계의 해방의 근거로 제시될 것이다. "신에 대한 사유

---

4 렌취는 부정초월을 통한 신-이해 재구성의 타당성을 다음과 같은 현대적 신-담론의 한계에 대한 비판으로부터 획득하고 있다. "… 깊은 오해들은 모든 범위 안에 있는 종교 이해와 신-이해의 영역 안에도 존재한다. 실천적으로 이것들은 환상적 망상 생산과 스스로를 만들어 내는(selbsterschaffenden) 우상의 숭배의 형식 안에서, … 비의종교적인 운동들의 형식 안에서, 유희로서 혹은 위험하고, 병리학적이며, 범죄적인 예배 행위의 형식으로서, 편협한 이단적 경건으로서, 그러나 종교적인 의미 전통에 대한 계몽되지 못한 무지로서… 존재한다. 이것들은 신에 대한 소명이라는 명목 아래에서 망상주의와 인간 경멸뿐만 아니라 종교적인 문맹으로서 존재한다." Thomas Rentsch, *Gott* (Berlin: Walter de Gruyter, 2005), 3. 렌취에 따르면 이러한 문제들은 현대 안에서 '신에 대한 과학주의적 거부'(앞의 책, 11-14), '신에 대한 주관주의적 맹신'(앞의 책, 19-26), '나이브한 종교상대주의'(앞의 책, 27-32), '기능주의적 신-이해'(앞의 책, 37-40), '가설, 추정, 요청(마치 ~처럼)으로서의 신-이해'(앞의 책, 41-44) 등으로 나타나고 있다.

의 형식들은 올바로 이해될 때, 실천적으로 이미 하나의 해방이다."[5]

1. 원초-신학으로서의 철학적 신학

철학적 신학이란 철학에서는 신에 대한 철학적 물음을 지칭하며, 신학에서는 철학을 사용하는 신학의 방법론을 말한다.[6] 본래 철학과 신학은 전자가 '지혜 혹은 지혜의 여신에 대한 사랑'(Philos + Sophia)이고, 후자가 '신에 대한 로고스'(Theo + Logos)라는 점에서, 즉 그 둘 모두가 절대적 초월자를 다루고 있다는 점에서 상호 밀접한 관계 안에 놓여 있는 것처럼 보인다.[7] 다시 말해 그 둘은 이미 신론이라는 측면에서 필연적으로 만나고 있는 셈이다. 렌취에 따르면 철학과 신학 둘 모두는 이처럼 절대적 초월을 지향한다는 점에서 가장 앞선 물음에 속하며, 나아가 그 둘의 통일적 영역으로서의 철학적 신학은 신학의 출발점으로서의 '원초-신학'으로 명명될 수 있다. "… 원초-신학(Prototheologie)의 기획은 신을 사유할 수 있기 위해 우리가 앞서 사유하고 파악해야만 하는 것을 밝히려는 목적을 가진다. 즉, 의미 해명의 첫 번째 단계가(그리스어 proto-) 문제이다."[8]

---

5 앞의 책, 50.

6 Josef Schimidt, *Philosophische Theologie*, Grundkurs Philosophie, Bd. 5 (Stuttgart: W. Kohlhammer GmbH, 2003), 17 이하. '철학적 신학'의 분과를 명확히 규정하기에는 그 범위가 너무 넓은 것이 사실이다. 하지만 분명한 것은 아리스토텔레스 이후로 신학 개념이 철학으로부터 파생되었다는 점이며, 이런 의미에서 우리는 철학적 신학이 절대자를 향한 철학의 목표와 방법론을 공유하고 있다고 말할 수 있을 것이다 (앞의 책, 같은 곳).

7 이러한 철학과 신학의 관계에 대해서는 다음을 참조: 앞의 책, 27-31.

원초-신학으로서의 철학적 신학에서 우선 "철학이란 경험론적 이론이 아니라 이것은 일종의 행함이다. 의미 해명의(에 대한) 행함, 우리의 세계 이해들과 자기 이해들의(에 대한) 비판적 해석학",9 쉽게 말해 철학이란 어떤 인간적 의미를 이해하고 그것을 다시금 실천적으로 비판하는 학문, 즉 인간의 자기 이해와 세계 이해를 구성하고 동시에 그 한계를 비판하는 학문이다. 따라서 철학적 신학으로서의 원초-신학의 과제, 곧 철학적 신학의 출발점은 철학이 핵심적 주제로 다루는 '인간의 이해함의 한계에 대한 비판'이어야만 한다. 특별히 여기서 말하는 한계에 대한 비판이란 우리가 절대 혹은 무한을 그 자체로 이해하거나 파악할 수 없다는 고백을 가리키며, 그런 한에서 이것은 형이상학적 신론에 대한 부정적·비판적 해체의 기능을 가진다. 다시 말해 철학적 신학은 인간의 한계에 대한 고백으로부터 시작하여 왜곡된 전통 형이상학의 존재론10과 신론을 해체할 수 있는 단초를 자신 안에 담고 있다.11

---

8 Rentsch, *Gott*, 48.

9 앞의 책, 55.

10 렌취는 이것을 '눈앞에 있음'의 존재론이라고 이야기한다. 눈앞에 있음이란 하이데거에 따르면 왜곡된 이론적 존재 이해이다. 그에 따르면 세계 안에서 현존재는 도구와 관계 맺는데, 여기서 도구란 손안에 있는 것으로 그 존재 양식은 손안에 있음으로 명명된다. 이러한 손안에 있음이 인식 대상으로 존재하게 될 때, 그 존재 양식을 하이데거는 눈앞에 있음이라고 명명한다. Martin Heidegger, *Sein und Zeit* (Tübingen: Max Niemeyer, 1976), 69.

11 렌취는 다음과 같이 말한다. "철학적 신학의 시야 안에서 **전적으로 기능적이고, 도구적인 봄의 방식의 전환과 전회**가 따라와야만 한다"(Rentsch, *Gott*, 52). 이것을 위해 렌취는 하이데거의 존재론비판과 비트겐슈타인의 언어 비판을 통해 눈앞에 있음의 존재 이해와 언어 이해의 극복의 필요성을 성찰하고, 그럼으로써 전통 형이상학의 왜곡된 신-이해를 변경할 수 있는 가능성을 획득한다(앞의 책, 48. 그리고 Thomas Rentsch, *Heidegger und Wittgenstein. Existential- und Sprachanalysen zu den Grundlagen philosophischer Anthropologie* (Stuttgart: Klett-Cotta, 1985), 322 이하).

형이상학은 감각적인 것을 넘어선 것에 대한 인식, 즉 초감각적인
것에 대한 학문 혹은 인식이며,[12] 그것은 태생적으로 종교적 허무주의
혹은 신-죽음의 신학을 잉태하고 있다. 왜냐하면 형이상학의 신이란
모든 존재자의 근거로서의 제일원인을 의미하기 때문이다.[13] 제일원인
으로서의 신이란 단지 인간의 사유 안에서 추상된 것일 뿐, 결코 우리의
고통을 알고, 우리를 위해 행동하는 신앙의 하나님으로 이해될 수 없다.
"이것은 자기원인으로서의 원인이다. … 그러나 이 신에게 인간은 기도
할 수도, 제물을 드릴 수도 없다. 자기원인 앞에서 인간은 경외하는 마음
으로 무릎을 꿇을 수도 없고, 이 신 앞에서 그는 음악을 연주할 수도,
춤을 출 수도 없다."[14] 그리고 형이상학의 신-이해는 전통적 기독교 신앙
에 흡수되어 마침내 신학의 주류가 된다.[15] 이러한 이유에서 렌취는 철학
적 신학이 새롭게 신-이해를 재구성해야 할 필요가 있음을 역설한다.

신론의 비판과 재구성을 위해 이제 그는 부정신학의 방법을 철학적
신학 안으로 가지고 들어온다. 그것은 신의 '어떠함' 혹은 '무엇임'에
대한 긍정적 규정이 아니라 우리가 신을 어떻게 규정해서는 '안 되는지'
에 대한 부정의 수행이며, 이것은 마침내 우리의 경험 너머에 있는 초월
에 대한 진술로 귀결된다. 왜냐하면 신의 차원은 우리의 부정성의 한계

12 Martin Heidegger, *Grundbegriffe der Metaphysik. Welt - Endlichkeit - Einsamkeit*, *Gesamtausgabe Bd. 29/30* (Frankfurt(M): Vittorio Klostermann, 1985), 59.

13 Jeff Owen Prudhomme, *God and Being. Heidegger's Relation to Theology* (New Jersey: Humanity Books, 1997), 104.

14 Martin Heidegger, *Identität und Differenz, Gesamtausgabe Bd. 11* (Frankfurt(M): Vittorio Klostermann, 2006), 77.

15 Bernhard Welte & Eingeführt und bearbeitet von Holger Zaborowski, *Denken in Begegnung mit den Denkern. Hegel - Nietzsche - Heidegger*, Bernhard Welte Gesammelte Schriften Bd. II/2 (Freiburg / Basel / Wien: Herder, 2007), 203.

때문에 진술될 수 없는 절대적 초월이지만, 역설적이게도 바로 그 부정성의 아님의 과정이 우리로 하여금 그 초월에게로 접근할 수 있게 만들기 때문이다. 우리는 초월이 자체로 불가능하다는 고백과 반성을 통해서만, 다시 말해 부정성의 고백과 기존의 오해에 대한 비판을 통해서만 비로소 초월에 도달할 수 있다. "원초-신학은 이러한 삶의 초월 측면을 지시하도록 시도하며",[16] 바로 이 초월이 실제적인 우리의 삶을 변경시키고, 올바른 신-이해를 가능하게 한다.[17] 따라서 이제 철학적 신학이 향해야 할 방향은 지금까지 통용되어 왔던 형이상학적 신이 아니라 이제 그것을 뛰어넘어 있으며, 우리의 인식을 벗어나 있는 것, 즉 절대적 초월로 재설정되어야만 한다. 그렇다면 이러한 초월은 어떻게 접근될 수 있는가?

　우선 우리는 이 물음에 답하기 위해 초월이 머물고 있는 혹은 드러나고 있는 그 영역을 분명히 밝히고, 거기로부터 초월을 성격 규정해야만 한다. 물론 이러한 성격 규정의 방식 안에서는 그것이 마음대로 처분할 수 없고, 파악될 수도, 인식될 수도 없다는 사실이 간과되어서는 안 되며 또한 이러한 마음대로 처분할 수 없음, 파악될 수 없음, 인식될 수 없음에도 불구하고 초월이 동시에 인간의 삶 안에 근거한 채 거기로부터 가능해진다는 사실 역시 간과되어서는 안 된다. 이러한 역설적 이중성 때문에 "초월 분석은 인간 삶의 형식 전체와 연관되어 있다. 그것은… 인간의 세계 이해 전체와 연관된다. 이 연관들 안에서 절대적 초월의 발견과… 일자인 신에 대한 말이… 그들 자신의 자리를 갖는다."[18]

---

16 Rentsch, *Gott*, 49.
17 앞의 책, 97.

종합하자면 원초-신학으로서의 철학적 신학의 일차 목표는 절대적 초월 혹은 초월함을 드러내는 것이다. 그리고 여기서 언급된 초월이란 세계를 넘어선 채 모든 관계를 끊어 버린 피안적인 어떤 것을 의미하지 않는다. 오히려 초월은 우리의 세계 안에서 벌어지고 있는 사건이며, 그래서 렌취에 따르면 가장 기초적인 형태의 초월은 우리의 영역으로부터, 즉 인간의 실존(삶), 세계(존재) 그리고 언어의 차원으로부터 자신을 드러낸다. "원초-신학적 현상들은(혹은 근원 현상들은) 다음과 같다. 세계의 실존(존재자의 존재의 사실, 존재론적·우주론적 초월), 언어의 실존(로고스의 초월), 단적으로 인간의 실존(상호실존적이며, 실존적인 초월)."[19] 이러한 초월의 차원들은 동근원적이기 때문에 이해를 위해 서로가 순환적으로 연결되어 있지만, 동시에 그것들은 초월적이기 때문에 자신들의 내적 관계를 유한한 우리에게 드러내지 않는다. 따라서 이 초월을 우리 삶의 기초적 요소로부터 드러내는 것, 즉 "내재 안에서 절대적 초월을 드러내는 것이 철학적 신학의 과제이다."[20]

2. 부정성을 통한 초월의 해명

렌취에 따르면 초월을 밝히는 작업은 우선 인간의 가장 기초적인

---

18 앞의 책, 49.

19 Thomas Rentsch, "Transzendenz - Konstitution und Reflexion. Systematische Überlegungen", Markus Enders. Holger Zaborowski (Herausgegeben), *Jahrbuch für Religionsphilosophie Bd.10* (Freiburg / München: Verlag Karl Alber, 2012), 116.

20 Rentsch, *Gott*, 86.

요소로부터 출발해야 하며, 그것은 바로 부정성이다. 보다 정확히 표현한다면 초월은 인간의 부정성을 통해 가능하며 또한 거기로부터 자신을 드러낸다. "부정의 통찰들은 넓은 의미에서 이성적이며, 풍요로운 종교와 신에 대한 이해를 열어 밝히며 개방한다."21 그렇다면 여기서 말하는 부정성이란 무엇을 의미하는가?

1) 부정성

우리는 가사자(Sterblicher)이기 때문에 죽음에 노출된 채 상처받을 수밖에 없고, 나약할 수밖에 없다. 우리는 또한 고통을 겪을 수밖에 없으며, 그 고통 안에서 끊임없이 늙고 깨어질 수밖에 없다. "사실 우리는 끊임없이 끝나고 있다. 거기로부터 지속적으로 주어지는 상처, 노화, 깨어짐이 나타난다. 이것들은 실존적인 나약함으로 성격 규정될 수 있는 것들"22이며, 우리는 이러한 삶의 부정적인 요소들을 '부정성'으로 정식화할 수 있다. "부정성은 존재론적으로는 거부로서, 무성(무)으로서 그리고 죽음으로서, 인간학적으로는 거절할 수 있음으로서, 논리학적으로는 아님으로서, 부정의 형식으로서 나타난다."23

전통적으로 부정성은 단지 허무한 것, 파괴적인 것 혹은 좋지 못한 것으로 평가되어 왔다. 예를 들어 불교가 '일체개고'를 말했던 것 그리고

---

21 앞의 책, 53.

22 Thomas Rentsch, *Negativität und praktische Vernunft* (Frankfurt(M): Suhrkamp, 2000), 88.

23 앞의 책, 9. 부정성의 철학적 분석들에 대해, 특별히 헤겔 이후의 부정성에 대해 다루고 있는 문헌들은 다음을 참조: 앞의 책, 9, 10의 각주 1, 2.

기독교가 죽음을 '죄의 삯'(롬 6:23)으로 간주했던 것 모두가 여기에 해당한다. 하지만 우리가 주목해야만 하는 것은 앞서 언급한 부정성이 결코 우리의 삶 안에서 쉽게 제거될 수 있거나 혹은 극복될 수 있는 것이 아니라는 사실이다. 부정성이란 오히려 우리의 삶에 함께 동반되어 있는 어떤 필수적인 것이면서 동시에 이미 우리에게 앞서 주어져 있는 삶의 구성 요소이다. 이것은 존재의 시작과 더불어 끊임없이 우리와 공존한 채 우리의 삶과 존재 방식을 지금과 같은 형태로 만들어 왔던 것이다. "인간적 실존은 부정성에 의해 철저히 침투되어 있으며",[24] "부정성은 인간적 세계를 구성한다."[25] 이것은 삶과 존재의 사실들 안에 놓여 있는 '마음대로 처분할 수 없음'(Unverfügbarkeit), 즉 존재론적·실존론적 한계를 드러낸다.[26]

놀라운 것은 그러나 이러한 부정성이 우리의 한계의 설정 근거이면서 동시에 우리가 이 한계들을 넘어설 수 있게 하는 초월의 가능 근거라는 사실이다.[27] 그리고 렌취에 따르면 이러한 초월은 실존(삶)의, 세계(존재)의 그리고 언어의 현실에서 가능하다. 부정성과 한계를 직시함을 통해 이제 우리는 삶 안의 고착된 것들을 허물고 새로운 실존을 향해 초월해 나아간다. 부정성과 한계를 직시함을 통해 이제 우리는 세계 안에 고착되어 있는 억압과 착취의 관계를 허물고 새로운 존재의 관계를 향해 초월해 나아간다. 부정성과 한계를 직시함을 통해 이제 우리는 언어의 고착되었던 의미들을 허물고 새로운 의미 구성을 향해 초월해

---

24 Rentsch, *Negativität und praktische Vernunft*, 88.

25 앞의 책, 92.

26 Rentsch, *Heidegger und Wittgenstein*, 322 이하.

27 Rentsch, *Gott*, 57.

나아간다. 이처럼 초월함이란 부정성으로부터 가능하다. 왜냐하면 부
정성을 통해 한계에 충돌할 때, 우리는 비로소 그 한계를 넘어 새로움으
로 나아갈 수 있기 때문이다. "한계란 한 사태가 끝나거나 멈추는 곳이
아니라 오히려 거기에서 그것이 본질적으로 시작되며, 비로소 이해되
는 곳이다."[28]

2) 초월의 차원들

초월은 일반적으로 넘음(Überschritt), 넘어섬(Überschreiten) 혹은 넘
어감(Übersteigen)을 의미한다.[29] 서양 사상 안에서 초월은 각각의 학자
에 따라 다르게 이해되고 있으며, 그들의 사상의 핵심으로 사용되기도
한다.[30] 이러한 이유로 이 단어와 관련하여 우리가 명확하게 해명할 수
있는 것은 단지 초월이 표상화·주제화될 수 있는 어떤 객체 혹은 대상이
아니라 그 자체로 '마음대로 처분할 수 없음'을 담고 있는 사건이라는
점뿐이다. "초월은 저 너머에 있는 공간이 아니며, … 과정적인 의미
개방의 사건이다."[31] 렌취에 따르면 이러한 초월의 사건은 우리에게
관계의 방식으로 나타나며, 다음과 같이 형식화될 수 있다. "X는 Y와
초월의 관계 안에 서 있다."[32] 그리고 앞서 언급한 것처럼 "우리 세계의,

28 앞의 책, 59.

29 Martin Heidegger, *Metaphysische Anfangsgründe der Logik im Ausgang von Leibniz, Gesamtausgabe Bd. 26* (Frankfurt(M): Vittorio Klostermann, 1990), 204.

30 초월에 대한 서양철학사적 연구는 다음을 참조: 윤병렬, "하이데거와 현대의 철학적 사유에서 초월개념에 관한 해석", 「하이데거연구」 제18집 (2008).

31 Rentsch, *Gott*, 91.

32 Rentsch, "Transzendenz – Konstitution und Reflexion. Systematische Überlegungen"

우리 실존의, 우리의 (언어적) 실천의 모든 측면이 초월의 패러다임이
될 수 있다."[33]

렌취가 주목하는 초월의 첫 번째 차원은 인간의 '실존과 상호실존
(Interexistenz)'이다. 엄밀한 의미에서 인간의 실존에서 벌어지고 있는
초월이란 초월함(Tranzendieren), 즉 초월의 운동을 의미한다. 이것은
절대적 초월과 같은 인간 외부의 어떤 상태를 일컫지 않고, 자신을 벗어
나 자기 밖으로 나가는 초월함의 행위 그 자체를 말한다. 다시 말해 실존
하는 한, 인간은(즉, 우리는) 자기 이외의 것들과 초월함의 관계 안에 서
있다. 그리고 이러한 인간 실존의 초월 성격을 렌취는 하이데거가 말하
고 있는 인간-현존재의 존재적-존재론적 우위[34]로부터 확인한다.

하이데거에 따르면 존재는 '초월'이면서[35] '관계'이고,[36] 바로 이러한
이유에서 존재에 대한 물음은 관계망으로서의 세계 안에 살고 있는 인간
(현존재)의 세계 내 존재에 대한 물음으로 귀결된다. 그리고 일차적인
탐구의 목표로서의 인간의 본래적 전체성은 다음과 같이 정리될 수 있
다: "가장 고유하며, 무연관적이고, 건너뛸 수 없으며, 무규정적이면서
확실한 현존재의 존재 가능성으로서의 죽음의 무성을 향해 침묵하면서

(2012), 120. *"X steht zu Y im Verhältnis der Transzendenz."*

33 Rentsch, *Gott*, 94. 렌취는 이러한 세 가지 기초적인 초월 차원들 이외에도 다음과 같
  은 몇 가지 초월 차원들을 더 언급한다: 문화적 초월의 패러다임으로서 신비적 초월,
  철학적 초월, 미학적 초월 그리고 종교적 초월 등. Rentsch, "Transzendenz – Konstitution
  und Reflexion. Systematische Überlegungen" (2012), 131-137.

34 "현존재는 모든 존재론의 존재적-존재론적 가능 조건(Möglichkeit der Bedingung)으
  로서의 세 번째 우위를 가지고 있다." Heidegger, *Sein und Zeit*, 13.

35 앞의 책, 38.

36 Martin Heidegger, *Wegmarken, Gesamtausgabe Bd. 9*(Frankfurt(M): Vittorio Klostermann,
  1976), 332.

불안에 열려 있는 자기 기획 투사."[37] 조금은 복잡한 하이데거의 인간의
본래적 전체성의 규정 안에서 렌취가 주목하고 있는 것은 인간이 근원적
으로 죽음, 무성, 침묵, 불안 등의 부정성의 요소를 자신 안에 담고 있으며,
그것이 곧 초월로서의 존재와 연관된다는 사실이다. "인간적 초월함은
의미 구성적으로 부정성과 더불어… 결합되어 있다."[38] 다시 말해 부정
성의 요소를 통해 인간 현존재는 자기 자신의 한계를 규정하고, 그 한계
로부터 비로소 단적인 초월로서의 '존재'에로 이해해 나아가 있는 자이
며, 바로 그런 한에서 인간은 존재적-존재론적 우위를 가지고 있다. 나아
가 인간이 그것을 향해 초월해 있는 존재란 앞서 언급한 것처럼 관계이
다. 따라서 이제 우리는 이러한 인간의 초월함을 관계적인 실존, 즉 상호
실존이라 명명할 수 있다. 인간의 초월함이란 상호실존의 관계 안에,
즉 우리가 그 안에 포함되어 있는 존재 안에 들어서 있음을 의미하며,
바로 여기에서 실존의 초월함은 세계의 초월 혹은 존재의 초월로 확장된
다.

　초월의 두 번째 차원은 세계(존재)의 초월이다. 세계란 우리가 일상
안에서 인식하는 대상들, 즉 존재자들의 총합을 의미하지 않으며, 그
이상이다. 세계란 오히려 우리가 살고 있는 장소, 우리가 다른 것들과
관계 맺으며 거주하고 있는 바로 그곳이다.[39] 그러나 이 세계 자체는

---

37 James M. Demske, *Sein. Mensch und Tod. Das Todesproblem bei Martin Heidegger*
　(Freiburg / München: Verlag Karl Alber GmbH., 1984), 49. "[D]as verschwiegene, ang-
　stbereite Sichentwerfen auf die Nichtigkeit des Todes als der eigensten, un-
　bezüglichen, unüberholbaren und unbestimmt gewissen Seinsmöglichkeit des
　Daseins."
38 Thomas Rentsch, *Transzendenz und Negativität. Religionsphilosophische und äs-*
　thetische Studien (Berlin / New York: Walter de Gruyter, 2011), 196.

우리와 초월의 관계 안에 서 있다. 왜냐하면 '세계가 있다는 사실 그 자체', '어떤 것이 있고 오히려 무가 아니라는 사실 그 자체'는 우리의 경험을 벗어나며, 우리가 자체로 인식할 수도, 표현할 수도 없는 것이기 때문이다. 오히려 직접적으로 경험하고 표현할 수 있는 사항은 내부-세계적 존재자들에 대한 체험의 내용일 뿐이지 세계의 존재 그 자체는 아니다. 렌취는 말한다.

> 세계의 존재, 존재의 사실은 우리의 인식과 경험을 완전히, 근본적으로 초월하고 넘어선다. 세계가 존재함을 우리는 설명할 수도, 어떠한 방식의 내부-세계적(innerweltlichen) 사실로부터도 파생시킬 수 없다.[40]

우리는 이미 경험에 앞서 세계 안에 내던져져 있지만, 그럼에도 불구하고 결코 세계 자체를 설명할 수도, 추론할 수도 없다. 그러나 동시에 우리는 어떠한 방식으로든지 세계 안에 있으며, 그 안에서 우리는 다른 것들과의 관계로 초월해 들어간다. 세계 자체는 이처럼 마음대로 처분할 수 없으며, 인식될 수 없는 부정적 한계를 드러낸다는 점에서 초월이고, 동시에 이미 실존의 초월함의 근거로서 상호실존의 관계 가능성을 앞서 내주고 있다는 점에서 또한 초월이다.

세 번째의 기초적인 초월 차원은 "의미에 대한 존재 혹은 의미의 존재로서의 언어의 초월"[41]이며, 이 안에서는 의미 구성 혹은 의미 기투

---

39 세계 개념에 대한 규정은 다음을 참조: Heidegger, *Sein und Zeit*, 64 이하.

40 Rentsch, *Gott*, 60.

41 앞의 책, 67. "… wende ich mich nun der Transzendenz der Sprache als dem *Sein von Sinn* bzw. dem *Sein des Sinnes* zu."

가 문제된다. 여기서 언급되는 언어의 초월은 우선 언어 자체의 초월
성격을 의미한다. "언어의 현실성은 내적 무한성을 통해 성격 규정되어
있다. 언어 전체는 마음대로 처분할 수 없는 것이다."[42] 이와 더불어 언어
의 초월은 새로운 의미의 구성과 기획 투사의 과정 자체를 가리킨다.
다시 말해 언어 자체는 마음대로 처분할 수 없다는 부정성의 의미에서
초월이면서 동시에 기존의 의미를 부정하면서 새로운 의미 구성으로
우리를 이끌고 있다는 점에서 또한 초월이다. 이처럼 언어 자체는 우리
와 초월의 관계 안에 서 있다. 특별히 언어의 초월이 중요한 이유는 언어
가 다른 초월들이 가능해지는 장소이기 때문이다. 렌취는 말한다.

> 의미의 언어적 열어 밝힘이 없다면, 우리의 세계 이해와 자기 이해는 불가
> 능하다. 존재론적·우주론적 초월과 설명될 수 없는 실재의 나타남에 관련
> 하여 결과로서 따라 나오는 모든 지시(Aufweise)는 자체로 단지 언어적
> 으로만 가능하다. … 언어는 우리의 의미한계의(에 대한) 반성(Sinngren-
> zereflexion)과 총체적인 의미 근거의(에 대한) 인식(Sinngrunder-
> kenntnis)을 가능하게 한다.[43]

언어를 통한 의미 구성, 의미 기투는 새로운 차원을 향한 개방을 가능
하게 하며, 이 개방 안에서 이제 실존의 초월과 세계의 초월이 함께 드러
난다. 이러한 의미에서 "언어는 특수한 인간적 초월함의 장소일 뿐만
아니라 매개이다."[44] 마음대로 처분할 수 없으며, 파악할 수도 없는 우리

---

42 앞의 책, 71.
43 앞의 책, 67.

의 실존과 세계는 이제 언어적 초월을 통해 그것들의 한계를 넘어 새로운 차원으로 초월하여 들어간다. 그리고 마침내 이러한 과정은 우리에게 해방을 가지고 온다. 왜냐하면 새로움으로의 개방이 실존과 세계를 그것들의 고착화로부터 벗어나게 해주기 때문이다. 이 언어의 초월은 초월 차원들의 실천 안에서 보다 자세하게 해명될 것이다.

3. 초월의 실천

앞서 언급한 것처럼 초월이란 '마음대로 처분할 수 없음'의 차원이면서 동시에 삶, 세계 그리고 언어 안에서 새로움으로의 개방을 가능하게 하는 것이다. "그렇기 때문에 철학적 신학은 기초적이지만, 각각의 사람들에게 원리상 접근 가능한 우리의 삶의, 우리의 언어와 실천(Praxis)의 측면에 관련되어야만 하며, 이것을 일반적이고 분명하게 해명해야만 한다."[45] 따라서 다음과 같은 물음이 제기되어야만 한다. "초월은 우리의 현실 안에서 어떤 실천을 가질 수 있는가?"

1) 실존의 초월 차원의 실천: 자기 이해의 변경

렌취에 따르면 우선 인간적 실존의 초월의 차원, 즉 초월함에서는

---

44 앞의 책, 70.
45 앞의 책, 80.

우리의 '자기 이해의 변경'이 실천으로 주어질 수 있다. 초월 안에서 "우리는 단지 삶의 의미 구성적인 마음대로 처분할 수 없음을 인정하는 방식 안에서만 이러한 (자기) 이해를 획득할 수 있으며, 형성할 수 있다."[46] 다시 말해 초월은 그 자신이 결코 임의적으로 파악되거나 이해될 수 없다는 사실을 통해, 즉 한계 경험을 통해 우리로 하여금 우리의 부정성을 다시 한번 깨닫게 만들며, 오히려 이러한 한계 경험 혹은 부정성의 경험 자체가 이제 우리를 우리 자신으로 이해할 수 있게 해 줌과 동시에 그것을 넘어 새로운 자기 이해로 개방한다. "한계를 사유한다는 것은 그것을 넘어서는 것을 의미한다."[47]

인간은 자신의 삶을 나날이 새롭게 이해하면서 살아가는 자이다. 이 이해 안에서 인간은 언제나 개방적인 자로, 즉 변화와 타자와의 관계 맺음에 적극적으로 열려 있는 자로 규정된다. 그는 자신의 내부에만 함몰되어 살 수 없으며 또한 자기의 외부만을 바라보면서 살 수도 없다. 인간은 끊임없이 그 스스로를 이해하고 해석하면서 그것의 기준들을 자기 안으로부터 뿐만 아니라 자기 밖의 관계로부터 가지고 온다. 왜냐하면 그는 자신의 부정성 때문에 자기 자신에 대해 만족할 수 없으며, 언제나 자기 자신을 초월하고, 다시금 자신을 새롭게 이해하기 때문이다. 만약 그렇지 않고 그가 삶에 대한 영원한 만족을 가질 수 있었다면, 그에게는 그 어떠한 초월도 또한 자기 이해의 변경도 불필요했을 것이다. 그러나 인간은 부정성의 끊임없는 '아님' 속에서 그 '아님'과 더불어 살아갈 수밖에 없다. 부정성은 "우리의 삶의 의지에 대해 '안 됨'을 말"[48]

---

46 앞의 책, 72.
47 앞의 책, 75.

하면서 오히려 우리의 삶의 전체를 지배하고, 우리를 삶의 끊임없는 아님의 과정 안으로 밀어 넣는다. 하지만 이 부정성의 지배는 결코 우리가 단순히 그것을 통해 소멸되어 버리는 허무한 부정을 의미하지 않는다. 왜냐하면 우리의 삶은 부정성에 철저히 지배됨을 통해 스스로를 벗어나 새로운 차원으로 끊임없이 개방되기 때문이다.

부정성이 주는 끊임없는 개방성 안에서 오히려 우리는 자유를 획득한다. 따라서 "자유란 다름 아닌 초월을 의미한다."[49] 자유 안에서 나는 나 자신으로부터 밖으로 초월해 어떤 새로운 것과 관계 맺고, 이제 이 관계 안에서 나의 자기 이해는 다시금 변경된다. 그리고 이러한 부정성과 초월함의 관계는 실존의 초월 차원의 실천을 통과하여 마침내 공동체의 차원, 즉 세계의 초월 차원의 실천에 도달하게 된다. "부정성과 초월함의 구성적 연관은… 상호실존적이며, 본래적이면서 비본래적인 공동체적 인간 실천의 관계를 구성한다."[50]

2) 세계의 초월 차원의 실천: 세계 이해의 변경

세계(존재)의 초월 역시 그 명칭 자체에서 알 수 있는 것처럼 결코 우리가 어떻게 할 수 없는 초월 차원에 속한다. "우리가 우리 자신을 객관화할 수 없는 것처럼 그렇게 우리는 또한 타자를 지배할 수 없다."[51]

---

48 Bernhard Welte & Eingeführt und bearbeitet von Elke Kirsten, *Leiblichkeit, Endlichkeit und Unendlichkeit*, Bernhard Welte Gesammelte Schriften Bd. I/3 (Freiburg / Basel / Wien: Herder, 2006), 162.

49 Heidegger, *Wegmarken*, 174.

50 Rentsch, *Gott*, 76.

51 앞의 책, 76 이하.

세계는 우리가 지배할 수 없는 공간이며, 우리가 존재하기 이전에 이미 세계가 존재해 왔음은 자연과학과 종교 모두에서 인정되고 있는 사항이다. 우리는 세계의 사실 자체를 단지 관찰할 수 있을 뿐, 결코 그것을 무로부터 창조할 수 없다. 그러나 이러한 세계의 사실 안에서 우리는 새롭게 변경할 수 있는 하나의 부분을 가지고 있다. 그것은 바로 공동적 존재에 대한 이해, 즉 '세계 이해'이다.

인간은 그의 무성 때문에 자신의 삶 안에서 이전의 의미를 파괴함과 동시에 새롭게 그 의미를 재구성하고, 그럼으로써 다시금 자신의 삶을 새롭게 계획해 나가는 자기 창조자이다.[52] 그러나 이러한 의미 구성의 과정은 유아론적일 수 없으며, 언제나 타자와의 관계 안에서, 즉 공동의 삶 안에서 가능할 수 있을 뿐이다. "우리는 공동의 삶 안에서 이러한 의미의 존재 때문에 우리 자신이 된다."[53] 물론 여기서 말하는 자기 창조는 인간의 의미의 차원에 해당한다. 인간은 의미를 창조하고, 자기 자신을 변화시키지만, 그것은 결코 세계의 사실 자체의 변경이 아니다. 예를 들어 인간의 초월에도 불구하고 하늘은 하늘이고, 땅은 땅이다. 과거에나 현재나 하늘과 땅은 그냥 그렇게 우리 너머에 그 자체로 있어 왔으며 또한 지금도 그렇게 있다. 그러나 인간은 하늘과 땅을 구분하고, 의미 부여하며, 나아가 그것들의 의미를 자기 이해 안에서 변경시켜 왔다. 중세의 하늘은 신이 거주하는 장소였다면, 이제 현대의 하늘은 비행기를 타고 왕래하는 공간으로 이해된다. 고대의 땅이 천동설의 의미에서 우주의 중심이었다면, 이제 현대의 땅은 지동설의 의미에서 태양을 돌

---

52 이관표, "하이데거 사상에서의 역설과 그 종교철학적 함의", 「존재론연구」 제25집 (2011), 282 이하.

53 Rentsch, *Gott*, 79.

고 있는 행성이다.

이처럼 우리는 세계의 사실 자체를 바꿀 수는 없지만, 대신 그 의미의
재구성을 통해 새로운 의미로 창조해 낼 수 있다. "인간적인 세계에 있어
의미 구성적인 것은 우리가 우리와 우리의 그때마다의 상황을 지속적으
로 초월함이다."[54] 그래서 "우리 세계의 의미 구조의 나타남을 우리는
이미 창조적 과정으로 성격 규정"할 수 있다.[55] 여기서 창조적 과정이란
우리가 세계를 부단히 다르게 이해함을 말한다. 실존의 초월의 실천으
로서의 '자기 이해의 변경'을 통해 이제 세계의 초월의 실천으로서의
'세계 이해의 변경'이 나타나며, 이것은 곧 의미 구성의 차원, 즉 언어의
차원 안에서 발생하는 사건이다. 다시 말해 세계의 초월의 실천은 실존
의 초월처럼 인간의 의미 구성, 의미 기투를 통해 나타나며, 이것은 곧
언어 사용 안에서의 세계 이해의 변경을 말한다.

3) 언어의 초월 차원의 실천: 자기 이해와 세계 이해의 장소

앞서 언급한 것처럼 언어는 자체로 초월이며, 우리의 언어 사용 자체
가 이미 초월을 자신의 근거로 삼고 있다. "이것(언어 사용)은 단지 초월
차원의 함의적인 기초 위에서 가능할 뿐이다."[56] 그리고 특별히 언어의
초월이 중요한 이유는 그것의 창조적인 힘이 다른 두 가지 초월, 즉 실존
과 세계의 초월 차원들의 가능 장소라는 사실에 놓여 있다. 왜냐하면

---

54 Rentsch, *Transzendenz und Negativität*, 199.

55 Rentsch, *Gott*, 68.

56 Rentsch, "Transzendenz – Konstitution und Reflexion", 121.

의사소통적 언어의 역할 없이는 초월 차원 자체의 나타남이 불가능하기 때문이다. "언어는 특수한 인간적 초월함의 장소일 뿐만 아니라 매개이다. … 존재의 의미도 또한 인간적 세계도 의사소통적 자기 초월 없이는 단지 가능하지 못할 것이다."[57]

언어를 매개로 인간은 자기 자신을 이해하며, 세계 안의 다른 인간들과 대화하고, 그럼으로써 세계의 사건들을 판단하며 해석한다. 언어가 있기 때문에 인간은 자기 이해와 세계 이해를 가질 수 있으며 또한 그것들을 변경할 수 있다. 따라서 언어는 우리의 의미 구성, 의미 기투의 가장 중요한 뼈대가 되어 우리의 창조적 자기 이해와 세계 이해를 비로소 가능하게 한다. 즉, 오직 언어의 의미 구성 안에서만 인간은 자기와 세계를 이해하고 변경할 수 있으며, 그러므로 이제 다시금 실존과 세계가 새로운 의미를 획득한다. 이러한 측면에서 보자면 실존, 세계 그리고 언어의 초월은 상호보완적이면서 통일적인 구조 안에 함께 속해 있다. 렌취는 말한다.

> 설명될 수도, 파악될 수도 없지만, 지속적으로 실현되는 존재의, 세계의, 언어의 그리고 우리의 고유한 실존의 초월은… 우리에게 내적으로 차별화될 수 있고, 차별화를 요구하지만, 그러나 완전히 구별될 수 없는 통일성을 형성하며, 우리가 결단코 총체적이며 부가적으로 파악할 수도 또한 불가능하게 만들 수도(depotenzieren) 없는 질적인 통일성을 형성한다.[58]

---

57 Rentsch, *Gott*, 70.
58 앞의 책, 81.

실존의 초월함은 시간적이며 유한하고, 몸적·공간적으로 제한되어 있으며 상황화되어 있다. 즉, 그것은 부정성 안에 제한되어 있다. 하지만 초월함은 이처럼 부정성을 통해 한계 지어진 일상의 언어 안에서 새로운 자기 이해와 새로운 관계를 획득한다. 그리고 새로운 관계의 등장은 이제 세계 이해의 변경을 가능하게 만든다. 그러나 앞서 두 가지 이해는 언제나 언어의 초월로서의 의미 구성, 의미 기투 안에서만 드러날 수 있다. 언어의 초월로서의 의미 구성 안에서 비로소 우리의 자기 이해는 성립 가능하며 또한 변경될 수 있다. 자기 이해의 장소는 이처럼 언어의 초월이다. 또한 언어의 초월로서의 의미 구성 안에서 비로소 우리의 세계 이해는 성립 가능하며 또한 변경될 수 있다. 세계 이해의 장소는 이처럼 언어의 초월이다. 다시 말해 언어의 초월은 자기 이해와 세계 이해가 성립될 수 있는 창조의 장소이면서 동시에 지금까지의 고착된 자기 이해와 세계 이해가 깨어지고, 변경될 수 있는 개방성의 장소이다. 그렇다면 이러한 부정초월에 대한 논의는 철학적 신학의 과제 안에서 어떠한 방식으로 사용될 수 있는가?

4. 철학적 신학의 과제로서의 신-이해

앞서 우리는 렌취의 논의를 통해 철학적 신학의 과제가 초월을 드러내는 것이며, 이러한 초월의 드러남이 인간의 부정성으로부터 가능하다는 사실을 살펴보았다. 따라서 이제 새롭게 해명되어야 하는 것은 이러한 부정초월의 논의를 절대적 초월로서의 신과 연결시키는 것이다. 왜냐하면 철학적 신학이 신에 대한 철학적 물음 혹은 신학의 출발점으로서의 원초-신학인 한에서, 그것의 과제로서의 초월의 내용은 결국 신에게로 귀결되어야만 하기 때문이다. 다시 말해 철학적 신학의 과제는 이제 초월의 차원들로부터 다시금 절대적 초월로서의 신에 대한 이해로 확장되어야만 하며, 그럼으로써 이제 우리는 렌취의 부정초월로부터 다시금 절대적 초월로서의 신에 대한 다음과 같은 이해에 도달하게 된다. 신은 우리에게 가장 가까우며, 초월의 실천의 근거이면서 나아가 해방의 근거이다.

1) 절대적 초월로서의 신의 가장 가까움

렌취의 초월에 대한 해명으로부터 철학적 신학이 보여 줄 수 있는 신-이해는 첫째, 그가 절대적 초월임에도 불구하고 우리에게 가장 가깝게 머물러 있다는 역설적 사실이다. 신은 절대적 초월로서 우리가 결코 어쩔 수 없으며 또한 인식할 수 없는 분이다. "그렇게 신은 세계 혹은 세계의 한 부분도, 경험의 '대상'도 아니다. … 이 단어는 나머지 의미에 해당하는 어떤 개별자를 규정하지 않는다."[59] 보다 적극적으로 말해 신은 결코 그 자신의 이름을 알리지 않는 분이다. 신의 이름이 알려지지 않았다는 것은 그의 절대적 초월성 때문에 그가 어떤 분인지, 그가 무엇을 행할지 전혀 알려지지 않았고, 결코 알려질 수도 없다는 것을 의미한다. "신이 무엇인지 우리는 알지 못한다. 이것은 오래된 신학적 명제이다. 신은 규정되지 않는다(Deus definiri nequit)."[60] 단지 우리가 그와 관련하

---

59 앞의 책, 87.

60 Jürgen Moltmann, *Der gekreuzigte Gott. Das Kreuz Christi als Grund und Kritik christlicher Theologie* (München: Chr. Kaiser, 1972), 210.

여 알 수 있는 것은 그가 절대적 초월로서 그 초월 때문에 유한한 인간에
게는 전적으로 인식 불가능하다는 사실 그 자체뿐이다. 즉, 신은 우리와
초월의 관계 안에 서 있다.

그러나 이 절대적 초월로서의 신은 초월이 우리의 내재적 부정성
안에서 드러난다는 의미에서 본다면, 역설적으로 우리에게 가장 가까
운 분이다. "본래적이고, 실존적이며, 상호실존적인 실천보다 신이 우리
에게 더 가까이 있는 곳은 그 어디에도 없다."[61] 다시 말해 신은 우리의
나약하고 부정적인 실존의 모습 안에 이미 내재해 있으며, 그래서 인간
은 지금까지 나약함과 고통 안에서 신을 고백해 올 수 있었다. 그는 절대
적 초월임에도 불구하고 오히려 삶의 부정적 현실 안으로 관계 맺으며
들어와 있는 '가장 현실적인 존재(ens realissimum)로서의 신'[62]이다. 신
은 우리에게 접근을 허용하지 않는 어떻게 할 수 없는 분이지만, 그가
절대적 초월로서 오직 초월의 방식 안에서만 자신을 계시하는 한에서
우리는 초월함의 근거로서의 부정성을 통해 그와 관계하고 또한 그를
이해할 수 있다. 그리고 이러한 우리와의 관계 가능성 안에서 "신은 본래
적인 상호 인격성의 현실의 근거로서 그렇게 개념 파악될 수 있다."[63]
신의 초월은 결코 우리의 삶으로부터 분리되지 않는다. 그는 절대적
초월이지만, 역설적이게도 우리에게 가장 가까이 머물러 있는 분이다.

61 Rentsch, *Gott*, 91.
62 앞의 책, 같은 곳.
63 앞의 책, 94.

2) 초월 실천의 근거로서의 신

두 번째, 철학적 신학의 신-이해 안에서 절대적 초월로서의 신은 '실존의 초월의 실천'(자기 이해의 변경)과 '세계의 초월의 실천'(세계 이해의 변경)의 근거로서 드러난다. 렌취에 따르면 철학적 신학은 초월 차원에 대한 논의 안에서 신을 절대적 초월로 이해한다. 그리고 우리는 부정성을 통해, 다시 말해서 한계의 고백을 통해서만 이 절대적 초월로서의 신과 올바른 관계 안에 들어설 수 있으며, 이 관계 안에서 이제 자기 이해와 세계 이해의 변경이 비로소 가능해진다. "우리가 신에게… 근거지어져 있는 자기 이해 안으로 들어갈 때, 바로 총체적인 세계 이해와 자기 이해가 변경된다."[64] 이것은 무엇을 의미하는가?

우선 실존의 초월의 실천(자기 이해의 변경)과 세계의 초월의 실천(세계 이해의 변경)은 앞서 살펴본 것처럼 언어의 초월로서의 의미 구성, 의미 기투 안에 놓여 있다. 그리고 이러한 초월의 실천들은 이제 절대적 초월로서의 신에 대한 의미 구성 작업 안에서 그 정점에 이르게 된다. 신은 그 자체로 사유되거나 인식될 수 없으며, 대상화될 수도 없다. 하지만 이 한계에 대한 끊임없는 부정적 언술들은 동시에 신에 대한 적합한 표현이 될 수 있다. 다시 말해 신이 절대적 초월이라거나 우리가 그를 결코 알 수 없다는 부정적 언술들은 우리에게 또 다른 차원의 신-이해를 가능하게 해 준다. 우리가 부정성을 자기 안에 담고 있는 한에서, 즉 우리가 우리의 한계 때문에 아무것도 알 수 없다고 고백하는 한에서 우리의 언술은 끊임없이 기존의 언술을 부정하고 초월하여 새로운 차원

---

64 앞의 책, 113.

에로 나아가며, 이러한 초월함 속에서 비로소 신에 대한 이해는 새롭게 개방되고 제시된다. 그리고 이러한 과정 안에서 이제 우리의 자기 이해와 세계 이해는 함께 변경된다. 왜냐하면 "신-인식과 진정한 자기 인식은 공속"[65]하기 때문이다. 다시 말해 신의 이름을 쓰고 지우기를 반복하는 이 과정은 부정성을 담고 있는 인간의 초월함의 과정에 속하며, 그런 한에서 신-이해가 변경됨을 통해, 그것에 맞추어 다시금 인간의 자기 이해와 세계 이해 역시 새롭게 부정적 초월의 과정 안으로 들어간다. "실천적 의미에서의 신-이해는 절대적 초월의 본래적인 이해 안에서 형성되며, 이러한 이해는 동시에 진정한 자기 이해이다."[66]

절대적 초월을 향한 끊임없는 교정 작업을 통해 이제 우리는 삶 안에서 새로운 신-이해에 도달하며, 그와 동시에 이 신-이해는 다시금 우리를 새로운 자기 이해와 세계 이해로 개방시킨다. 즉, 우리의 자기·세계 이해와 신-이해는 상호보완적, 상호구성적인 관계 안에서 서로를 규정하고 교정하며, 마침내 새로움을 향해 해방시킨다. 따라서 이러한 상호적인 의미 변경의 사건은 다음과 같은 방식으로 정식화될 수 있다. 신이 우리의 초월함을 통해 개방되고, 동시에 우리의 실존과 세계가 신의 초월을 통해 개방되는 상호 초월의 사건, 물론 여기서 잊지 말아야 하는 것은 "우리는 존재와 의미를 투사했던 그 당사자가 아니며, 오히려 절대적 초월이 우리를 가능하게 하고, 우리의 초월함을 자유롭게 한다"[67]는 사실이다. 우리가 하는 것이 아닌 절대적 초월이 하는 것이며, 그렇게

---

65 앞의 책, 58

66 앞의 책, 102.

67 앞의 책, 93.

2장 | 철학에서의 '철학적 신학' 73

우리의 욕망이나 욕심이 제외된다는 의미에서 이제 철학적 신학이 도달한 "신-인식이란… 우리의 삶의 상황들을 전적인 망상 없음을 가지고, 개념 파악함을 의미한다."[68] 그럼으로써 이제 신-이해는 신학의 뿌리로서의 유대교적·기독교적 우상 파괴의 가르침에 정확히 일치하게 된다.[69] 신과 관련하여 어떤 것을 절대화하고 고집하는 것은 그것이 보수적인 해석이든 혹은 진보적인 해석이든 간에 결코 올바른 것으로 인정될수 없다. 왜냐하면 절대적 초월로서의 신은 결코 한정될 수 없기 때문이다. 그리고 이 신에 대한 철학적 신학의 이해는 이제 전통 안에서 고착되어 왔던 신론으로부터의 해방을 가지고 온다.

3) 해방의 근거로서의 신

세 번째, 철학적 신학의 신-이해 안에서 이제 절대적 초월로서의 신은 해방의 근거로 드러난다. 신학의 출발점으로서의 철학적 신학, 즉 원초-

---

68 앞의 책, 100.

69 "유대 전통은 오래전부터 '형상 금지'(Bilderverbot)를 알아 왔다. 그것은 성서의 출 20:4에 바탕을 둔 것이다. 이러한 금기는 일찍이 신의 이름을 입 밖에 내어 말하는 것을 금기시했던 것과 연결되어 있다." Bernhard Welte / Eingeführt und bearbeitet von Holger Zaborowski, *Zur Frage nach Gott*, Bernhard Welte Gesammelte Schriften Bd. III/3 (Freiburg / Basel / Wien: Herder, 2006), 157. 우상 파괴란 엄밀한 의미에서 인간이 자신의 유한성과 한계를 인정하고, 인간의 인식론적-존재론적 한계를 넘어서는 신의 절대성을 존재의 영역에서뿐만 아니라 무의 영역까지도 포함하는 절대적 초월로 확장시키려는 노력이라 말할 수 있다. 그리고 우리의 유한성/한계와 신의 절대성이 동시에 인정된다는 점에서 이것은 이미 성서적, 신학적, 철학적 타당성을 지니고 있는 신론의 기초이다. "한계에 대한 인식은 오히려 성서적, 그리스적 유일신론의 기초이다. 예언자적인 우상 비판과 같은 성서적인 형상 금지는 스스로 만들어 낸 이념적 기획의 망상적인 지배(우상화)에 대항하여 자주 논쟁이 되었다." Rentsch, *Gott*, 120.

신학은 지금까지 전통적으로 구성되어 왔던 신의 모습을 비판함으로써
다시금 절대적 초월로서의 신이 우리가 어떻게 할 수 없는 그 영역에서
자신을 개방할 수 있도록 준비하는 작업이다. 물론 이러한 비판이란
전통의 전적인 파괴를 의미하지 않는다. 오히려 이것은 전통 안에서
화석화된 신론의 해체를 의미하며, 나아가 그 안에서 올바르게 드러나
지 못해 왔던 신의 근원적인 모습과 능력의 주도권을 절대적 초월로서의
신 자신에게 되돌려 드리는 겸허의 자세이다.[70]

특별히 이러한 비판이 필요한 이유는 진정한 신에 대해 말하려면
먼저 우상이 죽어야만 하기 때문이다. 다시 말해 "본래적인 신-이해에
도달하고 그것을 살기 위해서는 잘못되고 소외된 신의 표상들로부터의
해방이 보다 구체적으로 획득되어야만 한다."[71] 이것은 도구적, 기능적
혹은 기복적 우상을 파괴하고, 절대적 초월이 자신을 직접 개방할 수
있도록 하려는 준비이며, 이러한 준비 안에서 "절대적 초월이 전적으로
의식됨으로써(im vollen Bewusstsein der absoluten Transzendenz), 진정한
종교적인 신론이 나온다."[72] 여기서 말하는 진정한 종교적 신론이란
전통의 신론의 일방적인 부정도, 그것의 지나친 집착도 함의하지 않는
다. 오히려 이것은 신론을 초월 차원에 대한 이해를 통해 근원적 영역으
로 가져가려는 구성의 작업이면서 동시에 현실에 어쩔 수 없이 주어져
있는 경험의 다양성을 인정하는 관용의 작업을 의미한다. 그리고 바로

---

70 "참으로 다 깨부수어 버린다면, 그제야말로 그분이 무엇인가를 하실 것이다. 우리가
　　노심초사할 일이 아니다. … 결국 우리가 할 일은 망치로 깨부수는 것뿐이다. 그 뒤
　　에는 그분이 하실 것이다." 정재현, 『망치로 신-학하기』 (서울: 한울아카데미, 2006),
　　284.

71 Rentsch, *Gott*, 101.

72 앞의 책, 107.

여기에서 이제 기독교의 하나님 신앙은 현대의 수많은 비판(예를 들어 과학주의적·정신분석학적·종교사회학적 비판들)을 통과하여 다시금 스스로를 회복할 수 있는 단초를 획득하게 된다.[73] 이제 전통적으로 주장되어 왔던 "(신의) 영원성은… '위로부터 아래로'(senkrecht von oben)를 의미하는 내재 안으로의 초월의 깨어-부숴-들어옴(Hereinbruch)"[74]으로 새롭게 이해된다. 절대적 초월의 신은 시간적이고 유한한, 즉 부정성에 의해 철저히 점철되어 있는 우리의 삶 안으로 깨어-부숴-들어와 우리를 "망상적, 도구적인 자기 이해로부터의 해방"[75]으로 이끈다. 즉, 이제 우리는 신을 해방의 근거로 만난다.

　　지금까지의 논의를 통해 철학적 신학의 과제는 다음과 같은 결론에 이르게 된다. 부정초월의 해명 안에서 고착화되어 왔던 신론으로부터 해방되어 절대적 초월의 개방을 준비함. '준비'라는 의미에서 철학적 신학은 신학의 출발점, 즉 원초-신학으로서의 과제를 짊어지며, 동시에

---

73 바로 이 지점에서 신학적-성례전적 전통의 회복을 위한 새로운 가능성이 나타난다. 렌취는 이것의 예를 기도에서 발견한다. "기도는 실천적인 삶의 형식으로서 전체적인 실존의 형식이 된다. 스스로를 의존하는 앎의 의미에서의 감사함으로서 그리고 미래적인 의미에로의 개방성으로서 그렇게 예수는 가르친다"(앞의 책, 102). 참된 기도란 기복신앙과 기적에의 집착으로부터 해방된 기도이다. 또한 이것은 모든 행복과 기적을 포기하는 숙명론으로부터도 해방되어 있는 기도이다. "이것(진정한 기도)은 오히려 신앙하고 있는 신뢰를 알려 온다. 이것은 자체로 불안한 ― 도구적인 자기 이해의 초월이다. … 초월에 대한 통찰은 실제적이며 구체적으로 사유와 개방성, 희망과 신앙하는 신뢰를 가능하게 한다"(앞의 책, 같은 곳). 절대적 초월로서의 신에게 하는 기도란 기복적인 것을 넘은 신뢰함 안에서 어떤 것을 구하는 것이다. 이것은 미래의 사실들이 언제나 절대적 초월의 뜻에 의해 결정될 것을 신뢰하지만 숙명론의 체념에 빠지지 않는다. 우리가 할 수 있는 기도란 구하지만 욕심에 집착하지 않고, 모든 것을 신뢰하여 맡기는 것뿐이며, 바로 이것이 신앙의 본래적 의미를 회복하는 길이다.

74 앞의 책, 113.

75 앞의 책, 102.

이것은 초월을 통한 해방의 통찰에 이른다. 따라서 철학적 신학에서 개진된 신-이해는 이제 종교 담론에만 머물고 있는 어떤 것을 의미하지 않는다. 그것은 우리의 사유 안에서 그리고 삶 안에서 부단히 새롭게 해석되며 또한 해석되어야만 하는 것이다. 그러므로 철학적 신학의 신-이해는 이제 우리의 삶을 고착된 실존으로부터 해방시키고, 그것을 다시금 새로움을 향해 개방시킨다. 철학적 신학의 신-이해는 이제 우리의 공동 존재를 왜곡된 관계 설정들로부터─예를 들어 정치, 경제적 하이라키 혹은 성차별 등으로부터─ 해방시키고, 그것을 다시금 새로움을 향해 개방시킨다. 이처럼 철학적 신학이 우리의 부정성을 통해 도달하는 초월은 새로운 신-이해 안에서 적극적인 실천의 의미를 준다. 그것은 다음을 의미한다. 우리는 절대적 초월의 신 앞에서 언제나 해방으로서 살아가고 있으며 또한 살아가야만 한다.

지금까지 우리는 렌취의 부정초월의 논의에 주목하면서 철학적 신학의 과제를 새롭게 재구성해 보았다. 우선 철학적 신학이란 모든 신론의 출발점으로서의 원초-신학으로 규정되었으며, 그것의 과제가 '부정성을 통한 초월의 해명'으로 제시되었다. 다시 말해 인간의 부정성, 즉 "내재 안에서 절대적 초월을 드러내는 것이 철학적 신학의 과제이다."[76]

부정성이란 죽음, 나약함, 깨어짐과 같이 인간이 극복할 수 없는 그의 삶의 기본적인 요소이며, 나아가 인간의 삶에 철저히 침투하여 그의 삶을 구성하는 어떤 것을 의미한다. 그러나 인간은 이러한 부정성의 '아님'을 통해 한계에 부딪힘과 동시에 자기 자신을 넘어 초월하며, 렌취에 따르면 이러한 부정성을 통한 초월함의 과정은 인간의 실존, 세계

---

76 앞의 책, 86.

그리고 언어의 차원 안에서 벌어지고 있다. 특별히 실존의 초월에서는 자기 이해의 변경이, 세계의 초월에서는 세계 이해의 변경이 각각 초월 차원의 실천으로 드러나고 있으며, 이것들은 언어의 초월 차원의 의미 구성, 의미 기투 안에서 가능하다. 그리고 철학적 신학이 신에 대한 철학적 물음 혹은 신학의 출발점으로서의 원초-신학인 한에서 그것의 과제로서의 초월은 이제 절대적 초월로서의 신에 대한 이해의 단초로 확대된다.

절대적 초월로서의 신은 우리의 부정성, 우리의 한계 고백 안의 끊임없는 '아님'의 교정 작업을 통해서만 접근될 수 있는 그런 분이며, 이러한 아님의 교정 작업은 마침내 신-이해의 정립을 가능하게 함과 동시에 우리의 자기 이해와 세계 이해를 변경시킨다. 다시 말해 진정한 신-이해는 우리의 실존과 세계 이해를 새롭게 개방하며, 그럼으로써 우리를 지금까지 고착되어 왔던 삶, 세계 그리고 신에 대한 관념으로부터 해방시킨다. 따라서 철학적 신학의 과제란 결코 단순히 이론적인 것, 그래서 현실을 도피하는 것을 의미하지 않는다. 오히려 철학적 신학은 그것이 절대적 초월을 지향하는 한에서 우리의 내재적 삶 안으로 자유와 해방을 가지고 오는 적극적인 실천의 성격을 가진다.

렌취의 부정초월에 대한 해명은 그러나 여전히 몇 가지 문제를 남겨주고 있다. 첫 번째, 부정성이 지나치게 긍정적인 개념으로 오해될 수 있다는 점이다. 렌취뿐만 아니라 현대 사상의 논의들 안에서 죽음, 무, 상처, 고통 등은 단순한 부정을 넘어 일종의 근거 개념으로 새롭게 이해되어가고 있다. 그러나 우리가 주의해야만 하는 것은 비록 부정성이 초월을 가능하게 하고, 나아가 어떤 현실적 순기능을 가지고 있다 하더라도 그것은 여전히 부정적 성격에 속해 있다는 점이다. 다시 말해 부정성은 끊임없이 우리에게 머물러 우리를 언제든지 고통과 절망 그리고 신에 대한 거부로 데리고 갈 수 있다. 이러한 이유에서 본다면, 물론 부정성이 초월을 가능하게 한다는 사실이 간과되어서는 안 되지만, 이와 동시에 그것이 우리의 본래적인 어떤 것으로 수용되기에는 너무나 어렵고 또 고통스러운 것이라는 사실 역시 결코 간과되어서는 안 될 것이다.

　두 번째, 서양의 초월 개념 자체가 한국의 사상과 문화 내에서 쉽게 이해되기 어렵다는 점이다. 동양 문화 안에서 서양의 초월 개념은 낯선 것이 사실이다. 서양의 초월 개념이 '자기를 벗어남', '다른 것과 관계 맺음', '종교적 절대자' 등으로 일상적이고 넓은 범위에서 사용되고 있는 반면, 한국의 사상과 문화 안에서 초월 개념 자체의 사용은 대부분 사상적 혹은 종교적 차원 안에 제한되어 있다. 다시 말해 서양에서의 초월 개념은 '일상의 인식' 혹은 '관계 맺음의 차원' 등을 포괄하며, 이것은 '개인, 개별 혹은 실존'으로부터 사유를 출발하는 서양 사상의 특징에 기인하는 반면, 동양 문화에서 관계 맺음이란 자기를 벗어나 초월하는 현상이 아니라 오히려 모든 존재의 기초이다. 우리에게는 – 불교의 연기설과 무아설의 예처럼 – 개체·실존보다는 전체·관계가 더 근원적인 것으로 이해된다. 따라서 우리는 서양의 초월 개념을 이해함에 있어 어려움을 가질 수밖에 없다. 그러나 이러한 어려움에도 불구하고 렌취의 부정초월과 철학적 신학에 대한 논의가 우리의 사상과 문화 안에서 여전히 유의미할 수 있는 이유는 이것이 우리를 다음과 같은 통찰로 이끌기 때문이다. 즉, 삶, 세계, 언어, 종교 등에서 드러나는 초월은 결코 현실과 괴리되어 있는 어떤 상태 혹은 존재자를 의미하지 않는다. 초월이란 우리의 삶의 기초로서의 부정성으로부터 가능하며, 따라서 그것은 삶과 직접적으로 관계되어 있는 것이다. 이러한 측면에서 본다면 앞서 언급한 초월에 대한 이해의 어려움은 부정성을 통한 끊임없는 교정 작업 안에서 극복되어갈 수 있는 것에 불과하다.

　이처럼 우리는 끊임없는 교정 작업 안에서 초월을 향해 다가갈 수 있으며 또한 이것은 신을 향한 길에도 해당된다. 우리는 부정성의 아님을 통해 절대적 초월로서의 신에게 다가가며, 이와 동시에 그는 다시금 우리를 새로움으로 개방시킨다. 따라서 우리의 부정성이란 단순히 우리를 괴롭히고, 우리를 사라지게 만드는 허무한 어떤 것이 아니다. 오히려 그것은 우리로 하여금 신과의 가까운 관계로 초월해 나아가도록 하는 근거로 이해될 수 있다. 바로 이러한 의미에서 감히 다음과 같이 말할 수 있을지 모른다. 죽음, 불안, 고통 안에서 신을 찾는 우리의 모습은 단순히 인위적으로 신들, 종교들을 만들어 내는 망상적 행위만을 의미하지 않는다. 그것은 오히려 우리를 개방성과 해방 안으로 부르는 신의 부르심에 대한 우리의 응답이다.

현대의
철학적 신론

2부에서는 현대 철학의 내용 안에서 전개되는 신에 대한 다양한 논의를 다룬다. 현대 철학은 일반적으로 니체의 등장으로부터 시작되었다고 인정되며, 따라서 여기서도 니체의 종교성에 대한 해석을 시작으로 니체를 새롭게 해석하여 자신의 철학 및 니체 철학의 영향력을 확장시켰던 하이데거 그리고 요즘 들어 하이데거의 부정신학적 흐름과 잘 비견되고 있는 비트겐슈타인의 신 논의를 함께 살펴본다. 그 이후 하이데거의 무 물음과 신 논의 관련성과 더불어 이를 통해 하나님에 대한 새로운 이해를 주장하고 있는 현대 신학자들의 논의를 소개한다. 그 이후 최근의 흐름인 과정 사상과 에코페미니즘이 신학적으로 적용된 과정신학과 에코페미니즘의 신론 그리고 과학적 신학을 다룬다.

3 장
니체의 철학적 신론

이번 장은 서구 형이상학과 기독교에 대한 니체의 비판을 통해 그의 새로운 종교성 논의를 고찰해 보고, 그 결과로부터 현대적 신-담론을 새롭게 제안해 본다.

20세기를 시작하는 1900년에 비참하게 사망함으로써 새롭게 현대 철학을 출발시킨 니체는 분명 여러 가지 부분에서 신-담론의 중요 대화자임에 틀림없다. 물론 잘 알려져 있는 것처럼 니체의 주요한 대적자는 기독교였으며, 그가 분명한 어조로 주장했던 '신의 죽음'은 현대의 기독교인들이 경험해 왔던 사항 중 가장 큰 불편함이었던 것이 사실이다. 그러나 이러한 불편함이 강하면 강할수록 동시에 니체는 현대를 살아가는 우리가 반드시 넘어서야만 하는 사상가일 수밖에 없다. 왜냐하면 그가 가진 현대의 영향력은 대단할 뿐만 아니라 나아가 "그는… 다가오는 시대마다 끊임없이 영향을 미치면서 작용할 것으로 생각"[1]되기 때문

---

1 오이겐 비저/정영도 옮김, 『신의 추구자이냐 반그리스도이냐. 니체의 기독교비판』 (대구: 이문출판사, 1990), 9.

이다. 또한 그가 자신의 저서에서 행했던 비판의 작업이야말로 우리의
삶과 신앙 안에 도사리고 있는 여러 가지 문제점을 분명하게 지적해
주는 도구가 되어 왔던 것 역시 사실이다. 많은 신학자가 니체를 통해
기독교 신학을 새롭게 이해해 왔던 것도 바로 이러한 이유에 근거하고
있다.[2]

　　니체는 크게 두 가지 영역의 비판을 시도했으며, 그 비판은 극단적인
성격을 지니면서 서구의 형이상학과 기독교를 해체시켜 버린다. 니체
적으로 표현해 보자면, 이미 몰락할 수밖에 없는 운명이었던 서구 형이
상학과 기독교는 때가 되어 해체의 수순에 들어가게 되었고, 그는 바로
이것을 남들보다 먼저 통찰하고 있었을 뿐이다. 그리고 본 글은 바로
이러한 니체의 비판과 통찰을 따라가면서 그 안에서 우리가 발견할 수
있는 긍정적 요소는 없는지 살펴보고, 그 이후 그 안에서 현대의 신-담론
을 구성할 수 있는 새로운 가능성을 찾아보게 된다.

　　현대에 적합한 신-담론은 대상화·객체화·표상화될 수 있는 어떤

---

2 니체의 종교 비판에 대한 최신 연구 흐름은 다음과 같은 세 가지 유형의 답을 제시하고
있다. 첫째, "니체는… 그리스도에 대항하는 그리스적 신을 내세운다." Günter Abel &
Werner Stegmaier (Herausgegeben), *Nietzsche-Studien Bd.43. Internationales Jahrbuch
für die Nietzsche-Forschung* (Berlin: Walter de Gruyter, 2014), 72.다시 말해 기독교 비판
을 통해 니체는 기독교에 의해 억압받고 망각되어 왔던 그리스적 종교(혹은 자연종교)를
다시 회복하고자 한다. 둘째, "니체는 기독교가 믿을 가치조차 없었기 때문에 그렇게 대항
한 것이 아니었"고,(앞의 책, 74) 오히려 진정한 기독교를 실현하기 위해 비판을 수행하였
다. 그에게 "기독교에 대항하는 결단이란 또한 기독교를 위한 결단일 가능성이 있음을
의미한다"(앞의 책, 76). 마지막 세 번째 연구 유형은 니체의 종교적 태도가 단순한 비판이
아닌 새 종교의 창립 혹은 미래 종교의 예측에 맞춰져 있음을 밝히는 것이다. 즉, "종교적
이면서도 영적인 측면에 대한 주목 현상이 니체의 사유와 관련하여 나타났"으며(앞의
책, 76), 나아가 "니체는 미래의 종교성을 비-유신론적인 것으로 묘사"하는데, "이것은
중세적 예식의 현상, 유신론에 대한 비판의 현상 혹은 불교의 환희(Faszination)에 대한
현상들"(앞의 책, 88)을 지닌 미래 종교의 유형에 대한 예측으로까지 확장된다.

절대자가 아니라 예수가 십자가에서 보여주었던 신의 빈자리, 즉 모든 신적 담론이 무능화되어 버린 장소로부터 시작되어야 한다. 특별히 여기서 언급할 신이라는 개념은 일차적으로는 서구의 형이상학 혹은 기존 기독교 안에서 마음대로 우상화되어 왔던 대상을 지시하지 않는다. 그는 적극적으로 말한다면 예수 그리스도를 통해 계시되었던 그 '신'으로서 우리에게는 빈자리이지만 이와 동시에 우리의 고통 안에 늘 함께 계시는 분이다. 그리고 바로 이러한 의미에서 현대의 우리는 '신 없이, 신 앞에서' 살아간다고 말해질 수 있다.

1. 서구 형이상학의 몰락

우리는 가장 먼저 니체의 통찰과 더불어 서구 형이상학의 몰락을 살펴볼 필요가 있다. 왜냐하면 기존의 신-담론의 전제가 그 한계를 드러낼 때, 그것을 넘어서는 제안이 제대로 나타날 수 있을 것이기 때문이다. 잘 알려져 있듯이 니체가 서양 사상사에서 수행했던 가장 큰 기여는 기존의 형이상학적 체계를 비판함으로써 일정 부분 해체시켜 낸 점이다. 특별히 이것은 니체가 형이상학의 붕괴를 임의적으로 시도하여 실행에 옮겼기에 일어난 사건이 아니며, 오히려 그는 형이상학적 체계가 가지고 있는 문제점을 지적하고, 그것의 몰락을 통찰했을 뿐이라고 말할 수 있다.

니체에 따르면 서구 형이상학은 분명 그 시작으로부터 몰락을 배태하고 있었고, 그 앞에는 플라톤과 그의 스승 소크라테스가 있었다. 왜냐하면 그들은 이미 진실로 주어져 있는 감각의 세계를 거부하고 나약한

자들이나 칭송하는 저 너머의 초월을 그려내어 사기를 친 데카당스의
원조였기 때문이다. 오히려 소크라테스와 같은 자가 현자라고 불린다
면, 그것은 "위대한 현자들이 몰락하는 유형일 것"[3]이라는 니체의 푸념
은 결코 부정될 수 없다. "공포를 불러일으키는 그의 추한 모습이 그것을
모든 사람에게 말해 주었다. … 그 경우를 치료한다는 외관을 걸치고서
더 강력하게 매혹시켰다."[4] 이제 형이상학의 몰락은 현대에서야 비로소
나타나게 된 현상이 아니라 뿌리 깊은 역사의 한 측면이면서도 서구의
역사가 필수적으로 경험해야 했던 단계이며, 니체는 바로 이것을 비로
소 선언하기 시작했을 뿐이다. 그렇다면 이것은 어떠한 방식으로 표현
되고 있는가?

　　니체가 형이상학의 몰락을 표현하기 위해 사용하는 슬로건은 "신은
죽었다!"이다. 특별히 니체가 신과 관련하여 자신의 사상을 분명하게
표현하고 있는 이유는 신이 가지는 중요한 상징성 때문이다. 다시 말해
서구 역사 안에서 신이란 가장 큰 가치이면서 삶의 기준이었고, 동시에
그것을 근거로 해서 서구의 중심적 체계인 형이상학이 발전될 수 있었을
뿐이다. 그러나 이제 "신이라는 단어는 더 이상 빛나지 못하고, 더 이상
이야기되지 못하며, 단적으로 망각된다."[5] 그럼으로써 이제 형이상학
의 몰락으로서의 '신의 죽음'이란 모든 기준이 붕괴되는 사건으로 나타
난다. "니체를 통한 신의 죽음의 선언은 서구 존재 역운의 완성의 극단적

---

3 프리드리히 니체/백승영 옮김, 『바그너의 경우, 우상의 황혼, 안티크리스트, 이 사람을
　보라, 디오니소스송가, 니체 대 바그너』, 니체전집 15권 (서울: 책세상, 2002), 88.

4 앞의 책, 93.

5 Bernhard Welte & Eingeführt und bearbeitet. Holger Zaborowski, *Denken in Begegnung
　mit dem Denken. Hegel-Nietzsche-Heidegger*, Bernhard Welte Gesammelte Schriften Bd.
　II/2 (Freiburg / Basel / Wien: Herder, 2007), 204.

인 결과이다."[6] 그리고 니체의 기독교 비판은 결국 신-죽음의 신학 (Gott-ist-tot-Theologie)을 탄생시키게 되며, 소위 말하는 '기독교적 무신론의 힘든 승리'[7]가 여기로부터 가능하게 된다.

물론 니체가 언급한 '신의 죽음'에서의 '신'이란 단순히 종교적인 의미에 제한되지 않는다. 오히려 이것은 우리가 삶 안에서 언급하는 초감성적인 것을 전부 포함하며, 세상을 넘어서 있는 어떤 것이지만 세상에 간섭받지 않으면서도 차안의 세계에 대해 척도를 부여하는 추상의 세계를 의미한다. 그럼으로써 이제 실제로서의 감각세계는 가상으로, 그래서 결코 믿을 수 없는 것으로 추락하고 만다. "세계가 '참된' 세계와 '가상' 세계로 나뉜다."[8]

문제는 그러나 바로 여기서부터 시작된다. 왜냐하면 참된 세계로 규정될만한 그런 것은 원래부터 없었기 때문이다. 기독교가 신봉했던 절대적 신도, 형이상학적으로 움직일 수 없는 절대자도 사실상 없었다. "그(신)는 환상으로만 계속적으로 빛을 뿜어내고 있는 죽은 지 오래된 별과 같다."[9] 이것을 따르던 삶이란 곧 본능에 대적하는 삶이며, 이러한 "본능에 대적하는 삶은 하나의 병증일 따름이며, 또 다른 병증일 따름이다."[10] 그리고 니체에게 있어 철학이란 이처럼 죽었다는 점에서 미라나 다름 아니다. "철학자들이 지금까지 수천 년 동안 이용했던 모든 것은

---

6 앞의 책, 167.

7 Abel & Stegmaier (Hg.), *Nietzsche-Studien Bd.43*, 75.

8 니체, "우상의 황혼", 102.

9 Martin Heidegger, *Nietzsche. Der Europäische Nihilismus* (Frankfurt(M): Vittorio Klostermann, 1986), 16.

10 니체, "우상의 황혼", 95.

죄다 개념의 미라들이었다."[11] 결국 이 미라의 장난 안에서 가장 추상적인 것으로서의 신은 최고로 실제적인 절대적 존재자로 규정된다. 어떻게 가장 나중에야 추상화하여 나타나는 개념이 절대자이며, 부동의 동자일 수 있는지 니체는 지속적으로 비판한다. 그리고 이제 그것의 죽음을 선포해 버린다.

초감성적 세계는 차안의 세계 위에 존재하면서 이 차안에 대해 가치의 실현과 그것의 충족을 무조건적인 이상으로서 요구해 왔다. 이와 반대로 실제의 세계는 생성이면서 그 자체로 믿을 수 없는 것으로 비하된다. 다시 말해 전통 형이상학은 생성 안에서 벌어지고 있는 대립들과 전복들을 아무것도 달성하지 못하는 허망한 것으로만 간주해 왔으며, 그럼으로써 생성의 세계 전체를 일종의 가상으로만 평가해 왔다. 그것은 완전한 가상이었으며, 비현실적인 것이었다. 무조건적이며, 절대적인 가치는 저 너머에 있는 세계로서의 참된 세계이며, 이에 반대로 생성의 세계는 차안적인 세계이면서 거짓된 세계가 된다.

니체에 따르면 그러나 거짓된 세계는 생성의 세계가 아니라 오히려 불변의 세계이며, 그것을 확정하는 거짓된 가치 체계이다. '참된 세계'는 그것 자체로부터 혹은 어떠한 현실적이며 확실한 경험으로부터 상정될 수 없으며, 따라서 그것은 오직 인간을 위해서 인간이 추구하는 안정성과 그의 전제에 의해, 그의 심리적 욕구에 의해 정립되어 왔을 뿐이다. 그러나 이제 최고의 절대적인 것이 진정한 것이고, 생성과 과정의 세계가 거짓된 것이라고 평가할 그 어떤 기준도 신의 죽음과 함께 사라졌다. 이제 현실적, 차안적인 것만이 전부이며, 지금까지 상정되었던 참된

---

11 앞의 책, 96.

세계는 거짓된 가상일 뿐이다.

　이처럼 차안의 세계, 즉 생성하는 유일한 세계를 비하하고 그것과의 투쟁에서 승리하기 위해 복수심을 양산해 온 역사가 바로 형이상학이다. 형이상학은 생성을 물리치기 위해 외부적인 절대자를 상정하였고, 그것을 자신이 창작해 냈다는 사실마저 잊어버렸다. 이러한 망각의 상태에서 생성의 괴로움은 이제 절대적 목적에 의해 그 자유로움마저 박탈당하고 말았으며, 저주스러운 삶은 항상 패배하는 비참함에 머물고 만다. 따라서 니체에게는 이러한 생성에 대한 회복, 즉 생성에 대한 복수심에서 풀려나오는 것이 구원의 진정한 의미가 된다.[12]

2. 기독교의 몰락

　이러한 삶의 데카당스는 단순히 형이상학의 오류로서만 나타나는 것은 아니며, 오히려 니체는 데카당스의 주된 범인 중 하나를 기독교로 지목한다. 그에 따르면 형이상학을 주장하면서 삶을 곡해하는 철학자들 곁에는 항상 기독교가 함께해 왔다. "그 오류는 심지어 우리 사이에서 신성시되고, 종교나 도덕이라는 명칭을 갖는다."[13] 보다 분명하게 표현한다면 이것은 목적론적 인과율을 의미한다. 철학자들과 기독교인들에게 속고 있는 자들은 '-하기 위해서', '-하기 때문에' 나약한 자들의 종교와

---

12 Alexander Lohner, *Der Tod im Existentialismus. Eine Analyse der fundamental-theologischen, philosophischen und ethischen Implikationen* (Paderbon: Ferdinand Schöningh, 1997), 36.

13 니체, "우상의 황혼", 113.

도덕이 반드시 수행되어야 한다고 착각한다.

　니체가 보기에 그러나 이런 목적론의 실상은 허무하며, 그들은 단지 "거기서 병들고, 움츠린 모습으로 자기 자신에게도 악의를 품은 채 누워 있었다."[14] 따라서 이제 니체는 철저한 기독교 및 도덕에 대한 해체를 시도한다. 왜냐하면 기독교는 삶이나 힘에 의지하는 것이 아니라 허무에 의지하라고 말하면서 지속적으로 사제 계층의 사악한 욕심에 노예처럼 봉사하기 때문이다. "기독교적 신앙은 처음부터 희생이다. 모든 자유와 긍지, 모든 정신의 자기 확실성을 바치는 희생이다. 동시에 이는 노예가 되는 것이며 자기 조소이자 자기 훼손이다."[15] "유대인과 더불어 도덕에서의 노예반란이 시작된다. … 그것이 승리했기 때문에 바로 그런 이유로 오늘날 우리의 눈에서 멀어지게 된 것이다."[16]

　니체의 시대는 기독교가 세상의 질서로 자임하면서 득세하던 때였으며, 게다가 독일관념론의 유행을 통해 정신사마저 유사(quasi) 기독교의 형태를, 즉 하나의 신을 형이상학적으로 상정하던 때였다. 따라서 그의 의도는 일차적으로 서구 형이상학과 기독교에 의해 은폐되어 있던 참된 무엇을 찾는 것으로 볼 수 있다. 물론 니체의 여러 프로젝트 중 기독교에 대한 비판은 단순히 정신사와 관련되었다고만 볼 수는 없다. 왜냐하면 니체가 기독교 내 비판 대상은 전통 형이상학의 형태를 그대로 지니고 있던 로마 가톨릭이 아니라 오히려 초대교회(특히 바울)와 그 초대교회로의 회귀를 꿈꾸었던 개신교였기 때문이다. 니체에게는 르네

---

14 앞의 책, 127.

15 프리드리히 니체/김정현 옮김, 『선악의 저편, 도덕의 계보. 니체전집 14권』 (서울: 책 세상, 2002), 83.

16 앞의 책, 364.

상스를 통해 일정 정도 변화된 당시의 가톨릭은 별문제가 아니었다.[17] 오히려 그는 루터로부터 출발한 개신교가 유대-기독교의 노예 정신을 다시 회복시켰고, 바로 이것이 비판받아야 하는 대상이라고 주장한 다.[18] 자기를 희생하는 나약함, 그가 보기에 이런 것들은 자신들의 삶의 운명과 삶의 근거로서의 힘의 의지를 견뎌내지 못하는 자들의 속임수이 며, 자기 정당화에 불과하다. 그렇다면 이런 노예 정신의 정반대에는 무엇이 놓여 있어야만 하는가?

니체는 그것을 '귀족주의'[19]이며, '계급 질서'[20]이고, 결국 자연(삶)이 라 말한다. 보다 분명히 표현하자면 니체가 다시금 되찾아 오고자 하는 방향은 모세 종교의 유일신론이 탄생하기 이전의 다신교이고, 바울의 기독교가 나타나기 이전의 고대 그리스적-로마적 범신론이며, 나아가 종교개혁이 대적했던 가톨릭적 르네상스이다. 그 안에는 자연 질서와 자연종교에 대한 긍정이 녹아 있는데, 이 긍정이란 오직 주어진 자연 상태 혹은 삶의 모습 자체를 긍정하고 거기에 최선을 다하는 생명의 본질을 의미한다. 그러나 기독교의 등장(그 배경으로서의 유대교를 포함 하여)으로 인해 "고대 세계의 수고가 깡그리 부질없게 되었다."[21] 고대의 자연종교적 다신론에 대해 가지고 있던 옹졸한 유대교적 복수심을 물려

---

17 "루터가 본 것은 교황청의 부패였다. 바로 그 반대가 명약관화했었는데 말이다: 옛 부 패, 원죄라는 것, 그리스도교는 더 이상은 교황의 자리에 앉아 있지 않았는데도! 오히 려 삶이 그 자리에 앉아 있었는데도! 오히려 삶의 개가가! 오히려 높고도 아름답고도 대담한 모든 것에 대한 위대한 긍정이 그 자리에 앉아 있었는데도 말이다! 그리고 루 터는 교회를 재건했다." 니체, "안티크리스트" (2002), 316.

18 앞의 책, 298.

19 앞의 책, 275.

20 앞의 책, 305.

21 앞의 책, 311.

받은 기독교는 바울을 필두로 하여 자연을 미워하고, 고대의 위대한 문화를 경멸한다.

자연 혹은 삶에서 승리할 수 없는 나약한 자들로서의 찬다라의 노예 족속 유대인들과 기독교인들은 복수와 보상을 꿈꾸면서 모든 이들과 더불어 자신까지도 삶을 버리도록 기만한다. 영원히 살 수 없는 존재자들임에도 불구하고 기독교를 통과하면서 그들은 불멸성을 가진 것으로 그리고 그 불멸성이 이 세상의 것이 아니라는 거짓말에 속아 현실의 삶을 포기하고 스스로를 몰락시켜 버린다. 게다가 이 기만이 발각되지 않으려면, 기독교는 모든 학문적 앎마저도 거부해야 했다. 그러나 니체는 이런 기만을 이제 의심하고 때려 부숴야만 한다고 주장한다. 생명이 가지고 있는 본래의 모습을 회복하기 위해 기독교를 부인해야 하고, 기독교를 돕고 있는 모든 정신사의 내용들을 회의해야 한다. "오도되게 놔두지 마라. 위대한 정신들은 회의주의자다. … 온갖 종류의 확신으로부터의 자유는 자유롭게-볼-수 있는 강한 힘에 속한다."22

니체가 기독교 비판을 자신의 중심 주제로 삼는 이유는 진정한 인간과 삶의 실현 및 회복을 위해서였다. 그렇지 않고 생명의 본모습을 회복하지 못한다면, 결국 계속 노예들의 정신병적 유일신론 안에서 자기를 부정하면서 평안한 삶을 획득하는 학습을 받아야 한다. 평안한 삶이란 우리에게 사실상 주어질 수 없기 때문에 니체는 삶의 끊임없는 투쟁 안에, 즉 확신과 불안의 지속적인 순환운동 안에 빗겨나가지 않고 서 있기를 사람들에게 요구한다. 세상을 살아가는 모두에게 절대적인 어떤 것은 결코 주어지지 않기 때문에 우리는 절대적 이념을 만들어 냄을

---

22 앞의 책, 297.

통해 불안을 망각할 것이 아니라 오히려 더 강하게 불안 안으로 들어가 그것을 견뎌내야만 한다.

니체의 비판을 통과함으로써 이제 형이상학(Meta-Physik)은 탈형이 상학(Meta-Meta-Physik)으로 변경되고, 기독교는 그리스도 없는 그리스 도교(Christentum ohne Christus)로 변경된다. 먼저 형이상학 안에서 메타 가 두 번 겹침으로써 자연을 넘어서 있던(Überstiegen) 인간은 다시금 그 넘어섬을 넘어서 버린다. 넘어섬을 다시금 넘어섬으로써 이제 인간 은 자신이 속해 있던 삶 자체로 되돌아온다. 메타를 메타하는 탈형이상 학이란 이렇게 고유한 삶을 지시하고, 그럼으로써 다시 고유한 삶에 대해 숙고함을 의미한다. 이와 동시에 그리스도 없는 그리스도교란 모 든 노예의 구원 형태를 깨어 부수는 새로운 기독교를 의미하며, 이것은 바로 아나키스트였던 예수 그 자신을 통해 가능하게 된다. 기독교가 예수를 떠나 있었기에 기독교는 자체로 삶을 부정하고 형이상학적 가치 를 신봉하는 교조주의가 되어 버렸다. 그러나 예수는 이 모든 것을 극복 하고 모든 것을 깨어 부숴버림으로써 철저한 빈자리 안에 불안해하는 인간들을 세운다.

이처럼 '탈형이상학'과 '그리스도 없는 그리스도교'는 삶을 삶 그 자체 로서 드러낸다. 그리고 이것은 곧 "인간의 유한성에 대한 정직하고도 처절 한 주제 파악을 새삼 일깨웠음"[23]을 의미한다. 그렇다면 유한성의 정직함 앞에서 우리가 이야기할 수 있는 신이란 도대체 어떤 존재일 수 있는가?

---

23 정재현, 『신학은 인간학이다. 철학읽기와 신학하기』(경북왜관: 분도출판사, 2003),
   321.

3. 니체의 새로운 종교성

우리가 최종적으로 고찰하게 될 신을 이야기하기 전에 먼저 다루어
야 하는 것은 '니체의 새로운 종교성'이다. 특별히 여기서 말하는 '니체의
종교성'이란 그가 자신의 저서 안에서 지속적으로 형이상학과 기독교
비판을 통해 획득하려는 새로운 차원의 종교성 논의이다.

니체의 종교성이란 기존의 형이상학과 기독교가 모두 몰락한 자리
에서 나타나는 새로운 종교 형태를 지시한다. 앞서 살펴보았던 것처럼
그는 앞서 우리가 비판해 왔던 형이상학과 기독교의 한계들을 극복해야
한다고 주장한다. 데카당스 도덕과 미친 철학자들의 복수심을 거둬들
이고, 이제 인간들이 진정으로 도달해야 하는 것은 자연과 생을 그 자체
로 긍정하자는 것이다. 나는 나 자신 외에는 사랑할 수 없기에 타자에
대한 사랑의 의무를 과감히 버려야 한다. 나 자신에게 어떤 고통이 오더
라도 그리고 내 주위의 타자에게 어떤 일이 벌어질지라도 그것을 견뎌내
는 힘이 필요하다.

통찰에도 불구하고 니체는 그 안락함을 극복하고, 진정한 예수의
정신을 발견하려는 노력 따위는 하지 않는, 물론 이것은 철학자들이
말한 거짓된 형이상학도, 기독교인들이 말하는 데카당스의 도덕도 아
니다. 오히려 이것은 운명애이면서 자기애이다. 그리고 니체는 이것을
예수에게서도 발견한다. "왜냐하면 예수는… 순수한 현재와 수행의 복
음을 전함으로써 '정상적인 상황'을 돌려주고 있기 때문이다."[24] 그러나
이러한 통찰에도 불구하고 니체는 그 안락함을 극복하고 진정한 예수의

---

24 비저, 『신의 추구자이냐 반그리스도이냐』, 97.

정신을 발견하려는 노력 따위는 하지 않는다. "니체에게 있어 한 번 더 '진정한' 예수를 발견하기 위한 보다 발전적이면서 바른 역사적 기초를 계승한다는 것은 웃긴 일이다."[25] 오히려 여기서 니체는 세계의 본질을 파고든다. 니체는 집단 도덕, 즉 세계, 다수성 그리고 보편성의 힘 등에 저항하면서 사람들이 발견하고자 하는 종교의 행복(안락함)을 부숴 버리려 한다. 인간은 세계 안에서 쉽게 도망가 버리는 안락함의 환상을 가지고 있지만, 결코 그 안락함 안에서 거주할 수 없다. 왜냐하면 인간의 삶이란 언제나 고통 앞에 처해있기 마련이기 때문이다. 그렇다면 우리는 다음과 같이 물어야 할 필요가 있다. 니체가 이처럼 형이상학과 기독교에 대해 비판하면서 요구했던 것은 도대체 무엇인가?

가장 먼저 제시할 수 있는 것은 니체가 분명 어떤 종교성을 이야기하고 있다는 점이다. 이것은 보다 심층적으로 살펴보지 않더라도 최소한 "니체가 … 그리스도에 대항하는 그리스적 신을 내세운다"[26]는 점에서 타당한 것처럼 보인다. 다시 말해 기독교 비판을 통해 니체는 기독교에 의해 억압받고 망각되어 왔던 그리스적 종교(혹은 자연종교)를 다시 회복하고자 했으며, 이것은 분명 그가 종교적인 어떤 것을 기획하고 있었음을 드러낸다. "고대의 본능을, 아직도 풍부하고 넘쳐흐르기까지 하는 옛 헬레네적 본능을 이해하기 위해서 디오니소스라는 이름의 그 놀라운 현상을 진지하게 받아들였던 최초의 사람이 바로 나(니체)다."[27] 그리고 최소한 이러한 관점에서 본다면, 니체는 단순한 무신론을 주장한 것처

---

25 Abel & Stegmaier (Hg.), *Nietzsche-Studien Bd. 43*, 76.

26 앞의 책, 72.

27 니체, "우상의 황혼", 200.

럼 보이지는 않는다.

　물론 여기서 결코 간과되어서는 안 되는 점은 니체가 지향하는 종교
성이 고대 그리스 종교로의 단순한 회귀로부터 획득되지 않는다는 사실
이다. 이것을 보다 적극적으로 표현해 본다면, 그리스 종교 자체마저도
넘어서는 그런 종교성이며, 새로운 종교운동으로까지 해석될 수 있는
영역이다. "종교적이면서도 영적인 측면에 대한 주목 현상이 니체의
사유와 관련하여 나타났"[28]으며, "이것은 중세적 예식의 현상, 유신론에
대한 비판의 현상 혹은 불교의 환희(Faszination)에 대한 현상들"[29]과 비
견될 수 있는 종교성이다. 동양 종교에서 일반적으로 사용하고 있는
영감이나 깨달음 등에 상당히 유사한 형태가 니체의 중심 사상을 구성하
게 만드는 사건으로 나타난다. "이 용어들은 어떤 실존적 경험을 기술하
는 것이며, 이것을 특수한 의미에서 '(종교 내의) 탈자적인 것'(ekstatisch)
으로 나타낸다."[30] "그것은 가장 자유롭게 청명하며, 가장 고귀한 영혼의
종교일 것이다."[31] 그렇다면 이러한 니체의 새로운 종교성이란 무엇을
의미하는가?

　니체가 제시하는 새로운 종교성이란 오늘날 '영성'이라는 개념으로
다양하게(제도화된 종교와는 반대로) 규정하고 있는 종교의 형식과 연관
된다. 영성을 바탕으로 제창되는 종교 형태는 결코 "제도화되지 않았고,
'유동적'(fluide)이면서 '개방적'인 종교성이며, 이것은 현재적 종교성의

---

28 Abel & Stegmaier (Hg.), *Nietzsche-Studien Bd. 43*, 76.

29 앞의 책, 88.

30 앞의 책, 78.

31 Johann Figl, "Nietzsche und die Religionsstifter", Volker Gerhardt und Renate Reschke
　(Herausgegeben), *Nietzsche-forschung Band 11. Jahrbuch der Nietzsche-Gesell-
　schaft. Antike und Romantik bei Nietzsche* (Berlin: Akademie Verlag, 2004), 94.

많은 현상에 있어 타당한 설명을 보여 줄 수 있을 것이다."[32] 현대인들이
불교나 신비주의에 집중하는 것도 이미 니체의 새로운 종교성과 어느
정도의 친밀감을 가지고 있을 수 있다. 그러나 이러한 논의에도 불구하
고, 바로 여기로부터 우리는 니체가 가진 분명한 종교적 성격을 다르게
이해해야만 한다. 왜냐하면 니체에게도 여전히 어떤 신 혹은 신적인
것에 대한 흔적이 남아 있기 때문이다.

앞서 언급했던 것처럼 일차적으로 니체가 서구 형이상학과 기독교
의 몰락의 대안으로 끌어오는 것은 디오니소스였다. 즉, 니체는 자신의
전공인 고대 종교학 및 고전 문헌학을 통해 다양한 그리스 종교의 원형을
회복시키려 시도한다. 그러나 여기서 고대 그리스 종교란 헤로도토스
의 『신통기』에 나오는 모든 신에 대한 믿음을 의미하지 않는다. 니체가
거기로부터 새롭게 통찰하고자 하는 신의 성격은 "비이원론적 종교이
며, 삶의 모든 측면을 상호 연결한다. 아폴론적인 것과 디오니소스적인
것은 서로 분리될 수 없"[33]기 때문이다. 다시 말해 저 너머의 세계와 현실
세계 사이의 이원론이란 고대 그리스 종교에서는 존재하지 않았으며,
바로 이러한 비이원론적인 상황을 니체는 요청한다. 다시 말해 질서적
인 것과 무질서한 것이 선-악의 도식으로 평가되지 않고 모두 포괄되는
그런 종교, 전체가 살아가는 공식적인 삶의 모습과 하나인 그런 종교가
니체에게 요구되었다.

이러한 의미에서 본다면 니체는 결코 무신론적인 종교성만을 주장
했다고 말할 수 없으며, 나아가 적극적인 신-담론의 개진을 추구했다고

---

32 Abel & Stegmaier (Hg.), *Nietzsche-Studien Bd. 43*, 80.
33 앞의 책, 73.

주장될 수 있다. "니체는… 기독교 전통을 고찰하기 위해 선택한 '유신론적' 대안일 수 있다. … 니체는… 하나의 신을, 그것도 가장 진보적인 의미에서 '신'이라는 단어를 받아들일 필요가 있었다."[34] 그렇다면 이러한 니체의 신-담론을 우리는 어떻게 이해해야 하는가? 이 질문을 통해 이제 우리는 니체의 종교성마저 넘어서는 신의 새로운 가능성 앞에 서게 된다.

4. 신의 빈자리

종교의 기원과 관련하여 프로이트의 '친부 살해의 가설'은 현대에 가장 설득력 있는 논의 중 하나로 인정되고 있다. 특별히 이 가설이 정당화될 수 있는 이유는 거의 모든 종교가 아버지라는 이름으로 상징되는 절대적 권력을 신의 속성 안에 포함시키고 있다는 사실 안에 놓여 있다. 다시 말해 대부분의 종교는 신을 원초적인 힘의 상징으로서의 아버지라고 부르며, 항상 자신이 가진 유한성과 대치되는 무한한 힘을 예배한다. 그 힘은 절대자 혹은 절대적인 어떤 것이다. 그리고 신의 숭배는 신의 힘에 대한 '두려움'(Tremendum)과 그것에 대한 '매혹 혹은 열망'(Faszination)으로서의 이중적 감정과 관련된다.[35] 맥그리거(Geddes MacGregor)에 따르면 이러한 이중적인 감정은 종교 안의 특성으로서의 '힘 숭배주의'(dynamism)에 기인한다. 왜냐하면 가장 강한 절대자, 전능

---

34 앞의 책, 72.

35 Rudolf Otto, *Das Heilige. Über das irrationale in der Idee des Göttlichen und sein Verhältnis zum Rationalen* (München: Bielderstein Verlag, 1947), 39.

자는 가사적 인간에게 두려움의 대상임과 동시에 매혹의 대상이기 때문이다. 그래서 종교는 그 시원에서부터 절대적인 힘에 대한 추구였으며, "힘의 숭배는 종교의 자연스러운 출발점이다."[36] 그리고 바로 이러한 전제하에서 우리는 여전히 니체의 사상체계 안에서 비판된 신의 특징을 제외한 어떤 신을 다시금 구성할 수 있게 된다.

　여기서 중요한 것은 우리가 언급하게 될 신이 결코 기존의 서구 형이상학이나 전통 기독교 안에서 니체의 비판을 받았던 것에 포함되어서는 안 된다는 사실이다. 앞서 살펴보았던 것처럼 서구 형이상학과 기독교의 몰락은 오히려 그 신이 가진 문제점 때문이었다. 그 신은 첫째 생성을 거부하고, 둘째 나약한 자들의 편에 선다는 명목하에서 삶의 데카당스를 긍정해 준 그런 존재이다. 생성과 삶에는 결코 압제와 당위 따위가 끼어들 수 없다. 따라서 신이란 거기에서 자신을 주장함으로써 각 생명을 억압하는 존재여서는 안 되며, 동시에 우리의 의지에 따라 마음대로 해석되고 요청되는 그런 존재여서도 안 된다. 그리고 이러한 의미에서 그는 우리의 의지를 떠나 있는 그런 신으로서 앞서 언급한 기존의 종교 개념, 즉 힘 숭배로부터 벗어난 철저한 변혁을 요구한다.

　우리는 먼저 전지전능한 실체를 상정하고 그것의 무지막지한 권력을 희구하던 그런 힘 숭배의 종교로부터 해방되어야 한다. "'종교'라는 개념은 종교철학적 관점에서 그 한계로부터 새로운 규정을 요구한다. 이 규정이란… 전통적·유럽적 의미를 극복하는 것이며, 종교적인 것에 대한 보다 포괄적인 개념에 방향을 맞추는 것이다."[37] 그리고 이러한

---

36 Geddes MacGregor, *He Who Let Us Be: A New Theology of Love* (New York: Seabury Press, 1975), 168.

37 Abel & Stegmaier (Hg.), *Nietzsche-Studien Bd. 43*, 77.

종교 개념의 새로운 규정 안에서 전통적인 신 개념을 넘어서는 우리의 유한성 안에서 논의가 나타나야 한다. 왜냐하면 우리의 유한성 때문에 종교적인 것 혹은 신적인 것은 삶 안에 절대적인 것으로 주어질 수 없으며, 만약 주어졌다 해도 그것은 생성으로서의 삶 안에서 제대로 이해될 수 없는 운명을 가지기 때문이다. 잘못은 절대적인 것들이 아니라 생성 안에 있는 유한한 우리 안에 놓여 있다. 그리고 바로 이러한 의미에서 "신의 위치는 아마도 비록 모순적이지만 '비워진 채' 머물러 있어야만 한다."[38] 다시 말해 우리의 삶과 관련된 신이란 어떤 절대자 혹은 절대적인 실체가 아니라 날마다 비워져 가는 빈자리이며 또한 빈자리여야만 한다.

물론 여기서 언급된 빈자리란 결코 신이 없다는 무신론의 다른 표현을 의미하지 않는다. 오히려 빈자리란 신이 죽었다는 니체의 절규와 더불어 나타나는 인간의 고통의 자리이면서 동시에 예수가 직접 자신의 것으로 받아들였던 십자가의 자리로 연결될 수 있다. 그리고 "예수의 삶의 실천이 지닌 정직함을 존경하면서 또 동시에 퇴락하는 인간의 전형이라는 이유로 예수를 거절하면서 어떻게 니체가 예수를 바라보았는지"[39]는 여기에서 중요한 의미를 지닌다.

니체에 따르면 "예수는 판결하는 자들(die Richtende)의 반대편을 들었다. 예수는 도덕을 파괴하는 자이기를 원했던 것이다."[40] 오히려 예수

---

38 Herald Seubert, "Kommender und letzter Gott zwischen Heidegger und Nietzsche", Babette Babich, Alfred Denker & Holger Zaborowski (Hrg.), *Heidegger & Nietzsche* (Amsterdam / New York: Rodopi, 2012), 79.
39 칼 야스퍼스 지음/이진오 옮김, 『니체와 기독교』(서울: 철학과현실사, 2006), 105.
40 앞의 책, 107.

는 모든 것을 때려 부수는 아나키스트였다. 또한 그는 부수고 또 부수다
가 자기까지 깨부수면서도 어떤 것도 자신의 것으로 받아들이지 않는
백치이기도 했다. 아이러니하게도 "'백치'라는 표현은 니체가 예수와⋯
결합되어 있는 것으로 보이는 예외자 역할의 지극히 대담한 기호에 불과
하다."[41] 니체가 칭송한 아나키스트로서의 예수는 기존의 모든 억압을
때려 부술 수 있는 자였다. 그리고 모든 것으로부터 해방되어 있었던
이 아나키스트 예수는 신조차도 어떤 형이상학적이거나 종교적인 위치
에 머물게 하지 않는다. 그러므로 "예수는 신과 인간 간의 갈라진 틈을
부정하고, ⋯ 천국은 이 지상을 넘어서 또는 죽음 이후에 오는 그 무엇도
아니"[42]다.

이제 예수는 모든 것을 파괴하는 아나키스트로서 자신의 종교적 상
징인 신마저도 십자가에서 해체시켜 버린다. 십자가 위에서 예수는 "나
의 하나님, 나의 하나님 어찌하여 나를 버리셨나이까!"(막 15:34)를 외치
지만, 신은 거기에 응답하지 않는다. 거기에는 형이상학적이거나 종교
적인 신은 없었다. 그런 신이 철저히 사라져 버린 그 자리에서 예수는
죽어간다. 거기에는 아무런 도움도, 아무런 보장도 없다. 그러나 여기서
바로 역설적인 사건이 발생한다. 왜냐하면 바로 이 빈자리에서 죽어간
예수에게서 신이 발견되었기 때문이다.

자신의 모든 것을 빈자리로 파괴해 버린 그 아나키스트에게서 우리
는 참다운 신의 모습을 발견한다. 그는 자신의 죽음을 흔쾌히 받아들이
고 빈자리에서 죽어갔지만, 그가 바로 신이었다. 그의 이름을 부름으로

---

41 비저, 『신의 추구자이냐 반그리스도이냐』, 96.
42 앞의 책, 97.

써 우리에게 구원이 온다는 고백은 이러한 모순적인 상황을 지시하고
있다. 그래서 "이 '신-인'(예수)은 그 어떠한 신학을 통해서도 해결할 수
없는 모순의 지표라 말해진다. '가장 가능한' 모순은 신이 개별적 인간
안에서 형상을 입었다는 사실 그리고 이 인간이 바로 신이다는 사실
안에 존립한다."[43] 이러한 모순 때문에 이제 새로운 신이 이야기될 수
있다. 신은 우리가 가지고 있는 상식, 즉 세상의 힘 숭배로부터 철저히
벗어나 있는 분이다. 우리가 일상에서 지키고자 하는 모든 합리성 혹은
니체가 획득하고자 하는 디오니소스적 광란 둘 모두를 몰락시키고 모든
신의 자리를 빈자리로 만들어 놓는 예수가 오히려 신 자신이다.

기존의 전통 신학적 관점에서 "우주 만물 위에 계신 성부는 분명히
행동하시고 또한 분명히 영향을 받지 않는다. 이것은 그가 고통을 겪을
수 없다는 것을 의미한다."[44] 그러나 이제 아나키스트이자 백치였던
예수가 보여 준 신은 형이상학 및 기독교의 신 이해와 전적으로 다른
방식으로 자신을 드러낸다. 그 신은 이미 모든 것을 비워놓는 자이며,
자기 자신마저도 고통 안으로 넣어 버리는 나약한 존재이다. 그러나
그는 자신의 나약한 고통 때문에 우리의 신이다. 예수가 십자가에서
보여주었던 신은 바로 그분이며, 우리는 그의 나약한 고통 때문에 그분
을 우리의 신이라고 고백한다.

서구 형이상학과 기독교가 간과해 왔던 아나키스트 예수를 통해 우

---

43 Karlheinz Ruhstorfer, "Der Gottmensche in Knechtsgestalt." Marx, "Nietzsche, Heidegger
  — drei maßgebliche Negationen metaphzsischer Christologie", Babette Babich, Alfred
  Denker & Holger Zaborowski (Hrg.), *Heidegger & Nietzsche* (Amsterdam / New York:
  Rodopi, 2012), 15.

44 MacGregor, *He Who Lets Us Be*, 71.

리가 발견하는 신은 이처럼 고통을 당할지라도 자신의 자리를 깨어 부숴 비워놓으시는 분이다. 예수 그리스도의 구원과 죄 사함에 집중하였기에 간과되었던 이러한 아나키스트적 예수의 모습은 오히려 우리 시대의 신에 대한 정합적인 모습으로 드러난다. 우리는 예수 그리스도가 고통 안에서 행했던 그 신의 모습을 주목할 필요가 있다. 고통을 가지고 우리와 함께 끝까지 빈자리를 지키며 죽어간 그 인간이 곧 신의 계시이다. 다시 말해 모든 것이 파괴되었고, 그 어떠한 신의 모습도 상정할 수 없었던 그 철저한 무근거에서 예수 그리스도의 아바 하나님이 자신을 드러낸다. 그리고 우리는 이러한 예수 그리스도의 십자가를 따르면서 우리 역시도 철저히 우리가 가진 모든 선입견과 생각들을 깨어 부숨으로써 신 그 자신이 스스로 자신을 드러낼 자리를 준비해야 한다.

　여기서 우리가 간과해서는 안 되는 점은 이러한 우리의 전적인 파괴와 그 파괴된 자리에서 하나님이 자신을 드러내는 이 사건이 결단코 우리의 의지와 욕망에 따라 일어날 수 없다는 것이다. 우리가 하는 것이 아니라 오직 우리를 넘어 계시는 하나님 그분이 하시는 것이다. 그리고 깨어 부숴서 비워둔 그 자리에 하나님께서 언제 앉으실지 우리는 알 수 없으며, 그저 우리는 그 자리를 끊임없이 비워내야 할 뿐이다. 왜냐하면 우리가 하나님과 관련하여 때나 조건 등을 만드는 일은 하나님의 일을 우리가 대신 하려는 교만일 따름이기 때문이다.

　내가 아니라 그분이 하시는 것이다. 유한한 나는 그저 신을 위한 빈자리를 마련할 뿐, 그 자리에 임하시며 자신을 드러내시고 새로운 신론을 우리에게 허락하실 분은 초월자이신 하나님 자신이다. 우리의 삶에 그리고 우리의 이념에 그리고 우리의 종교에 그는 항상 빈자리로만 남아 있는 것처럼 보인다. 왜냐하면 우리는 결코 우리 안에 그분을 제대로 담을 수 없기 때문이다. 그럼에도 불구하고 아나키스트 예수 그리스도의 사건 안에서 하나님이 계시되었던 것처럼 그렇게 우리의 암울하고 고통스러운 시대에 모든 성스러운 것들이 파괴되어 아무것도 희망할 수 없는 이 자리에 참다운 하나님이 스스로를 계시하실 것이다. 왜냐하면 이 모든 것은 우리가 아니라 전적으로 그가 하시는 일이기 때문이다.

지금까지 우리는 니체의 서구 형이상학과 기독교 비판을 살펴보고, 거기로부터 니체의 새로운 종교성 논의와 더불어 그 종교성마저도 넘어서는 새로운 신-담론의 가능성을 '신의 빈자리'라는 표현을 통해 살펴보았다.

니체가 정확히 통찰했던 것처럼 서구의 형이상학과 기독교는 우리의 고통스러운 삶, 즉 생성에 대한 미움을 가진 채 변하지 않는 어떤 것을 절대적인 것으로 상정해 왔다. 그리고 그것은 늘 신이라는 이름으로 절대적 기준이 되어 우리의 현실적 삶을 왜곡시키는 역할을 할 수밖에 없었다. 니체는 바로 이러한 서구 형이상학과 기독교의 문제점을 정확히 지적하고, 그것이 곧 몰락할 수밖에 없는 운명이라는 점을 선고한다. 그리고 바로 이 신의 죽음에 대한 선고로부터 현대는 시작되었다. 이제 우리에게는 그 이전에 찬란하게 빛나던 그 어떤 것도 남아 있지 않다. 니체는 바로 이러한 시대를 예견하면서 제대로 된 삶 혹은 종교성을 정립할 것을 요구하고 있다.

이번 장은 그러나 전혀 다른 방식으로부터 니체의 새로운 종교성을 받아들이면서도 그 안에서 여전히 유의미하게 남아 있을 수 있는 신-담론을 재구성해 보았다. 니체 역시도 그렇게 거부했던 신에 대한 논의를 다시 꺼낼 수밖에 없었고, 언제나 그에게 종교란 어떤 신에 대한 담론과 연관될 수밖에 없었다. 왜냐하면 보다 적극적으로 니체는 예수에 대한

평가를 애매모호하게 함으로써 이러한 우리의 논의를 보다 정당화해
주는 것처럼 보이기 때문이다. "그는 기독교 비판을 한층 더 격렬하게
촉진하기 위하여 예수를 기독교 비판에서 예외로 하고 있다."[45] 그리고
바로 여기로부터 우리는 예수 그리스도로부터 시작되는 새로운 신-담
론의 가능성을 찾게 된다.

예수는 모든 세상의 이념을 파괴하는 아나키스트이다. 그는 백치에
가까울 정도로 그 어떤 이념에도 고착되지 않는다. 니체는 자신이 그토
록 원했던 고대 그리스 혹은 자연종교를 예수가 받아들이지 않았기 때문
에 그를 백치라고 비아냥댄다. 오히려 예수는 세상 안에 있는 것들을
파괴하기만 했지, 고착화시키지 않은 그런 자이다. 그는 십자가 위에서
자신의 죽음을 받아들이는 그 순간까지 자신의 마지막 보루였던 신마저
빈자리로 비워 버린다. 그는 파괴했지, 그 어떤 것도 적극적으로 만들어
내려 하지 않았다. 예수는 자신의 죽음을 고통 가운데에서 받아들이면
서 신을 빈자리로 비워 버린다. 그러나 여기서 놀라운 역설이 나타난다.
그것은 바로 신을 빈자리로 비워 두고 고통 가운데에 있었던 그 예수가
신 자신이라는 고백이다. 그는 부활했고, 그 죽음으로부터 구원이 나타
났다고 고백되기 시작한다.

우리 시대의 신-담론은 이처럼 빈자리로부터 시작해야 한다. 십자가
위에서 처절하게 불러도 없던 그 신의 빈자리처럼 그리고 복음서에서
제자들에게 처음 발견되었던 그 빈 무덤처럼 그 어떠한 형이상학적이거
나 종교적인 실체화도 사라져 버린 그런 장소에서부터 우리 시대의 신-
담론은 시작되어야 한다. 물론 거기는 우리의 삶이 본래 그렇듯이 그

45 비저, 『신의 추구자이냐 반그리스도이냐』, 98.

어떤 보장도 되어 있지 않은 고통이 함께한다. 왜냐하면 세상은 원래 고통스러우며, 자신의 삶 안에는 그 어떤 것도 확실하지 않은 빈자리만 이 존재할 뿐이기 때문이다.

우리가 잊지 말아야 하는 것은 그러나 바로 그 고통스러운 빈자리에는 언제나 신이 함께한다는 사실이다. 고통당하는 예수의 십자가의 빈자리로부터 신의 계시의 사건이 나타났던 것처럼 그렇게 삶의 고통스러운 빈자리 안에는 우리가 예상할 수 없는 신의 현현이 희망될 수 있다. 니체는 바로 여기에 접근하기 위한 '망치'를 우리에게 쥐여 줬지만, 원래 그 망치를 제대로 사용하여 길을 만드셨고 또한 만드시는 분은 예수이시다.

우리는 예수를 따라 신의 모든 자리를 우선 비워야 한다. 그리고 이처럼 비울 때 우리의 기대나 예상을 뛰어넘는 사건을 일으키시는 분에 관한 이야기가 바로 거기로부터 시작될 수 있으며, 이것이 바로 현대적 신-담론이라 말할 수 있다. 왜냐하면 하시는 이는 우리가 아니라 신 그 자신이기 때문이다.

4 장

하이데거와 비트겐슈타인의 철학적 신론

이번 장은 철학 내의 철학적 신론의 내용을 하이데거와 비트겐슈타인의 논의 안에서 살펴본다. 잘 알려져 있는 것처럼 하이데거와 비트겐슈타인은 현대 사상에 가장 큰 영향력을 행사하고 있는 대표적인 철학자들이며, 현대의 대륙 철학과 영미 철학이라는 서구 사상의 두 영역은 거의 이 두 철학자의 영향하에 있다 해도 과언이 아니다. 물론 여기서 하이데거와 비트겐슈타인이 상호 연결되어 현대 신론 전개의 새로운 가능성을 모색하기 위한 대화 상대로 선택되어야만 하는 이유는 앞서 언급한 그 둘의 영향력에만 제한되지는 않는다. 오히려 그 둘은 신학의 한 흐름인 부정신학의 성격을 가지고 있으며, 바로 이것이 그 둘이 현대에서 신에 대해 말하기를 새롭게 전개하기 위한 단초로 선택되어야 하는 첫 번째 이유이다.

나중에 살펴보겠지만 놀랍게도 존재론, 해석학, 현상학으로 알려진 하이데거의 사유와 분석철학자로 알려진 비트겐슈타인의 철학 체계 안에는 (한국 사상계의) 일상적 이해와 다르게 상당한 가까움이 존립해

있으며, 나아가 이 가까움은 부정신학의 형태로 발견된다. 그리고 이것
은 '마음대로 지배될 수 없는 것', '마지막 신', '말할 수 없는 것', '신비한
것' 등으로 언급되는 절대 초월의 영역을 다루면서도 그것에 대한 말함
의 한계를 함께 지적하고 있다는 점에서 보다 분명하게 드러나고 있다.
즉, 하이데거와 비트겐슈타인은 신에 대한 소박한 본질 규정을 거부하
고, 오히려 그것에 대해 침묵하기를 요구함으로써 앞서 언급한 부정신
학의 맥락 안에 속해 있다고 말할 수 있다. "하이데거뿐만 아니라 비트겐
슈타인 둘 모두는 (말해질 수 없고 인식되지도 않는) 절대자의 내보임
(Aufweis)을 가지고 그 절대자의 말할 수 없음과 인식 불가능성의 근거를
제시한다."[1]

물론 여기에서 결코 간과될 수 없는 것은 그 둘의 사상이 부정신학의
옛 전통 안에만 머물지는 않는다는 점이다. 오히려 본 논문이 주목하는
하이데거와 비트겐슈타인의 절대 초월에 대한 논의는 보다 적극적으로
부정신학 자체의 현대적 형태로 새롭게 이해될 필요가 있으며, 바로
이것이 그 둘을 현대 신론을 새롭게 전개하기 위한 단초로 선택해야만
하는 두 번째 이유이다.

잘 알려져 있듯이 현대 사상은 부정신학이 출발했던 과거와 다르게
'칸트의 코페르니쿠스적 전회'와 '현대의 언어적 전회'를 이미 지나왔
다.[2] 예를 들어 칸트의 물 자체에 대한 논의로부터 현대는 신 자신에

---

1 Thomas Rentsch, *Gott* (Berlin: Walter de Gruyter, 2005), 181.

2 칸트의 『순수이성비판』을 통해 물 자체에 대한 인식의 한계가 드러났으며, 이후 그것은
코페르니쿠스적 전회라 명명되고 있다. "지금까지 사람들은 인식이 대상에 따라야 된다
고 생각하여 왔다. 그러나 대상에 대해서 선천적으로 개념을 통하여 우리의 인식을 확장
할 수 있는 어떤 결정을 내리려고 하는 모든 노력은 이러한 전제하에서 실패하고 말았다."
임마누엘 칸트/전원배 옮김, 『순수이성비판』 (서울: 삼성출판사, 1991), 40. 여기서 객관

대한 본질 탐구가 더 이상 절대적 확실성을 가질 수 없다는 점을 알게 되었으며, 이것은 신에 대한 언술이 언제나 인간의 한계와 함께 간다는 사실을 의미한다. 또한 인간의 한계란 결국 언어의 한계와 같다는 사실 역시 부인될 수 없는 현대의 중요한 통찰이다.[3] 오히려 이제 우리는 (전통 신학이 신론의 구성 작업을 당연시한 것과 다르게) 절대 초월이면서 결코 마음대로 할 수 없는 신에 대해 단 한 마디의 언술도 할 수 없다고 고백해야 할 것처럼 보인다. 바로 이러한 이유에서 신에 대해 말하기는 현대 사상의 언어 논의 영역 안에서 새롭게 검증될 필요성이 있으며, 바로 이 지점에서 칸트 이후의 시대에 속함과 동시에 현대의 언어적 전회를 가능하게 했던 두 철학자는 이것을 위한 충실한 협력자가 될 수 있다. 신의 본질에 대한 기존의 신학 논쟁을 잠시 접어두고, 신의 절대 초월을 현대의 언어적 논의 안에서 다루고 있는 하이데거와 비트겐슈타인에게 집중해 보는 것이 지금의 우리에게 무엇보다 필요한 상황이라는 것이다.[4]

적인 대상이 주관적 인식에 따른다는 코페르니쿠스적 전회, 아니 사고방식의 혁명이 이루어졌다 하겠다." 앞의 책, 17. 또한 현대 사상을 통해, 보다 구체적으로는 하이데거와 비트겐슈타인을 통해 인간의 한계가 곧 언어적 한계로 지시되어 드러난다는 통찰이 획득되었다. 바로 이러한 일련의 흐름을 통해 현대 사상의 탐구 주제는 언어 문제 안으로 환원되는 경향을 지니게 되었으며, 이것을 언어적 전회라 부른다. "칸트처럼 하이데거와 비트겐슈타인은 연장적(extent) 사물들이 우리의 언어를… 따라 일치됨을 확인함으로써 앎과 존재 사이의 관계가 보다 인지 가능하게 될 수 있는지 규정하려 한다. 『존재와 시간』과 『철학적 탐구』는 칸트의 코페르니쿠스적 혁명의 두 번째 흐름의 절정(crest)을 말해 준다." Ross Mandel, "Heidegger and Wittgenstein. A Second Kantian Revolution", *Heidegger and Modern Philosophy. Critical Essays*, ed. Michael Murray (New Haven and London: Yale University Press, 1978), 259.

3 "나의 언어의 한계들은 나의 세계의 한계들을 의미한다." Ludwig Wittgenstein, *Tractatus Logico-Philosophicus*, Side by side ed., Version 0.29 (November 17, 2012), § 5.6

4 특별히 위에서 밝힌 이 두 사상가의 부정신학적 성격은 그들을 동양 사상과의 연결 가능성에 이르게 하고 있으며, 이 연결 가능성을 통해 본 논자는 한국(동양 문화)에서의 신에 대해 말하기를 위한 현대적 단초를 마련하고자 하는 앞으로의 연구 계획을 가지고 있다.

이번 장은 위의 전제들을 가지고 하이데거와 비트겐슈타인이 절대 초월에 대한 '말하기'를 각각 어떻게 해명하고 있는지를 살펴본 이후, 그것으로부터 현대 신론의 새로운 개진 가능성을 모색해 보기로 한다. 우선 하이데거의 '마지막 신의 거절'에 대한 논의와 그것에 대한 말하기를 '궁극적 언어로서의 시 지음과 말함 자체의 포기-창조' 안에서 살펴본다. 그 이후 비트겐슈타인의 '신비한 것으로서의 말할 수 없는 것'과 '침묵과 아픔-표현'에 대한 해명이 논의되고, 마지막으로 이 두 사유 사이의 근접성으로부터 다음과 같은 결론에 도달하게 된다.

현대에서 신에 대해 말함은 절대 초월에 대해 감히 말하고자 했던 시도를 포기하게 되는 바로 그곳에서만 비로소 새롭게 말해질 수 있다. 즉, 말할 수 없는 것에 대해 감히 말하고자 하는 우리의 대상화·물화·표상화의 욕망이 깨어지는 곳에 이를 때에만 비로소 그것에 대한 말함 자체가 시작된다. 그러나 여기서 포기란 결코 허무한 절망을 의미하지 않는다. 왜냐하면 포기를 통해 우리는 비로소 신에 대해 새롭게 말할 수 있기 때문이다.

"하이데거와 비트겐슈타인에게 있어서는 우리의 총체적인 유럽 사유의 기초에 대한 비판적 성찰이 유럽 이외의(außereuropäischen), 즉 도교적이거나 불교적 종교의 보기 방식에 가까움으로 이끌었다는 점이 특징적이다." Thomas Rentsch, *Negativität und praktische Vernunft* (Frankfurt(M): Suhrkamp, 2000), 182-183. 특별히 하이데거와 동양 사상과의 관계에 대한 연구 정보들은 다음의 저서들에서 자세히 다루어지고 있다. Graham Parkes, ed., *Heidegger and Asian Thought* (Honolulu: Hawaii University Press, 1990); Willfred Hartig, *Die Lehre des Buddha und Heidegger: Beiträge zum Ost-West-Dialog des Denkens im 20. Jahrhundert* (Konstanz: Konstanz Verlag, 1997). 비트겐슈타인과 동양 사상 사이의 관계에 대한 연구는 아직 많이 나와 있지는 않다. 단지 몇 가지 특징들을 비교하고 있는 다음의 연구들이 주목해 볼 만하다. Chris Gudmunsen, *Wittgenstein and Buddhism* (London: Palgrave Macmillan, 1977); 이승종, "비트겐슈타인과 용수", 「백련불교논집」 제8집 (1998), 7-38.

1. 하이데거의 마지막 신

1) 마지막 신의 거절

하이데거의 신 물음에서 논의를 시작하기로 한다. 그의 신 물음은 상당히 복잡한 형태를 지니고 있으며, 이것은 특별히 전기와 후기의 철학에서 각각 다른 태도를 견지하고 있다. 즉, 전기에서는 이전의 신 이해에 대한 비판의 형태로, 후기에서는 새로운 물음의 형태로 제기되고 있다. 전기 철학 안에서 하이데거는 신에 대해 말하는 것을 의도적으로 피하고 있으며, 보다 적극적으로는 전통 형이상학의 신론이 존재 망각에 속한다고 주장한다. 왜냐하면 서구를 지배해 왔던 전통 형이상학은 존재자와 존재의 차이를 망각한 채 존재를 최상위의 유(類)개념 혹은 모든 것의 유래로서의 첫 번째 존재자로 규정해 왔기 때문이다. 형이상학의 역사 자체가 이미 존재를 망각하고, 그것을 제일원인으로서의 신으로 곡해해 왔던 존재-신-론의 역사라는 것이다.[5] 그리고 이 "서구 형이상학의 역사는 존재 망각의 역사가 되고, 이 존재 망각은 이미 그리스인들에서 시작되어… 하이데거 사유의 출발점이 된다."[6] 그러나

---

5 하이데거는 전통적인 형이상학과 신학의 관계를 다음과 같이 말한다. "형이상학의 역사 전체에서 존재자의 존재는 근거 짓는 근거로 사유되었으며, 이 근거는 보편근거로서 혹은 더 이상 근거 지을 수 없는 최고 근거로서 사유되었고, … (그래서) 서양의 형이상학은 … 존재론인 동시에 신학이다. … 그것은 곧 '형이상학은 존재-신-론이다'로 읽힐 수 있다." Martin Heidegger, *Identität und Differenz. Gesamtausgabe Bd. 11* (Frankfurt(M): Vittorio Klostermann, 2006), 63.

6 Claude Ozankom, *Gott und Gegenstand. Martin Heideggers Objektivierungsverdik und seine theologische Rezeption bei Rudolf Bultmann und Heinrich Ott* (Schöningh: Paderborn, München, Wien, Zürich, 1994), 117.

하이데거는 후기 사유로의 전회 이후, 전기에서 비판했던 신이라는 단어를 다시금 자신의 사유 안에 등장시킨다. 물론 여기서 언급되는 신은 존재-신-론을 넘어선 진정한 의미에서의 신, 즉 '신적인 신' 혹은 '마지막 신'이다. 그 신은 절대적 초월로서 우리가 결코 어쩔 수 없으며 또한 인식할 수 없는 분이고, 나아가 결코 대상화·물화 혹은 표상화될 수 없다[7]는 의미에서 신적인 신이며, 마지막 신이다.

　마지막 신은 하이데거의 두 번째 주저로 평가되고 있는 전집 65권 『철학에의 기여』에서 보다 면밀하게 다루어지고 있다.[8] 그리고 여기서 하이데거가 이야기하고자 하는 마지막 신의 논의가 현대 신론에서 의미를 가지는 이유는 그가 시종일관 이 책 안에서 '마지막 신 = 절대 초월(마음대로 지배될 수 없음, 거절)'의 도식을 주장하고 있기 때문이다. 하이데거는 마지막 신을 유럽 전통 안에서 논의되어 왔던 기독교적 신으로부터 거리를 둔 채 일차적으로는 자신의 사유의 중심 개념인 존재 자체 혹은 존재 생기(Ereignis)와의 연관성 안에서 해명하려 한다.[9] 왜냐하면 그에

---

7 "신은 대상화될 수 없으며, 되어서도 안 된다. 절대자는 표상하거나 도구적인 인간의 지배 안에 존재하지 않는다." Rentsch, *Gott*, 120.

8 Martin Heidegger, *Beiträge zur Philosophie. Vom Er-eignis. Gesamtausgabe Bd.65* (Frankfurt(M): Vittorio Klostermann, 1989), 405-417. 우리는 이 저서의 논의로 들어가기 전에 『철학에의 기여』가 완벽한 글쓰기 형식을 결여하고 있다는 사실을 주지할 필요가 있다. 이러한 이유에서 하이데거의 마지막 신에 대한 논의는 상당히 해석하기 어려운 표현을 지니게 된 것으로 보인다. 전집 65권의 '마지막 신'에 대한 보다 자세한 내용은 다음을 참조: 이수정, "하이데거의 신론", 「하이데거연구」 제18집 (2008), 16-25.

9 하이데거의 존재 자체에 대한 사유는 1936년 이후 존재 생기(Ereignis)라는 단어를 통해 정점에 이르며, 그는 적극적으로 "존재는 존재 생기 안에서 사라진다." Martin Heidegger, *Zur Sache des Denkens*. (Tübingen: Max Niemeyer, 1976), 22, 46라고까지 이야기한다. 존재 생기에 대한 자세한 논의는 다음을 참조: 이수정, "하이데거의 발현론. 『철학에의 기여』를 중심으로", 한국하이데거학회 편집. 「하이데거연구」 제20집 (2009), 8-13.

따르면 신의 경험과 그의 계시가 인간에게 도달되거나 인간과 만날 수 있기 위해서는 '스스로를 생기하는' 존재의 차원이 전제되어야만 하기 때문이다.[10] 하이데거는 말한다.

> 만약 내가 때때로 나를 자극하는 하나의 신학을 쓰게 된다면, 그 안에는 '존재'라는 단어는 나타나서는 안 될 것이다. 나는 존재가 결코 신의 근거와 본질로서 사유될 수 없다고 믿지만, 그럼에도 신의 경험과 그의 개시의 경험이 (그것이 인간을 만나는 한에서) 존재의 차원 안에서 생기된다고 (ereignet) 믿는다.[11]

전집 65권에서 하이데거는 신과 존재 자체는 다르지만, 그럼에도 불구하고 신 자신의 드러남은 존재 생기와 관련해서만 가능하다고 주장한다. 그가 말하길 "신은 존재를 필요로"[12]하며, "마지막 신은 존재 생기 자체는 아니"고, "그것을 필요로 한다."[13] 왜냐하면 존재는 신들이 드러남을 알리는 '진동함'[14]이기 때문이라는 것이다. 쉽게 설명해 보자면 후기 하이데거가 존재 자체로서 말하고 있는 존재 생기는 신들이 현현하는 것을 앞서 알려 주고 있다. 이에 비해 그 알림이 알림일 수 있게 준비하는 자는 인간 현존재이며, 그는 존재 생기가 준비'시키기'(lassen) 때문에

---

10 Lorenze Puntel, *Sein und Gott. Ein systematischer Ansatz in Auseinandersetzung mit M. Heidegger, E. Levinas und J.-L. Marion* (Tübingen: Mohr Siebeck, 2010), 125.

11 Martin Heidegger, *Seminare. Gesamtausgabe Bd. 15* (Frankfurt(M): Vittorio Klostermann, 2003), 437.

12 Heidegger, *Beiträge zur Philosophie*, 415.

13 앞의 책, 409.

14 앞의 책, 239.

그 준비의 역할을 수행할 수 있을 뿐이다. 따라서 하이데거는 "마지막 신의 현현의 준비가 존재의 진리의 극단적인 모험"[15]이며, "존재 생기는 현존재를 사용해야만 하고, … 그렇게 마지막 신의 지나감 앞으로 데리고 가야만 한다"[16]라는 의미심장한 말을 남기고 있다. 즉, 신이 드러나기 위해서는 존재 생기가 필요하고, 존재 생기는 신의 드러남을 준비하기 위해 마침내 인간 현존재를 신의 지나감의 사건 안으로 들여보낸다는 말이다. 그리고 이 신은 전통 형이상학에 대한 비판의 단초를 넘어 마침내 허무주의와 기술 시대로부터 벗어난 새로운 시원을 수여할 자로 요청된다.[17]

앞의 언술이 비록 신화적·신비적 성격을 지니고 있음에도 불구하고 우리가 여전히 여기서 주목해야만 하는 것은 신이 절대 초월로서 규정된다는 사실이다. 오히려 "신은 결코 규정될 수 없다"는 사실 그 자체만이 신에 대한 유일한 규정일 수 있을 뿐이다. 왜냐하면 마지막 신은 이 낱말의 앞에 붙어 있는 '마지막'(궁극적, letzter)이라는 형용사로부터 이해될 수 있는 것처럼 이전의 것들과 전적으로 다르며, 그런 한에서 마음대로 지배될 수 없는 자이기 때문이다. 그리고 그는 절대 초월이고 마음대로 지배될 수 없기에 단지 '거절'로서만 자신을 알려 온다. 게다가 이러한 신의 거절 앞에서 모든 인간적인 앎의 능력은 좌절되고, 오직 거절하고 있다는 사실만이 인간이 신에 대해 알 수 있는 전부가 된다. 왜냐하면

---

15 앞의 책, 411.

16 앞의 책, 407. 앞의 논의들이 하이데거의 고유한 단어 사용에 의해 다소 복잡할 수 있지만, 도식화해보면 의외로 간단하다. 1. 현존재: 신의 현현을 준비하는 자, 2. 존재 생기: 현존재를 통해 드러나면서 마지막 신의 도래를 앞서 알리는 울림이자 번뜩임의 사건, 3. 마지막 신: 우리에게 자신을 (구원으로) 드러낼 자.

17 "마지막 신은… 우리 역사의 무진장한 가능성의 새로운 시원이다." 앞의 책, 411.

역설적이게도 "거절(Verweigerung) 안에 있는 마지막 신의 극단적인 멂이 하나의 유일무이한 가까움"[18]이기 때문이다. 따라서 인간은 마지막 신의 거절을 어떻게 할 수 없기에 신에 대한 인식으로부터는 극단적으로 떨어져 나가게 된다. 즉, 마지막 신에 근원적인 거절이 속하는 한에서 인간은 결코 자체로 신을 알 수도 없으며, 그것을 자신의 언어 안에서 표현할 수도 없다.

그러나 하이데거에 따르면 마지막 신이 마음대로 지배될 수 없고 또한 우리의 앎의 능력을 절대적으로 벗어나 있는 어떤 영역임에도 불구하고 신에 대한 말하기는 완전히 불가능한 것은 아니다. 오히려 그것은 근원적인 언어의 본질로부터 여전히 하나의 가능성을 가지고 있다. 다시 말해 하이데거는 근원적 언어에 대한 논의로부터 우리가 마음대로 할 수 없는 영역에 대한, 즉 마지막 신에 대한 언어적 표현 가능성이 도출될 수 있음을 통찰하고 있다.

2) 근원적 언어로서의 시 지음과 말함 자체의 포기-창조

하이데거의 언어론은 일반적인 언어에 대한 논의들과는 상당히 다르다. 하이데거의 의견을 십분 따라준다면, 그의 언어론은 근원적인

---

18 앞의 책, 412. 이러한 측면에서 하이데거는 인간이 거절하고 있는 신을 향해 직접 접근할 수 없고, 그저 신의 지나감을 준비할 수 있을 뿐이라고 말하고 있는 것이며, 나아가 인간이 아니라 단지 거절하는 신이 인간에게 직접 지나갈 뿐이라고 주장하게 된다. 하이데거는 말한다. "거절은 현존재를… 신의 첫 번째 지나감의 장소의 근거 지음으로서 필요로 하며", "신은 스스로를 은폐함을 통해서만 현존한다." Martin Heidegger, *Erläuterungen zu Hölderlins Dichtung. Gesamtausgabe Bd.4* (Frankfurt(M): Vittorio Klostermann, 1981), 169-170.

차원에 있기 때문이다. 그리고 이것은 곧 언어 자체가 일상적인 언어
이해와는 다르게 인간에 의해 말해지기 이전의 어떤 근원적인 사태의
영역에 머물고 있음을 뜻한다. 근원적인 영역 안에서 언어를 말하고
있는 것은 인간이 아니라 언어이다. "언어가 말한다."[19] 왜냐하면 "언어
는 단지 본래 말하고 있는 그것"[20]이기 때문이다. 여기서 언어에 대한
일반적인 상식들은 아무런 의미를 지니지 못한다. 그저 하이데거의 현
상학적 기술로 표현해 본다면, 언어는 말해지고 있는 그것이 그 자체로
부터 스스로를 말하고 있는 바로 그 말함일 따름이다.[21] 따라서 일상적인
의미에서 우리가 언어를 가공하여 이용하고 있다든가 혹은 그것을 우리
가 마음대로 지배할 수 있다는 생각은 이미 언어에 대한 바른 이해가
아니라고까지 비판될 수 있다. 오히려 하이데거에 따르면 우리의 일상
적인 이해, 즉 언어를 인간의 마음대로 지배할 수 있다는 몰이해로부터
언어가 가지고 있는 위험이 나타난다. "언어, '모든 창조된 것 중의 가장
순수한 것'의 이 영역은 '재물 중 가장 위험한 것'이다."[22] 왜냐하면 일상
적으로 사용되는 언어는 그 언어가 지시하고 있는 그 어떤 것을 대상화하
고, 그럼으로써 지배 가능한 것으로 변경시키기 때문이다. 다시 말해
하이데거에게 언어의 위험이란 그것을 통한 대상화 혹은 물화의 가능성
이며, 이러한 가능성에 대한 비판이 하이데거의 전후기 철학 전체를

---

19 Martin Heidegger, *Unterwegs zur Sprache. Gesamtausgabe Bd.12* (Frankfurt(M):
    Vittorio Klostermann, 1985), 10.

20 앞의 책, 254.

21 하이데거는 현상학이 다음을 말한다고 주장한다. "스스로를 드러내고 있는 그것이
    그 자체로부터 스스로를 드러내는 바로 그것처럼 그 자신으로부터 보게 해 줌."
    Heidegger, *Sein und Zeit* (Tübingen: Max Niemeyer Verlag, 1972), 34.

22 Heidegger, *Erläuterungen zu Hölderlins Dichtung*, 35.

관통하는 목표 중의 하나이다. 그리고 "이러한 물화 비판을 하이데거는 그의 우선적인 기초존재론적 단초들의 범위 안에서 눈앞에 있음 (Vorhandensein)의 존재론의 해체로 명명한다."[23]

물론 이 언어의 위험 반대편에는 동시에 언어가 가지고 있는 근원적 본질이 함께 놓여 있으며, 이러한 근원적 본질로부터 "언어는 인간이 마음대로 다룰 수 있는 도구가 아니라 인간존재의 최고의 가능성을 관할하고 있는 존재 생기"[24]라는 사실이 통찰된다. 우리는 특별히 위의 언술을 통해 하이데거가 언어를 자신의 사상의 최종점인 존재 생기로까지 격상시키고 있음을 알 수 있다. 그리고 이러한 하이데거 언어론의 특이점 때문에 인간이 언어를 규정하는 것이 아니라 오히려 언어가 인간을 규정하는 것으로 보는 전적인 전회가 일어나게 된다. 보다 쉽게 이야기하자면 인간이 언어를 사용하는 것이 아니라 반대로 근원적인 언어가 인간을 사용하는 것이며, 그런 한에서만 그는 비로소 인간일 수 있다는 전적으로 새로운 인간과 언어 사이의 관계가 성립한다. 물론 여기서 언급되는 언어란 근원 언어(Ursprache)임은 두말할 필요가 없다. 그렇다면 여기서 말하는 근원 언어란 무엇을 말하는가?

현상학자인 하이데거의 탐구 방향은 언제나 단어 혹은 말의 일상적인 용례로부터 시작하여 그것이 자신의 배경 뒤에 지니고 있는 존재 역사의 단초들을 해명하여 나아가는 것에 집중되어 있다.[25] 이러한 해명

---

23 Thomas Rentsch, *Heidegger und Wittgenstein. Existential- und Sprachanalysen zu den Grundlagen philosophischer Anthropologie* (Stuttgart: Klett-Cotta, 1985), 16. 렌취에 따르면 하이데거는 존재론 비판을 통해, 비트겐슈타인은 언어 비판을 통해 눈앞에 있음의 존재 이해와 언어 이해의 극복의 필요성을 성찰하고 있으며, 바로 이러한 작업들을 통해 전통 형이상학을 극복할 단초가 획득될 수 있다(Rentsch, *Gott*, 48).

24 Heidegger, *Erläuterungen zu Hölderlins Dichtung*, 38.

의 작업을 통해 이제 하이데거는 언어의 근원을 시로 해명하기 시작한
다. 왜냐하면 "근원 언어는 존재의 수립으로서의 시 지음(Dichtung)"[26]이
기 때문이라는 것이다. "시 지음은 낱말적으로 행해지는 존재의 수립"[27]
이다. 신비적으로 보이는 이 말을 들으면서 우리는 먼저 하이데거가
시 지음이 자신의 철학의 궁극적인 목표로서의 존재와 연관된 것으로
보고 있다는 점을 분명히 할 필요가 있다. 다시 말해 언어란 그 근원에서
시를 짓는 작업과 연결되고, 나아가 이 시를 짓는 것은 근원적인 영역
안에서 벌어지고 있는 존재의 사건에 봉사하고 있다는 것이다. 애석하
게도 하이데거의 이 아포리아가 타당한지를 우리는 여기서 밝힐 수는
없다. 그보다 우리는 단지 근원적 존재 사건과 시 지음 사이의 연관 관계
가 '이름을 명명하는 작업'에 맞닿아 있음에만 우선 주목하고자 한다.

앞서 언급한 것처럼 시 지음이란 낱말적인 존재의 수립 행위이며,
이것은 구체적으로 말해 시인들이 자신의 시 안에서 모든 사물을 그의
존재에 맞게 명명하는 행위이다. 시인은 시를 지으면서 사물들을 그때
마다의 상황에 맞게 이름을 부여하며, 그것을 통해 사물들은 "비로소
자신이 존재하는 그런 것으로 명명"[28]된다는 것이다. 우리는 이러한
하이데거의 통찰을 우리가 가지고 있는 사물과 이름 사이의 오해로부터
이해해야만 한다. 가까운 예로 우리는 우리 앞에 놓인 채 이름 붙여진
사물을 너무나도 익숙한 대상으로 인식하곤 한다. 하지만 사실상 우리

---

25 예를 들어 "지음 거주함 사유함"에서 그는 지음(Bauen)을 옛 언어인 buan으로부터
   출발하여 본질적 의미로서의 돌봄(Schonen)으로 되돌리고 있다. Martin Heidegger,
   Vorträge und Aufsätze (Pfullingen: Neske, 1954), 141.

26 Heidegger, *Erläuterungen zu Hölderlins Dichtung*, 43.

27 앞의 책, 41.

28 앞의 책, 같은 곳.

가 간과하고 있는 것은 그 사물이 정말 우리가 인식한 그 대상일 뿐인가 하는 것이다. 다시 말해 우리는 결코 우리가 대상으로 삼았던 그 사물이 그것 자체라고만 이야기할 수 없다. 왜냐하면 칸트가 이미 잘 보여주고 있는 것처럼 우리는 결코 물 자체의 전부를 인식할 수는 없기 때문이다.

예를 들어 우리는 불안 앞에서 모든 사물이 쑥 달아나 버리는 경험을 하며, 그때 "세계 내부적으로 발견된 손안에 있는 것과 눈앞에 있는 것의 사용사태-전체성(Bewandtnisganzheit)은 자체로 소용없다. 그것은 자체 안에서 함께 (무너진 채) 잠겨 버린다."29 본래 사물은 인간의 이론적 대상 도, 사용하는 도구도 아니다. 그리고 시 지음은 이론적 대상이나 사용하는 도구와는 다른 방식으로 사물들을 명명한다. 즉, 그것은 탈-주객 도식 안에서 명명하면서 사물들을 그것의 본래 존재하는 그것으로 명명하는 보다 근원적인 언어의 차원이다. 시는 어떤 주객 관계 혹은 대상 관계 안에 있지 않고 또한 대상화, 물화 혹은 표상화 등을 수행하지도 않는다. 일상적인 말 안에서 우리가 어떤 사물과 심지어 신까지도 대상화, 물화 혹은 표상화하고 있는 것과 다르게 시 지음 안에서 이러한 것들은 지양된 다. 이런 의미에서 본다면, 주객 도식 아래에서 대상화, 물화 혹은 추상화 의 방법을 사용하고 있는 일상적 말함이 오히려 근원적인 시 지음으로부 터 파생된 것일 뿐이라는 하이데거의 주장은 일견 정당성을 획득한다. "오히려 반대로 일상적 말함이 망각되어 잘못 사용된 시"30라는 것이다. 따라서 "언어의 본질은 반대로 시 지음의 본질로부터 이해되어야만 한 다."31 그리고 하이데거는 언어를 가능하게 한다는 의미에서 이 시 지음

29 Heidegger, *Sein und Zeit*, 186.
30 Heidegger, *Unterwegs zur Sprache*, 28.

을 마침내 근원 언어로 제시함과 동시에 신에 대한 근원적 명명으로까지 접근시킨다. "시 지음은 신들을 근원적으로 명명하는 행위이다."[32]

물론 하이데거에 따르면 신에 대한 명명은 결단코 시인이 임의적으로 행하는 것이 아니다. 그것은 오히려 신 자신으로부터 오는 행위이다. "시 지음을 위한 척도는 무엇인가? 신성",[33] 또한 이 신성 역시 스스로를 은폐하고 거절하는 마지막 신에 속하는 한에서 여전히 인간의 인식으로부터 극단적으로 멀며, 그래서 결국 신에 대한 명명은 인간으로부터가 아니라 신 자신으로부터 오는 눈짓에 의해 가능할 뿐이다. 왜냐하면 하이데거에 따르면 "눈짓(Wink)은 옛적부터 신들의 언어"[34]였기 때문이며, 나아가 "… 이 궁극적 신의 눈짓들은 활동"[35]하기 때문이다. 그렇다면 이 눈짓이란 무엇을 지시하는가?

그것의 신화적·신비적 성격에도 불구하고 오히려 하이데거는 이 '신의 눈짓'이라는 표현을 통해 전적으로 인간에게 지배될 수 없는 신의 '자신을 알려 옴'을 말하려 한다. 쉽게 설명해 보자면 일반적으로 사람들은 눈짓을 통해 사랑하는 사람과 비밀스럽게 이야기를 나누고 또 때론 결코 들켜서는 안 되는 비밀을 전달하곤 한다. 눈짓은 직접적인 내용을 지시하지 않지만, 이와 동시에 일반적으로 전달될 수 없는 이야기, 즉 비밀스러운 이야기들이 논의되는 특수한 말하기 방식이다. 이러한 의미에서 신의 눈짓이란 신이 자신의 은폐와 거부에도 불구하고 그 은폐와

31 Heidegger, *Erläuterungen zu Hölderlins Dichtung*, 43.

32 앞의 책, 45.

33 Heidegger, *Vorträge und Aufsätze*, 193.

34 Heidegger, *Erläuterungen zu Hölderlins Dichtung*, 46.

35 Heidegger, *Beiträge zur Philosophie*, 408.

거부로부터 또 무엇인가 비밀스러운 것을 비밀스럽게 드러낸다는 말이다. 이러한 신의 비밀스러운 눈짓이라는 방식을 가지고 신은 자신의 지나감을 드러내며, 이 눈짓을 받아 그것을 언어로 표현하는 것이 근원적 언어로서의 시 지음이라는 통찰이 하이데거가 의도하고 있는 점이다. 그는 말한다.

> 시인이 말한다는 것은 이러한 눈짓을 포착하여 그것을 다시 자기 민족에게 눈짓으로 전하는 것이다. 눈짓을 포착한다는 것은 그것을 받아들이되, 이와 동시에 새롭게 해주는 것이다.[36]

신을 명명할 수 있는 것이 시 지음이며, 이것이 근원적 언어라는 하이데거의 말은 이제 앞의 인용문 중 '새롭게'라는 단어를 통해 깊은 통찰로 우리를 이끈다. 왜냐하면 시 지음이 신의 눈짓으로서의 신적 언어에 대한 포착임에도 불구하고 거기에는 새롭게 해 줌이 또한 포함되어 있기 때문이다. 그리고 이것은 곧 언어가 그 본질에 있어서 어떤 좌절과 연관되고 있음을 의미한다.

앞서 언급한 것처럼 마지막 신은 자체로 거절이며, 은폐이고, 오직 지나감의 형태로서 우리에게 눈짓을 포착하게 해 줄 뿐이다. 그러나 이러한 거절과 은폐는 신 자신이 가지고 있는 '마음대로 지배될 수 없음'(Unverfügbarkeit)을 드러내며, 이것은 인간에게 어쩔 수 없는 좌절로서 경험된다. 우리는 신에 대해 말하고자 해도 그의 거절, 은폐 그리고 마음대로 지배될 수 없음 때문에 그 목적에서 좌절된다. 그러나 하이데

---

36 Heidegger, *Erläuterungen zu Hölderlins Dichtung*, 46.

거는 이 어쩔 수 없는 좌절로부터 다른 가능성을 발견하고 있는데, 바로
이것이 앞서 언급한 '새롭게 해 줌'의 단초로서의 포기이다. 왜냐하면
좌절에 직면한 인간의 포기가 오히려 언어의 위험으로서의 대상화, 물
화 혹은 표상화 등을 극복하고, 어떤 것을 어떤 것 자체로 드러나도록
해주기 때문이다. 하이데거적 의미에서 "포기란 다음을 의미한다. 어떤
것을 어떤 것에 대한 요구를 만나, 어떤 것을 거부하는 것."[37] 그러나
"'포-기'(Auf-geben)는 여기서 거절이 아니라 유지하는 영화로움이다."[38]
오히려 "포기는 준다."[39] 하이데거의 앞의 말을 보다 쉽게 풀어본다면
좌절 앞에서 포기한다는 것은 일상적으로 행하고 있는 대상화·물화·
표상화에 대한 포기이지만, 동시에 그 안에는 보다 풍부한 어떤 것이
보존되어 새롭게 드러난다고 우리는 이해할 수 있다. 그리고 이 보존된
것은 언어의 포기의 경험 안에서 이제 새로운 창조 활동으로 나타난다.
즉, 말함은 마음대로 지배될 수 없는 것 앞에서 결국 포기될 수밖에 없는
한계에 직면하지만, 말하고 있는 자가 인간이 아니라 마음대로 지배될
수 없는 그것, 곧 마지막 신이기 때문에 포기는 그냥 허무로서 사라지지
않고 어떤 새로운 말함을 가능하게 만든다.

　물론 말함이란 그것이 인간의 언어인 한에서 보다 구체적으로는 시
인의 시 지음으로 포착되는 한에서 언제나 유한하고, 그렇기 때문에
다시금 좌절되어 포기될 수밖에 없는 것이다. 인간은 끊임없이 자신의

37 Heidegger, *Unterwegs zur Sprache*, 210.

38 Martin Heidegger, *Geschichte des Seins. Gesamtausgabe Bd.69* (Frankfurt(M): Vittorio Klostermann, 2012), 125.

39 Martin Heidegger, *Aus der Erfahrung des Denkens. Gesamtausgabe Bd.12* (Frankfurt(M): Vittorio Klostermann, 1983), 90.

한계 안에서 신의 눈짓을 포착하여 말할 수밖에 없으며, 동시에 그는 그것이 언제나 마음대로 지배할 수 없는 신의 본질 앞에서 좌절되어 포기될 수밖에 없음을 알게 된다. 그러나 이러한 인간의 포기와 창조의 이중적 작업은 결코 단순한 시간 낭비를 의미하지 않는다. 오히려 이것은 마지막 신이 자신의 무한성을 유한한 우리에게 드러낼 수 있는 유일한 방식이다. 왜냐하면 한계를 가진 유한이 그럼에도 무한을 자신 안에 담아내려 한다면, 기존의 담은 것들을 끊임없이 비워내고 동시에 새롭게 받아들이는 것 말고는 다른 방법이 없기 때문이다. 또한 이 포기와 창조 안에서 나타나는 단어들은 그것이 시 지음을 근원으로 가지고 있음에도 결코 비문법적이거나 종교적·신화적인 언어에만 매몰되지도 않는다. 오히려 그것은 언어의 한계충돌로부터 비로소 나타나는 어떤 근원적 차원에 속한다. 그리고 우리는 이제 이것의 좋은 예를 새롭게 비트겐슈타인의 언어 비판 안에서 만나게 된다.

언어의 한계에 충돌함으로써 성스러운 것, 신적인 것 혹은 마지막 신에 대해 말하기는 일상적으로 나타나는 언어의 대상화·물화 혹은 표상화의 경향을 벗어나 다른 영역으로 넘어간다. 이러한 영역 안에 언어는 결핍되어 있지만, 그럼에도 불구하고 신에 대해 말하기는 오히려 침묵으로부터 새롭게 시작될 수 있다. 왜냐하면 침묵이란 말함 자체가 좌절되고 포기되는 어떤 언어의 근원적인 형태를 뜻하지만, 이와 동시에 그것으로부터 비로소 또 다른 말함이 출발할 수 있기 때문이다. 그리고 바로 이러한 단초를 하이데거와 비트겐슈타인은 함께 주목하고 있다. "말할 수 없는 것에 대해 우리는 침묵해야만 한다."[40] 그러나 "침묵

40 Wittgenstein, *Tractatus Logico-Philosophicus*, § 7.

으로서의 말함이 근거 짓는다. ⋯ 그것(침묵)이 명명하는 것은 의미된다
(즉, 의미를 가진다)."[41]

2. 비트겐슈타인의 말할 수 없는 것

1) 신비한 것으로서의 말할 수 없는 것과 침묵

앞서 언급한 것처럼 하이데거가 신에 대해 말하기의 가능성으로서
제시하고 있는 것은 근원 언어로서의 '시 지음'이며, 나아가 그 안에서
벌어지고 있는 '말함의 포기-창조'라는 역설적 과제이다. 그리고 이제
우리는 이것을 비트겐슈타인의 사유 안에서 다시 한번 확인하고, 그것
의 구체적인 방법론을 아픔-표현(Schmerz-Ausdruck)에 대한 그의 논의
안에서 획득하기로 한다. 물론 혹자는 이러한 하이데거와 비트겐슈타
인 사이의 논의가 큰 공통점을 지니지 않는다고 비판할 수 있다. 그러나
감히 말하거니와 본 논문의 시도는 절대 초월의 영역을 '마지막 신'이라
는 단어로 비대상적으로 지시하면서 그것의 말할 수 없음을 분명히 하는
하이데거와 절대 초월의 영역을 '말할 수 없는 것'이라는 단어를 가지고
비대상적으로 지시하면서 그것의 언표될 수 없음을 분명히 하고 있는
비트겐슈타인 사이에서 증명될 수 있다. 그리고 이것은 말할 수 없다는
사실에도 불구하고 말해야만 한다는 신학의 긴급한 요청과 만나면서
마침내 신론 전개의 현대적 단초에 이르게 된다. 이제 그 가능성을 앞의

---

41 Heidegger, *Beiträge zur Philosophie*, 80.

하이데거의 '마지막 신'과 '근원 언어'에 대한 논의에 대응되는 '말할 수 없는 것'과 '침묵'에 대한 비트겐슈타인의 논의로부터 찾아보기로 하자.

우선 하이데거가 자신의 사상을 당시의 전통 형이상학의 극복 요구로부터 시작했던 것과 같이 비트겐슈타인 역시 이 흐름에 동참하고 있다. 그러나 하이데거가 존재와 현존재에 대한 논의에 집중했고 형이상학의 문제가 존재 망각으로부터 비롯되었다고 통찰한 반면, 비트겐슈타인이 관심을 기울이는 영역은 언어 자체이며, 당시의 형이상학의 문제가 언어의 오해 및 오용으로부터 나왔음을 주장한다. 비트겐슈타인에 따르면 "철학자는 건전한 상식의 개념들에 도달할 수 있기 전에 자신 속에서 지성의 수많은 질병을 치료해야만 하는 사람이다."[42] 여기서 지적되는 지성의 질병이란 곡해 가능한 언어를 사용함으로써 전적으로 쓸모없는 문제가 나오게 되고, 그것이 사람들을 괴롭히는 현상이다. 다시 말해 문제란 무의미한 것을 근심함을 말한다. "근심들은 질병과 같다. 우리는 그것들을 받아들여야 한다."[43] 게다가 이러한 문제나 질병은 실체가 없는 왜곡된 이해이기 때문에 문제 자체가 실체화된 악으로 규정되는 이중적인 위험 역시 함께 가지고 있다. 다시 말해 철학적 문제와 질병은 인간으로 하여금 그것에 집착하게 만들어 괴로움을 주는 동시에 그것과의 대결에 집착하게 만드는 괴로움 역시 함께 준다. 오히려 "우리가 할 수 있는 가장 나쁜 것은 그것들에 반항하는 것이다."[44] 따라서 이 실체가 없는 문제를 해결하는 방법은 본래 그것이 실체가 없다는

---

42 루드비히 비트겐슈타인/이영철 옮김, 『문화와 가치』 (서울: 책세상, 2006), 102.
43 앞의 책, 165.
44 앞의 책, 166.

그 본연의 사실을 드러내는 것 이외에 다른 것이 아니다. 문제와 질병 자체가 본래 실체를 가지고 있지 않았다면, 그것들은 본래 없는 것이다. 바로 이러한 이유에서 철학의 목표란 그냥 있는 것을 그것 자체로 놔두는 가장 기본적인 작업이면서 가장 쉬운 작업이다. 그리고 이것이 가능해질 때 문제와 질병은 원래 없던 것이었기에 사라지고 만다. "삶의 문제의 해결을 우리는 이러한 문제의 사라짐에서 지각한다."[45]

비트겐슈타인은 앞서 언급한 삶의 괴로움을 만들어 내고 있는 질문들을 해소시키기 위해 정확한 언어적 한계를 설정하려 시도한다. 왜냐하면 언어에 대한 오용을 통해 잘못된 물음들이 나타나고, 그 물음을 통해 인간들은 괴로움에 처하기 때문이다. 우선은 우리의 언어의 잘못이 수정되어야 한다. 물론 언어의 잘못이 수정될 영역은 우리의 단순한 일상에 한정되지 않으며, 일상 안에서 당연한 듯이 지시되는 일상을 넘어선 영역, 즉 '말할 수 없는 것'의 영역으로까지 확대된다. 말할 수 있는 것을 정확히 지적하여 제대로 말하는 것 그리고 말할 수 없는 것에 대해서는 말하지 않는 것, 즉 침묵하는 것이야말로 이러한 문제 해결의 가장 일차적인 방식이다. 비트겐슈타인에게는 두 가지 방법론, '말할 수 있는 것'과 '말할 수 없는 것'에 대한 해명이 공존하며, 그것은 나중에 말할 수 없는 것에 대해 말하고 있는 잘못을 지적하고 침묵할 것을 권면하면서 최종점에 도달하게 된다.

비트겐슈타인에 따르면 "명제란 현실의 그림이다. 명제란 우리가 그것을 사유하는 것과 같은 그러한 현실의 그림이다."[46] 그리고 이런

---

45 Wittgenstein, *Tractatus Logico-Philosophicus*, § 6.521.
46 앞의 책, § 4.01.

한에서 참된 명제란 그것에 대응하는 세계의 사실에 의해서 참/거짓이 결정될 수 있을 때에만 의미를 가진다. 그리고 여기에는 말할 수 있는 것으로서 오직 자연과학의 명제들만이 속한다. "참된 명제들의 총체는 총체적인 자연과학(혹은 자연과학의 총체)이다."[47] 그러나 이 참된 명제들 안에서 그것들의 참/거짓의 판단을 가능하게 해주는 논리명제 자체는 이와 다르게 의미를 결여한다. 왜냐하면 논리란 (수학적 수식을 포함하여) 이미 동어반복 혹은 모순 외에는 다른 것이 아니기 때문이다. 그것은 결코 어떤 세계에 대한 그림이 아니다. 즉, 논리학의 명제들은 세계의 사실을 그리는 것이 아니라 "세계의 골격을 묘사"[48]하고 있을 뿐이다. 그것들은 의미를 결여하는(sinnlos) 명제로서 그 자신 이외에는 그 어떤 것도 말해 주거나 묘사해 줄 수 없는 명제이다. 그러나 이것은 의미를 결여하고 있을 뿐, 무의미한(unsinnig) 것은 아니다. 오히려 무의미한 것은 비트겐슈타인에 따르면 세계 밖의 영역에 대한 어떤 것이며, 여기에는 윤리학, 미학, 형이상학 그리고 종교와 신학 등이 속한다.[49]

물론 주목해야만 하는 것은 앞서 비트겐슈타인이 말하고 있는 의미를 결여한 것이라든가 무의미한 것이라는 표현이 결코 부정적인 뜻을 함유하고 있지 않다는 점이다. 단지 의미를 결여하거나 무의미한 것은 현실 세계에 대한 그림에 봉사할 수도 또한 참/거짓의 구분에 포함될 수도 없다는 의미에서 그렇게 불릴 뿐이며, 이것은 보다 적극적으로

---

47 앞의 책, § 4.11.

48 앞의 책, § 6.124.

49 이승종은 비트겐슈타인의 이러한 세계-내와 세계-외의 구분이 칸트의 페노메나와 누메나의 구분으로부터 영향을 받았다고 주장한다. 이승종, "언어의 한계와 유아론. 청년비트겐슈타인의 경우", 「철학적 분석」 제26집 (2012), 10-16.

말해 서로 다른 층위에서 상호공존할 수 있는 것들이다. 오히려 "말할
수 있는 것과 없는 것을 서로 다른 지평에서 무모순적으로 공존하는
것으로 보는 것이 비트겐슈타인의 원 의도"[50]였다. 게다가 비트겐슈타
인은 이러한 의미 없는 것들, 즉 말할 수 없는 것이 더 중요하다고 강조하
는 것처럼 보인다. 비트겐슈타인은 다음과 같이 말했다고 전해진다.

> 나의 책(『논리철학논고』)은 두 부분으로 되어 있습니다. 먼저 여기에 쓰
> 여 있는 부분과 내가 쓰지 않은 모든 것들 그리고 중요한 부분은 바로 이
> 둘째 부분입니다. … 오늘날 많은 사람들이 헛소리를 하고 있는 분야에서
> 나는 그것에 관해서 침묵함으로써, 나는 나의 책에서 모든 것을 제자리에
> 놓는 데 성공했다고 믿습니다.[51]

비트겐슈타인은 위의 글을 통해서 『논리철학논고』의 핵심이 논리
실증주의자들의 기대와는 다르게 윤리적인 것이라는 것과 이 책에 쓰이
지 않은 부분이 더욱 중요한 것이라고 주장한다. 그리고 이 윤리적인
차원이란 바로 '말할 수 없는 것의 차원'이며, 보다 확대해서 칸트의 누메
나와 같이 신, 자유, 영혼 등의 다소 종교적·신비적인 차원이라 말할
수 있다. 그는 말할 수 없는 것이 단지 있고, 그것이 바로 신비한 것이라는
점을 분명히 했으며, 이런 의미에서 우리는 "비트겐슈타인이 신비가
(Mystiker)였다"[52]고 말할 수도 있을 것이다. 그렇다면 이러한 말할 수

50 앞의 논문, 15.
51 남경희, 『비트겐슈타인과 현대 철학의 언어적 전회』 (서울: 이화여자대학교출판부,
   2005), 51.
52 Rentsch, *Heidegger und Wittgenstein*, 178.

없는 것에 대한 논의를 통해 비트겐슈타인이 겨냥하고 있는 것은 무엇인가?

앞서 언급한 것처럼 정확한 언어의 한계를 밝힘으로써 얻게 되는 것은 기존의 철학적 문제와 질병, 즉 삶에서 벌어지는 불필요한 문제들을 해소시키는 것이며, 이것은 보다 적극적으로는 삶의 태도를 변경시키고, 삶 자체를 본래적으로 혹은 그것의 본모습으로 회복시키는 것이다. 그리고 우리는 여기에서 더 나아가 비트겐슈타인의 의도를 다음과 같이 주장할 필요가 있다. 비트겐슈타인의 의도는 말할 수 없는 것의 영역을 확보함으로써, 즉 신적인 것, 신비한 것의 영역을 확보함으로써 그것이 우리의 삶 안에서 여전히 어떠한 역할을 할 수 있게 만드는 것이다. 다시 말해 그의 의도는 삶이 품고 있는 문제의 해소와 더불어 우리의 삶 안에 우리가 마음대로 지배할 수 없는 어떤 절대 초월의 영역이 관여되고 있음을 분명하게 깨닫게 만드는 것이다. 그래서 그는 "신을 믿는다는 것이 삶의 의미에 관한 문제를 이해함을 뜻"함과 동시에 "신을 믿는다는 것이 세계의 사실들이 문제의 끝이 아님을 본다는 것을 뜻한다"[53]고 분명히 주장한다.

그러나 우리가 분명히 해야만 하는 것은 이 말할 수 없는 것, 즉 본 논의가 주목하고자 하는 신비한 것 혹은 신적인 것에 대한 언어적 명명이 사실상 불가능하다는 어떤 '포기'로부터 시작되어야 한다는 사실이다. "말할 수 없는 것에 대해서는 침묵해야만 한다."[54] 그러나 여기서 비트겐슈타인이 말하고 있는 침묵, 즉 말함의 포기란 결코 단순한 말함의 불가능성을 의미하지 않는다. 왜냐하면 말할 수 없는 것은 그것의 말할 수

---

53 Ludwig Wittgenstein, *Notebooks 1914-1916*, tr. and ed. by G. H. von Wright and G. E. M. Anscombe (Oxford: Basil Blackwell, 1961), 74.

54 Wittgenstein, *Tractatus Logico-Philosophicus*, § 7.

없음에도 불구하고 동시에 스스로를 드러내고 있기 때문이다.[55] 그렇다면 이러한 말할 수 없는 것에 대해 말하기는 도대체 어떻게 가능하단 말인가?

2) 침묵으로부터 일상 언어로서의 아픔-표현으로 돌아가기

비트겐슈타인의 전기 철학에 해당하는 『논리철학논고』 안에서 다루어지고 있는 '말할 수 없는 것' 혹은 '신비한 것'은 오직 일상 언어의 쓰임을 한계 짓는 어떤 것으로서의 침묵을 요구하며, 이러한 침묵을 통해 우연적인 몰이해로부터 나타나는 철학적 문제와 질병 등은 해소된다. 보다 적극적으로 해석해 본다면 전기 비트겐슈타인에게서 말할 수 없는 것에 대한 논의는 모든 부분에 걸쳐서 과하게 되어 있고 또한 실체화, 대상화되어 있는 잘못된 형이상학적 단어들을 우선 허물어 버리고 나서 어떤 신비적 차원을 새롭게 설정하고자 하는 비트겐슈타인의 노력이 담겨 있다. 앞서 하이데거의 논의와 비교하여 정식화해 본다면, 기존 언어 사용의 포기와 더불어 새로운 창조를 준비하는 과정이라 말할 수 있을 것이다. 그러나 후기 비트겐슈타인의 언어 이해 안에서 새로운 창조의 과제는 보다 구체적인 형태를 지니게 된다. 말할 수 없는 것에 대해 침묵해야 함, 즉 말할 수 없는 것을 폭력적으로 곡해해 왔던 전통들 그리고 그것을 언어적으로 다루고자 했던 의지를 포기하는 것에서 멈췄던 전기 비트겐슈타인의 논의는 이제 적극적으로 그 포기와 더불어 어떤 새로운 신비한 것에 대한 명명 가능성을 이야기하기 시작한다.

---

55 앞의 책, § 6.522.

후기 작품인 『철학적 탐구』가 전적으로 『논리철학논고』에 대한 자기비판으로부터 의도되었고, 나아가 언어 놀이에 대한 보다 넓은 범위를 가지게 되었다는 것은 이미 알려진 사실이다.[56] 그러나 우리는 이러한 후기 비트겐슈타인의 노력이 말할 수 없는 것에 대해서는 침묵해야만 한다는 포기의 요구를 상실하지 않은 채 말할 수 없는 것, 신비한 것 혹은 신적인 것의 언어적 표현 가능성으로 확장해 나아갔다고 생각할 수 있으며, 특별히 그것의 예를 『철학적 탐구』의 중심적인 단초로서의 '아픔-표현'(Schmerz-Ausdruck) 안에서 발견하게 된다.

비트겐슈타인은 아픔-표현을 사적 감각 수용(Empfindungen)은 가능해도 사적 언어는 존립할 수 없다는 자신의 주장을 위한 한 예로 제시한다.[57] 그리고 이것은 앞서 언급한 침묵과 다르게 일상 언어 안에 포함된다. 우리는 일상 안에서 아픔을 느낄 때 울음, 신음, 소리 지름, 찡그림 등과 같은 행위를 통해 그 아픔을 표현한다. 이러한 행위는 원초적이고 지극히 자연스러운 행위이다. 아픔에 관한 표현은 하나의 언어 행위로서 학습되지 않았을 때는 울음이나 비명으로 나타나며, 그 이후 언어 학습을 통해 점차 하나의 언어 놀이 안에서 사용되는 표현 방식들을 획득한다. 그리고 이것은 "나 많이 아파!"와 같은 언술로 내적인 어떤 현상의 표현이 된다. 물론 아픔-표현과 관련된 언어 놀이의 뿌리가 되는

---

56 Ludwig Wittgenstein, *Philosophische Untersuchungen* (Frankfurt(M): Suhrkamp Verlag, 2003), 8. "4년 전에 나는 나의 첫 번째 저서(『논리철학논고』)를 다시 읽고 그 사상을 설명할 기회를 가졌다. 그때 나에게는 갑작스럽게 내가 오래된 사상들과 새로운 사상들을 함께 출판해야만 할 것처럼 생각이 들었다. 이것들은 단지 대립을 통해서만 그리고 나의 옛 사유 방식의 배경 위에서 그것의 올바른 해명을 획득할 수 있는 것이다. 즉, 내가 16년 전에 다시 철학에 몰두하기 시작한 이래로 나는 내가 저 첫 번째 책에 기록되었던 것 안에서 심각한 오류들을 인식해야만 했다."
57 앞의 책, § 244.

것은 원초적이고 자연스러운 표현으로서의 아픔의 행위 그 자체이다. 그러나 문제는 우리가 이렇게 아픔을 느끼고 그것을 표현할 때, 결코 무엇인가를 보고하거나 기술하는 것이 아니라는 사실이다. 그것은 그저 표현하고 아픔의 사실을 보여 줄 뿐이다. 그것은 무엇인가 지시하지만, 동시에 그 어떤 실재적인 것도 지시하지 않고 그저 표현한다. 다시 말해 아픔, 고통, 괴로움 등은 분명히 있고, 그것은 느껴지고 경험되며 표현될 수도 있지만, 그 표현이 지시하고 있는 그것은 결코 대상을 가지지 않는다. 그러나 이와 동시에 그것은 전적으로 없는 것도 아니다. "하지만 당신은 항상 다시금 이 감각 수용 자체가 하나의 무일 뿐이라는 결론에 도달한다. 하지만 아니다. 그것은 어떤 것이 아니지만, 아무것도 아닌 것도 아니다."[58]

우리는 아픔에 대해 그것이 마치 하나의 대상인 것처럼 말하고 있으며 또한 말해야만 한다. 하지만 그것은 사실적인 대상에 대한 지시가 아니면서도 동시에 언어 행위 안에서 통용되는 충분히 의미 있는 표현이다. 그리고 우리는 바로 이 지시어와 실재성 사이의 특수한 관계를 '신'과 '신에 대해 말하기' 사이의 관계에 대입할 수 있다. 왜냐하면 '신'(혹은 God, Gott, 神 등)이라는 단어 역시 어떤 형이상학적 대상을 정확하게 지시하지 않지만, 즉 신이라는 단어에 맞는 정확한 대상은 확인될 수 없지만, 이러한 사실은 결코 신의 실재성을 거부하거나 우리가 신을 말함이 거짓임을 뜻하지는 않기 때문이다.

단어 '신'은 어떤 눈에 보일 수 있는 구체적인 대상을 지시하는 것은 아니지만, 그럼에도 우리가 지시하고자 하는 어떤 절대 초월에 전혀

---

58 앞의 책, § 304.

상관없는 것도 아니다. 단어 '신'은 지시이지만 직접 지시가 아니며, 이것은 아픔에 대한 지시로서의 아픔-표현과 같이 대상화·물화·표상화될 수 없는 어떤 것에 대한 특수한 사태를 보여주고 있을 뿐이다. 여기서 언급된 '직접 지시가 아닌 지시'로서의 신에 대한 말하기는 단순히 전통 신학이 수행해 왔던 신에 대한 단순한 본질 규정(긍정신학) 혹은 규정의 거부(부정신학)에만 머물지 않는다. 이것은 오히려 신에 대해 말하기의 불가능성의 이면에 여전히 신에 대해 말하기가 가능해야만 한다는 역설적 사실을 우리에게 알려 주고 있다. 그리고 바로 여기로부터 현대의 신에 대해 말하기를 위한, 즉 현대 신론의 전개를 위한 가능성이 나타난다. 왜냐하면 신에 대해 말하기(즉, 신론)는 아픔-표현과 같은 방식의 언어이기 때문이다.

　'신'이라는 단어는 비대상적이지만, 그와 동시에 어떤 타당한 언어 표현으로 통용될 수 있다. 단어 '신'은 우리의 표현 안에서 대상화될 수 있는 존재자를 지칭하지 않지만, 그럼에도 불구하고 그것은 허무한 무에 머물지 않는다. 그것은 아픔처럼 긴급하게 말해야만 하지만 대상-지시의 모습은 아닌 어떤 특수한 사태에 대한 불가피한 표현 방식이다. 그리고 이것을 통해 비트겐슈타인의 아픔-표현을 통한 새로운 신론의 가능성은 마침내 하이데거의 존재 사유와 연결된다. 그에 따르면 "무는 아무것도 아닌 것이 결코 아니며, 그것은 하나의 대상의 의미에서의 어떤 것이 아니다. 인간이 주체로서의 스스로를 극복할 때, 다시 말해 그가 존재자를 더 이상 대상으로 표상하지 않을 때, 그것은 인간이 그것의 진리에로 넘어 생기되는(übereignet) 존재 자체이다."[59] 또한 인간의

---

59 Martin Heidegger, *Holzwege. Gesamtausgabe Bd.4* (Frankfurt(M): Vittorio Klostermann,

대상화·표상화·물화를 전적으로 넘어서 있다는 의미에서 본다면, "신도 무이다. ⋯ 신은 존재하지 않으며, 무이다(ist nicht und Nichts)."[60] 다시 말해 그가 거절로서만 스스로를 알려 오는 마지막 신인 한에서 단순히 아무것도 아닌 것이 결코 아니면서 동시에 인간 주체에 의해 대상화·물화·표상화될 수 없는 자로서 여전히 말해질 수 있다. 신을 대상화·물화·표상화해 왔던 지금까지의 모든 언술은 깨어져야만 하지만, 이와 동시에 신에 대한 모든 언술은 새롭게 전개될 수 있다. 그리고 바로 이 지점에서 '신에 대해 말하기'는 언어철학적 논의로부터 벗어나 보다 적극적으로 일상 경험 내의 타당성을 획득한다.

3) 신에 대해 말하기의 일상적 타당성
    : '불가피성'(어쩔 수 없음)과 '극복-해결의 요구'

앞서 말한 '신에 대해 말하기'의 타당성을 획득하기 위해 우리는 다시 한번 앞서 언급했던 비트겐슈타인의 아픔-표현의 예를 주목할 필요가 있다. 아픔 표현은 자신의 사적인 아픔의 해소를 적극적으로 요청하는 언어이다. 왜냐하면 어떤 생물의 아픔의 표현은 어쩔 수 없이 나타나는 것이면서 동시에 그 안에 아픈 상황으로부터의 극복 혹은 해결의 요구를 담고 있기 때문이다. 우리는 어쩔 수 없이 아픔에 대해 어떠한 방식으로라도 표현하게 되며, 이러한 표현을 통해 그것의 해결을 원하고 있고, 나아가 그 표현을 들은 주위 사람들은 (일부 정신에 문제 있는 사람들을

2003), 113.

60 Alfred Jäger, *Gott. Nochmals Martin Heidegger* (Tübingen: J. C. B. Mohr(Paul Siebeck), 1978), 448.

4장 ㅣ 하이데거와 비트겐슈타인의 철학적 신론 135

제외하고) 그 아픔을 해결해 주기 위해 함께 노력하게 된다. 즉, 아픔-표현
에는 '불가피성'(어쩔 수 없음)과 '극복-해결의 요구'가 담겨 있다.

앞서 아픔-표현이 대상화되지 않는 어떤 대상에 대한 표현이라는
점에서 신에 대한 말하기의 가능성의 좋은 예로 등장했던 것과 마찬가지
로, 이제 아픔-표현이 가지고 있는 '불가피성'(어쩔 수 없음)과 '극복-해결
의 요구'는 신에 대한 말하기가 가지고 있어야 하는 중요한 삶의 경험들
과 일치하게 된다. 왜냐하면 신은 대상화·물화·표상화될 수 없지만,
그를 실존적으로 표현하지 않고는 견딜 수 없을 때 그리고 어떤 문제의
해결을 요구할 때, 우리는 그의 이름을 명명하기 시작하기 때문이다.
예를 들어 이스라엘 백성들이 그러했던 것처럼 절박하게 신을 찾는 행위
는 대부분 삶의 일상 안에서 벌어지고 있는 심각한 갈등과 어려움을
극복-해결하고자 하는 요구로부터 불가피하게 나타나는 현상이다. "내
가 고통 중에 여호와께 부르짖었더니 여호와께서 응답하시고 나를 넓은
곳에 세우셨도다"(시 118: 4-5). 그리고 이러한 이유에서 본다면 "'이 존재
자(신)의 존재'를 보여주는 것은 눈으로 봄이나 기타 감각 경험들이 아니
라 오히려 예컨대 다양한 종류의 고통들이다."[61]

나아가 신에 대해 말하기의 불가피성과 어려움의 극복-해결 요구는
그것이 본래 비트겐슈타인의 철학적 문제 해결의 요청으로부터 연유했
던 것처럼, 이제 종교적·신학적 전통 안에 있어 왔던 신에 대한 맹신
혹은 신에 대한 절대적 반대로부터의 해방에도 적용된다. 다시 말해

---

[61] 비트겐슈타인, 『문화와 가치』, 176. 하이데거 역시 신 혹은 신적인 것과 고통과의 관
계를 다음과 같이 언급하고 있다. "고통이란⋯ 틈새이다. ⋯ 고통의 틈새는 은혜의⋯
들어감을 찢어 열어놓는다." Martin Heidegger, *Bremer und Freiburger Vorträge.
Gesamtausgabe Bd. 79* (Frankfurt(M): Vittorio Klostermann, 2005), 57.

아픔-표현 안에서 발견되는 불가피성과 극복-해결 요구는 신에 대해 말하기에도 적용되어 기존의 신론이 고착됨으로써 발생하는 종교에 대한 맹신 혹은 절대적 반대로부터의 해방으로 향할 수 있다. 절대 초월로서의 신을 대상화·물화·표상화를 통해 사유해 왔던 전통적 신론의 잘못은 이제 우리가 그에 대해 말할 수 없다는 경건의 고백을 통해 노출된다. 우리가 신에 대해 말하는 것이 아니라 신 자신이 우리를 위해 스스로를 드러내 줄 뿐이며, 그의 드러남을 통해 이제 "본래적인 신-이해에 도달하고, 그것을 살기 위해 잘못되고 소외된 신의 표상들로부터의 해방이 보다 구체적으로 획득"[62]된다. 그리고 이 해방을 거쳐 신에 대한 표현의 불가피성은 다시금 전통의 새로운 해석을 요구하게 된다. 왜냐하면 전통의 새로운 해석 안에서 지금까지 대상화·물화·표상화되어 곡해될 수밖에 없었던 신론은 해체되고, 이제 그 안에서 면면히 자신을 알려 왔던 신의 모습이 새롭게 드러나기 때문이다. 이러한 해방과 재해석의 이중적 행위는 '포기-창조'라는 하이데거의 도식과 '침묵-아픔 표현'이라는 비트겐슈타인의 도식 사이의 가까움으로부터 통찰될 수 있는 신에 대해 말하기의 전개 가능성이다.

지금까지 살펴본 것처럼 신에 대해 말하기는 분명 언어의 한계로부터 출발해야만 한다. 언어가 자신의 한계에 충돌함이 없이 신에 대해 무엇인가를 표현했다면, 그것은 언어 곡해의 산물에 불과해질 수 있다. 진정한 신에 대해 말하기는 모든 언어가 단어가 끝나는 곳에서 시작된다. 이것은 신에 대해 말할 수 없다는 것을 철저하게 고백하는 언어인 한에서 비로소 신에 대해 말할 수 있음을 의미한다. 그리고 이러한 언어

---

62 Rentsch, *Gott*, 101.

의 한계 고백 안에서 지금까지 있어 왔던 신에 대한 대상화·물화·표상화
의 문제가 해소되고, 진정한 신의 자기 드러냄이 가능해진다. 말할 수
없는 것, 신비한 것 혹은 신적인 것은 우리가 아무것도 할 수 없는 곳에서
전적으로 자유롭게 자기 자신을 말하며 우리를 새로움으로 이끈다. 현
대에서 신에 대해 말하기란 이처럼 우리의 한계의 인정과 신의 절대적
자유에 대한 경건의 표현으로부터 다시금 자신의 전개 가능성을 획득한
다. 놀라운 것은 두 현대 철학자의 사유를 따라 우리가 이르게 된 이
통찰이 소위 말하는 신학의 전통과 전적으로 떨어져 있는 것은 아니라는
사실이다. 칼 바르트는 이것을 우리에게 잘 보여 준다.

> 우리는… 하나님에 관하여 말해야 한다. 그러나 우리는 인간이며, 그래서
> 하나님에 관하여 말할 수 없다. 우리는 이 둘, 우리의 당위성과 불가능성을
> 알고 바로 이를 통해 하나님께 영광을 돌려야 한다.[63]

　현대에서 다시금 신에 대해 이야기한다는 것은 신 자신에 대한 절대
초월로서의 자리를 인정함과 더불어 우리가 결코 그를 지배할 수도,
언표할 수도 혹은 접근할 수도 없음에 대한 통찰로부터 시작되어야 한
다. 이미 칸트가 이성비판을 통해 명시적으로 밝히고 있는 것처럼 그리
고 이제 하이데거와 비트겐슈타인이 분명하게 주장하고 있는 것처럼
신론은 인간의 유한성 혹은 가사성 때문에 한계에 부딪힐 수밖에 없다.

63 Karl Barth, "Das Wort Gottes als Aufgabe der Theologie"(1922), *Gottes Freiheit für den
Menschen, Eine Auswahl der Vorträge, Vorreden und kleinen Schriften Karl Barths*
Herausgegeben Karl Barth und G. Kulicke (Berlin: Evangelische Verlagsanstalt, 1970),
85-86.

왜냐하면 유한한 우리의 언어 안에서 절대 초월로서의 신, 즉 마음대로
지배될 수 없음으로서의 신을 지시한다는 것은 전적으로 불가능한 일이
기 때문이다. 신은 그 자체로서 자신을 거절하고 내뺌으로써 우리로부
터 가장 멀게 머물고 있다. 이러한 해소될 수 없는 간격에도 불구하고
우리가 신에 대해 말해 왔고 또한 말할 수 있는 이유는 신이 자기 스스로
를 드러내고 있다는 사실 안에 놓여 있다. 다시 말해 우리가 신의 '마음대
로 지배될 수 없음'을 고백한다는 사실은 역설적이게도 우리가 아니라
신 자신이 우리에게 스쳐 지나가면서(하이데거) 또한 스스로를 드러내
고(비트겐슈타인) 있음을 반증한다. 그는 우리가 자의적으로 접근할 수
없다는 의미에서 가장 멀리 있지만, 이와 동시에 우리에게 자신을 직접
알려 온다는 의미에서 가장 가깝다. 그리고 이 알려 옴이란 인간적 언어
안에서 표현될 수 없음에도 불구하고 '시적인 언어'(하이데거) 안에서,
나아가 '아픔-표현'(비트겐슈타인)이라는 특수한 언어 형태, 즉 비대상
적 · 비물화적 · 비표상적 언어 형태 안에서 그 가능성을 가지고 있다.

물론 신이 스스로를 드러내는 그 앞에서 우리가 가진 기존의 것들은
모두 깨어진다. 우리가 가지고 있는 그 어떤 것을 통해서도 원래 표현될
수도, 경험될 수도 없었다는 의미에서 절대적 초월의 신은 시간적이고
유한한, 즉 부정성에 의해 철저히 점철되어 있는 우리의 삶 안으로 깨어-
부숴-들어와 우리가 가지고 있던 기존의 모든 것들을 비워내며, 우리를
전적으로 새로운 차원으로 개방시켜 버린다. 결단코 대상화 · 물화 · 표상
화될 수 없다는 점에서 인간의 측면에서 보면, 신은 오직 스스로를 은폐
함으로부터만 드러날 뿐이다.[64] 그리고 그는 인간의 임의적인 말함 안에

---

64 하이데거는 말한다. "하늘을 통한 신의 현상은 하나의 드러남 안에 존립한다. 이러한

서는 결코 포착될 수도 없다. "말할 수 없는 것이 단지 있다. 이것은 스스로를 드러낸다."[65] 그러나 이것은 우리로 하여금 말하기를 포기하게 하고, 침묵하게 함에도 불구하고 이것에 대한 말함이 완전히 불가능한 것은 아니다. 오히려 신비한 것, 신적인 것의 스스로-드러냄은 '아픔'처럼 계속적으로 우리에게 말해야만 하고 표현해야만 한다는 불가피성을 내준다. 우리가 마음대로 지배할 수 없는 것이 우리의 한계로부터, 즉 우리가 침묵할 수밖에 없는 그 한계상황으로부터 우리에게 말하게 한다. 우리가 하는 것이 아니라 마음대로 지배할 수 없고, 인식할 수도 없으며, 말할 수도 없는 것이 직접 스스로를 드러내면서 우리를 끊임없는 말하기의 포기-창조의 역설적 과정 안으로 들여보낼 뿐이다.

인간은 근거 없음 위에 서 있기 때문에 언제나 자신의 한계에 직면할 수밖에 없으며, 좌절할 수밖에 없다. 그저 그는 한계와 좌절 안에서 신에 대해 아픔과 같은 표현을 뱉어낼 수 있을 뿐이다. 신에 대한 표현은 대상을 가지고 있지 않지만, 결코 허무한 어떤 것이 아니다. 그것은 인간이 좌절하며 뱉어내는 아픔-표현과 같은 말하기이면서 동시에 절대 초월에 의해 불가피하게 말하게 되는 아픔-표현과 같은 말하기이다. 아무도 신에 대해 완벽하게 말할 수는 없다. 그저 우리는 할 수 없지만, '그럼에도 불구하고 바로 그렇기 때문에' 해야만 하는 역설적 상황 안에 놓여 있을 뿐이다. 그리고 이 역설적 상황에 대한 통찰, 바로 이것이 현대에서 신에 대해 말하기의 가능성, 즉 현대적 신론의 새로운 전개 가능성을 위한 출발점이다.

드러남이란… 단지 그것이 자기 은폐 안에서 은폐되어 있는 것을 보호함을 통해서 보게 해 준다." Heidegger, *Vorträge und Aufsätze*, 201.

65 Wittgenstein, *Tractatus Logico-Philosophicus*, § 6.522.

5장
하이데거의 무 물음과 현대 신론의 근거

이번 장은 하이데거의 무 물음[1]을 살펴보고 그 결과로부터 신학적

---

1 하이데거의 무 물음에 대한 연구들은 일반적으로 다음의 네 가지 경향으로 개진된다. 첫 번째는 하이데거의 무가 처음부터 헤겔과 마찬가지로 '존재'와 동일한 어떤 것을 의미했다는 해석이다. 프란츠키(Ekkehard Fräntzki)와 같은 학자는 존재와 무가 동일하다고 보는 하이데거의 입장이 그의 초기 현존재의 존재론에서부터 이미 나타나고 있다고 주장한다. "그것(무)은 또한 존재 안에, 다시 말해 현존재의 존재론에 속하며"(Ekkehard Fräntzki, *Daseinsontolgie. Erstes Hautstück*[Dettelbach: J. H. Röll Verlag, 1996], 420), 이것은 하이데거의 무 물음이 일정 정도 헤겔의 영향하에 있었음을 증명한다는 것이다. "하이데거는 야스퍼스와의 편지 교환에서 다음과 같이 말한다. 우선 나는 존재와 무가— 헤겔적인 의미에서— 어느 정도는 사라져 버려야 한다는 것을 전혀 이해할 수 없다. 반대로 존재와 무가 동일하다고 헤겔이 고유한 역설로서 제기한 것은 흔쾌히 (이해할 수 있다)." 앞의 책, 421. 맥쿼리(John Macpuarrie) 역시 하이데거의 무는 처음부터 존재와 분리될 수 없는 관계에 있었으며, 이러한 이유에서 그 둘은 그의 존재론의 중심 주제로서 처음부터 함께 탐구되었다고 말한다. 그리고 존재와 무의 동일성에 대한 전제 때문에 하이데거는 그의 전기에서의 기초존재론을 실패하고, 전회 이후의 존재 자체에 대한 연구로 변경했다는 것이다. John Macquarrie, *Heidegger and Christianity. The Hensley Henson Lectures 1993~1994*(New York: Continuum, 1999), 49. 두 번째는 하이데거의 무 물음이 전기에는 중요하지 않았던 반면, 전회 이후의 후기 사상 안에서 비로소 존재와 동일화되었다는 해석이다. 예컨대 바르트(Karl Barth)는 하이데거의 철학이 무의 충격에 대한 반동을 통해 전회하게 되었으며, 그럼으로써 그의 후기에나 "무 물음이 하이데거에 있어 주도적인 물음"이 된다고 말한다. Karl Barth, *Die Kirchliche Dogmatik. Die Lehre von der Schöpfung. III/3*(Zürich: Theologischer Verlag Zürich, 1950), 384. 메이(Reinhard May)

역시 바르트와 마찬가지로 무 물음이 하이데거가 전기의 현존재 분석의 한계를 벗어나 새롭게 허무주의의 극복을 이야기할 수 있게 된 전향의 중심에 서 있다고 주장한다. Reinhard May/Trans. with a complementary essay, by Graham Parkes, *Heidegger's hidden sources. East Asian influences on his work* (London and New York: Routledge, 1996), 22. 세 번째는 하이데거의 무 물음이 전기와 후기 모두에서 전개되었지만, 그 내용은 각각 다르다는 주장이다. 비르츠(Markus Wirtz)는 이 무가 전기에서는 인간 현존재의 무였던 반면, 전회 이후에는 존재 자체의 무화하는 측면이자 존재 자체와 동일한 것으로 변경되었다고 주장한다. 전기에서의 무는 현존재의 내적 성격이며, 그것은 "현사실적 삶의 무적 (nichtige) 성격을 적중시키는" (Markus Wirtz, *Geschichte des Nichts. Hegel, Nietzsche, Heidegger und das Problem der philosophischen Pluralität* [München: Karl Alber Verlag, 2006], 325) 반면, 허무주의를 통과한 후기 사유에서는 비로소 무를 존재의 측면에서 사유할 수 있게 되었고, 그럼으로써 무는 존재와 무 중 하나만을 강요하는 논리적 양자택일을 넘어 인간에게 새로운 시원적 사유를 요구하는 존재 자체의 모습으로 드러날 수 있었다. 앞의 책, 327. 이와 동일한 흐름에서 폰 헤르만(Friedrich W. von Hermann)은 앞서 언급한 무 물음의 전회가 전후기의 이중적 구분이 아니라 삼중적으로 구분되어야 한다고 주장한다. 그에 따르면 전기 작품 『존재와 시간』에서 무는 불안이 현존재의 근본적 처해 있음으로서 분석되는 곳에서 나타난다." Friedrich W. von Hermann, *Die Selbstinterpretation Martin Heideggers* (Maisemheim am Glan: Anton Hain, 1964), 218. 그 이후 중기 작품 『형이상학이란 무엇인가?』 "안에서는… 무의 존재로의 이행(Übergang)이 문제가 된다. (… 즉,) 무는 존재자의 존재에 귀속하는 것으로서 드러난다." 앞의 책, 227. 나아가 존재와 동일한 것으로서의 무는 마지막으로 현존재와 존재가 서로 만나는 그 양자 사이의 관계로 사유된다. 앞의 책, 229. 네 번째 연구 경향은 하이데거의 무 물음이 동양의 공 혹은 무와 같은 사태를 지시한다는 주장이다. 예를 들어 아베(Masao Abe)는 하이데거의 무 물음이 서양 역사에서 가장 중요한 문제를 건드리는 물음이며 또한 불교의 공 이해와 상당한 연관성을 가지고 있다는 점을 분명히 한다. 즉, "이것은 공에 대한 불교의 이해와 현저히 유사하다." 왜냐하면 공은 무와 같이 단순히 텅 빈 없는 것이 아니라 어떤 그 비움을 통해 다른 것들을 생성하게 하는 무근거로서의 근거로 사유될 수 있기 때문이다. 아베 마사오/변선환 엮음, 『선과 현대 신학. 종교부정의 이데올로기를 극복하는 길』 (서울: 대원정사, 1996) 206-207. 이와 더불어 일본 교토 학파를 연구했던 가톨릭 신학자 발덴펠스(Hans Waldenfels) 역시 하이데거의 무 물음이 동양적 사유 안에서 상당히 긍정적으로 평가될 수 있으며, 나아가 동양적인 사유를 서양적 사유와 연결시킬 수 있는 중요한 단초라고 이야기한다. 그 한 예로 하이데거의 '존재와 무의 공속성'은 선불교의 공 사상과 긴밀하게 결합되어 있으며, 특별히 '상즉상입'(soku = sive)의 '즉'(qua)을 말하는 대승-사상 (Mahayana-Denken)과 유사한 모습을 가지고 있다. Hans Waldenfels, *Absolutes Nichts. Zur Grundlegung des Dialogs zwischen Buddhismus und Christentum* (Freiburg i. Br.: Herder Verlag, 1976), 103. 특별히 하이데거의 무 물음과 동양 사상과의 관계에 대한 연구 정보들은 다음의 저서들에서 자세히 다루어지고 있다. Graham Parkes, ed., *Heidegger*

의미로서의 우상 파괴를 발견하려는 목적을 가진다.

현대 한국의 기독교는 많은 비판에 직면해 있다. 근본주의 기독교인들의 타 종교 몰이해에 대한 사회적 비판, 자연과학자들의 무신론적 비판 그리고 특정 권력에 아부하고 있다는 정치적 비판까지 한국기독교에 대한 부정적 의견은 사회 전반에 걸쳐 나타나고 있다. 그럼으로써 세상과 소통이 끊어진 한국교회의 일부 행태는 값싼 구원을 매점매석하는 것으로 비칠 뿐이다. 이와 더불어 기독교 내적으로는 지금까지 비판되어 왔던 종교적·신학적 문제들이 아직 해결되지 않은 채 지속되고 있다. 재물을 섬기면서도 하나님은 도깨비방망이로 여기는 기복신앙, 부자 교인이 늘어나는 것, 헌금 액수가 많아지는 것 그리고 교회 건물이 커지는 것 등이 참 축복이라고 믿는 교회 성장 제일주의 등이 바로 이러한 기독교 내부의 비판 대상이다. 즉, 하나님 대신 돈과 교회를 신처럼 섬기는 우상 숭배가 이 시대에 나타났으며, "이것은 신을 가지고 장사하는 것"[2]으로 귀결되고 말았다.

물론 교회 성장 제일주의 뒤에는 신학이 제대로 정립될 수도, 교육될 수도 없게 만드는 몇 가지 우상화가 존재한다. 그리고 그중 가장 문제가 되는 것은 자신의 신앙 경험을 절대화함으로써 전통 신학과 타인의 신앙 경험을 부정하는 '자기 절대화 신앙' 혹은 '자기중심적 신앙'이라 말할 수 있다. 이것은 몇몇 목회자나 교회 지도자가 자신의 개인적 생각이나

---

and Asian Thought (Honolulu: Hawaii Univ. Press, 1990); May, *Heidegger's hidden sources* (1996), 21 이하; Willfred Hartig, *Die Lehre des Buddha und Heidegger: Beiträge zum Ost-West-Dialog des Denkens im 20. Jahrhundert* (Konstanz: Konstanz Verlag, 1997).

2 Martin Heidegger, *Phänomenologie des religiösen Lebens* (Frankfurt(M): Vittorio Klostermann, 1995), 265.

5장 | 하이데거의 무 물음과 현대 신론의 근거 143

태도를 참된 신앙이라 착각하고, 타인들에게 강요하는 현상으로서 자

태도를 참된 신앙이라 착각하고, 타인들에게 강요하는 현상으로서 자신만이 하나님과 소통하고, 그가 주신 계시와 성서를 그 자체로 해석할 수 있다는 착각, 즉 바르게 예수를 믿는 것은 자신뿐이라는 신앙적 착각을 의미한다. 우리는 주위에서 이러한 신앙적 착각과 이것 때문에 발생하는 교회 안팎의 분쟁 등이 예수의 가르침을 더 격하시키는 모습을 어렵지 않게 찾아볼 수 있다. 그러나 우리가 잊지 말아야 하는 것은 절대자로 고백하는 하나님을 자신만의 신앙의 한계 안에 집어넣고 마음대로 성경과 종교 경험을 판단하는 것은 결코 참된 신앙이 아니라는 점이다. 오히려 자신의 한계를 인정하지 않고 신을 말하는 자들은 결국 자기만의 우상을 만들어 섬기는 자가 될 수밖에 없다. 그리고 이러한 관점에서 볼 때, 우리 시대의 기독교는 그 어느 때보다 자기 절대화 신앙과 자기중심적 신앙을 깨는 우상 파괴를 요구받는다.[3]

이번 장은 앞서 언급한 전제들을 가지고 하이데거의 무 물음을 고찰함과 동시에 거기로부터 우리 시대에 필요한 우상 파괴의 힘을 발견해 보고자 한다. 특별히 우상 파괴와 관련하여 하이데거의 사유가 선택된 이유는 다음과 같다. 그는 인간의 유한성을 '무성', '죽음' 혹은 '무' 등을 통해 통찰하고, 그럼으로써 인간이 결코 어떤 것에도 고착되어 살 수 없음을 분명히 드러내고 있기 때문이다. 또한 이러한 그의 논의는 하이

---

3 '우상 파괴'(Nichtung der Götzen)란 참다운 하나님을 섬기기 위해 하나님 앞에 다른 신을 섬기거나 어떤 형상 혹은 사물을 대치시키지 못하게 하는 유대교-기독교적 신론의 핵심 내용을 의미한다. "유대적 전통은 오래전부터 '형상 금지'(Bilderverbot)를 알아 왔다. 그 것은 성서의 출애굽기 20장 4절에 바탕을 둔 것이다. 이러한 금기는 일찍이 신의 이름을 입 밖에 내어 말하는 것을 금기시했던 것과 연결되어 있다." Bernhard Welte/Eingeführt und bearbeitet. Holger Zaborowski, *Zur Frage nach Gott. Bernhard Welte Gesammelte Schriften. Bd.III/3* (Freiburg /Basel / Wien: Herder, 2006), 157.

데거 자신이 서양 사상의 전통에 속해 있는 한에서 유대교·기독교의
우상 파괴 전통으로부터 벗어나 있지 않기 때문에 더욱 우리의 주제에
적합하다 말할 수 있다.

1. 하이데거의 무 물음

하이데거는 평생에 걸쳐 오직 존재만을 연구한 철학자로서 "1927년
에 그의 유명한 작품 『존재와 시간』이 나타났을 때, 그 작품은 마르틴
하이데거를 전격적으로 세계에 걸쳐 유명하게 만들었다."[4] 그러나
1929~1930년을 기점으로 그에게는 '전회'라는 아직 완전히 해명되지
못한 어떤 사상적 변환의 기간이 있었으며,[5] 그 이후로 그의 사상은 무에
대한 물음에 보다 가까워지게 된다. 왜냐하면 역설적이게도 하이데거
는 무 안에서 그의 평생의 목표인 존재로의 새로운 길을 발견할 수 있었
기 때문이다. 그리고 이러한 무 안의 새로운 길을 통해 존재 자체는 자신
안에 존재의 차원으로서의 '탈은폐함'(Entbergung)과 무의 차원으로서
의 '자기 은폐'(Selbstverbergung)를 함께 지니는 역설의 사태로 드러나게
된다. 즉, "존재와 무는 공속한다."[6]

---

4 Bernhard Welte & Eingeführt und bearbeitet. Holger Zaborowski, *Denken in Begegnung
   mit dem Denken. Hegel-Nietzsche-Heidegger. Bernhard Welte Gesammelte Schriften.
   Bd.II/2* (Freiburg / Basel / Wien: Herder, 2007), 199.

5 나는 앞서 각주 1번에 언급한 폰 헤르만의 의견을 따라 하이데거의 첫 번째 전회가 "형이
   상학이란 무엇인가?"의 무 물음 안에서 일어났다고 생각한다. 즉, "무로부터 무의 존재로
   의 이행(Übergang)이 문제가" 되며, 그럼으로써 "무가 존재자의 존재에 귀속하는 것으로
   서 드러"나는 시기가 바로 하이데거의 첫 번째 전회이다. von Hermann, *Die Selbstinter-
   pretation Martin Heideggers*, 227.

1) 전통 형이상학의 무

'무' 혹은 '없음'은 고대 그리스어에서 존재에 대한 부정, 즉 '우크 온'(οὐκ ον)과 '메 온'(μή ον)으로 그 이후 라틴어에서는 '니힐'(nihil)로 표기되었다. 특별히 이 개념 자체는 비존재에 있어서의 존재자의 문제, 즉 존재자의 부정 혹은 부정된 것을 의미하기도 하고, 때로는 단순한 개별 존재자의 특수한 부정을 넘어 모든 존재자, 즉 존재자 전체의 무조건적이고 완전한 부정을 의미하기도 한다. "무란 존재자 전체의 부정, 즉 단적으로 존재자가 아닌 것이다."[7] 그리고 이러한 의미에서 서구의 전통 형이상학은 그것을 허무한 것, 부정적인 것으로만 인식하게 된다.

일반적으로 무는 일종의 '대상'의 부정이며, 이러한 이유에서 이것은 하나의 표상 혹은 대상이 될 수 없다. 그러함에도 불구하고 이러한 무대상적인 무는 한편에서 이것 혹은 저것'이다'('ist' das und das)라고 말해질 수 있으며, 일반적으로 사람들은 그런 언어 방식을 사용하고 있다. 예를 들어 우리가 지금 단지 무는 무'이다'(ist)라고 말할 경우도 우리는 그것에 '대해'(von) 외견상 일종의 '-이다'(ist, 존재한다)를 말하고 있으며, 이를 통해 그것을 하나의 존재자로 만들고 있다. 따라서 여기서는 "무에 대해서 말할 수 있으며, 거기에 대한 하나의 개념을 가질 수 있는데도 불구하고, 그것은 사실상 말할 수 없고, 그것의 개념 역시 가질 수 없다는 역설이 나타나고 있다."[8]

---

6 Martin Heidegger, *Wegmarken* (Frankfurt(M): Vittorio Klostermann, 1976), 120.

7 앞의 책, 119.

8 Jens Dietmar Colditz, *Kosmos als Schöpfung. Die Bedeutung der Creatio ex nihilo vor dem Anspruch moderner Kosmologie* (Regensburg: S. Roderer Verlag, 1994), 26.

파르메니데스가 무를 그 자체로 부정한 것은 바로 이러한 역설적
상황 때문이었다. 그에 따르면 존재하는 것은 존재하지 않는 법이 없다.
존재하지 않는 것, 즉 무는 존재와는 절대적으로 다른 것이며, 인식될
수도, 언급될 수도 없다. "사람들은 존재자가 존재한다고 말하고, 인식
해야만 한다. 왜냐하면 존재자는 존재하지만 무는 그렇지 않기 때문이
다."9 그러나 앞서 언급한 것처럼 사람들은 비존재를 이야기하면서 동시
에 일종의 존재의 표현을 사용하는 모순을 범하고 있으며, 이러한 모순
은 마침내 파르메니데스로 하여금 존재와 비존재 사이의 생성조차 부정
하게 만들었다.10 그리고 파르메니데스 이후의 "고대 형이상학은 무를
존재하지 않는 것, 다시 말해 형태가 없는 재료라는 의미에서 파악하게
된다."11

파르메니데스 이후 무는 플라톤에게서 메 온(μή ον; nihil privativum)
과 우크 온(οὐκ ον; nihil negativum)으로 구분되기 시작한다. 전자는 결핍
의 무, 즉 상대무(相對無)이면서 존재의 가능태를 의미하고, 후자는 전체
부정의 무, 즉 절대무(絶對無)를 의미한다. 그리고 플라톤의 무 이해는
마침내 기독교 신학자들에게 수용되어 서구의 무 이해의 중심에 서게

9 Parmenides, Fragment 9, *Die VorsokratikerI. Molesier, Pythagoreer, Xenophanes,
Heraklit, Parmenides*, Über. und Eräut. Jaap Mansfeld (Stuttgart: Phillipp Reclam, 1999),
317.

10 Colditz, *Kosmos als Schöpfung*, 27. 그래서 오이겐 핑크(Eugen Fink)는 다음과 같이
지적한다. "파르메니데스는 존재와 무의 근원적 이원론의 창시자(Stifter)이며, 존재
론의 창시자이자, 동시에 허무주의의 창시자이다." Walter Strolz, "Das Nichts im
Schöpfungswunder. Ein philosophischer Vermittlungen-versuch in biblischer Absicht",
*Neue Zeitschrift für Systematische Theologie und Religionsphilosophie. Band 38,
Heft 1* (1996), 283.

11 Heidegger, *Wegmarken*, 119.

된다. 물론 기독교 신학은 그 출발점에서부터 '메 온'을 거부하고 '우크 온'만을 수용한다. 왜냐하면 신이 거기로부터 창조를 행했던 무(nihil)란 오직 '우크 온', 즉 절대무인 반면, 결핍적 부정이면서 가능태로서의 질료인 상대무, 즉 메 온은 신에게 불필요한 것이었기 때문이다. "신 곁에 있는 두 번째 원리, 형태 없는 질료라는 의미에서 그것은 그리스도교에서는 존재할 수 없었다."[12] 따라서 기독교 신학은 무를 추방함과 동시에 기껏해야 그것을 논리적인 부정으로만 해석해 왔다.

특별히 성서적 사유는 세계를 신의 창조로 이해하고 있으며, "무로부터의 창조(creatio ex nihilo)에 대한 창조 고백과 표상은 구약적 신 이해의 결과이다."[13] 창세기의 P문서 안에서 하나님은 구체적으로 행동하는 것 없이 단지 말씀을 가지고 무로부터 만물을 창조해 낸다. 여기서 무란 혼돈(Chaos)으로서 질서 잡혀 있지 않고, 어떠한 형태도 지니지 않는 거대한 힘이다. 태초부터 있었던 혼돈, 공허, 흑암, 즉 카오스는 창조주인 하나님과는 다른 것이다. 오히려 하나님은 이것과는 다르게 빛을 가장 먼저 창조했으며, 이러한 이유에서 전통적으로 혼돈은 무에 대한 일반적인 이해이자 존재에 대립되는 어떤 것을 의미하게 되었다.

이외에도 현대의 사상을 주도하고 있는 논리실증주의 역시 무를 형이상학적 대상으로 다루는 것 자체를 거절한다. "현대의 언어분석 비판은 무(nihil)의 실체적 개념으로서의 사용을 금지한다. 왜냐하면 모든 언어적 의미는 일종의 언어적 그림을 가지고 어떤 것을 목표로 하거나 의도하는 것에 놓여 있기 때문에 사람들은 무라는 것에 의도적인 존재를

---

12 Colditz, *Kosmos als Schöpfung*, 59.
13 앞의 책, 같은 곳.

대입할 수 없기 때문이다."[14] 따라서 논리학에서 무란 전혀 언급될 필요
가 없는 것 그리고 금지되어야 하는 것으로 규정된다.

　요약하자면 서구의 전통 형이상학에서 실제로서의 무의 개념은 허
락될 수 없는 것이었으며, 그것은 단지 존재자가 존재할 수 없다는 일종
의 위험만을 의미할 뿐이었다. 그것은 철저하게 존재와 절연되어 있으
며, 존재와의 양자택일로만 나타난다. 그러나 이처럼 전통적으로 부정
되었던 무는 하이데거에 이르러 새로운 이해를 획득하게 된다. 즉, 무는
존재와 대립되지 않으며, 오히려 그것과 공속한다.

2) 하이데거의 무

　본격적인 논의에 들어가기에 앞서 분명히 해야 하는 것은 하이데거
의 전기 사상에서 '무'라는 단어 자체가 주도적으로 다루어지지 않는다
는 점이다. 예를 들어 『존재와 시간』은 무와 동류의 단어들, 즉 '무
성'(Nichtheit), '무적인'(nichtig), '아무것도 아닌 것'(nichts) 등을 사용하는
반면,[15] 무 자체는 단지 현존재의 불안을 통해 나타나는 세계의 무만을
지칭한다. 여기서 세계의 무란 죽음으로부터 나타나는 불안이 현존재
로 하여금 그 앞에 서게 하는 어떤 것이다. 즉, 이것은 "전체 존재가 더
이상 그 어떠한 의미 안에서도 유지될 수 없는 기괴하고 섬뜩한 것으
로"[16] 나타남과 동시에 "현존재가 세인 자기(일상성의 그들)로부터 자기

---

14 앞의 책, 29.

15 예를 들어 Martin Heidegger, *Sein und Zeit* (Tübingen: Max Niemeyer, 1972), 283.

16 Welte, *Denken in Begegnung mit dem Denken. Bd.II/2*, 160.

자신을 회복하는 실존의 운동, 즉 현존재의 자기 이행"17으로 해석될
수 있다. 왜냐하면 '죽음 안으로 앞서 달려가 봄'으로써 세계의 무에 직면
한 현존재만이 일상성에 빠져 있던 자신의 세계를 허물고 해방될 수
있기 때문이다.

그러나 1929~1930년경의 전회 이후 무는 존재와 같은 차원으로 확장
된다. 왜냐하면 전기에서 무를 경험하게 하던 "죽음은 근원적인 무의
단지 하나의 현성 방식에 불과"18하기 때문이다. 그리고 이러한 근원적
인 무에 대한 통찰 안에서 하이데거는 무를 현존재의 죽음을 넘어 존재
자체의 차원으로 확장시킨다. "하이데거의 존재사적인 사유가 말하는
무는 존재로서 파악되며, 그것은 모든 지금까지의 철학들이 결코 생각
하지 못했던 것이다."19 무란 단적으로 무상한 것을 의미하는 것이 아니
라 오히려 모든 존재자와 다르다는 의미에서만 무라 명명될 수 있을
뿐이다.

잘 알려져 있듯이 하이데거가 무에 대한 이야기를 처음 주도적으로
꺼낸 것은 1929년 프라이부르크 대학교수 취임 강연인 "형이상학이란
무엇인가?"에서였다. 여기에서 그는 불안과 더불어 그것이 드러내는
무, 즉 세계의 무를 언급하면서 그것을 존재자 전체의 아님으로 정식화

17 김영화, "하이데거의 사유에서 무의 지위에 대한 해석 (1) —『존재와 시간』에서 무가
갖는 세계와 자기와의 관계를 중심으로", 「존재론 연구」 제25집 (2011), 237. 보다 자
세한 전기 하이데거의 무 물음에 대한 연구 동향은 앞의 논문 237-245에 자세히 기술
되어 있다.
18 전동진, 『창조적 존재와 초연한 인간. 하이데거가 말하는 존재의 구조』 (서울: 서광
사, 2002), 108-109.
19 Markus Wirtz, *Geschichte des Nichts. Hegel, Nietzsche, Heidegger und das Problem
der philosophischen Pluralität* (Freiburg / München: Alber Verlag, 2006), 351.

한다.[20] 그리고 이 강연 안에서 하이데거는 무에 대한 물음을 다음과 같이 세 번에 걸쳐 변경함으로써 그것을 수행한다. 즉, 물음은 먼저 실증 학문의 입장에서 "무란 어떻게 된 것인가?"로 묻고, 그것이 "아님(Nicht) 과 부정(Verneinung)이 있기 때문에 무가 있는 것인가? 또는 그것은 반대 인가?"로 변경되어 물어진 이후 다시금 불안이라는 근본 기분 안에서의 "무란 어떻게 된 것인가?"의 물음으로 되물어진다. 그럼으로써 무는 '부 정적 허무'에서 '부정과 아님의 근거'로 그리고 '부정과 아님의 근거'에서 다시금 '무의 무화'로 변경되고, 마침내 이러한 무화하는 특성을 통해 스스로를 내주면서 자신을 은폐하는 '무로서의 존재 자체'로 드러나게 된다. 이제 이것을 살펴보자.

하이데거는 무에 대해 묻기 위해 우선 존재자의 차원에서부터 시작 한다. 그에 따르면 일반적으로 우리가 경험하고 이야기할 수 있는 것은 오직 존재자 그 자체일 뿐이다.[21] 따라서 실증학문들에 일반적으로 무란 모든 것을 붕괴시키는 허무이며, 결국 그 안에서 무 자체에 대한 모든 파악은 포기되고 만다. 하지만 여기에서 또 다른 문제가 나타난다. 왜냐

---

20 "무란 존재자 전체성의 완전한 아님이다." Heidegger, *Wegmarken*, 109. 특별히 이러 한 그의 무에 대한 논의가 중요한 이유는 이 강연이 전기 하이데거와 후기 하이데거 의 연결고리 두 가지를, 즉 '형이상학'과 '무'라는 두 가지 사항을 밝히고 있기 때문이 다. 맥쿼리는 이것을 다음과 같이 이야기한다. "(이 강연 안에서)… 우리는 그의 후기 의 사유적 성격과 이것을 그의 초기의 실존론적 탐구와 연결하는 연결고리, 그 두 가 지 모두를 발견한다. 이 강의는 '형이상학이란 무엇인가?'라는 질문을 다뤘고, 구체적 으로 하나의 특수한 형이상학적 물음을 채택함으로써 그것을 수행했다. 왜냐하면 하 이데거는 모든 형이상학적 물음이 형이상학 전체를 포함하고 있다는 사실을 수용했 기 때문이다. 그러나 그가 채택한 특수한 물음은 진정으로 낯설게 보이는데, 왜냐하 면 그것이 바로 무에 대한 물음이기 때문이다!" John Macquarrie, *Martin Heidegger. Makers of contemporary theology* (Cambridge, The Lutterworth Press, 1968), 42.

21 "단지 존재자만이 탐구되어야 할 뿐, 그 이외에는 아니다." Heidegger, *Wegmarken*, 105.

하면 이러한 포기가 곧 무에 대한 물음의 최종 대답이 아니며, 오히려 더욱더 무에 대해 주목하는 것이기 때문이다. "우리가 그런 식으로 무를 포기하는 경우, 그럼으로써 우리는 오히려 바로 그것을 인정하고 있는 것이 아닌가?" 그리고 바로 여기에서 하이데거는 다음과 같이 첫 번째 물음을 제기한다. "무란 어떻게 된 것인가?"22

무에 대해 물음을 묻기 시작할 때 부딪히게 되는 문제는 우리가 그것에 대해 관심을 두지 않으려 하고, 철저하게 잊으려 노력할 수밖에 없을 만큼 무가 전적으로 우리와 다르고, 그래서 섬뜩하게 낯설다는 사실이다. 보다 적극적으로 말해 무라는 단어 그 자체는 앞서 언급한 "그것은 어떠한 것인가?"라는 질문에 해당될 수 없다.23 "무는 이런 것과는 단적으로 다른 것이다(unterschieden). 무에 대한 물음, 즉 무란 무엇이며 어떻게 존재하는가 하는 물음은 물어지고 있는 것을 그와는 정반대되는 것으로 바꾸어 버린다. 이 물음은 그 자신의 고유한 대상을 자기 자신으로부터 빼앗아 버린다(beraubt)."24 따라서 앞의 물음은 다시금 새로운 형태로 바꾸어야만 하며, 그래서 하이데거는 다음과 같은 두 번째 물음을 제시한다. "아님(Nicht)과 부정(Verneinung)이 있기 때문에 단지 무가 있는 것인가? 또는 반대인가? 무가 있기 때문에 단지 아님과 부정이 있는 것인가?"25

하이데거에 따르면 바로 이 두 번째 질문 안에서 비로소 허무한 무,

---

22 앞의 책, 105-106.

23 "무는 결코 아무것도 아닌 것이 아니고, 대상의 의미에서 어떤 것(etwas)도 아니다." Martin Heidegger, *Holzwege* (Frankfurt(M): Vittorio Klostermann, 1977), 104.

24 Heidegger, *Wegmarken*, 107.

25 앞의 책, 108.

즉 부정적 허무가 아닌 무의 새로운 차원이 나타나게 된다. 왜냐하면
이제까지 무를 허무한 어떤 것, 즉 부정적인 허무로 규정했던 근거가
무가 가진 '아님'과 '부정'의 현상에 있었기 때문이다. 따라서 그것들이
무로부터 유래되고 있다는 사실이 언급되면서 무는 이제 새롭게 이해될
가능성을 획득하게 된다.[26] 무는 부정의 근원이며 그 반대가 아니다.
즉, 무가 아님과 부정으로부터 나오는 것이 아니라 그 반대로 아님과
부정이 무로부터 나오며, 따라서 무가 아님이나 부정보다 더욱 근원적
이다. 그리고 이것의 증거를 우리는 불안의 현상에서 발견하게 된다.
불안은 아님과 부정을 주게 되는 상황 이전에 우리가 맞서게 되는 어떤
기분, 즉 우리가 아님과 부정을 이야기하고, 행동에 옮기도록 종용하는
근본 기분이다. 물론 불안은 공포(Furcht)와는 근본적으로 다르다. 왜냐
하면 우리는 언제나 이러저러한 관점에서 우리를 위협하고 있는, 이러
저러한 특정한 존재자에 대하여 공포를 느끼지만, 이와는 다르게 불안
에서는 그 어떤 대상도 존재하지 않기 때문이다.[27]

　　하이데거에 따르면 바로 이러한 불안(Angst)이 무를 드러낸다. "그것
앞에서, 그것 때문에 불안해 한 바로 그것은 '본래' 아무것도 아니었다.
사실 무 자체가 그 자체로서 거기에 있었다."[28] 하지만 이 불안은 단순히
허무한 것이 아니다. 오히려 그 안에서 인간은 무에 직면함으로써 무의

---

26 "아님(das Nicht)은 오직 그것의 근원인 무의 무화함 자체가, 따라서 무 자체가 그 은
　　폐성으로부터 벗어날 때에만 드러날 수 있을 뿐이다. 무가 부정을 통해 생기는 것이
　　아니라 도리어 부정이 무의 무화함에서 비롯하는 그 아님에 근거하는 것이다." 앞의
　　책, 116-117.

27 "불안해하는 그것이 규정되어 있지 않다는 것은 결코 단지 규정성이 결여되어 있다
　　는 것이 아니라 본질적으로 규정이 불가능하다는 것을 말한다." 앞의 책, 111.

28 앞의 책, 112.

해방적 힘을 통해 자신의 본래적 가능성을 되찾게 된다. 따라서 이제 무에 대한 하이데거의 세 번째이자 최종적인 물음이 나타난다. "불안이라는 근본 기분과 더불어 우리는 현존재의 생기 사건(Geschehen)에 도달했다. ⋯ 여기서 무란 어떻게 된 것인가?"[29] 그것은 바로 자체로 무화하고 있는 무이다. 무가 불안을 통해 드러나면서 존재자 전체는 무관계성으로 드러나며, 모든 것들은 쑥 꺼져 버린다(hinfällig wird). 이러한 현상은 "불안 안에서의 '-로부터 물러난다'(ein Zurückweichen vor-)는 현상에서 일어나며, 도피가 아니라 일종의 사로잡힌 적막함(gebannte Ruhe)이다. 이러한 '-로부터 뒤로'는 무로부터 출발한다. 하지만 이것(무)은 어떤 것을 자기에게로 끌어들이지 않고, 오히려 모든 것들에 대해 본질적으로 거부적(wesenhaft abweisend)이다."[30] 그리고 이러한 거부를 하이데거는 '무의 무화'(Nichtung des Nichts)로 정식화한다.

이제 무는 무엇이라고 질문될 수 없는 '부정적 허무'에서 시작하여 '아님과 부정의 근거로서의 무'를 지나 마침내 '무의 무화'로서 드러난다. 무화란 존재자를 없애거나 부정하는 것이 아니라 존재자를 거부하는 것, 즉 끝없이 자신을 스스로 내빼는 무의 본질적 성격이다. "무 스스로가 무화한다."[31] 그리고 근원적으로 무가 무화하기 때문에 그것은 현존재를 존재자 그 자체 앞으로 데려와서 비로소 그것들과 관계 맺을 수 있게 해 준다. 다시 말해 무가 무화하면서 근원적으로 드러나는 그 텅 빈 근본 바탕 위에서만 인간의 현존재는 비로소 존재자에게 접근 가능하게 되

---

29 앞의 책, 같은 곳.
30 앞의 책, 114.
31 앞의 책, 같은 곳.

며, 그 존재자와 관계할 수 있다. 이와 관련하여 하이데거는 다음과 같이
이야기한다.

> 현존재가 그 자신의 본질에 따라 존재자와 관계하는 한, 즉 그가 아닌
> 존재자와 관계하면서도 바로 자기 자신이기도 한 그런 존재자와 관계하
> 고 있는 한, 그는 이러한 현존재로서 그때마다 이미 드러나 있는 무로부터
> 유래하는 것이다. 현존재란 곧 무 안으로 들어가-머물러-있음을 의미한다
> (Hineingehaltenheit).[32]

현존재는 무 안으로 들어가 스스로 머물러 있으며, 그렇게 스스로
머물러 있는 한에서만 비로소 존재자와 더불어 자기 자신과도 관계할
수 있을 뿐이다. 이제 무는 단순히 존재자에 대한 모순이나 그 부정으로
서만 규정되지 않는다. 무는 "존재자에 대한 무규정적인 대립자로 남아
있는 것이 아니다. (… 오히려) 무는 모든 존재자가 거기로부터 존재하고
있는 그러한 것으로서 스스로를 드러"[33]내며, 그럼으로써 그 자체가
존재자의 존재에 속한다. 그것은 무화하면서 거부함으로써 오히려 모
든 존재자를 그 자체로서 존재하게 드러내는 궁극적인 근원이다. "'순수
한 존재와 순수한 무는 따라서 동일한 것이다.' … 존재와 무는 공속한
다."[34] 따라서 무란 단순한 절망적이거나 허무한 어떤 것에 머물지 않는
다. 왜냐하면 그것은 오히려 존재 자체의 다른 모습을 드러내는 어떤
새로운 차원의 지시체이기 때문이다. "무는 존재로서 존재자를 각각의

---

32 앞의 책, 115.

33 Welte, *Denken in Begegnung mit dem Denken. Bd.II/2*, 122.

34 Heidegger, *Wegmarken*, 120.

본령적인 방식 안에서 인간에게 내어 보내고 있다(zuschicken). 이러한 보냄(Schickung)은 (존재)생기(Ereignis)라 명명된다."[35]

2. 무로부터 다시 존재 자체로

앞서 살펴보았던 것처럼 하이데거의 사상에 '무'가 존재의 해명을 위한 중요 개념으로 등장하게 되면서 곧바로 전회가 시작된다. 특별히 그는 전회를 통해 '존재자의 존재'에서 '존재 자체의 스스로 드러냄'으로 사유의 중심을 변경함으로써 일체의 존재자의 부정이자 무근거로서의 무를 존재의 다른 모습으로 등장시킨다. 그리고 하이데거는 이러한 무와 존재의 공속이라는 역설적 사태를 '존재 자체로서의 (존재)생기' 혹은 '(존재)생기로서의 존재'라 명명한다. "(존재)생기(Ereignis)는 존재이다."[36] 그렇다면 (존재)생기란 하이데거에게 무엇을 의미하는가?

이것을 해명하기 전에 우리는 우선 다음과 같은 점을 분명히 해야 한다. 그것은 바로 '(존재)생기'를 통해 하이데거는 자신의 사상이 도달한 궁극적 경지 내지 귀착점에 이르게 되며, 이러한 이유 때문에 이 개념은 상당한 분량의 논의를 필요로 한다는 점이다. 게다가 하이데거가 명확하게 정의하지 않은 채 타계했기 때문에 그것을 무엇이라고 단정 짓는 것 역시 불가능하다. 따라서 이제부터 다룰 (존재)생기에 대한 논의는 어디까지나 본 연구의 무의 해명을 위한 임시적 규정에 불과할 수밖에 없다.

---

35 Welte, *Denken in Begegnung mit dem Denken. Bd.II/2*, 164.

36 Martin Heidegger, *Metaphysik und Nihilismus* (Frankfurt(M): Vittorio Klostermann, 1999), 62.

1) (존재)생기에 대한 임시적 규정

'(존재)생기' 개념은 1930년의 『진리의 본질에 관하여』에서 그 싹을 보이며, 1936~1938년의 『철학에의 기여』에서 이미 완성되어 있었고, 1962년의 『시간과 존재』에서 명시적인 주제화에 이르게 된다. "존재는 (존재)생기(Ereignis) 안에서 사라진다."[37] 이 용어의 사전적 의미는 일어난 일, 사건, 현상 등을 말하며, 통상적으로는 발생한 사건(Vorkommnis)과 일어난 사건(Geschenhis) 등으로 사용되고 있다. 그러나 하이데거는 "이 단어가 명명하는 것이 그것들과는 완전히 다른 것을 말할 따름"[38]이라고 주장하는데, 오히려 '(존재)생기로서의 존재 자체'(Sein selbst als Ereignis)의 의미로 새겨져야만 한다는 것이다. (존재)생기라는 이 표현 자체는 단순한 사건의 의미를 넘어 어떤 것이 일어남, 발생함 그리고 드러남을 지시하는데, 어원적으로는 '눈으로 바라보는'이라는 뜻의 'er-äugen', '자기 자신'의 뜻인 'eigen', '자기의 것으로 본래화한다'는 'eignen' 등이 모두 복합적으로 포함된 다의적 뜻을 품고 있다.[39]

특별히 여기서 우리가 잊지 말아야 하는 것은 이 단어의 해석이 상당한 어려움을 줄 수밖에 없는 이유이다. 그것은 바로 '(존재)생기'가 하이데거 철학의 최종적 정수라는 점과 더불어 그의 후기 사유가 신비화된다는 점이다. "후기 하이데거에게⋯ 존재란 신비 신학적, 유사-신비적(quasi-mystische), 권력적 그리고 수수께끼적인 심급으로 나타난다. 자

---

37 Heidegger, *Zur Sache des Denkens*, 22, 46.
38 앞의 책, 22.
39 Heidegger, *Identität und Differenz*, 45.

기-은폐와 자기-탈은폐의 속성과 활동은 이러한 생기의 운명과 더불어
이 심급에 속한다. 그러한 운명에 인간은 들어가 있으며, 그가 원하든
아니든지 간에 그는 규정되며, 철저히 지배된다."[40] 그리고 이러한 신비
적 성격은 바로 존재 자체가 가지고 있는 '자기-은폐'와 '자기-탈은폐'라
는 이중성으로부터 기인한다. 그렇다면 이러한 이중성은 무엇을 의미
하는가?

그것은 곧 존재가 우리에게 자신을 열어 보이는 '(존재)생기'의 측면
을 지니면서도 자신을 '은폐하고 내빼면서 삼가고 스스로를 감추려는'
그런 반대 계기, 즉 '(존재)탈생기'(Enteignis)의 측면을 내포함을 말한다.
"존재는 '명 · 암'(明 · 暗)이 공존하고 '유 · 무'(有 · 無)가 동거하고 있는
그런 이중성의 구조와 분리되지 않는다."[41] 그래서 하이데거는 존재의
드러남을 '열린 빈터'(Lichtung)라는 용어로 표현하며, 이러한 용어는 깊
은 숲속에 햇볕이 들어오도록 숲 중간을 베는 것을 뜻한다. 즉, 빛이
들어와 장소를 밝히기 위해서는 이미 그곳에 숲으로 뒤덮인 어둠
(Dunkel)이나 감추어짐(Verbergung)이 있어야 하며, 그 반대로 그러한
어둠을 베어냄으로써 그곳은 어두움에 비해 밝게 드러날 수 있게 된다는
것이다.

하이데거에 따르면 이러한 숲속의 열린 빈터처럼 존재는 어둠 안에
서 감춰지며, 그렇게 감춰지고 사라져 무에 거하기 때문에 또한 밝음을
가능하게 한다. "존재는 존재하지 않는다. 존재를 그것이 현존의 탈은폐
로서 준다."[42] 따라서 존재는 한편으로는 자신을 보내 주면서도 동시에

---

40 Thomas Rentsch, *Gott* (Berlin: Walter de Gruyter, 2005), 181.

41 김형효, 『하이데거와 화엄의 사유. 후기 하이데거의 자득적 이해』(경기 화성: 청계,
  2002), 25.

다른 편으로는 자신을 후퇴시키는 그런 이중적 (존재)생기 사건에 다름 아니다.

2) '존재 자체의 이중성'과 '존재와 무의 공속'

앞서 언급한 것처럼 '(존재)생기'를 가능하게 하는 그 이면의 '그것'은 오히려 근거가 없다는 의미에서 무-근거라 부를 수밖에 없으며, 보다 적극적으로 말해 이것은 스스로를 내빼며, 이러한 한에서 그것은 무이다. 그리고 하이데거에 따르면 이러한 존재의 내빼는 성격, 즉 무의 성격은 '(존재)탈생기'(Enteignis)라 명명될 수 있다.

> (존재)생기로부터 생각되는 것은 이것이다. 그것은 그 자체의 명명된 의미에서 스스로를 탈생기한다. (존재)생기 그 자체에는 (존재)탈생기가 속한다. 이것을 통해 (존재)생기는 스스로를 포기하는 것이 아니라 자신의 고유함의 본령(Eigentum)을 지킨다(bewahren).[43]

그리고 이처럼 존재 자체가 어떠한 내뺌의 차원을 통해 스스로를 버리거나 단순히 무 안에 숨는 것에서 멈추지 않고, 오히려 그것을 통해 철저히 존재 자신의 고유함의 본령을 간직한다는 점에서 그것은 존재 사유의 원천이라 말할 수 있게 된다. 하이데거에 따르면 (존재)생기의 사건을 통해 각각의 존재 역사 안에서 존재가 그때마다 자신을 드러낸 장소들(Stätte)은 하나의 '줌'(Geben)에 대한 '선물'(Gabe)로서 지시되지

---

42 Heidegger, *Zur Sache des Denkens*, 14.
43 앞의 책, 23.

만, 그것을 주었던 '줌 자체'(Geben selbst)는 뚜렷하게 현상하지 않은 채 스스로를 내뺀다. 다시 말해 줌은 주어진 것 안에는 함께하지 않으며, 언제나 자기 자신을 감추는 사태가 벌어진다. 그렇다면 왜 존재 자체에는 이러한 이중적 성격이 나타나고 있는가?

하이데거에 따르면 그것은 고대로부터 지금까지 고유하게 사유되지 못했던 것으로, 하지만 이미 존재의 본래적 성격인 '자체로-삼감' 때문이다. "보내줌으로서의 줌에 '자체로-삼감'이 속해 있다."[44] 이것은 곧 존재의 줌에는 일종의 거부(Verweigerung)와 유보(Vorenthalten)가 행해지고 있음을 의미한다. "지금 언급되는 것, 즉 자체로-삼감, 거부 그리고 유보는 일종의 스스로 내뺀다(ein Sichentziehen)와 같은 것, 짧게 말한다면 내뺌(Entzug)을 드러낸다. … 내뺌은 (존재)생기의 고유한 특성에 속해 있음에 틀림없다."[45] 그렇다면 이러한 (존재)생기와 (존재)탈생기의 이중적 성격은 우리에게 무엇을 말해 주고 있는가?

이것은 이제 존재와 무가 공속하고 있다는 사실, 즉 존재와 무가 한 묶음이기 때문에 존재를 떠난 무, 무를 떠난 존재가 불가능하다는 사실을 알려 준다. 하이데거는 다음과 같이 이야기한다.

> 무는 존재자를 필요로 하지 않는다. 오히려 반대로 무는 존재를 필요로 한다. … 무는 존재와 공속한다. … 무가 존재와 공속하고 있다는 것, 무가 존재와 본질적으로 동일하지는 않지만, 무는 존재와 본질적으로 친척의 관계로서 머물고 있다는 것은 우리가 이미 존재에 관하여 그것은 가장

---

44 앞의 책, 같은 곳.
45 앞의 책, 같은 곳.

공허한 것이라고 말한 것에서부터 짐작될 수 있다.[46]

이러한 하이데거의 말을 통해 우리는 그의 사유가 무와 존재를 상호 공속 안에서 관계 지우고 있으며, 그것을 통해 가장 공허하면서도 가장 풍요로운 현상, 즉 역설의 현상을 말하고자 한다는 점을 발견하게 된다. 특별히 여기에서 우리가 주목해야 하는 것은 이러한 역설적인 관계의 정립이 규정될 수도 없고, 그렇다고 규정이 완전히 불가능한 것도 아니라는 사실이다. 즉, 이것은 규정성과 무규정성을 넘어서는 초규정성 (Überbestimmtheit)의 차원의 논의이며, 오직 그 안에서만 무와 존재가 상호 공속함을 이야기할 수 있다. 그렇다면 이러한 '무와 존재의 공속'이란 무엇을 의미하는가?

그것은 바로 무와 존재가 자체로 같으면서도 동시에 다른 불일불이 (不一不二)의 이중성, 즉 '다르지만 동일하고', '동일하지만 다른 채 함께 모이는' 역설적인 관계 안에 놓여 있음을 의미한다.[47] 물론 이러한 존재와 무의 역설적 이중성은 우리가 가지고 있는 단순한 인식의 오류에서 비롯되는 것이 아니다. 그것은 오히려 존재 자체의 모습이 그러한 것이며, "확실히 존재 자체의 탓이다."[48]

---

46 Martin Heidegger, *Grundbegriffe* (Frankfurt(M): Vittorio Klostermann, 1991), 54.

47 "존재는 우리에게 다양한 대립성에서 자신을 드러내며, 이러한 다양한 대립성은 우연한 것일 수 없다. … 존재는 가장 공허한 것이면서 가장 풍요로운 것이고 가장 일반적인 것이면서 유일무이의 것이며, 가장 이해하기 쉬운 것이면서 모든 개념 파악에 저항하는 것이며, 가장 자주 사용되는 것이면서 이제 비로소 발원하는 것이며, 가장 믿을 수 있는 것이면서 가장 무-근거적인 것이며, 가장 망각된 것이면서 가장 상기시키는 것이며, 가장 자주 말해지는 것이면서 가장 침묵하는 것이다." Martin Heidegger, *Nietzsche. Der Europäische Nihilismus*(Frankfurt(M): Vittorio Klostermann, 1986), 329.

48 앞의 책, 330.

특별히 이러한 존재의 이중적 성격, 즉 '존재와 무의 공속성'이란 각각이 "다르지만, 그 차이를 기초로 해서 상호 귀속이 형성된다는 것"[49]을 의미한다. 바로 이러한 공속 안에서 "존재, … 그것은 그 자체"이며, "수수께끼는… 존재'"[50]로 드러난다. 그리고 바로 이 존재의 신비적 차원이자 존재의 본령이란 스스로를 은폐하는 존재의 다른 모습으로서의 무이며, 그래서 존재는 가로질러 지워내는 '존재'(Sein)로서 표기될 수밖에 없다. 물론 "이 무는 허무한 무가 아니다. 이것은 존재에 속한다. 무와 존재는 서로 간에 나란히 있는 것이 아니다. 그것의 본질적인 충만함을 우리가 거의 사유하기 시작하지 못했던 하나의 관계 안에서 각각은 자기 자신을 다른 것에 대하여 사용한다."[51]

오히려 무는 부재(Abwesen)로서 본질의 내뺌에 해당한다는 점에서 그것은 존재의 바탕이라는 의미를 품고 있으며, 그럼으로써 무와 존재는 동근원적인 것이다. 즉, 우리는 "동근원적으로 존재와 동일한 것인 그 무를 생각할 수 있다."[52] 존재와 무의 개념 쌍은 '현존과 부재'(Anwesen und Abwesen), '비은폐성과 은폐성'(Unverborgenheit und Verborgenheit), '(존재)생기와 (존재)탈생기'(Ereignis und Enteignis) 등의 표현 방식을 통해 함께 거하고 있음을 드러내며, 이러한 드러남의 이면인 감춤에는 존재 자체의 귀중한 본령이 숨겨져 있다. 왜냐하면 존재의 은폐의 측면은 어떤 결핍이 아니라 지금까지 망각되어 왔던 존재 자체의 고유한 본령이기 때문이다. 그렇다면 지금까지 논의한 하이데거의 무 물음으

---

49 김형효, 『하이데거와 화엄의 사유』 (2002), 301.
50 May, *Heidegger's hidden sources* (1996), 23.
51 Heidegger, *Wegmarken*, 247.
52 앞의 책, 421.

로부터 우리가 발견할 수 있는 신학적 의미는 무엇인가? 그것은 바로
'우상 파괴'의 힘이다.

3. 무를 통한 우상 파괴

'우상 파괴'(Nichtung der Götzen)란 진정한 신을 섬기기 위해 다른
신들을 섬기거나 어떤 형상 혹은 사물을 진정한 신에 대치시키지 못하게
하는 유대교-기독교적 전통이다. 따라서 우상 파괴란 궁극적으로는 인
간이 자신의 유한성과 피조성의 한계를 인정하는 것을 의미하며, 나아
가 인간의 인식적 한계를 초월하는 신의 절대성을, 있음에서만이 아니
라 없음을 포함하는 초월적 절대성으로 확장시키려는 성서적, 철학적
신론 정립의 기초라 말할 수 있다. "한계에 대한 인식은 오히려 성서적,
그리스적 유일신론의 기초이다. 예언자적인 우상 비판과 같은 성서적
인 형상 금지는 스스로 만들어 낸 이념적 기획의 망상적인 지배(우상화,
Idolatrie)에 대항하여 자주 논쟁이 되었다."[53] 그렇다면 우상 파괴는 하이
데거의 무 물음과 어떠한 관계를 가지고 있는가?

캐스퍼(Bernhard Casper)에 따르면 하이데거가 분명하게 비판하고
있는 "우상(Götzen)에 대한 문제는 이미 『존재와 시간』에서 '빠져 있음',
즉 일상적인 그들의 논의에서 설명되고 있다."[54] 『존재와 시간』를 위시

---

53 Rentsch, *Gott*, 120.

54 Bernhard Casper, "Das Versuchtsein des Daseins und das Freiwerden von den
Götzen", *Herkunft aber bleibt stets Zukunft. Martin Heidegger und Die Gottesfrage*,
(Hg.) Paola-Ludovica Corando (Frankfurt(M): Vittorio Klostermann, 1998), 75.

한 그의 전기 철학에서 하이데거는 비본래성, 일상성 그리고 그 안의 요소로서의 빠져 있음과 더불어 그것으로부터의 해방의 필요성을 이야기하며,[55] 이 해방의 단초는 바로 '죽음 안으로 앞서 달려가 봄'이다.[56] 그러나 하이데거는 1929년 강연 "형이상학이란 무엇인가?"에 이르러 우상 파괴의 보다 구체적인 단초를 획득한다. 그는 다음과 같이 말한다.

> 현존재 전체의 근본 가능성 안으로 진입하기 위해서… 다음과 같은 것이 결정적으로 중요하다. 무안으로 자기 자신을 풀어놓을 것(Sichloslassen), 다시 말해 누구나 갖고 있는 우상, 누구나 거기로 슬그머니 기어들어가 버리는 그런 우상들(Götzen)로부터 자유로워질 것(Freiwerden) 그리고 마지막으로 불안 속에서 떠다니며 동요하던 마음으로 인해… (무의) 물음을 제기할 수 있도록 그 물음 속으로 깊이 파고 들어감으로써 이렇게 동요하던 마음을 완전히 휘저어버릴 것(erzwingt) 등이다.[57]

---

55 빠져 있음에서 "현존재는 우선 대개 '그들' 속에 몰입하고 '그들'에 의해서 지배되고 있다"(Heidegger, *Sein und Zeit*, 167). 그리고 이러한 지배는 하나의 권위가 되어 현존재의 본래성을 막아버린다. "시간화하는 현존재가 그 자신을 통해 주어진 시도에 빠져 버린다면(Verfällt)… 세계-내-존재의 직접성에 대해 절대화에 이르게 된다. … (그리고) 현존재 자체의 자기를 시간화함을 통해 빠져 있음의 존재 망각 안의 궁극적이지 못한 것이 궁극적인 것이 된다"(Casper, "Das Versuchtsein des Daseins und das Freiwerden von den Götzen", 75). 이것은 곧 잡담, 호기심, 애매함 등이 인간 현존재를 지배하고, 그럼으로써 존재 망각으로 치닫게 만드는 빠져 있음 안에서 절대화가 벌어지고 있음을 의미한다. 그리고 이러한 절대화된 어떤 것 때문에 인간 현존재는 '그들' 속에 몰입되어 자신의 본래성과 상관없이 살아가게 되며, 여기서 말하는 절대화란 우리를 옭아매고 있는 우상을 의미한다. 그러나 하이데거는 죽음으로부터 오는 불안 안에서 현존재가 무 앞에 직면하여 자신의 고착된 존재를 파괴할 수 있다고 이야기한다.

56 "(죽음 안으로) 앞서 달려가 봄은 실존에게 극단적인 가능성으로서 자기 과제를 열어 밝히며, 그래서 각각 그때마다 도달한 실존에 경직됨을 부숴버린다." Heidegger, *Sein und Zeit*, 264.

캐스퍼에 따르면 "이 말은 처음 들을 때, 은유처럼 보인다. 그러나 사실 이 말은 상당히 정확하고 특징적인 하이데거 사유의 가장 내밀한 의도일 뿐만 아니라 가장 근원적인 경험이기도 하다."[58] 왜냐하면 인간 현존재에 있어 그의 유일한 본질은 그가 죽을 수밖에 없는 존재자인 한에서 항상 이미 무 안으로 들어가-머물러-있음(Hineingehaltenheit) 자체이기 때문이다. 그리고 무 안에 들어가-머물러-있음으로써 인간은 자신 안에 있던 절대화된 것들, 즉 우상들을 파괴하는 자가 된다. 그에게는 그 어떤 것도 완벽하거나 불변하는 것으로 남을 수 없다. 그가 무 안에 머물러 있다는 것은 모든 것을 해체할 수 있으며, 그럼으로써 모든 것으로부터 해방될 수 있음을 의미한다. 이와 반대로 무에 머물지 못하는 자는 자신 앞에 놓인 빈곤과 무를 견디지 못하고, 그것을 회피하면서 다시금 우상을 만들어 거기에 의존하는 자가 되고 만다.

나아가 존재와 무가 공속한다는 역설적인 언명은 이제 무 물음을 통해 우상 파괴를 이야기하려는 하이데거의 의도를 보다 분명하게 드러낸다. 왜냐하면 우리에게 있어 근원적, 궁극적 사태로서의 존재 자체는 언제나 우리의 인식을 벗어나 있기 때문이다. 다시 말해 우리는 보다 근원적, 궁극적 차원에 있어서는 어떤 것을 완벽하게 인식할 수도, 말할 수도 없다. 그러나 이러한 우리의 한계에도 불구하고 인간은 언제나

---

57 Heidegger, *Wegmarken*, 122. 하이데거의 '무 안으로 자기를 들여놓음'은 원문에서 'Sichloslassen in das Nichts'으로 표기되는데, 여기에는 특별히 'Sichlos lassen'과 'Sich loslassen'이라는 두 가지의 뜻이 함께 들어가 있다. 전자는 자기를 무 안에서 없앰, 다시 말해 자기를 비움을 이야기하고, 후자는 자기를 무 안에 자유롭게 풀어놓음을 이야기한다. 그러나 이 둘 다 인간이 무 안에 들어가 스스로를 비움으로써 자유를 획득하고 새로움을 희망할 수 있다는 점에서 같은 의미로 해석될 수 있다.

58 Casper, "Das Versuchtsein des Daseins und das Freiwerden von den Götzen", 75.

자신의 삶과 종교 안에서 어떤 대상을 자기 마음대로 궁극적인 것으로
만들어 내고 거기에 집착하는 잘못을 범하고 만다. 그러나 이것은 "거짓
종교성과 열광주의의 상태에 속할 뿐이다."[59] 그리고 이러한 우상화,
자기 절대화의 모습이 서구의 형이상학과 신학의 역사였다고 하이데거
는 이야기한다. 왜냐하면 전통 형이상학은 존재를 절대자, 최고원인으
로서의 신 등으로 오해함으로써 존재 자체와 더불어 신적인 신을 떠나보
낸 존재 망각이자 동시에 '존재-신-론'(Onto-Theo-Logik)이었기 때문이
다. 결국 이러한 한계 안에서 형이상학은 태생적으로 성스러움에 대한
허무주의와 신의 죽음이라는 현대적 결과를 자신 안에 담고 있었던 셈이다.

이에 반해 "신은 대상화될 수 없으며, 되어서도 안 된다. 절대자는
표상하거나 도구적인 인간의 지배 안에 존재하지 않는다."[60] 전통 형이
상학 혹은 신학의 사변에서 규정된 절대자에 대한 언술은 항상 우리의
유한성 안에서 표상된 어떤 것에 불과하며, 결코 궁극적인 것 그 자체를
모두 포괄하지 못한다. 따라서 형이상학이 상정한 신은 쉽게 잘못 만들
어 낸 대상의 신격화가 될 수밖에 없다. "이러한 신격화야말로 가장 중대
한 숭배적 미화(Verklären)이"[61]며, "이런 신에게 인간은 기도할 수 없고
제물을 드릴 수도 없다."[62]

본래 인간이란 시간적으로 유한할 수밖에 없는 존재자이며, 동시에
자신이 가진 세계를 벗어날 수 없는 존재자에 불과하다. 이미 무 안에

---

59 Martin Heidegger, *Phänomenologische Interpretationen zu Aristoteles. Einführung
in die phänomenologische Forschung* (Frankfurt(M): Vittorio Klostermann, 1994), 36,
46.

60 Rentsch, *Gott*, 120.

61 Martin Heidegger, *Besinnung* (Frankfurt(M): Vittorio Klostermann, 1997), 240.

62 Heidegger, *Identität und Differenz*, 77.

들어가-머물러-있음의 한계를 가지고 있으며, 그럴 때만 존재할 수 있는
것이 인간이기 때문에 그가 절대자의 뜻을 가감 없이 듣고 자신의 욕망을
제어하여 순수하게 그것을 전할 수 있다는 생각은 자기를 절대화하고
절대자 자체의 무한성을 거부하는 것이 된다. 만약 그렇지 않고 직접적
인 인식을 주장한다면, 그것은 우상이 되어 "자신이 절대화에 이르게
되고… 궁극적이지 못한 것이 궁극적인 것이 된다."63 왜냐하면 우리가
보고 듣고 만지고 경험할 수 있는 모든 것들은 시간 안에 존재하는 것들
이고, 그런 한에서 그것들은 단지 죽을 수밖에 없는 유한한 인간이 각자
가 가진 역사와 세계 안에서 끊임없이 허물고 다시 만들어가는 임시적이
고 잠정적인 것에 불과하기 때문이다. 그뿐만 아니라 혹시 절대적인
것이 존재할 수 있다 하더라도 유한한 인간은 그것을 그 자체로 경험할
수 없다.

우리는 오히려 하나님의 얼굴을 직접 볼 수 있는 자는 없으며, 그의
얼굴을 보고 살 자가 없다고 이야기한 출애굽기 33장 20절의 말씀에
귀 기울여야 한다. 만약 우리가 절대적인 타자이며 완전으로 고백되는
하나님을 경험하고 그것을 표현하고자 한다면, 역설적으로 우리는 언
제나 그 경험의 내용을 유한하게 받아들일 수밖에 없다는 한계를 인정함
과 더불어 그 경험에 대한 표현 역시 단지 임시적, 잠정적일 수밖에 없음
을 인정해야만 하고, 그 자리를 단지 깨끗이 비워 두어야 할 뿐이다.
이것은 모세율법의 가장 앞선 두 계명, 즉 "나 외에 다른 신을 섬기지
말라"와 "내 앞에 우상을 만들지 말라"를 준행하여 신과 그의 이름을
참답게 회복하는 길이다. 하이데거의 다음과 같은 말은 인간이 가지고

63 Casper, "Das Versuchtsein des Daseins und das Freiwerden von den Götzen", 75.

있는 우상 파괴의 본성을 보여 준다.

> 가사자들은 신적인 것들을(die Göttlichen) 신적인 것들로서 기다리는
> 한에서 거주한다. … 가사자들은 신적인 것들이 도래하는 눈짓(Winke
> ihrer Ankunft)에 대해 기다리면서 신적인 것들의 부재의 징표(Zeichen)
> 를 오인하지(verkennen) 않는다. 가사자들은 그들의 신들을 만들어 내지
> 않으며, 우상을 숭배하지 않는다.[64]

이번 장에서 우리는 하이데거의 무 물음과 더불어 그것이 우상 파괴
의 힘을 제시하고 있음을 살펴보았다. 우리는 무에 대한 논의가 후기
하이데거의 중요한 핵심 주제임을 밝힘과 동시에 그가 무의 논의 안에서
존재와 무가 공속하는 역설의 사태를 통찰하게 되었음을 고찰하였다.
또한 우리는 그 이후 존재와 무의 공속을 통해 마침내 인간이 언제나
무 안에 들어가-머물러-있는 자이며, 그래서 그 어떤 것도 절대화할 수
없는 유한한 자임을 알게 되었다. 물론 이것은 단순한 인간의 약점에
불과한 것은 아니다. 왜냐하면 인간은 자체로 '무 안으로 들어가-머물러-
있음'의 존재자로서 자기 자신을 압제하는 모든 절대화와 우상을 파괴
하고, 그것들로부터 해방될 수 있는 자이기 때문이다. 따라서 하이데거
의 무 물음을 통해 우리가 통찰할 수 있었던 것은 자기 절대화와 우상화
를 넘어서는 신학적 우상 파괴이다. 이것은 우리의 유한한 삶에 대한
인정이며, 그 인정 안에서 우리는 다시금 고착되고 절대화된 우상을
파괴할 수 있는 힘을 얻게 된다.

---

64 Heidegger, *Holzwege*, 145.

바로 이러한 의미에서 본다면, 서론에서 언급했던 '자기 절대화 신앙' 혹은 '자기중심적 신앙'은 분명히 거부되어야 하고, 파괴되어야 하는 우상에 불과하다. 우리가 행하는 성경 해석 그리고 경험하게 되는 신앙 체험 등은 우리 자신의 유한성 때문에 결코 절대화될 수 없는 한계를 지니기 때문이다. 나 자신에게는 지금 당장 절대적으로 느껴질지라도 그것은 결코 그렇지 않다. 우리는 죽을 수밖에 없는 유한한 자일 뿐이며, 나아가 우리의 존재란 이미 그 근원에 있어서 무와 공속하는 사건일 뿐이다. 따라서 우리가 만약 하나님에 대해 이야기하려고 한다면, 그것은 언제나 일차적으로는 잘못된 언술이 되고 만다. 왜냐하면 우리의 유한한 말 안에는 결코 참된 무한자로서의 하나님이 담길 수 없기 때문이다. 오히려 우리는 자신의 유한성을 절감하면서 날마다 하나님에 대해 이야기함과 동시에 그것을 지우고 또다시 이야기하려 시도할 수 있을 뿐이다. 아무도 신에 대해 완벽하게 말할 수는 없다. 그저 우리는 할 수 없지만, '그럼에도 불구하고 바로 그렇기 때문에' 해야만 하는 역설적 상황 안에 놓여 있을 뿐이다.

마지막으로 이야기하고자 하는 것은 우리가 지금까지 논의한 우상 파괴가 단순히 기독교의 영역에만 제한되지 않는다는 점이다. 기독교를 넘어 우리 사회 전반에 걸쳐 나타나는 삶의 심각한 갈등들은 유한할 수밖에 없는 우리 자신이 절대화되어 타자를 인정하지 못하고 폭력을 행사하기에 발생하는 것이기 때문이다. 여기에서 우리는 자기 우상화를 극복함과 더불어 우리의 유한성과 불완전성을 덤덤하게 받아들이면서 타자의 이야기에 귀 기울이는 용기를 가져야 한다. 그리고 이것을 위해 우리가 잊지 말아야 하는 것은 우리 자신이 언제나 무 안에 들어가 머물러-있으며 또한 무로 돌아갈 수밖에 없는 자라는 사실이다. 그 어떤 것도, 그 어떤 가치도, 그 어떤 기준도 우리의 삶 안에서 절대적일 수 없으며, 이런 의미에서 모든 절대화된 우상은 파괴되어야 한다. 바로 이 사실에 대한 통찰을 하이데거의 무 물음은 분명하게 요구하고 있으며, 이것은 곧 현대 한국 사회의 갈등을 극복하기 위한 단초가 될 수 있다.

6장
현대 신학의 무로서의 하나님 이해

이번 장은 현대 그리스도교 신학의 신논의 중 특별히 '무로서의 하나님' 이해를 다루며, 이를 위해 앞 장에서 다룬 하이데거의 무 논의를 숙고하여 신론을 전개한 가톨릭 신학자 벨테(Bernhard Welte)와 개신교 신학자 예거(Alfred Jäger)를 살펴보기로 한다.

일찍이 철학자 니체는 자신의 시대 이후로 나타나게 될 세계가 허무주의의 경험과 연결될 것을 예언한 바 있다. 다시 말해 최고의 가치들이 무가치해져 버린 시대, '우주론적 가치들'의 붕괴를 그는 현대인들을 향해 과감히 예언한다. 그리고 마침내 이 예언은 현실화된 것으로 보이며, 우리는 이제 영원한 진리나 가치를 위한 장소도, 진리란 것 자체도, 세상의 모든 궁극적인 목적과 목표들도 사실상 존재하지 않는다는 경악 앞에 서 있다. "허무주의란 ⋯ 모든 **목적**이 사라져 버리는 것을 의미하"[1]며, "허무(nihilum)에서는 무의미가 모든 삶의 근본에서, 즉 정신적-인격

---

1 Martin Heidegger, *Beiträge zur Philosophie. Vom Er-eignis* (Frankfurt(M): Vittorio Klostermann, 1989), 138.

적인 삶의 근본에서 나타난다."[2] 그렇다면 이러한 허무주의를 통해 모든 것이 무로 경험되는 현대에 신은 어떤 의미를 지니는가?

신학은 지금까지 끊임없이 신에 대해 물어 왔으며, 그래서 신에 대한 로고스로서의 신학은 결단코 신을 떠난 학문일 수 없었다. 그러나 신 물음의 중요성에도 불구하고 현대에 이르러 우리의 삶은 그 가치를 인정할 수 없는 시대를 살아가고 있는 것처럼 보인다. 신은 한편으로는 과학주의(과학만능주의)에 기울어 있는 일상적인 사고 체계 안에서 옛 신화 혹은 지배 이데올로기에 불과한 것으로 비판되고 있고, 다른 한편으로는 맹목적 신앙을 조장하는 이야기로 사용되곤 한다. 과연 우리는 신에 대한 논의가 절멸되어 버린 이 시대에 다시 한번 그에 대해 이야기할 수 있을까?

물론 현대에서 신에 대해 논의하기 어렵다는 이 상황은 비단 최근의 경향만은 아니다. 이미 두 차례의 세계대전을 겪은 유럽 사상계는 20세기 초반부터 이것을 경험하기 시작했으며, 앞서 언급한 니체를 통해 "신의 죽음"이라는 제목으로 예언되었던 사항이기도 하다. 니체가 신과

---

2 Keiji Nishitani/Übers. von Dora Fischer-Barnicol, *Was ist Religion* (Frankfurt(M): Insel Verlag, 1982), 164. "허무주의(nihilism)란 라틴어 단어 니힐(nihil), 즉 무로부터 왔으며, 그래서 문헌적으로는 무에 대한 주의(nothingism)라고 말할 수 있다. 이것은 무가 실존한다는 주장이라기보다는 일반적으로 전통, 권위 그리고 종교적, 도덕적 원리의 거절을 나타낸다." Inwood, A Heidegger Dictionary (1999), 141. 이 용어는 철학적으로 야코비(Friedrich Heinrich Jacobi)가 피히테(Johann Gottlieb Fichte)에게 보낸 서신에서 발견되는데, 거기에서 야코비는 피히테의 관념론을 허무주의라고 불렀으며, 이것이 이 용어가 처음 사용된 실례이다. 그 외에도 장 폴(Jean Paul)이란 시인은 자신의 낭만주의 시를 시적인 허무주의(poetic nihilism)라고 불렀으며, 그 이후 투르게네프(Ivan Sergeevich Turgenev)는 이 용어를 『아버지와 아들』에서 대중화하게 된다. 특별히 투르게네프는 감각적인 인지만이 실제적인 것이며, 그렇기 때문에 실증주의라 불리는 실증(position), 즉 전통과 권위는 끝내 거절당해야 한다는 것을 이야기할 때, 허무주의란 말을 사용하였다. Martin Heidegger, *Nietzsche. Vol. II(1939~1946)* (Pfullingen: Neske, 1961), 31 이하.

관련하여 자신의 사상을 분명하게 표현하고 있는 이유는 신이 가지는 중요한 상징성 때문이다. '신의 죽음'이란 모든 기준이 붕괴되는 사건으로 나타난다. 그에 따르면 "신이라는 단어는 더 이상 빛나지 못하고, 더 이상 이야기되지 못하며, 단적으로 망각된다."[3]

그러나 여기에서 우리가 분명히 해야 하는 점은 바로 여기로부터, 즉 삶의 전체가 허무로 느껴지고, 신에 대한 논의가 없어지고 불필요해진 것과 같은 이 상황으로부터 다시금 새로운 가능성이 나타난다는 사실이다. 왜냐하면 무엇인가가 "떠났다는 사실 그리고 망각되어 있다는 사실 때문에 다시금 긴급함은 새로운 가능성으로 나타나"[4]기 때문이다. 다시 말해 우리가 긴급함으로 느끼게 되었다는 그 사실에서, 즉 모든 것이 무의미해져 버린 그 상황에서 다시금 새로운 움직임이 가능해지며, 이것은 현대의 존재론, 특별히 하이데거의 사유로부터 새롭게 통찰되기 시작한 무의 논의에 놓여 있다.

무란 모든 것들이 사라지고 무의미해졌다는 뜻에서 전적인 없음의 현상이다. 그러나 이러한 전적인 없음의 현상은 동시에 전적으로 다른 있음의 영역을 드러내는 계기가 된다. "이것(무)은 오히려 나의 존재를 근저에서부터 뒤흔들어 놓으면서… 존재자 전체를 새로운 안목으로 보게 하는 강력한 무엇이다. 그것은 사실 존재자 전체의 진리를 드러내는 것으로서의 존재이다."[5] 그리고 이러한 한에서 우리는 이제 신에 대한

3 Bernhard Welte/Eingeführt und bearbeitet. Holger Zaborowski, *Denken in Begegnung mit dem Denken. Hegel-Nietzsche-Heidegger. Bernhard Welte Gesammelte Schriften.* Bd.II/2 (Freiburg/Basel/Wien: Herder, 2007), 204.

4 Volker Caysa, *Das Seyn entwerfen. Die negative Metaphysik Martin Heideggers* (Frankfurt(M): Peter Lang, 1994), 49.

5 이수정·박찬국, 『하이데거. 그의 생애와 사상』 (서울: 서울대학교출판부, 1999), 242.

물음 역시 새롭게 제기하기 위해 이것을 새로운 삶의 현상 혹은 존재의 현상으로 우리를 이끌고 있는 무에 대한 물음과 연결시킬 필요가 있는 것처럼 보인다. 그렇다면 우리는 다시 한번 물어야만 한다. 도대체 무란 무엇인가? 아니 도대체 우리는 무에 대해서 이야기할 수 있기는 한 것인가?

이번 장은 바로 여기로부터 시작된다. 즉, 현대에 경험할 수밖에 없는 허무, 비존재, 무의미, 없음의 위협에 대해 우리는 이것들이 필수적인 것이며, 여기로부터 새로운 신에 대한 논의가 가능할 수 있음을 밝혀 보고자 한다. 그리고 이를 위해 선택된 학자들은 특별히 무에 대한 새로운 이해를 시작한 하이데거의 그리스도교 내 제자들, 즉 그리스도교 신학자들이며, 그중에서도 가톨릭 신학자 벨테[6]와 하이데거 사후 그의 극복을 시도하면서 신론을 탐구한 개신교 신학자 예거[7]이다. 왜냐하면 그 둘은 하이데거와 상당히 밀접한 관계 안에서 그의 무 물음을 수용한 채 신, 그것도 하이데거가 직접적으로 논하지 않은 그리스도교의 하나

---

6 벨테(Bernhard Welte)는 1906년에 하이데거의 고향인 메스키르히(Meßkirch)에서 태어났다. 그곳에서 초등학교와 직업고등학교(Realschule)를, 콘스탄츠에서 인문계 고등학교(Gymnasium)를 졸업하고 프라이부룩과 뮌헨에서 가톨릭 신학을 공부하였다. 1929년 신부로 서품을 받았으며, 1938에 프라이부룩에서 신학 박사학위를 받는다. 1946년 교수 자격 논문을 "칼 야스퍼스의 철학적 신앙과 토미즘 철학을 통한 해석의 가능성"(Der philosophische Glaube bei Karl Jaspers und die Möglichkeit seiner Deutung durch die thomistische Philosophie)이라는 제목으로 제출하고, 1952년부터 프라이부룩대학 신학과의 종교철학 교수로 봉직하다가 은퇴하고, 1983년 사망했다. 특별히 하이데거는 벨테에게 자신의 장례식을 부탁하기도 했다.

7 예거(Alfred Jäger)는 1941년 스위스의 아펜젤(Appenzell)에서 태어나 1967년에 스위스 바젤에서 신학으로 박사학위를 받았다. 1969년에서 1975년까지 볼프할덴(Wolfhalden)/아펜젤에서 교회의 목사로 일했고, 1975~1981에는 독일 베델신학교에서 개신교 신학과 교목이자 강사로 가르쳤다. 1977년에 바젤대학교에서 교수 자격 논문을 제출하고, 1981년 이후로 베델신학교 조직신학 주임교수로서 근무하다가 2007년에 은퇴했으며, 2015년에 서거했다.

님에 대한 논의로 접근해 들어가고 있기 때문이다. 또한 그들이 접근해 들어가는 그리스도교의 하나님 이해는 결코 기존의 교의학적 전통을 붕괴시키는 것이 아니라 오히려 현대 신 논의의 붕괴 위험을 새롭게 극복하고 있으며, 나아가 예수 그리스도의 십자가 의미를 새롭게 전면에 내세우고 있기 때문이다.

1. 전통 사상 안에서의 무 이해의 변경

처음 무에 대한 논의는 정확히 언표되기 힘들고 또한 파악되기도 힘든 방식으로 시작되었다. 왜냐하면 없음의 차원에 속하는 한에서, 즉 존재자의 부정적 양태인 비존재와 연관되는 한에서 무란 결코 생각할 수 없는 것이기 때문이었다. 이러한 한계 안에서 먼저 '무' 혹은 '없음'은 고대 그리스어에서 존재에 대한 부정, 즉 '우크 온'(οὐκ ὄν)과 '메 온'(μή ὄν)으로 그 이후 라틴어에서는 '니힐'(nihil)로 표기되었다. 특별히 이 개념 자체는 비존재에 있어서의 존재자의 문제, 즉 존재자의 부정 혹은 부정된 것을 의미하기도 하고, 때로는 단순한 개별존재자의 특수한 부정을 넘어 모든 존재자, 즉 존재자 전체의 무조건적이고 완전한 부정을 의미하기도 한다. … 그리고 이러한 의미에서 서구의 전통 형이상학은 그것을 허무한 것, 부정적인 것으로만 인식하게 된다. "전통 사상 안에서 무란 '어떤 것이 아님'을 말해 왔다. 이것은 곧 '단순한 것이 없다'의 의미로서 다시 말해 '단순한 어떤 것도 존재하지 않는다'는 말이다. '아니다' (nicht)라고 하는 것은 16세기 이래로 무(das Nichts)로서 명사화되었다."[8] 무를 명확하게 표현하고 있는 최초의 사상가는 파르메니데스로 알

려져 있다. 그에 따르면 존재하는 것은 존재하며, 반드시 존재한다. 이에
비해 무는 존재하지 않는 것으로서 절대적으로 존재와 다른 것이고,
인식과 언어에 사용될 수 없는 것이다.9 그러나 사람들은 이 무를 언표할
때 마치 존재하는 것과 같은 그런 방식으로 표현하며, 이것은 모순으로
보일 수밖에 없다. 그리고 결국 이러한 모순은 마침내 파르메니데스로
하여금 존재와 비존재자 사이의 생성조차 부정하게 만들었다.10 그리고
파르메니데스 이후의 "고대의 형이상학은 무를 존재하지 않는 것, 다시
말해 형태가 없는 재료라는 의미에서 파악하게 된다."11

파르메니데스가 전적으로 부정했던 무는 플라톤에게 이르러 메 온
(nihil privativum)과 우크 온(nihil negativum)의 구분 안에 들어간다. 예를
들어 전자는 상대무(相對無), 즉 결핍의 형태이며, 존재의 가능태이고,
후자는 절대무(絶對無), 즉 절대적인 부정을 의미한다. 그리고 바로 이러
한 플라톤의 무에 대한 구분으로부터 마침내 무는 기독교 신학에 수용되
어 종교적 기술들에 포함된다.

물론 기독교 신학은 그 출발점에서부터 '메 온'을 거부하고 '우크
온'만을 수용한다. 왜냐하면 신이 거기로부터 창조를 행했던 무(nihil)란
오직 '우크 온', 즉 절대무일 뿐이며, 결핍적인 부정이면서 가능태로서의

8 Michael Inwood, *A Heidegger Dictionary* (Oxford: Blackwell, 1999), 144.

9 "사람들이 알고 있는 것은 존재하고 있는 그러한 것이다." Parmenides, Fragment 7, *Die Vorsokratiker I. Molesier, Pythagoreer, Xenophanes, Heraklit, Parmenides*, Über. und Eräut. Jaap Mansfeld (Stuttgart: Phillipp Reclam, 1999), 317. "사람들은 존재자가 존재한다고 말하고 인식해야만 한다. 왜냐하면 존재자는 존재하지만 무는 그렇지 않기 때문이다." Parmenides, Fragment 9.

10 Jens Dietmar Colditz, *Kosmos als Schöpfung. Die Bedeutung der Creatio ex nihilo vor dem Anspruch moderner Kosmologie* (Regensburg: S. Roderer Verlag, 1994), 27.

11 Martin Heidegger, *Wegmarken* (Frankfurt(M): Vittorio Klostermann, 1976), 119.

질료인 상대무, 즉 메 온은 신에게 불필요한 것이었기 때문이다.[12] 따라서 기독교 신학은 무를 추방함과 동시에 기껏해야 그것을 논리적인 부정으로만 해석해 왔다. 특별히 성서적 사유는 세계를 신의 창조로 이해하고 있으며, "무로부터의 창조(creatio ex nihilo)에 대한 창조 고백과 표상은 구약적인 신 이해의 결과이다."[13]

창세기의 P문서 안에서 하나님은 구체적으로 행하는 것 없이 단지 말씀을 가지고 무로부터 만물을 창조해 낸다.[14] 현대 신학자 부루너(Emil Brunner)에 따르면 기독교의 카오스, 즉 혼돈으로부터의 창조는 영지주의적인 것으로 오해되어서는 안 된다. 왜냐하면 영지주의에서 말하는 무란 일종의 어떤 것, 즉 '메 온'(상대적 무), '세계의 미완성의 근거' 그리고 '질료'(Hyle) 등으로 이해되기 때문이다. 따라서 만약 기독교적 창조에서 무가 이러한 질료이자 상대적 무 혹은 미완성의 근거로 이해된다면, 창조주는 아무런 전제 없이는 그 어떤 것도 창조할 수는 없는 자가 되며,

---

12 "신 곁에 있는 두 번째 원리, 형태 없는 질료라는 의미에서 그것은 그리스도교에서는 존재할 수 없었다." Colditz, *Kosmos als Schöpfung*, 59.

13 앞의 책, 59.

14 "태초에 하나님이 천지를 창조하시니라. 땅이 혼돈하고 공허하며 흑암이 깊음 위에 있고 하나님의 신은 수면에 운행하시니라. 하나님이 가라사대 빛이 있으라 하시매 빛이 있었고"(창세기 1:1-3). 이 성경 구절에서 언급되는 무는 곧 혼돈(Chaos)으로서, 질서 잡혀 있지 않고, 어떠한 형태를 지니고 있지 않은 거대한 힘을 의미한다. 여기에 비해 하나님은 무에 대항하면서 빛을 가장 먼저 창조하였고 무를 거부한다. 무란 여기에서 혼돈이며, 존재의 대립체이다(앞의 책, 65). 그러나 콜디츠(Jens Dietmar Colditz)는 무를 부정적으로 보는 이러한 유대교적 전통이 사실은 지나친 해석이라고 말한다. 왜냐하면 구약성서 안에 있는 창조의 이야기가 결코 우주론적인 근본원리가 아니기 때문이다. 그에 따르면 창세기에 나온 무의 논의는 단지 야웨의 창조 의지가 창조의 근거가 된다는 것을 강조하는 것에 불과하다. "창세기가 이야기하고 있는 무와 존재의 탄생의 이야기는 하나의 절대적인 원리로서 언표되고 있는 것이 아니라 하나님의 창조의 의지에 대한 비유에 가깝다." 앞의 책, 67.

끝내 순수한 데미우르고스로 환원될 뿐이다. 그에게 무란 절대무를 이
야기하는 것이며, '무로부터'(ex nihilo)란 "세계의 탄생 안에 있는 하나님
의 홀로 존재함"을 강조하여 표현하기 위해 선택된 단어이다. 창조의
유래로서의 무는 어떤 형태를 지닌 질료가 아닌 절대적인 무이며, 자신
이 아무것도 아니라는 그 사실로서만 하나님의 창조에 참여할 수 있을
뿐이다.[15]

이와 반대로 로츠(Johannes Lotz)에 따르면 절대무란 단지 허무한 것
을 의미하며, 오히려 기독교 창조의 카오스는 실제성의 가능성으로서
의 상대무에 가깝다. 왜냐하면 그것은 지금 실제성(Wirklichkeit)인 것은
아니지만, 여전히 어떠한 가능성을 가진 것으로 이야기되기 때문이다.
오히려 "무로부터는 아무것도 나오지 않는다"(ex nihilo nihil fit)라는 문
장은 절대적인 가치를 가지며, 따라서 절대무에서는 아무것도 생성될
수 없다. 왜냐하면 절대적인 것에서는 아무것도 나올 수 없으며, 오직
실제적인 것은 우연적인 것일 뿐이기 때문이다.[16] 이것은 곧 존재자의
가능태가 상대적인 비존재, 즉 상대무와 같다는 것을 의미한다. "존재자
의 가능태는 아직 놓여 있지 않은 존재자의 실제성(Wirklichkeit)이며,
그럼으로써 거부의 성격을 가진다. 이것은 자존성(Selbstständigkeit)으
로 표현될 수 있는 것이 아니다. 따라서 신 곁에 있는 어떠한 원리도 다양
화되지 않으며, 도리어 창조 안에서 현실화되는 가능성이 표현된다."[17]

틸리히(Paul Tillich)에 따르면 창조의 카오스는 앞서 각각 강조되었

---

15 Emil Brunner, *Dogmatik. Bd.2. Die christliche Lehre von Schöpfung und Erlösung*
  (Zürich: Theologischer Verlag, 1960), 20.

16 앞의 책, 29.

17 앞의 책, 28.

던 절대무와 상대무가 일종의 변증법적 관계를 가지고 연결되어 있는
것이다. 그에 따르면 무에 대한 물음이란 곧 비존재 자체를 그 안에 감싸
안고 있는 존재 자체로서의 신에 대한 물음이다. "틸리히는 신 안에 있는
비존재의 형상을 받아들인다." 그에게 있어 무한한 존재의 힘이란 무로
서 스스로를 드러내는 자이다. 그리고 "신 안에 있는 비존재 극복의 과정
이 바로 비존재에 맞서는 유한한 존재의 힘의 모든 자기주장의 원상이자
근원이다."18 특별히 그는 '무로부터'(ex nihilo)라는 표현이 신의 창조
행위가 그 어떤 것도 전제하고 있지 않으며, 그 행위와 대응되는 그 어떤
것도 있을 수 없음을 주장하는 것이라고 말한다. 왜냐하면 혼돈이 상대
적인 무, 즉 메 온으로 이해된다는 것은 질료와 형상에 대한 그리스적인
가르침이며, 따라서 무로부터의 창조(creatio ex nihilo)로서의 기독교적
창조 이해에 반대되는 것이기 때문이다. 또한 틸리히는 절대적인 존재
자의 부정, 즉 '우크 온' 역시도 피조물의 근원으로 인정하지 않는다.
왜냐하면 이것은 절대적인 거부로서 어떠한 근거의 역할도 맡을 수 없을
것이기 때문이다.19

　　이러한 모순 앞에서 틸리히는 '무로부터의 창조'(creatio ex nihilo)를
통해 변증법적으로 상호 대응되는 두 가지 절대무와 상대무를 함께 취한
다. "첫 번째, 실존의 비극적 성격은 존재의 창조적 근거 안에 뿌리내리고
있지 않으며, 그것은 또한 사물들의 본질적인 본성에 속하지도 않는다."
하지만 "두 번째, 피조성 안에는 비존재의 요소가 존재한다. 무를 사람들
은 피조됨 자체로 인식한다." 따라서 "비존재의 신비란 변증법적인 행위

---

18 앞의 책, 28.
19 앞의 책, 28.

를 요구"하며,[20] 마침내 그것은 모두 극복되어야 할 것으로 지양된다.

이와는 정반대의 입장에서 바르트(Karl Barth)는 무가 하나님과 연관되는 것 자체를 거부한다. 왜냐하면 무란 '무적인 것'(das Nichtige)이며, 하나님에 대립되는 부정적인 것이기 때문이다.[21] 그에게 '무적인 것'이란 악이며 죄이고, 창조자가 원하지도 않았고, 창조물들과 어울리지도 않는 반창조적인 것이다. 그것은 단지 어둠이며, 빛에 의하여 극복되어야 하는 항상 어둠 자체일 뿐이다. 따라서 무가 하나님의 다른 모습으로 간주하는 철학적 논의들은 오히려 악을 하나님의 속성으로 보는 잘못을 범하게 된다.

서구 형이상학의 전통 안에서 실체적인 무의 개념은 허락될 수 없는 것이었으며, 그것은 단지 존재자가 존재할 수 없다는 일종의 위험만을 의미할 뿐이었다. 그것은 철저하게 존재와 절연되어 있으며, 존재와의 양자택일로만 나타난다. 그러나 이처럼 전통적으로 부정되었던 무는

---

20 앞의 책, 같은 곳.

21 바르트는 말한다. "무적인 것(das Nichtige)에 대한 첫째의 그리고 가장 인상적인 숙고는 창세기 1:2절에서 즉시 발견된다. 그곳에서는 카오스가 언급되는데, … 그것은 창조자가 원하지 않은, 창조하지 않은 현실성이며, 그 자체로 창조 그리고 피조물의 지평을 형성한다. 카오스(Chaos)는-순수한 신화의 개념들과 표상들이 헛되이 서술하는 것이 아니듯이 하나님에 그리고 하나님께서 선택하시고 원하시고 창조하신 하늘 그리고 땅의 세계와의 대립 안에서 그 세계의 순수한 희화(戲畵 Karrikatur)이며, 하나님을 대적하는 괴물, 도착된 것, 모순이며, 하나님의 피조물에 대한 유혹과 위험이다." Karl Barth, *Die Kirchliche Dogmatik. Die Lehre von der Schöpfung. III/3* (Zürich: Theologischer Verlag Zürich, 1950), 406. 바르트는 그의 글에서 무적인 것(das Nichtige)과 무(das Nichts)를 의미의 차이에서 거의 구분하지 않는다. 다만 그는 전자를 신학적 무로서 규정하는 것처럼 보이며, 사탄, 마귀, 악마 등의 근원적 힘, 즉 원래 그림자이지만 인간의 죄(악의 허용)에 의하여 창조 세계 안에서 현실적인 파괴의 힘을 갖게 된 세력으로 사용한다. 이에 비해 후자는 자신의 신학적 논의보다는 다른 학자들의 무 논의를 언급할 때, 그들의 용어를 직접 차용하면서 사용한다. 대체적으로 이것은 철학적 무를 언급할 때 많이 사용된다.

마침내 하이데거에 이르러 새로운 모습으로 전환된다. 그에 따르면 무
는 존재와 대립되지 않으며, 오히려 일종의 공속의 모습을 가지고 있다.
오히려 그에게는 "보다 깊은 차원이 문제가 된다. 존재는 존재자가 아니
라고 언술됨으로써 여기서 무에 대해 존재자와 관련해서 이야기된다.
이 단순하고 확실한 부정적인 언술로부터 하이데거는 '존재와 무'에 대
해 강하게 이야기한다."[22] 이러한 논의에서 무가 대립하고 있는 것은
존재자로서 드러나며, 존재 역시도 존재론적 차이를 가진 채 존재자와
대립하고 있는, 그래서 무와 같은 위치를 가지고 있는 것으로 드러난다.
따라서 무와 존재의 상호관계는 모순적 관계가 아니며, 무와 존재가
각각 존재자의 아님으로 규정되는 한에서 그 둘은 어떤 친밀한 관계
안에 놓여 있다는 사실이 중요해진다.[23] 결국 하이데거는 존재를 존재자
가 아닌 '무'(Nichts)로 규정함과 동시에 무 역시 존재자 전체의 부정,
즉 단적으로 존재하지 않는 것이라는 점을 함께 언급한다.

　　물론 무는 전통 서구 사상, 즉 서구 형이상학에서는 허무주의나 부정
적 사고 형태로 간주되어 왔으며, 결코 입에 올려서는 안 되는 것으로
억압되고 배제되어 왔다. 그러나 하이데거는 바로 이 무가 오히려 형이
상학을 근거 짓는 가장 중요한 물음의 대상이라는 점을 분명히 한다.
왜냐하면 존재자의 존재는 자체에 있어서 존재자가 아닌 무로 드러나기
때문이라는 것이다.[24] 이처럼 하이데거에 의해 무의 경험은 단순히 부정

22 Lorenze Puntel, *Sein und Gott. Ein systematischer Ansatz in Auseinandersetzung mit M. Heidegger, E. Levinas und J.-L. Marion* (Tübingen: Mohr Siebeck, 2010), 69.

23 "하이데거는 철학의 근본 물음을 다음과 같은 두 가지로 규정했다. 그것은 존재의 의미에 대한 물음, 즉 존재 물음과 왜 어떤 것이 있으며, 오히려 무는 아닌가라는 존재의 근거 물음(Grundfrage)이다." Thomas Rentsch, *Negativität und praktische Vernunft* (Frankfurt(M): Suhrkamp Verlag, 2000), 33.

적인 어떤 것, 허무한 어떤 것으로부터 벗어난 형태로 평가되기 시작하였고, 그의 사상을 신학적으로 적용하고 있는 벨테와 예거는 이러한 무에 대한 긍정적 기술을 가지고 드디어 신에 대한 논의를 새롭게 개진하기 시작한다. 이제 신은 무와 직접적인 관계 안에 있는 자, 나아가 무와 상호 공속하고 있는 자의 모습으로 현대의 우리와 관계 맺는다. 다시 말해 '무와 하나님의 모순적 관계'가 '무와 하나님의 긴밀한 역설적 공속의 관계'에로 변경되는 것이 하이데거 이후의 신학의 논의로 떠오른다. 그리고 다음으로 우리가 살펴볼 벨테와 예거의 논의는 이것을 분명한 방식으로 우리에게 보여주고 있다.

2. 하나님 경험의 장소로서의 무: 베른하르트 벨테

우선 벨테에게 무란 형이상학적 존재론이 무의미하게 된 현대에 종교와 신학 그리고 신 물음의 근본 범주로 자신을 드러낸다. 다시 말해 하이데거의 사유를 통해 비로소 무는 존재와 신을 망각한 시대에 신성한 것을 기다리는 어떤 가능성의 열림으로 등장한다. "무로부터 존재자가 고유하게 드러나는 방식은 하이데거가 거룩한 것이라고 명명했던 보존하고 있는 것(ein Gewährendes)을 연다."[25] 따라서 무에 대해 탐구한다는

---

24 하이데거는 다음과 같이 분명하게 무의 정체를 밝힌다. "존재 : 무 : 동일한 것. 무는 존재의 특성이다." Martin Heidegger, *Seminare* (Frankfurt(M): Vitto Klostermann, 1986), 363.

25 Klaus Kienzler, "Das Heilige im Denken Bernhard Welte", *Das Heilige im Denken. Ansätze und Konturen einer Philosophie der Religion* (Münster: Lit, 2005), 274.

것은 앞서 우리가 하이데거의 무 물음에서 살펴보았듯이 형이상학의
종말과 그것의 징표로서 나타난 허무주의를 철저히 숙고하여 극복하고,
그것을 통해 망각했던 것을 다시 한번 지시하는 것을 의미하게 된다.[26]
　　현대는 허무주의로 말미암아 전적으로 종교적 경험에서 탈락되어
(ausfallen) 있으며, 그럼으로써 신의 죽음은 자체로 모든 것, 궁극적인
것, 의미 등이 철저하게 무로서 나타나고 있다. 이러한 무의 경험 안에서
유한한 인간은 이 시대의 불안과 경악에 직면하며, "그럼으로써 우리
시대 전체의 근본 경험이 분명하게 지적되고 있다."[27] 그러나 벨테는
이와 반대로 바로 여기에서 현대의 허무주의는 극적으로 반전된다고
말한다. 왜냐하면 무의 경험 안에는 허무주의와 더불어 또 다른 차원,
즉 새로운 신적 차원이 함께 담겨 있기 때문이라는 것이다.[28]

1) 무의 경험 안에 있는 새로운 신적 차원

　　벨테에 따르면 무란 단적으로 막막한 심연이다. 그러나 그는 이러한
심연으로서의 무가 가진 문제점을 극복할 수 있는 가능성을 하이데거에

26　Bernhard Welte, *Zeit und Geheimnis. Philosophische Abhandlungen zur Sache Gottes in der Zeit der Welt* (Freiburg/Basel/Wien: Herder, 1975), 280.

27　Bernhard Welte & Eingeführt und bearbeitet. Holger Zaborowski. *Zur Frage nach Gott. Bernhard Welte Gesammelte Schriften. Bd. III/3* (Freiburg/Basel/Wien: Herder, 2006), 141.

28　벨테는 말한다. "신의 결여란… 단순히 순수한 결여가 아니라 오히려 있어 왔던 것의 은폐되었던 충만함이 비로소 고유화하면서 현존하는 것을 의미한다." Bernhard Welte & Eingeführt und bearbeitet. Holger Zaborowski, *Denken in Begegnung mit dem Denken. Hegel-Nietzsche-Heidegger. Bernhard Welte Gesammelte Schriften. Bd.II/2* (Freiburg/Basel/Wien: Herder, 2007), 189.

서 발견한다.[29] 그리고 벨테는 하이데거에게서 영감받은 것 같은 무의
사상을 원용하여 신 물음의 열쇠로 삼아 삶의 적대자로 보이는 무를
새롭게 관찰하고, 그것들에 의미를 부여하기 시작하며, 마침내 그 안에
서 이제 무가 신을 지시하지만 동시에 섬뜩함을 주는 그림자와 같은
모습으로 전면에 등장하게 된다. 그는 다음과 같이 이야기한다.

> 무는 그의 이름 없음의 근거 안에서 모든 무한자의 현상(Erscheinung)으
> 로, 모든 존재와 모든 의미를 제한 없이 정복하는 것(Mächtigen)의 현상으
> 로, 모든 보존하고 있는 것의 현상으로, 모든 말의 무근거성을 타도하는
> (niederschlägt) 존재 자체의 현상으로, 무한한 침묵 안에서 나의 내면을
> 어루만지는 모든 근거의 현상으로 눈앞에 스스로를 드러낸다(sich en-
> thüllt). 신의 섬뜩한 그림자가 인간의 영혼에 드리워지며 다가온다. …
> 인간들이 만들었던 것, 생각했던 것은 사라진다.[30]

벨테에 따르면 이러한 무가 보여주는 신의 섬뜩함을 통해, 즉 우리와
는 전적으로 다른 어떤 힘을 통해 인간의 자기 이해와 존재 이해가 변경
된다. 즉, 일상성의 무의미한 삶에서 무가 드러나는 순간 그것을 직시하
는 자의 자기 이해와 타자에 대한 존재 이해가 모두 새롭게 각성된다는
것이다.[31]

---

29 "하이데거 역시 예언적 사유로서 간주될 수 있다. 그렇기 때문에 그의 분석과 숙고는
   항상 중요하다." Welte, *Zur Frage nach Gott. Bd. III/3*, 141.

30 Bernhard Welte, *Auf der Spur des Ewigen. Philosophische Abhandlungen über ver-
   schiedene Gegenstände der Religion und der Theologie* (Freiburg/Basel/Wien:
   Herder, 1965), 34.

31 벨테는 다음과 같이 말한다. "신의 경험과 그로써 종교적 경험이 탈락된 거기에 또한
   무의 경험이 대신 들어서 있다. 그리고 이러한 무에 대한 경험은 근대 허무주의의 모

물론 여기서 우리는 벨테의 의도를 이해하기 위해 특별히 다음과 같은 점을 분명히 해야 한다. 그것은 무를 경험함(das Nichts zu erfahren)이 결코 아무것도 경험하지 않음(überhaupt nicht zu erfahren)을 의미하지 않는다는 사실이다. 무를 경험하는 자는 실제로 어떤 경험을 한 자이며, 그 안에서 어떤 것을 만난 자이다. 그리고 그 어떤 것이란 바로 무한성의 현상이다. 다시 말해 무란 무한성의 한 특성이면서도 동시에 무한한 무근거라는 양면성을 갖는다. 무는 근거를 발견할 수 없을 정도로 깊은 곳, 즉 우리가 그 밑바닥으로 언젠가는 떨어져야만 하는 그런 곳이자 동시에 결코 떨어진다고 해서 그 어떠한 끝에도 다다를 수 없는 그러한 곳이다. 또한 무는 무제약적인 것(Unbedingtes, 무조건적인 것)이다. 그것은 마치 어떤 유한한 유의미성도 그 앞에서는 아무 힘도 쓸 수 없을 것처럼 그렇게 존립한다. 그것은 결코 회피될 수도 없으며, 결코 타협해 주는 법도 없다. 우리는 그저 무의 무한성, 무근거성 그리고 무조건성을 마주한 채 그것을 부정적인 낱말들로 표현할 수 있을 뿐이다.

그러나 역설적으로 벨테는 바로 이러한 언어적 부정성 속에서 긍정적인 어떤 것이 표현된다는 사실을 우리에게 알려 준다. 여러 가지 방식으로 경험된 충격이 나타나고, 그것이 우리를 어떠한 방식으로든지 직접적이며 전체적으로 변경시킨다. 다시 말해 무한성, 무조건성 그리고 경험의 직접성, 전체성 그리고 변경 가능성이 바로 우리가 종교적 언어에서 신에게 부여했던 경험의 특징이며, 오히려 이것들이 현대의 무의 경험으로부터 나타나기 시작한다. 무가 신의 자리에 대신 들어선 채 우리에게 종교적 차원에 대한 침묵을 요구하고 있다.[32] 그렇다면 이러한

든 형식의 본래적 기초이다." Welte, *Zur Frage nach Gott. Bd. III/3*, 144.

침묵 중에서도 우리는 무의 배후에 신적인 어떤 것이 있다고 할 수 있는
가? 아니면 그것은 단지 허무한 것에 불과한가?

　벨테에 따르면 현대의 우리는 이 두 가지 경우 다 가능성을 열어 놓아
야만 한다. 왜냐하면 우리가 경험하는 것은 단지 무이며, 그것은 우선
우리에게 침묵만을 요구하고 있기 때문이다. 단지 우리가 해야 하는
것은 그것을 너무 쉽게 신과 동일한 것으로 규정하지 않는 것이며, 동시
에 그것을 단순히 허무한 것으로만 치부하여 버리지 않는 것이다. 오히
려 우리는 무의 참다운 의미를 획득하기 위해 우리에게 주어진 무적인
상황 안에서 모든 것이 의미를 가지고 있다는 점을 분명히 해야 할 뿐이
다. 그렇다면 이러한 의미는 어떻게 찾을 수 있을까?

　벨테는 이것이 요청을 통해 가능하다고 말한다. "의미의 문제는 본래
적으로 하나의 요청(Postulat)이다. 모든 것은 의미를 가져야만 한다."[33]
물론 이러한 의미 요구 또는 의미 요청 자체가 현실적으로 어떤 의미를
보장하지는 않는다. "의미 요청(Sinnpostulat)은 무에 대항하여 무와 충돌
하여 상처를 입는다."[34] 그러나 현존재는 그 존재의 바탕에 모든 것은

---

32 앞의 책, 145.

33 앞의 책, 146.

34 앞의 책, 147. 여기서 언급된 의미 요청이란 단순한 욕구나 욕망의 투사 혹은 소위 말
　하는 정신 승리(고통에 대한 자기변명)를 의미하지 않는다. 오히려 우리는 이 의미
　의 요청을 리쾨르(Paul Ricoeur)의 분석으로부터 이해하면서 그것을 개방이자 새로
　움을 향한 희망으로 이해할 필요가 있다. "전체화 과정에 참여함으로써 요청은 우리
　가 앞으로 속할 질서를 그린다. 그런데 전체화 또는 통합은 늘 미완성이고 그래서
　요청 하나하나는 그 전체를 붙잡아놓는 순간을 그린다. … 요청에서 볼 수 있는 확장
　(Erweiterung)과 성숙하게 자라남(Zuwachs)은… 열어 놓음, 곧 개방이다. 이 개방은
　희망을 철학 언어로 표현한 것이다." 폴 리쾨르/양명수 옮김, 『해석의 갈등』(서울:
　아카넷, 2001), 455-456. 이것을 쉽게 표현하면 다음과 같다. 요청이란 우리가 도달하
　려고 하는 어떤 전체 혹은 목표의 미완성된 조각들을 거기로 향해 가는 과정 안에서

의미를 가져야 한다는 기본적 욕구를 가지고 있으며, 그렇기 때문에
그는 강렬하면서도 고통스럽고 혼란스럽고 죽을 것 같음에도 이 삶을
견디며 살아간다. 바로 이러한 삶 안에서 요청된 그 의미는 비록 지금은
가능하지 않은 것처럼 보이지만, 이와 동시에 세계 안에 남아 있는 사랑,
신뢰, 자비 등의 경험으로부터 우리에게 드러나고 있다.

　의미 요청 안에서 우리는 세계의 모든 것이 단적으로 무의미한 것이
아니라는 것을 느끼는 단계로 나아간다. 우리는 의미 있는 관계들 그리
고 사라지지 않는 의미의 관계들이 주어져 있다는 것을 경험하게 되며,
그럼으로써 모든 것의 공허하고 무의미한 무로의 전락에 대해 반대할
수 있다. 그리고 결국 이러한 의미 요청의 능력을 통해 무 역시도 삶
안에서 하나의 의미를 드러내게 된다. 그렇다면 이러한 무가 드러내는
의미란 무엇을 말하는가?

2) 무로부터 성스러움으로의 전환

　무는 은폐로, 즉 숨겨진 밤과 같은 힘으로 이해되며, 그럼으로 "사랑
하는 사람들에게 그들의 사랑의 의미를 그리고 모든 사람에게 선과 악,
정의와 불의 사이의 구별을 보존해"[35] 주는 의미를 드러낸다. 다시 말해

만들어 낸다. 즉, 지금은 전체가 온전하지 못하게 결핍되어 있더라도 끊임없는 요청
을 통해 그 전체를 향해 무엇인가를 실행해 나아가야 하며, 그럼으로 전체 혹은 목표
는 고착되지 않고 전적으로 새로운 모습으로 그때마다 우리에게 드러난다. 요청이란
우리의 전체 혹은 목표와 더불어 우리의 삶 전체를 고착되지 않고 그때마다의 가장
알맞은 모습으로 변경시키는 중요한 장치이다. 그것은 늘 그 당시의 전체 혹은 목표
를 그것을 넘어 더욱 넘치는 영역 안으로 옮겨 놓는다. 결핍 안에서 나타나는 요청은
늘 넘침을 가지고 오며, 현대의 의미 논의 역시 이러한 무 안에서의 결핍 안에서 넘
침의 의미로서 나타나기 위해 우리는 요청하며 나아가야 한다.

무는 이제 사랑, 선, 정의를 위한 긍정적인 기준으로 새롭게 의미를 획득하게 된다. 벨테는 다음과 같이 이야기한다.

무는 부정적 경험 형태에도 불구하고 긍정적 의미를 얻는다. 무는 자체로 전환되어 모든 것에게 의미를 보장하는(gewährt), 무한한 삶의 무근거로서 감지될 수 있게 된다. 그렇게 그것은 하나의 종교적 경험이 된다.36

이제 벨테는 무가 보장하는 새로운 종교적 경험이 몇몇 증인에게서 분명히 증명되고 있다는 점을 분명히 한다. 그것은 우선 시인 엘리엇(Thomas S. Eliot)의 다음 시구에서 드러난다.

침묵하라 그리고 이 어둠을 당신에게 이르게 하라고 나는 내 영혼에게 말했었네. 그것은 바로 신 자신의 어두움이라오.37

벨테는 이 시구에서 무로부터 성스러움으로의 전환을 발견한다. "여기서… 말해진 바는 무와 어둠의 경험이 '신의 어두움'에 대한 신뢰로 바뀔 수 있다는 것이다. 그것은 전환(Wende)이다."38 그는 이러한 전환을 첼란(Paul Celan)의 시 안에서도 찾아낸다.

무 안에 누가 서 있는가? 왕이로소이다. / 거기에 왕이 서 있소, 왕 말이요.

---

35 Welte, *Zur Frage nach Gott. Bd. III/3*, 149.

36 앞의 책, 150.

37 Thomas S. Eliot, *Four Quartet* (London: Palgrave Macmillan, 1956), 18 이하. 벨테는 이것을 다음과 같이 독일어로 번역하고 있다. "Ich sagte zu meiner Seele: Sei still - laß das Dunkel kommen über dich. Welche soll sein die Dunkelheit Gottes."

38 Welte, *Zur Frage nach Gott. Bd. III/3*, 151.

/ 거기에 그는 서 있으며, 서 있소. ⋯ 비어있는 아몬드는 왕의 색이오.[39]

첼란은 비어 있는 아몬드(Leere Mandel)를 무로 비유하면서 무란 바로 그 성스러운 빛에 놓여 있다고 말한다. 그럼으로 이 빛은 왕의 빛으로 드러난다. "무는 서 있고, 또 서 있다. 그것은 세월과 운명의 모든 전환 후에 언제나 거듭 새롭게 서 있다. 그리고 그것은 갑자기 왕이 된다."[40] 그리고 마지막으로 이러한 무와 성스러움에 대한 비유는 철학자 바이셰델(Wilhelm Weischedel)의 미간행된 시에서 분명해진다.

어두운 술잔의 바닥에 / 빛의 무가 나타난다네. / 신성, 어두운 비춤 / 그것은 무의 빛이라네.

여기서 말하는 어두운 술잔이란 순수한 무이며, 그것은 어둠 그 자체로 자신을 드러낸다. 하지만 이렇게 어둠이 자신을 드러내는 것은 곧 하나의 전환을 몰고 오는 사건이다. 왜냐하면 이러한 어둠이 빛나는 사건은 동시에 신성의 비춤에 다름 아니기 때문이다. "이러한 전환 속에서 어두운 것이 밝혀지고(lichtet sich das Dunkle), 빛을 비춘다(es hellt sich auf)."[41]

벨테는 바로 여기에서 무가 새로운 종교적 경험이며 또한 이것이 이미 기독교적 부정신학의 전통에서 나타났던 경험과 동일하다는 점

---

39 Paul Celan, *Die Niemandsrose* (Frankfurt(M): Ficher Verlag, 1964), 42. "Im Nichts - wer steht da? Der König/Da steht der König, der König/Da steht er und steht... Leere Mandel königsblau."

40 Welte, *Zur Frage nach Gott. Bd. III/3*, 151.

41 앞의 책, 152.

을 발견한다. 즉, 부정신학 전통의 역사 안에서 폰 니사(Gregor von Nyssa)가 모든 것을 무로 보았던 것, 위-디오니소스(Pseudo-Areopagiten Dionysos)가 신의 참모습을 '이름 없음'(Namenlosigkeit)과 무로서 언급했던 것, 에크하르트(Meister Eckhart)가 신을 무로 보았던 것, 16세기의 십자가 요한(Johannes vom Kreuz)이 어두운 밤 안에서의 결정적 종교 경험을 이야기한 것 모두 이러한 무의 경험과 동일한 사태라는 것이다.[42] 이러한 통찰을 통해 벨테는 마침내 하이데거를 따라 무와 신과의 관계를 유대교적 우상 파괴의 전통으로부터 재정립하기 시작한다.[43]

유대인들이 가지고 있던 무에 대한 근본적 경험은 기독교의 부정신학의 경험에서도 발견되며, 나아가 현대의 무-경험과도 유사하다. 따라서 이러한 유사성을 통해 현대의 무의 경험은 새로운 종교적 경험이 전 종교적 범위로 확장되는 가능성을 가지게 된다. 왜냐하면 이슬람도, 인도의 리그베다(Rigveda)도, 노자의 도덕경도 그리고 불교까지도 궁극적인 것을 무로 규정하면서 인간이 만들어 내는 우상에 대한 파괴를 요구하기 때문이다. 따라서 현대의 허무주의는 이제 무의 영원한 충만에 대한 하나의 새로운 경험을 가능하게 함으로써 상호 교통하기 어려웠던 종교들 사이의 잠겼던 문을 열게 된다. "신이 사라져 버린 그곳에 무가 나타난다. 그리고 이 무는 다시 신의 차원 속에서 주목할만한 방식

---

42 앞의 책, 154-156.

43 벨테는 다음과 같이 말한다. "유대적 전통은 오래전부터 '우상 금지'(Bilderverbot)를 알아 왔다. 그것은 성서의 출애굽기 20장 4절에 바탕을 둔 것이다. 이러한 금기는 일찍이 신의 이름을 입 밖에 내어 말하는 것을 금기시했던 것과 연결되어 있다. … 어떠한 상징도 없는 곳에서는 어떠한 특정한 특징들도, 어떤 것(Etwas)도 나타날 수 없고 따라서 무가 나타난다. … 어떠한 이름도 명명되지 않는 곳에서는 다만 침묵함(Schweigen)만이 남게 된다. 이러한 침묵함은 무의 경험에 상응한다." 앞의 책, 157.

으로 나타난다."[44] 그렇다면 이처럼 새로운 신의 차원에서 새롭게 나타난 무란 무엇을 의미하는가?

특별히 우리는 이 질문에 답하기 위해 벨테를 넘어 다시금 한 걸음 더 나아갈 필요가 있으며, 그곳은 바로 무와 신이 자체로 동일함에 거하고 있다는 예거의 통찰이다. 그리고 우리는 그것의 정당성을 하이데거의 무 물음이 여전히 무를 철저하게 사유하지 못한 한계를 지닌 채 전통 형이상학의 존재-신-론의 성격에 머물러 있을 뿐이라는 예거의 비판에서 찾을 수 있다. "무, 십자가의 어리석음 그리고 무의미가 기독교적 하나님 이해의 내적 시금석이 된 곳에서조차 신의 존재론(Rede vom Sein Gottes)을 벗어나지 못하고 있다."[45] 오히려 예거에 따르면 무와 신의 동일성의 관계를 거부하는 것은 신을 존재의 차원, 즉 존재-신-론에서 규정하는 것에 불과하다. 따라서 그는 이러한 한계를 극복하기 위해 무와 신이 전적 타자라는 점에서 동일하다는 사실에 주목하고자 한다.[46] 그럼으로 이제 '절대타자'의 개념 안에서 무는 하나님과 동일한 것으로 드러난다.[47]

이제부터 우리는 전통 형이상학의 존재와 신의 관계 도식을 넘어 무와 신을 동일화시키는 예거의 신학적 무 이해를 살펴보기로 한다.

---

44 앞의 책, 145. "Wo Gott verschwunden ist, erscheint das Nichts. Und dies dann merkwürdigerweise wiederum in den Dimensionen Gottes."

45 Alfred Jäger, *Gott. Nochmals Martin Heidegger* (Tübingen: J. C. B. Mohr(Paul Siebeck), 1978), 41.

46 앞의 책, 451.

47 예거는 말한다. "'신은 무이다'라는 이 말은… 형이상학의… 속박을 모든 날카로운 통찰들 안에서 흔적이 되도록 하기 위한 신학적인 저항 형태의 시도를 제시한다. '신은 전적 타자이다'라는 말은 이러한 방향을 잡는 대략적인 이정표(Wegweisen)이다." 앞의 책, 453.

그리고 이것을 위한 우리의 논의는 우선 그의 존재와 무 사이의 새로운 관계 정립의 시도에서 출발한다.

3. 무로서의 하나님: 알프레드 예거

예거에 따르면 서구의 형이상학과 신학은 존재를 우위에 두고 '타자로서의 무'를 경시하면서 언급하지 않았다. "형이상학은 시원에서부터 일자(das Eine)의 무근거한 타자(grundlosen Andern)에 대한 거절에서 기인한다. 형이상학은 지속적으로 새롭게 타자에 대한 반복된 비난이다. … 형이상학은 타자의 망각에 기인한다."[48] 그리고 이러한 문제점들을 드러내고, 그것을 변형하고자 시도한 첫 번째 학자가 바로 하이데거이다. 왜냐하면 그가 말한 불안에 대한 규정과 심연, 즉 무에 대한 논의는 기존의 존재에 대한 집착을 해소하고, 무를 중심 주제로 끌어들여 존재 자체라는 새로운 차원을 이야기하고 있기 때문이라는 것이다.

그러나 예거는 이런 하이데거의 성과를 받아들이면서도 동시에 그가 무를 여전히 존재 자체라는 최고 개념과 동일화하고, 무를 존재에 귀속시켰던 점을 강하게 비판한다. 예거는 하이데거가 여전히 무를 전통 형이상학과 동일한 방식으로 망각시킨 서구 형이상학의 최후의 완성자일 뿐이며, 그래서 우리가 그의 존재 사유로부터 떠나야 한다고 주장하게 된다.[49]

---

48 앞의 책, 435.
49 Alfred Jäger, *Gott. 10 Thesen* (Tübingen: J. C. B. Mohr(Paul Siebeck), 1980), 63, 90, 100, 114, 120.

1) 절대타자로서의 무

예거는 존재가 형이상학 안에서 일자로서 사유되었다면, 무는 자체로 타자로서 그리고 배제되어야 할 부정적인 것으로서 간주되었다는 점에 주목한다. 그는 무가 전통 형이상학 안에서 존재보다 더 망각되어 존재의 부정적인 측면, 즉 은폐의 측면에만 머물러 있다는 점을 통찰한다. 따라서 그에게 무란 단순히 존재와 동일한 것으로 규정되어서는 안 된다. 오히려 하이데거와 같이 그 둘을 동일하게 보려는 시도들은 여전히 무가 신과 관계되지 않는다고 주장하는 전통 형이상학, 그중에서도 특별히 독일관념론의 배경하에 머물러 있는 것이다. "형이상학적 존재 사유의 가장 어려운 점은 존재가 자체로 무관계적인 것이면서 절대적인 것으로 생각된다는 것이다. … 따라서 (다른 그 어떤 것도) 이러한 존재에 대해서는 아무것도 아니다."[50]

그러나 예거에 따르면 존재는 일자(Das Eine)이지만, 홀로 존재한다는 전통적 논의와 달리 "다른 것과의 차이 안에 존립한다."[51] 다시 말해 존재는 모든 것을 포함하는 어떤 개념으로서 그래서 모든 것의 원인으로 때로는 모든 것의 근거로 사유되었지만, 그러함에도 불구하고 그것의 사태는 단순히 일자의 전체성에서 끝나지 않는다. 오히려 "존재는 항상 관계 안에 정위된다."[52] 존재가 관계 안에서 다른 존재자들의 근거이기 때문에, 다시 말해 관계를 가지고 있기 때문에 존재자들은 무가 아니라

---

50 Jäger, *Gott. Nochmals Martin Heidegger*, 429-430.
51 앞의 책, 429.
52 앞의 책, 430.

존재일 수 있었고, 그래서 세계 안에서 관계로서 자신을 드러낼 수 있다.[53] 그리고 이러한 존재의 초월적 성격 때문에 고대 형이상학은 존재를 '하나'(Eins)로, 이와 반대로 무를 전적 타자로 규정했다.

예거에 따르면 그러나 바로 여기에서 모순이 발생한다. 왜냐하면 존재가 일자로서 그 자체로 이해되기 위해서는 일자를 일자로서 드러내는 어떠한 차이가 함께 존립해야만 하기 때문이다. 즉, 하나가 하나이기 위해서는 언제나 타자와의 관계 안에 존립해야 하기 때문이다. "하나는 타자에 대한 극단적인 차이와 모순에 존립한다."[54] 예거는 이처럼 차이·대립을 통해 존재가 하나로서 자신을 드러내고 있기 때문에 하이데거가 이야기한 것처럼 하나는 원인 자체(Causa sui)도 절대적인 어떤 것도 아니라고 말한다. 그것은 오직 자신의 의미와 내용을 타자와의 관계 안에서 발견하기 때문에 존재일 수 있고 일자일 수 있으며 근거일 수 있을 뿐이라는 것이다. "하나의 의미와 본질은 그 자신 안에 있는 것이 아니라 타자와의 관계 안에 놓여 있다. … 존재자와 존재의 차이는 기본적인 것이 아니며, 거기에 대해서 그리고 이러한 포함하는 하나의 타자와의 차이이다."[55] 그렇다면 이러한 차이란 무엇을 의미하는가?

그것은 양자가 대립·투쟁의 관계 안에 있음을 의미한다. "일자는 타자와의 대립·투쟁(Auseinandersetzung) 안에서 존립한다."[56] 형이상

---

53 앞의 책, 430. "그것(관계)은 모든 것에 대한 것이고 존재를 또 다른 것과 연결시키는 것이다. … 존재는 이미 존재자의 초월로서 사유된다."

54 앞의 책, 430. "차이는 관계 자체이며 하나로 향한다. 차이는 하나와 타자의 매듭을 형성한다. 하나는 타자와의 차이 안에 연결되어 존립한다. 하나는 다른 것과 동일시하는 대신 극단적인 차이 안에서 존재한다."

55 앞의 책, 431.

56 앞의 책, 432. "대립/투쟁 자체는 모든 운동 안에 지속적으로 존립하는 것이다"(*Die*

학은 오히려 이러한 대립을 견디지 못하고, 어렵고 다의적인 개념을 가지고 모든 존재자에 대하여 존재를 떼어 내려 시도했을 뿐이다.[57] 따라서 이러한 대립의 본질적인 의미가 새롭게 통찰되어야 하며, 그러기 위해 '실존'이라는 개념, 즉 존재의 실존이라는 개념이 'Ek-'라는 접두어를 통해 '내외부적인' 관계를 함께 포용하는 것으로 새롭게 사유되어야 한다.[58]

예거에 따르면 존재로서의 일자의 본질과 의미는 그것의 실존 안에서 기인되며, 따라서 일자의 실존이란 "타자 안에 들어가 견디고 있음(Hinausstehen)을 의미한다. … 일자는 자신의 외부에 있는 타자에 저항하며(Aussetzung) 실존한다. 일자는 타자 안에 실존한다. 존재는 개방된 무 안에서 둥둥 떠다닌다."[59] 반대로 이러한 대립의 관계는 타자의 입장에서는 타자의 '내존'(Insistenz)이다. "일자 자체가 구분됨을 통해 그리고 타자 안으로 들어가 견디기 위하여 동시에 일자는 타자를 그 자체 안으로 수용한다. 타자는 일자의 중심으로 침투해 들어온다. 일자의 실존은 타자의 내존이다. 일자는 타자에게 스스로를 개방한다."[60] 이처럼 상호 대립하고, 상호 포용하는 투쟁 안에서 피아를 구분하게 된 일자는 자신의 중심에서 비-동일적인 타자를 드러낸다. 그러나 이 비-동일적이라는 표현은 결코 일자와 타자, 존재와 무가 아무런 관계를 가지고 있지 않거나 상호 분리되어 있다는 것을 의미하지 않는다. 왜냐하면 내존 안에서

Auseinander- setzung selbst ist das Beständige in aller Bewegung).

57 앞의 책, 430.
58 앞의 책, 431.
59 앞의 책, 431.
60 앞의 책, 431.

일자와 타자는 상호 가장 친밀한 관계를 가지고 있기 때문이다. "타자의 외부는 동시에 일자의 가장 내면적인 부분이 된다. 그의 실존 안에서 일자는 기본적인 차이를 지양하지 않고도 타자를 내존시킨다(insistieren)." 그리고 바로 실존과 내존의 '놀이'가 바로 "대립·투쟁이다. 일자는 존속하는 타자와의 대립·투쟁 안에 존립한다."[61]

예거는 이러한 '일자의 실존'과 '타자의 내존' 사이의 투쟁이 하이데 거의 관념론적 사상을 넘어서는 새로운 사유라고 주장한다. 왜냐하면 하이데거가 단순히 존재와 무를 존재 자체가 가지고 있는 이중적이며, 동일성 안에 포함되는 어떤 동일한 사건으로 보았던 것과 다르게 이제 일자와 타자의 실존과 내존의 상호 놀이는 그 둘의 단순한 동일성을 벗어나 있기 때문이라는 것이다. 다시 말해 일자와 타자가 대립·투쟁을 통해 서로 관계되었을 때만이 존재와 무는 자신들의 고유한 놀이 공간을 획득할 수 있을 뿐이다.[62]

이제 일자와 타자의 대립·투쟁 놀이의 중심에서, 즉 타자가 내존하고 있는 존재의 실존의 중심에서 타자는 스스로를 깨어 비워 내며, 그럼으로 그 안에서 타자의 조용한 현존 혹은 부재가 나타난다. 즉, 깨어짐을 통한 부재 안에서 타자는 무로서 존재 자체 안에서 전체의 조용한 중심이 되며, 이처럼 중심이 비워질 때 "그 주위에 모든 것들이 건설되며, 그것의 개방성과 비개시성 주위에 투쟁의 대결이 도래한다." 따라서 일자로서

---

61 앞의 책, 431. "... Auseinandersetzung. Das Eine besteht in beständiger Auseinandersetzung mit dem Anderen."

62 예거는 다음과 같이 이야기한다. "존재의 놀이는 근거 없이 자기 자신 안에서 놀지 않으며, 일자의 투쟁 안에는 타자의 내존이 문제가 된다. 빛과 어둠의 놀이, 현존과 부재의 놀이, 은폐와 탈은폐의 놀이는 자기 자신 안에서 움직이는 것이 아니라 일자가 타자에 대립하여서 개방성과 폐쇄를 하는 놀이이다." 앞의 책, 431.

의 존재가 드러나는 그 자리란 앞서 일자와의 투쟁을 통해 깨어지고 자기를 비워 조용한 중심이 된 타자, 즉 무로서 개방된다. "일자는 타자의 개방성 안에 존립한다. … 일자의 세계는 타자의 열린 빈터(Lichtung)이다."63 그렇다면 이러한 일자와 타자의 개방의 투쟁 안에서 인간의 위치는 어디에 속하는가?

인간은 일자와 전적 타자의 대립·투쟁 한 가운데에 속하며 또한 속할 수 있는 존재자로서 존립한다. "현존재의 본질은 타자와 그와의 대립성(Ausgesetztheit)에서 기인한다."64 즉, 그는 타자가 비워둔 빈 공간 안에서만, 즉 전적 타자의 열린 빈터 안에서만 특수한 방식으로 실존할 수 있을 뿐이다. 인간의 본질이 그의 실존에 기인할 수 있는 이유는 단순히 인간이 무에 들어가 있기 때문만이 아니라 이미 무가 그 자신을 타자로서 그리고 일자의 개방성으로서 자신을 비워 놓고 있기 때문이다.65 인간은 존재의 차원이 아닌 무의 차원에서, 즉 타자가 자신을 비우는 바로 그 차원에서 존재하며, 이러한 이유에서 형이상학적인 존재를 통한 인간 규정은 이제 무로서의 타자를 통한 인간 규정으로 변경된다. "왜냐하면 근거 없고 우연적인 전적 타자의 현재에 의해 인간 현존재는

---

63 앞의 책, 432. 예거에 따르면 이러한 이유에서 일자와 타자의 대립/투쟁을 보지 못한 파르메니데스 이후의 존재 형이상학은 존재를 완전한 전체성으로만 간주하고, 그럼으로 모든 분리와 운동을 배제해 버렸다. 그러나 하이데거는 가장 먼저 이러한 전통 형이상학의 방식에 대항하면서 "존재의 본질이 유한성"이며, 오직 일자의 타자와의 대립/투쟁에서 나오는 시간을 통해 모든 것들이, 다시 말해 일자와 타자가 존재할 수 있게 되었다는 점을 통찰했다. 따라서 모든 시간을 넘어서는 영원에 대한 표상은 하이데거에서부터 사실상 폐지되었고, 전체 세계는 언제나 지속적으로 변화하고, 개방된 일자와 타자의 놀이 안에서만 자신을 드러낼 수 있음이 확인되었다.

64 Heidegger, *Wegmarken*, 115.

65 Jäger, *Gott. Nochmals Martin Heidegger*, 433.

규정되기 때문이다."[66]

2) 무로서의 하나님 이해

그리고 마침내 전적 타자로서의 무는 신과 동일한 것으로 드러난다. 특별히 예거에 따르면 이러한 무와 신의 연결은 단순히 무신론이나 허무 주의를 따르는 것이 아니다. 오히려 이것은 전통 형이상학의 숙고 안에 서 왜곡되어 왔던 신학이 이제야 비로소 자신의 본질을 찾을 수 있는 가장 긍정적이고 결정적인 단초이다. 따라서 이러한 동일화 작업은 상 당히 치열한 비판을 견뎌내야 하는 작업일 수밖에 없다. 왜냐하면 전통 적으로 기독교는 신을 존재를 통해 규정했고, 그 증거를 출애굽기 3장, 즉 "나는 나이다"("나는 스스로 있는 자이다")에서 찾았기 때문이다.

예거에 따르면 하나님과 일자로서의 존재와의 무조건적 연결은 앞 의 출애굽기 3장의 말씀을 그 이후의 세대가 전통 형이상학이 가지고 있는 존재, 즉 일자에 대한 선입관으로 해석했기 때문이다.[67] 이러한 형이상학에서의 논의와 다르게 예거에게 진정한 신이란 존재자의 목적 이나 원인이 아닌 그것들로부터 분리되어 있는 전적 타자이다.[68] 예거는 이러한 전적 타자와 신의 관계를 설명하기 위해 신을 하이데거와 같이 '알려지지 않은 신'(der unbekannte Gott)으로 명명한다. 왜냐하면 앞서

---

66 앞의 책, 434.

67 "독일관념론으로부터 하이데거에 이르는 형이상학적 발전은 존재 사유에 대한 심오 한 형이상학적 의문성을 보여 준다." 앞의 책, 449.

68 "신은 아르케도 아니고, 의미의 근거이거나 존재의 근거도 아니다. 신은 형이상학적 신학이 말하려는 신들의 종말이다. 신으로서의 일자의 죽음은 전적 타자의 시작이 다." Jäger, *Gott. 10 Thesen*, 56.

언급한 출애굽기 3장의 하나님은 자신을 분명하게 드러내지 않고 있기 때문이다. 즉, 그는 단지 "나는 나다"라고 이야기하고 있을 뿐이며, 이러한 이유에서 여호와의 이름은 자신을 알리지 않는 하나님의 인식 불가능성을 표현하는 것일 뿐이다. 오히려 "이러한 하나님은 존재자의 항목에 속하지 않는다."[69]

이처럼 진정한 하나님은 존재와 존재자와 전적으로 다른 전적 타자이며,[70] 무 역시 허무한 무가 아닌 보다 알려지지만 않았을 뿐 자체로는 일자와의 투쟁 안에 있는 실재적인 타자이다. 그래서 하이데거의 말처럼 "지금까지의 신들은 있어 왔었던(존재해 왔던) 자들"이었다면,[71] 진정한 "하나님은 실재적 존재(ens realissimum)로서의 무이다."[72] 다시 말해 신적인 신은 일자로서의 존재의 영역에서가 아니라 타자로서의 무의 영역에서 찾아질 수 있을 뿐이다.

> 이러한 전적 타자인 신에 맞춰보면 지금까지의 신들은 더 이상 아무것도 아니다. 존재의, 근거의, 보장의 그리고 절대적인 신과 신들도 아니며, 자아의, 자기 관계의 신과 신들도 아니며, 저급하고 일상적인 신들에 대해 이야기하는 것도 아니다. 하나님은 모든 신들의 종말이다. 신으로서의 일자의 죽음은 타자의 시원이다.[73]

이제 궁극적이며 진정한 신적인 신이란 전통 형이상학에서처럼 존

---

69 Jäger, *Gott. Nochmals Martin Heidegger*, 448.
70 앞의 책, 451.
71 앞의 책, 448. "Die bisherigen Götter sind die Gewesenen."
72 앞의 책, 447.
73 앞의 책, 447.

재에 속해 있는 어떤 것이 아니다. 그는 존재와 존재자와 다르면서도 그것들을 포함하고 있는 전적 타자이자 일자로서의 존재와 투쟁하는 무이다. 다시 말해 신적인 신이란 형이상학에서 항상 이야기되어 왔던 일자로서의 존재가 아니라 타자로서 실재하는 무이다. 이러한 무로서의 신은 모든 것을 자기 자신 속에 소유하지 않는다. 오히려 그는 타자로서 일자와의 투쟁 안에서 자신을 깨트리고 비워 자신에게 속한 존재와 존재자를 개방하는 무이다. 예거는 이러한 신과 무의 관계를 다음과 같이 이야기한다.

> 신은 무이다. 이것은 일종의 무신론적 문장을 거칠게 반복하는 대신에 신학이 이 실재적인 존재에 대해 말해야 하는 중심 표현에 끼워져 있다. … 신은 존재하지 않으며, 무이다(ist nicht und Nichts). 왜냐하면 그는 어디서에든 '존재하는(ist)' 그 모든 것을 능가하기 때문이다.[74]

이제까지의 형이상학에서는 존재가 주장되었다면, "예거에게 있어서는 이제 그 자리에 다시 무가 등장한다. 하느님은 무이다."[75] 그리고 현대에서 벌어졌던 신의 죽음의 신학 그리고 여러 가지 무신론은 이러한 자신을 비우는 무로서의 하나님에 대한 또 다른 언술이었을 뿐이다.[76]

---

74 앞의 책, 448.

75 김광식,『토착화와 해석학. 토착화신학과 대화의 신학의 만남을 위하여』(서울: 대한기독교출판사, 1997), 268. 물론 "무라고 하는 이 기상천외한 주장은 결코 일반이 알고 있는 무신론과는 아무 상관이 없다. 말하자면 하느님의 존재를 부인하는 무신론은 예거의 무 개념을 이해할 수 없을 것이다." 앞의 책, 267.

76 Jäger, *Gott. Nochmals Martin Heidegger*, 454. 이러한 의미에서 본다면 "일자에 대해 신이라는 이름을 거절하고, 허무주의적인 '신의 죽음'보다 결코 약하지 않은 무신론은 이와 관련해보자면 보다 큰 진리를 재현하고 있는 것이다."

3) 무로서의 하나님과 십자가의 하나님

예거에 따르면 이러한 신과 무 사이의 관계에 대한 논의는 예수의 십자가에서 그 정당성을 획득할 수 있다. 왜냐하면 십자가의 하나님 안에 형이상학적 신과의 전적인 결별 가능성이 존립해 있기 때문이다. 다시 말해 하나님이 예수 그리스도의 십자가 죽음에 참여함으로써 이제 전통적 형이상학이 생각하지 않았으며, 생각할 수 없었던 무와 신의 관계, 즉 자신을 비우는 신의 무가 비로소 나타나게 되었다는 것이다.[77]

십자가에서의 예수의 죽음은 철저한 신의 무화 사건을 경험하게 만든다. 즉, 죽어가는 비참한 인간 예수가 그 안에서 신의 무능과 부재를 함께 드러내고 있다. 불러도 대답하지 않고, 울부짖어도 도와주지 않는 고통 안에서 신은 경험되지 않으며, 바로 그때 전통적으로 믿어 왔던 전지전능한 신의 표상은 붕괴되고 만다. 하지만 철저히 붕괴된 바로 그 십자가 위에서 예수는 하나님을 드러냈으며, 그를 찬양하고 죽어간다. 그럼으로 가장 비참하게 죽은 그 인간 예수의 부활 안에서 하나님의 개방 사건이 확증된다. 다시 말해 예수의 비참한 죽음과 부활 안에서 이제 신과 무 사이의 관계가 개방되어 고통당하고 자신을 희생하여 구원을 이루는 '무로서의 하나님'이 경험된다. 따라서 십자가는 철학자들의 신을 무화시킨다. 왜냐하면 성서의 하나님은 결코 형이상학의 부동의 동자이자 일자로서의 존재에 함몰되어 있는 분이 아니기 때문이다.

예수의 십자가는 '신'과 '존재'를 연결하려는 모든 시도를 무력화시키며, 그때 인간은 철저한 무의 체험에서 하나님의 "아담아 네가 어디

---

77 Jäger, *Gott. 10 Thesen*, 124.

있느냐?"(창 3:9)의 질문에 직면한다. 그럼으로 이러한 물음을 통해 전통 형이상학의 체계 전체는 흔들려 버리고, 그것을 넘어 새로운 신 경험이 등장한다. 이 만남에서 신은 무로서 일자와의 대립·투쟁 안에서 자신을 비우며, 그럼으로 역설적으로 존재와 존재자를 드러내고 있는 자로 드러난다. "신은 무라는 이 말은 이러한 방향에서 신학적인 모순형식의 시도를 제시한다."[78] 따라서 이제 일자로서의 존재는 더 이상 자신을 유일한 것으로 고집하지도, 다른 것들을 압제하지도 않는다. 오히려 타자와의 투쟁적 관계 때문에 존재는 존재자들의 세계를 더욱 풍요롭게 바꾸어 간다. 그리고 세계 안에서 하나님은 존재를 드러내 주는 근거이자 자신을 깨어 개방성의 자리로 내어 주는 무로서 세계의 극단적인 피안으로 또한 일자와의 투쟁 안에 내존하고 있는 가장 내적인 자로 드러난다. 즉, 하나님은 존재를 위해 무로서 자신을 비우는 자이다.

물론 이처럼 하나님이 자신을 깨어 무로 비우는 것은 결코 그가 무능하기에 그런 것이 아니다. 이와 정반대로 그는 자기를 일자와의 투쟁 안에서 무로서 비워 개방할 수 있기 때문에 그렇게 하는 것이며, 그래서 그에게는 언제나 충만이 함께 전제되어 있다. 왜냐하면 아무도 하고 싶지 않은 것을 할 수 있는 자가 가장 전능한 자이며 또한 가장 폭넓게 비울 수 있는 자만이 그 안을 가장 충만하게 채울 수 있기 때문이다.

지금까지 우리는 현대 그리스도교 신학 안에서 전개되고 있는 무에 대한 이해와 더불어 그것이 현대의 신 이해와 연결되고 있는 다양한 논의들을 살펴보았다. 이를 위해 이번 장은 이 시대에 의미를 잃어가고 있는 신에 대한 논의를 새롭게 모색하기 위해 텅 비어 버리고 모든 것이

---

78 Jäger, *Gott. Nochmals Martin Heidegger*, 453.

절멸된 그 장소로부터, 즉 무로부터 시작하는 현대의 새로운 신의 사유를 드러낸다.

먼저 무란 존재의 반대말로서 그리고 언표되는 순간 모순을 범하는 애매모호한 대상으로 이해되기 시작하여 결국 기독교 신학 안에서 신의 창조를 강조하는 부정적 혼돈으로 이해되었다. 그 이후 이 무는 현대의 존재론자 하이데거에 이르러 존재 자체의 다른 모습으로 그리고 어떤 성스러움과 연결된 무엇으로 새롭게 지시된다. 그리고 우리는 이러한 하이데거의 무 물음을 신에게 관계시키면서 자신들의 신학을 전개하고 있는 벨테와 예거의 논의를 보다 구체적으로 접근해 보았다.

먼저 벨테에게 무란 단순한 비존재나 부정적인 어떤 것이 아니라 신적 차원을 담고 있는 현상이었으며, 나아가 성스러움을 가능하게 하는 혹은 성스러움 그 자체의 담지자로서 이해되고 있었다. 그는 다양한 신비주의자들의 시를 통해 무의 현상을 해석하고, 그럼으로 우리 시대의 무에 대한 경험, 즉 무의미, 부정성, 아픔, 고통, 허무의 경험들이 결국 신이 떠난 자리이지만 동시에 신이 돌아올 장소라는 사실을 분명히 밝힌다.

이보다 더 나아간 무에 대한 신학적 해석으로 우리는 예거의 무로서의 하나님 이해를 살펴보았다. 예거는 무를 존재의 절대타자로서 숙고하면서 이것이 결국 우리에게 감추어 있던 신 자체의 모습임을 강하게 주장한다. 다시 말해 무는 곧 신 자체로 등치될 수 있으며, 그러한 한에서 예수 그리스도의 십자가의 부정성이야말로 무로서의 야웨 하나님이 자신을 드러내는 가장 대표적인 표징일 수 있다고 말한다. 그리고 이러한 하나님 이해야말로 하나님 자신을 비움으로 이해하면서 현대의 부정적 경험들로부터 새롭게 신 자체에 대한 사유를 길어낼 수 있는 단초라 언급될 수 있다.

　물론 이처럼 무를 신적인 차원, 성스러움, 신 자체로 사유하는 다양한 논의들은 분명 현대에 논의되기 힘든 신론을 다시금 새롭게 전개하고 있다는 장점을 지닌다. 그러나 이러한 장점과 더불어 우리는 자칫 형이상학적인 논의로 빠져 버릴 수 있는 한계 역시 여기서 발견한다. 왜냐하면 무란 우리가 아무리 긍정적인 것으로 보려고 노력할지라도 일차적으로 존재를 삼켜 버리는 어떤 현상으로 우리에게 경험되기 때문이다. 아니, 보다 적극적으로 말해 우리는 무를 우리의 처절한 죽음과 고통, 고난, 아픔으로부터만 알 수 있다. 그리고 바로 이러한 의미에서 무는 결코 신학적으로 창조주 하나님, 무엇인가를 있게 하시는 능력의 하나님에 절대적으로 대립된 채로 존재하는 것으로 보인다. 다시 말해 하이데거로부터 시작된 무에 대한 긍정적 해석은 전통 형이상학 안에 갇혀 있던 존재론적 신론을 새롭게 극복할 수 있는 단초를 제공하지만, 여전히 우리의 현실 경험 안에서는 직접적으로 직면해야 하는 괴롭고 날카로운 측면들을 간과할 수 있는 문제를 지니고 있다.

　앞서 언급한 문제점에도 불구하고 무와 신을 등치시킴으로써 논의를 끌어가는 신론은 분명 이전 시대의 형이상학적이고 닫혀 있던 신학적 한계를 극복하는 새로운 길로 역할을 수행해 왔으며 또한 수행 중에 있다. 그리고 우리 시대의 아픔, 무의미, 고통과 더불어 신학이 지속적으로 자신을 구성해 갈 수 있는 새로운 단초가 되어 주었다는 점에서 아직 현대 신학의 핵심 주제라 말할 수 있다.

7장
과정 사상의 철학적 신론

이번 장은 철학적 신론 중 과정 사상의 내용을 살펴보며, 특별히 과정 사상 신론의 만유내재신론적 성격을 다룬다. 우선 만유재신론(panen-theism)이란 단순한 범신론(pantheism)과 다르게 하나님이 전체 세계 안에 함께 존재하고 있다는 통찰에 대한 표현이다. 다시 말해 만유재신론 안에서 하나님과 만물의 관계는 하나님 안에 만물이 놓여 있고 만물 안에 하나님이 함께하시지만, 이와 동시에 하나님 자체가 만물을 넘어서는 그런 구도로 그려진다. 그리고 이것은 보다 적극적으로 과정신학 안에서 현대에 주장되고 있다.

과정신학은 화이트헤드(Alfred North Whitehead)에 의해 20세기 초 나타났던 과정철학을 신학적으로 재해석한 사상으로서, 이 안에서 기독교는 자신의 '만유내재신론'의 성격을 재확인하게 된다. 특히 과정신학은 존재를 생성으로 보는 새로운 세계관을 제시하여 살아 있는 모든 것들의 유한성을 주장함으로써 지금까지 당연시했던 세계관의 문제점들을 비판의 대상으로 삼게 된다. 또한 생성의 기본적인 단위를 아원자

단위의 생성-소멸로 변환시킴으로써 세계의 군주로 군림하던 신과 인간 모두를 관계성 안의 존재자로 위치시키고, 이 우주를 모든 것이 협력하여 선을 이루는 조화로운 곳으로 그려내고 있다.

하나님은 세상에 군림하는 군주가 아니라 끊임없이 '현실적 존재들'(actual entities)과 파악으로 연결되어 있는 또 하나의 현실적 존재로서 이미 세계 안에 들어와 계신 분이며, 세계 역시 어떤 절대적인 존재자에 의해 관장되고 압제되는 곳이 아니라 전체가 서로 설득하고 관계 맺어 새로움의 기쁨을 향해 나아가는 장소이다. 즉, 하나님은 만물을 벗어나 존재하지 않으며, 만물 역시 하나님을 벗어나 존재하지 않는다.

1. 화이트헤드 과정철학의 개요

과정신학에 관한 본격적인 논의에 앞서 과정철학에 대해 개괄적으로 살펴본다. 왜냐하면 과정신학은 기본적으로 화이트헤드의 과정철학 체계를 바탕으로 구성되었기 때문이다. 즉, 화이트헤드가 "그것의 존재는 그것의 생성에 의해 구성된다"[1]라고 그의 주저에서 밝히고 있는 것처럼 '존재에 대한 생성의 우위'라는 화이트헤드의 직관적 통찰을 신학적으로 차용하여 체계를 확립한 것이 과정신학이며, 바로 이러한 의미에서 과정철학에 대한 이해는 본 논의를 위한 매우 중요한 전제이다.

---

1 Alfred North Whitehead, *Process and Reality* (New York: The Humanities Press, 1957), 23.

1) 존재에 대한 생성의 우의

화이트헤드에 따르면 현실 세계는 궁극적으로 가변적 속성을 지닌 불변의 실체들로 구성되어 있으며, 따라서 고대 그리스 전통의 불변의 실체관 대신에 현실 세계는 궁극적으로 생성(becoming)과 과정(process)들로 인식된다.[2] 즉, '생성'이 '존재'보다 더욱 근원적 범주로 이해되어야 하며,[3] 바로 이것이 '과정의 원리'(principle of process)라는 것이다. "현실적 존재의 '있음'은 그것의 '생성'에 의해서 구성되고 있다. 이것이 '과정의 원리'이다."[4] 과정의 원리를 통해 현실적 존재는 생성 과정 중에 살아 있으며 활동하고 있는 기초적 존재 단위가 된다. 그리고 이것은 생성 과정이 종결되어 '있음'이 끝나게 되면, 현실적 존재는 더 이상 생성하지 않는다는 뜻으로 '소멸'하게 된다. 뿐만 아니라 이 과정 안에서 결국 자신의 '살아있는 직접성'(living immediacy)은 과거로 소멸하게 되고, 새로운 현실적 존재의 새로운 생성 과정이 뒤따르며, 이는 필연적으로 과거의 현실적 존재들과 관계를 맺고 있다. 모든 과거의 현실적 존재의 '있음'은 객체적으로 불멸하는 것이다.

앞서 언급한 '객체적 불멸성'(objectively immortal)이란 과거의 순간들이 이제 더 이상 생성으로 활동하고 있지는 않지만, 과거의 순간들은 미래의 순간들에 지속적으로 영향을 끼치면서 살아감을 의미한다. 결국 과거의 현실적 존재들은 현재의 '완강한 사실'(stubborn fact)로 존재하

---

2 문창옥, 『화이트헤드 과정철학의 이해』 (서울: 통나무, 1999), 37.

3 토마스 호진스키/장왕식·이경호 옮김, 『화이트헤드 철학 풀어 읽기』 (대구: 이물출판사 2003), 58-59.

4 Whitehead, *Process and Reality*, 23.

게 되며, 그래서 새로운 현실적 존재의 생성 과정은 과거의 현실적 존재의 '있음'에 자신을 순응시킴으로써 시작하게 된다는 것이다. 다시 말해 현재의 현실적 존재는 과거의 '완강한 사실'이라는 유산에 반응하여 생성하는 것이며, 생성이 종결되면 그 자신 역시 미래의 현실적 존재와의 관계를 위해 새로운 현실적 존재에게 '완강한 사실'이 된다.

물론 이러한 생성에는 언제나 과거의 '완강한 사실'을 넘어서는 '창조적 전진'(creative advance)이 함께 존재한다. 즉, 현실 세계란 정적인 (static) 실체들의 단순히 모여 있는 세계가 아니라 역동적이고 창조적으로 살아있는 세계 이외에 다른 것이 아니다. 현실 세계는 지금껏 존재해 왔던 것과 앞으로 존재할지도 모르는 것에 함께 반응하면서 영속적으로 창조의 발전으로 나아가는 세계이다.

2) 유기체적 세계

화이트헤드의 철학 체계에서 '과정'(process)이라는 개념이 가장 중요한 핵심 개념이긴 하지만 정작 화이트헤드 본인은 자신의 철학을 '과정철학'이라고 명명하지는 않는다. 오히려 그는 *Process and Reality*에서 자신의 철학 체계를 '유기체철학'(philosophy of organism)[5]이라고 부른다.[6] 그리고 이 유기체철학의 핵심 개념은 앞서 언급한 현실적 존재이다. 그는 실재에 대한 기본적인 단위를 이야기할 때 '현실적 사실'(actual facts)이나 '현실적 존재'(actual entities)의 이해를 전제한다.

---

5 앞의 책, xi.
6 김경재, "유기체철학과 생명의 연대성: 화이트헤드의 과정철학과 한국의 유기체 철학을 중심으로", 「신학연구」 제29집 (1998), 82.

'현실적 존재' - 현실적 계기(actual occasions)라고도 불린다 - 는 세계를 구성하는 궁극적인 실재적 사물(real thing)이다. 보다 더 실재적인 어떤 것을 발견하기 위해 현실적 존재의 배후로 나아갈 수 없다. 현실적 존재들 간에는 차이가 있다. 신은 하나의 현실적 존재이며, 아득히 멀리 떨어져 있는 텅 빈 공간에서의 지극히 하찮은 한 가닥의 현존도 현실적 존재이다. 그런데 비록 그 중요성에서 등급이 있고, 그 기능에서 차이가 있기는 하지만, 현실태가 예증하는 여러 원리에서 볼 때 모든 현실적 존재들은 동일한 지평에 있는 것이다. 궁극적 사실은 이들이 하나같이 모두 현실적 존재라는 것이다. 그리고 이 현실적 존재들은 복잡하고도 상호 의존적인 '경험의 방울들'(drop of experience)이다.[7]

화이트헤드는 현실적 존재에 대한 개념을 통해서 가장 근원적인 현실태의 기본적 요소를 지적하려고 한다. 그는 현실적 존재를 '경험의 방울들'[8]로 이해하였는데, 이것은 곧 '경험의 순간들'(moment of experience)을 의미한다. 현실적 존재는 자신에게 주어진 여건(data)을 가지고 자신을 만들어 가는 존재이다. 자신을 만들어 가는 자기 구성이 끝나면 그것은 소멸하여 다시 후속하는 새로운 현실적 존재의 여건으로 주어지게 된다. 화이트헤드는 이처럼 과거의 것을 받아들여 자신을 구성해 가는 현실적 존재의 활동을 '경험'이라고 말하고 있는 것이다. 그리고 이때 이런 경험의 주체인 하나하나의 현실적 존재들은 독특한 것으로 다른 모든 존재와 구별될 뿐 아니라 생성 중에 있다가 그 생성이 완결되

---

7 Whitehead, *Process and Reality*, 50.

8 Donald W. Sherburne, *A Key to Whitehead's Process and Reality* (Chicago: The University of Chicago Press, 1966), 7-8.

면 소멸한다는 점에서 '경험의 방울'이라고 부르고 있다. 예를 들어 한 개인의 일생을 연속적인 경험의 순간들로 이해한다면, 우리는 단일한 경험의 한 '순간'(moment)이 있음을 이해할 수 있게 된다. 이 단일한 한 '순간'은 그 속에 그 사람의 생명을 관류하는 선후의 모든 순간과 연관을 맺고 있기 때문에 이는 매우 복잡하다. 또한 현실적 존재는 경험의 '양자들'(quanta)로 이해한다면, 현실적 존재는 짧은 양의 물리적 시간에 걸쳐 있어서 실제로는 분할할 수 없는 것이며, 그것은 '일거에'(all at once)에 발생한다고 생각할 수 있다.

나아가 "현실적 존재는 정신성과 물질성이라는 이원적 도식에 선행하는 근본적인 존재"[9]이다. 화이트헤드에 따르면 존재를 물질과 정신을 양분하거나 어느 하나로 환원하는 것은 모두 추상 위에서의 조작이다. 따라서 현실적 존재는 이원성에 선행하는 중성적인(neutral) 성격을 가지게 된다. 즉, 현실적 존재는 중성적인 것으로서 정신성과 물질성을 그 활동의 양극적 특성을 갖는 것이다. 화이트헤드는 이를 '정신적인 극'(mental pole)과 '물리적인 극'(physical pole)이라고 부르고 있다.

정신적 극은 과정에 있어서 과거로부터의 일탈성을, 물리적 극은 과거로부터의 연속성을 설명하기 위한 것이다. 따라서 현실적 존재는 기본적으로 과거로부터의 일탈과 과거의 재생 반복 간의 결합 과정으로 존립하는 것이라 할 수도 있고, 새로운 요소와 과거의 요소와의 결합 과정이라고 말할 수도 있다. 즉, 현실적 존재는 과거로부터 주어진 조건들 속에서 자신이 궁극적으로 무엇이 될 것인지를 자유로이 선택하고 결정하는 주체인 것이다. 이처럼 화이트헤드에게 있어서 현실 세계를

---

9 문창옥, 『과정철학의 이해』, 41.

'과정'(process)으로 규정할 수 있는 궁극적 근거는 현실적 존재가 본질적
으로 자유로운 존재이기 때문이며, 그것이 전적으로 자율적인 자기 결
정(self-determination)의 과정 안에 있기 때문이다. 물론 이러한 자율성과
창조성은 현실적, 가능적으로 주어진 여건의 배경하에서만 가능하다는
의미이다.[10]

이러한 현실적 존재로의 새로운 실체 이해를 통해서 화이트헤드는
신을 세상의 존재와 동격의 지위를 갖는 것으로 묘사한다. 비록 그 역량
에서는 차이가 나지만, 생성하는 현실적 존재들 가운데 하나라는 것이
다. 전통적으로 신은 세계의 근거로서 세계를 초월하는 자로 이해되었
지만, 그의 사상은 이러한 차별을 철폐한다. 그리고 우리가 살고 있는
이 현실 세계에 적용되는 원리로 분석할 수 없는 그런 초월적 존재 역시
부정된다. 다시 말해 세상과 마주 보고 있는 불변하는 절대자로 여겨졌
던 신 역시도 이 세계와의 관계 속에서 끊임없이 미래의 가능성을 향해
새롭게 결단하며 변화되어 가는 유기체적인 존재로 이해될 수 있을 뿐이다.

신이 세계 안에서 다른 존재자들과 함께 관계 맺고 변화되어 가는
자이기 때문에 세계는 강압이 아니라 사랑 혹은 매력을 통해 창조적으로
진보해 가는 공간으로 드러난다. 왜냐하면 각각의 현실적 존재들은 각
자에게 주어진 주체적 지향을 따라 자기 결정적으로 미래의 가능성을
향해 나가는데, 이러한 것을 가능하게 하는 궁극적인 힘은 사랑의 유혹
(lure of love) 혹은 매력의 설득(persuasiveness of attraction)이기 때문이
다.[11] 즉, 세계를 움직이고 진일보시키는 힘을 전통 사상에서 말하고

10 앞의 책, 41-42.

11 Jr, John B. Cobb & David Ray Griffin, *Process Theology; an Introductory Exposition*
    (Philadelphia: The Westminster Press, 1976), 52-54.

있는 것처럼 절대 군주적인 신으로부터 비롯하는 강압적인 힘으로 이해
하는 것이 아니라 신적인 사랑의 설득으로 이해하고 있다. 그리고 이러
한 신의 힘만이 진정한 하나님의 힘이다. 그렇다면 과정신학은 이러한
신에 대한 논의를 어떻게 기독교적인 것으로 수용하고 있는가?

2. 과정신학에서의 신과 그리스도

앞서 언급한 것처럼 과정신학은 과정철학이 가진 여러 가지 장점들
을 자신의 것으로 수용하고 있으며, 이것을 기독교의 중요한 교리들과
관련하여 변형시키고 있다. 따라서 우리가 여기서 살펴볼 내용들은 특
별히 과정신학의 신론과 그리스도론이다.

1) 과정신학의 새로운 신론

앞서 언급한 것처럼 신은 세계 안에서 세계와 함께 진보하며, 과정신
학은 하나님 역시도 이 세계와의 관계 속에서 끊임없이 미래의 가능성을
향해 새롭게 결단하며 변화되어 가는 존재로 생각한다. 과정신학에서
의 신은 세상과 괴리되어 있는 초월적 공간에 존재하여 세상과 아무런
직접적 관계도 맺지 못하는 고립된 존재가 아니다. 오히려 신은 세상과
끊임없는 관계성 속에서 상호 영향을 받는 여느 현실적 계기들의 집합체
와 다른 것이 아니다. 그러므로 신은 현실화의 과정을 계속하게 되게
하며, 질서 잡는 실재이며 또한 이 과정을 통해 새로움(novelty)이 나타나
도록 하는 실재이다. 신은 이 세상의 모든 것과 관계 맺으면서 끊임없이

자기를 변화시켜 나아가는 존재이다. 특별히 우리는 이러한 과정신학의 신론을 다음과 같은 5가지의 변화로 이야기할 수 있다.

첫째, '우주적 도덕가로서의 신'(God as Cosmic Moralist)으로부터 '아름다움을 추구하는 하나님'으로의 변화이다. 전통적으로 신은 "율법의 설정자와 심판자로, 그래서 그는 임의적인 도덕적 규칙들을 선포하고, 그것을 어기는 자들의 기록을 보전하며 그리고 그 범법자들을 벌하는 자"[12]로 여겨졌다. 즉, "신의 가장 근본적인 관심이 도덕적 태도들의 증진이라는 암시가 담겨 있다"[13]라는 것이다. 물론 도덕가로서의 신 개념은 기독교 내에서 중요한 역할을 하고 있다. 기독교 전통과 성서에서 그려지고 있는 최후의 심판자로서의 신 개념은 기독교 신론의 한 틀을 담당하고 있는 것은 부인할 수 없는 사실이다. 하지만 화이트헤드와 과정신학자들은 도덕성이 신의 한 속성이기는 하지만 그것이 신의 속성을 언술하는 최고의 속성은 될 수 없다고 본다. 즉, 도덕성은 신의 궁극적 속성으로부터 파생된 하위 개념이다.

오히려 과정신학은 신이 궁극적으로 추구하는 것은 우주에 대한 미학적 느낌이며, 도덕성은 이러한 미학적 느낌의 한 부분에 불과하다고 주장한다. "그러므로 모든 질서는 미적 질서이며, 도덕적 질서는 단지 미적 질서의 일정한 모습들이다. 현실 세계는 미적 질서의 결과이며, 그 미적 질서는 신의 내재로부터 파생된 것이다."[14] 결국 과정신학은 종래의 우주적 도덕가로서의 신 개념을 아름다움을 추구하는 신 개념으

---

12 앞의 책, 8.

13 앞의 책, 같은 곳.

14 알프레드 노스 화이트헤드/정강길 역, 『형성과정에 있는 종교』 (서울: 동과서, 2003), 109.

로 전환시킨다. 왜냐하면 아름다움은 도덕성보다 포괄적인 개념이기 때문이다.

둘째, '불변하며 무감각한 절대자로서의 신'(God as the Unchanging and Passionless Absolute)으로부터 '만물의 고통에 동참하시는 하나님'으로의 변화이다. 전통 기독교의 신은 '변화하지 않는 존재', '고통받을 수 없는 존재' 그리고 '절대적 존재'로 이해되어 왔다. 변화와 고통이라는 것이 유시간적인 속성이므로 세계를 초월해 있는 전능한 신은 이러한 유시간적 범주를 속성으로 가질 수 없다는 것이다. 하지만 이러한 신 개념들은 "'완전'을 '불변성'이나 변화의 부재를 수반한다고 생각했던 희랍인들로부터 온 것"15이다. 오히려 성서에서 나타나는 하나님은 소돔과 고모라에 대한 심판의 기준을 자꾸 바꾸는 모습에서처럼 언제든지 변화할 수 있는 하나님이신 것이다.

과정신학자들은 신의 불변성과 무감각성이라는 철학적 개념에 사로잡혀 성서에서 나타나는 역동적인 신 이해를 놓쳐 버렸다고 지적한다. 그리고 아울러 기독교의 신은 언제든지 변화할 수 있을 뿐만 아니라 감정을 느낄 수도 있다고 주장한다. 이들에 의하면 변할 수 없거나 감정이 없는 신은 불완전한 신이며, 반면에 피조물의 고통과 아픔에 참여하며 함께 공감하며, 그 속에서 자신을 언제든지 변화시키고 발전시킬 수 있는 신만이 참된 하나님이다.16

셋째, '통제적 힘으로서의 신'(God as Controlling Power)으로부터 '자유를 존중하는 하나님'으로의 변화이다. 전통적으로 신은 이 세상을

---

15 Cobb & Griffin, *Process Theology*, 8.
16 John B. Cobb, Jr., *The Process Perspective* (Saint Louis Missouri: Chalice Press, 2003), 5-9.

절대적으로 주관하는 완벽한 통제자로 이해되어 왔다. 그러나 과정신학에 따르면 신은 우주와 역사를 혼자 결정하지 않는다. 왜냐하면 그는 '자기 원인자'(causa sui)도 부동의 동자도 아니라 세계의 궁극적 범주를 자신 안에 담고 있음과 동시에 각각의 현실적 존재들의 주체적 지향을 사랑으로 협의해 가는 그런 존재자이기 때문이다. 오히려 과정신학은 존재하는 모든 개체가 각각이 자기-원인자이며, 단지 하나님은 우리의 더 나은 창조적 전진을 위해 우리를 설득하는 분으로만 남아 계신다. 그러므로 과정신학에서의 하나님은 무엇이든지 할 수 있는 통제적인 힘이 아니라 사랑으로 유혹하는 사랑의 설득력이다. 다시 말해 신의 전능함은 무엇이든 할 수 있는 무한한 능력으로부터 기인하는 것이 아니라 사랑의 설득력으로부터 기인한다.

하나님은 많은 현실적 존재들로 하여금 "자유롭게 하고, 스스로를 결정하게 하며, 창조성을 발휘하게 하고, 미래로 개방하게 하며, 스스로 책임적으로 살도록 한다."[17] 그리고 이런 힘을 발휘하는 데 있어서만 하나님의 전능함은 의미를 가질 수 있을 뿐이다. 신의 전능함이 과정신학적으로 이해된다면, 그것은 인간의 자유의지와 결코 충돌되지 않는다. 오히려 인간의 자유의지는 신의 사랑의 설득력으로서의 전능함이 이 세계 속에서 표현되고 있다는 증거가 되는 것이며, 이것은 곧 신의 현존을 드러내는 것 이외에 다른 것이 아니다. 즉, "과정신학에 있어서는 인간의 자유를 향한 몸부림은 곧 하나님이 은혜로 현존하신다는 구체적인 표현"[18]이다.

17 박만, 『현대 신학 이야기』 (서울: 살림, 2004), 79.
18 앞의 책, 80.

넷째, '현상의 묵인자로서의 신'(God as Sanctioner of the Status Quo)으로부터 '모험적인 사랑의 하나님'으로의 변화이다. 그리고 이러한 신개념은 위에서 언급한 세 가지 신 개념에 의해 지지를 받는다. "우주적 도덕가로서의 신 개념은 신이란 원래 질서에 관심하고 있다는 것을 암시한다. 불변의 절대자로서의 신 관념은 신이 세상을 위한 한 불변의 질서를 이룩하였다는 것을 의미한다. 통제하는 힘으로서의 신 개념은 현재의 질서가 신이 그러한 것을 원하기 때문에 존재한다는 것을 의미한다. 그러한 경우에 신에 대한 복종은 현상을 유지하는 것을 의미한다."[19] 이러한 이해로부터 과정신학은 모험적인 사랑의 힘으로서의 신을 주장한다. 앞서 말했듯이 신은 모든 현실적 존재가 각자의 결단을 통해 창조적 미래로 나아갈 수 있도록 끊임없이 격려하고 설득하는 존재이다. 따라서 진정한 신의 힘은 모험적인 사랑의 힘이며, 현실의 질서에 대한 계속된 도전인 동시에 극복이고, 나아가 신은 불안정의 근원적인 원천이다.[20]

다섯째, '남성으로서의 신'(God as Male)으로부터 '성별을 초월한 하나님'으로의 변화이다. 기독교의 전통은 신 이미지를 절대군주, 왕, 아버지와 같이 남성 중심적으로 묘사했다. 이러한 전통적인 남성 중심의 신관에 대한 비판은 분명한 문제를 가지고 있다. 왜냐하면 그 안에는 언제나 성차별적 현실을 정당화하는 왜곡된 신 이해가 들어가 있기 때문이다. "가부장적 모델의 힘은 그것의 수용과 배제 모두에 해당한다. 그것은 하늘과 땅 모두를 포함하는 것까지 확장되며, 모든 실체의 질서를

19 Cobb & Griffin, *Process Theology*, 8.
20 Afred North Whitehead, *Adventures of Ideas* (New York: New American Library, 1955), 354.

권력적 계층 관계 안에 위치시킨다. 이러한 계층 관계 안에서 여성들은
항상 종속적인 존재이다. …"21 전통적인 기독교의 신 이해는 철저하게
남성적으로만 그려왔던 반면, 과정신학은 (비록 남성으로서의 신에 대한
비판을 상세히 다루지는 않지만) 최소한 전통적 남성 중심의 신관을 해체
하고, 보다 성차별 이전의 미시적인 차원의 신 이해로 나아가고 있다.
즉, 과정신학은 신이 남성과 여성의 모든 특성을 총체적으로 포괄하면
서 현실의 모습에 일치하는 신론을 제시하게 된다.

2) 과정신학의 새로운 그리스도론

과정신학은 앞서 언급한 신론에 이어 과정철학 안에서 기독교의 핵
심 요소인 그리스도에 대한 설명을 시도한다. 왜냐하면 그리스도는 기
독교 신학의 출발점일 뿐만 아니라 그 종말이며, 바로 이러한 이유에서
과정신학 역시 그리스도론을 분명히 다룰 수 있어야 하기 때문이다.
그리고 특별히 과정신학은 화이트헤드가 철학적 역사가의 관점에
서 예수를 관찰했고, 예수를 역사상 최고의 인물로 보았다는 점을
알고 있었다.22 그렇다면 과정신학이 보는 역사적 예수의 삶은 어
떠한 형태를 지니는가?

우선 예수의 삶은 강압적이지 않고 설득하는 능력의 삶으로
이해된다. 오히려 "그리스도의 삶은 지나치게 지배하는 힘의 전시가
아니었다. … 그의 힘은 강제력(force)의 부재 안에 놓여 있다. 그는 초월

---

21 Sallie McFague, *Metaphorical Theology* (Philadelphia: Fortress Press, 1982), 150.
22 Cobb & Griffin, *Process Theology*, 96.

적 관념의 결정을 가진다."[23] 즉, 화이트헤드에 의하면 예수의 메시지
는 "세계 안에서의 온화한 요소들을 강조하며, 그 요소들은 서서히 그리
고 고요히 사랑에 의해 작용한 것"[24]이다. 기독교인들은 예수의 삶을
본 뒤에 세계 안에 하나님이 내재함을 주장하게 되었다. 그러므로 이러
한 하나님을 드러내는 예수의 사상은 추상적인 개념일 수 없었다. 즉,
"예수는 언어가 취할 수 있는 가장 낮은 차원의 추상 언어로 말한다.
만약 언어가 사실 그 자체가 아니라 일단 언어여야 한다면 말이다."[25]
순박한 언어로 표현된 예수의 가르침은 사실상 정치 질서와 같은 현실적
인 문제와 어떤 직접적인 관련이 있었던 것은 아니었다. 하지만 비현실
적이라 할 수 있는 예수의 가르침은 예수를 따르는 이들의 이미지의
구체성으로 인해 그들의 급진적이고 비현실적인 의미는 오히려 숨겨질
수 없었다. 그들은 여러 세기를 지나면서 사회의 구조들을 변화시킬
수밖에 없었던 것이다.

　　과정신학은 과연 하나님이 예수 안에 어떠한 방식으로 내재할
수 있는가에 대한 문제에 대해 화이트헤드의 '실체' 개념을 통해
해결한다. 왜냐하면 화이트헤드에게 있어 '실체'의 범주는 전통적
교의적인 개념이 아닌 '과정' 혹은 '관계'의 범주로 해석되기 때문
이다. 신은 자신의 '원초적 본성'(primordial nature)에 의거하여 창조
적 사랑의 하나님으로 표상된다. 곧, 신은 '합생'(concrescence) 계기에
최초의 주체적 지향을 제공하는 존재요, "우리에게 새로운 가능성들을

---

23 Alfres North Whitehead, *Religion in the making: Lowell lectures* (New York: Macmillan Co., 1926), 57.

24 Cobb & Griffin, *Process Theology*, 96.

25 앞의 책, 97.

실현하도록 자극하는, 우주 안에서의 새로움을 향해 나아가게 하는 격려자"26이다. 결국 신은 세계 안에서의 새로운 질서와 새로움의 원천이라고 할 수 있다. 그런데 과정신학에 따르면 중세 교부들이 관심했던 로고스는 화이트헤드의 철학에서 말하는 신의 원초적 본성에 동일한 것이다. 원초적 본성(혹은 로고스)은 피조물이 그 자신을 어떻게 구성할 것인가를 결정하는 것과의 관계에서 최초의 주체적 지향으로서 피조물들 안에 내재하거나 화육한다. 그리고 최초의 주체적 지향은 그 계기와 그 계기가 영향을 미칠 뒤따르는 계기들에 직접적으로 가장 커다란 향유를 가져올 현실화의 형식에 존재한다. 그렇다면 화육적 로고스가 바로 그리스도이다. 그리고 이런 의미에서 그리스도는 모든 사물 속에 현존한다고 할 수 있다.

특별히 로고스의 현존으로서의 그리스도는 생명의 세계에서 더욱 명백하게 드러난다고 과정신학은 말한다. 더욱이 사람과 같은 높은 수준의 유기체 속에서 그리스도는 그들이 로고스의 최초의 주체적 지향에 순응하는 정도만큼 그 안에 내재하게 된다. 곧 그리스도는 사람들이 로고스의 현존에 개방되고, 그에게 순응하는 정도만큼 그들 속에 임재하고 역사하는 것이다.27 그렇다면 로고스의 현현으로서의 그리스도는 특정한 시공간 속에서 살다 간 역사적 예수와는 어떠한 관계를 갖는가?

과정신학에 의하면 그리스도는 특별히 예수 안에서 온전히 나타났다고 주장한다. 그 이유는 역사적 예수만이 그의 삶의 모든 계기를 완전히 올바르게 살아갔으며, 이로 인해 로고스의 최초의 주체적 지향이

---

26 앞의 책, 59.
27 앞의 책, 98-99.

그를 통해서 온전히 드러났기 때문이다. 일상의 다양한 삶 속에서 인간 주체는 때로 조화롭지 못한 요소들로 가득한 현실 세계를 맞닥뜨리게 된다. 이러한 부조화들을 처리하는 데 크게 두 가지 방법이 있을 수 있다. 우선은 모든 부조화의 요소들을 원천적으로 거부하거나 차단할 수 있다. 이때 조화는 가능해지지만 강렬함은 상실되어 미래를 향해 개방된 창조적인 삶은 불가능하게 된다. 화이트헤드는 이를 '무감각증'(anaes-thesia)이라고 부른다.[28] 다른 한편 부조화의 요소들을 모두 받아들여서 그것들을 조화로우면서도 포괄적이며 창조적인 형태로 변형시킬 수도 있다.[29] 이때 그 행위자는 그 순간 신이 부여해 준 최초의 지향(initial aim)을 성취하게 된다. 즉, 신의 최초의 지향을 화육하게 된다는 것이다.

결국 과정신학에 따르면 역사적 예수는 그의 삶의 모든 계기들을 오직 신이 부여해 준 최초의 지향과 일치시켜 살아간 유일한 존재자이며, 바로 이 점에서 예수는 그리스도 그 자체이다. 예수에게서는 "최초의 지향들과 과거로부터 물려받은 목표들 사이에서 정상적인 긴장은 존재하지 않는다." 즉, 예수만이 유일한 그리스도가 될 수 있을 뿐이다.[30]

3. 기독교 신학의 만유내재신론적 성격

앞서 우리는 과정신학의 신론과 그리스도론을 살펴보았고, 이제 이

---

28 앞의 책, 99.
29 앞의 책, 99-100.
30 앞의 책, 105.

것을 통해 기독교 신학이 가지고 있는 만유내재신론의 성격을 분명히 밝혀 보도록 한다.

유일신론인 모세 종교로부터 출발했음에도 불구하고 기독교는 삼위일체라는 독특한 신관을 가지고 있다. 그리고 이것은 단순한 유대교적 유일신론과 헬라적 다신론의 종합이라는 종교사적 규정을 넘어 신 자신이 본래 가지고 있는 관계적 성격을 분명하게 드러내고 있다. 왜냐하면 삼위일체라는 원초적 관계가 없었다면 결코 하나님은 피조물을 창조하실 필요도 없었고, 창조하실 수도 없었을 것이기 때문이다. 그리고 바로 이러한 관점에서 우리는 하나님이 관계적인 분이며, 이미 우리와의 관계 안에 들어와 계신 분이라는 사실, 즉 만유내재신론을 이야기할 수 있다.

기독교의 만유내재신론적 성격과 관련하여 앞서 우리가 과정신학 안에서 발견할 수 있었던 것은 현대 신론의 새로운 형태였다. 과정신학에 따르면 이제 완전자, 불변자, 정적인 자로서의 하나님에 대한 이해는 불완전을 포함하는 완전, 변화 가능자, 동적인 자로서의 하나님 이해로 변경된다. 그는 변하지 않는 하나님이 아니라 그 누구보다도 자유로운 하나님이며, 그 자유 안에서 모든 불완전한 것들을 자신 안에 수용하고, 나아가 그들과 대화를 나누시면서 함께 전진해 나아가는 하나님이다.

과정신학에 따르면 신은 결코 우주와 역사를 혼자 결정하지 않는다. 하나님은 언제나 우리를 사랑으로 설득하시는 분이며, 그것이 일어나는 장소는 저 너머의 초월 세계가 아니라 바로 우리가 터하고 있는 바로 이곳이다. 그리고 그가 설득하는 그 목표는 바로 우리 세계의 아름다움이다. 다시 말해 하나님은 '아름다움을 추구하는 하나님'으로서 언제나 우리의 삶 안에서 우리 삶의 아름다운 미래를 위해 우리를 설득하는 그런 분이다. 왜냐하면 그는 우리 삶의 아름다움을 인정하고, 세계가 가진 모든 것을 긍정하시는 분이시기 때문이다. 이미 그분이 우리 안에 들어와 계시기에 우리는 아름다울 수 있으며, 그분이 우리와 함께하는 한 언제나 세계는 아름답다.

기독교가 가진 만유내재신론 성격의 두 번째 예를 우리는 예수 그리스도의 십자가 사건으로부터 발견할 수 있다. 왜냐하면 십자가의 고통 안에서 하나님은 피조물의 고통을 함께 느끼며, 나아가 그 고통을 스스로 감당하여 소멸시켰기 때문이다. 다시 말해 그리스도와 함께 고통당하면서 피조물의 고통을 자신의 것으로 수용한 그 하나님만이 참된 신으로서 의미가 있을 뿐이다. 과정신학에 따르면 하나님은 우리의 고통을 함께 느낄 수 있는 신, 즉 '만물의 고통에 동참하시는 하나님'이다. 전통적 신 이해와 다르게 과정신학은 하나님의 고통이 우리의 고통과 분리되어 있지 않고, 오히려 우리의 삶 안에 하나님이 친히 들어오셔서 우리의 고통의 현실을 함께 공감하고 계신다고 이야기한다. 세계를 초월해 있는 자가 아니라 세계 안에 들어오셔서 우리의 삶에 적극적으로 동반하시는 하나님, 바로 이분이 새롭게 우리가 발견하게 된 하나님의 모습이다.

세 번째로서 기독교는 만유내재신론의 예증으로서 성령을 이야기할 수 있다. 왜냐하면 바로 이 성령이 삼위일체 안의 상호관계뿐만 아니라 하나님과 만물 사이의 관계까지도 가능하게 만들기 때문이다. 즉, 관계 자체를 가능하게 만드는 자가 바로 삼위일체의 하나의 위격으로서의 성령이다. 성령은 사랑의 능력을 통해 아버지와 아들 사이의 사랑의 관계를 가능하게 만든다. 그리고 이제 아버지, 아들, 성령의 연합을 통해 하나님은 단순한 존재론적-내재적 삼위일체의 상호관계를 벗어나 세

계를 향해 스스로를 개방하고, 그럼으로 악과 죽음을 포함한 모든 우주
적 역사를 끌어안는다. 왜냐하면 삼위일체의 하나님은 자신 안의 각
위격이 그렇게 상호침투의 관계를 맺고 친밀한 불일불이(不一不二)의
관계 안에 있는 것처럼 동시에 세계와도 그러한 친밀한 관계 안에 놓여
있기 때문이다. 이러한 관점에서 우리는 기독교가 가진 만유내재신론
의 성격을 분명히 통찰하게 되며, 이것은 곧 현대의 중요한 신론으로서
가능성을 지닌다.

  물론 지금까지 언급한 만유내재신론이라는 말은 결코 단순한 범신
론을 의미하지 않는다. 범신론이 '헨 카이 판'을 통한 다신론적 성격을
가지고 있다면, 이것에 반해 만유내재신론(범재신론)은 모든 것 안에
계신 하나님의 해소될 수 없는 초월성을 인정한다. 다시 말해 세계는
하나님 안에 있지만, 하나님은 세계 안에 있음과 동시에 그 세계를 넘어
선다. 오히려 모든 범신론적 이론을 가능하게 하는 근원적 통일성의
원리가 존재하며, 그것은 신으로서 모든 신과 피조물 사이의 관계를
초월하는 새로운 영역을 소유한다.

  지금까지 우리는 과정철학의 개요와 더불어 그것을 통해 과정신학
이 어떻게 신론과 기독론을 개진했는지 살펴보고, 나아가 그것이 가진
만유내재신론의 성격을 논의해 보았다.

  우선 화이트헤드의 신은 최초의 주체적 지향에 대해 언제나 현실적
존재를 설득함으로써 최고의 만족을 위해 나아가도록 애쓰는 하나님이
었다. 그는 물리적, 혼성적 파악을 통해 항상 세상과 관계 맺음과 동시에
만약에 발생할 수도 있는 악까지도 아름다운 세계를 위해 자신 안에
받아들이며 승화시키는 그런 분이었다. 그리고 과정신학을 통해 새롭
게 드러난 기독교 하나님의 성격은 만유내재신론으로 규정될 수 있었

다. 왜냐하면 하나님은 변하지 않는 하나님이 아니라 그 누구보다도 자유로운 하나님이며, 그 자유 안에서 모든 불완전한 것을 자신 안에 수용하고, 나아가 그들과 대화를 나누시면서 함께 전진해 가는 하나님 이시기 때문이다. 그는 이미 자신의 자유를 통해 우리 안에 들어와 우리 와 함께하시며, 함께 고통당하신다. 그분은 이미 우리 안에 들어와 시간 의 흐름 속에 함께하시며, 동시에 우리의 미래를 함께 결정하고, 함께 미래를 향해 전진하여 나아간다. 이러한 관점에서 본다면 하나님을 벗 어난 세계란 없다. 그는 이미 우리의 세계 안에 내재하시면서 우리를 가능하게 하는 그런 분이다.

물론 여기에서 우리가 분명히 해야 하는 것은 신의 본질은 완벽하게 알려질 수 없다는 점이다. 이 결핍은 그러나 하나님의 잘못이 아니라 우리의 잘못에 기인한다. 왜냐하면 우리는 철저히 부정적인 존재자이 며, 그래서 우리의 인식에는 언제나 한계를 가지기 때문이다. 그러나 그렇다고 우리가 하나님에 대해 전적으로 알 수 없는 것은 아니다. 왜냐 하면 하나님은 이미 만물 안에 계시며, 만물과 관계함으로써 자신을 드러내는 그런 분이시기 때문이다.

만유내재신론은 결코 만물의 신격화를 의미하지 않는다. 오히려 만 물의 신격화가 자기의 신성을 스스로 획득하는 교만의 성격을 담고 있다 면, 만유내재신론은 오직 하나님께서 직접 만물 안으로 들어와 모든 악, 고통, 죄를 극복해 주시고 그 만물을 자신 안으로 데려가시는 전적인 은혜를 이야기한다. 모든 것이 하나님은 아니지만, 하나님은 모든 것이 다. 하나님은 언제나 피조물 사이의 관계 안에 침투하여 거주함으로써 만물을 자신과 연합시킨다. 그러나 그는 단순한 만물 중 한 요소 혹은 그 전체가 아니며, 그것을 넘어서 만물 자체의 죄성을 구원하고 치료할 수 있는 그런 분이다. 그리고 바로 이러한 만물 자체의 구원과 치료를 위해 그는 직접 그리스도의 몸으로 성육신하여 십자가의 죽음을 당한다. 만물 안에 함께 계시는 하나님은 자신을 우리 안에서 고통당하게 하고, 그럼으로 만물을 창조적 전진을 위한 온전한 모습으로 회복시켜 주신다. 그렇게 하나님은 만물 안에, 만물과 함께하시는 그런 분이며, 만유내재신론은 바로 이것을 우리에게 알려 주고 있다.

8장
에코페미니즘 신학의 철학적 신론

이번 장은 현대의 철학적 신론의 흐름 중 에코페미니즘 신학의 논의를 살펴본다.

얼마 전 미세 플라스틱에 대한 다큐멘터리, "플라스틱의 역습"이 방영됨으로써 큰 충격을 안겨 주었다.[1] 가까운 과거로부터 지속적으로 사용되었던 플라스틱이 쓰레기로 무분별하게 버려져 왔으며, 그것이 잘게 쪼개진 미세한 조각들로 전 세계에 떠다니다가 결국 인간의 몸 안으로까지 침투되는 지경에 이르렀다는 내용이었다. 더욱 문제인 것은 미세 플라스틱 조각은 단순히 인간의 몸에 남아 있는 것에 머물지 않고, 다양한 병과 유전자 변형을 일으키는 주범이 되기 시작했다는 사실이다. 그뿐만 아니라 쓰레기 플라스틱은 이미 자연생태계 안에 침투되어 동물들에게 섭취되어 죽음을 불러오고 있으며, 더 나아가 생명체의 생존을 극단적으로 위협하는 지경에 이른 것으로 보인다.

---

1 이 다큐멘터리는 유튜브 채널 https://youtu.be/YN9Y-ytVG7Q에서 시청할 수 있다. 미세 플라스틱의 위협에 대한 원인은 단순히 몇몇 나라에만 떠넘길 수 없는 실정이 되었다. 바다 해류의 방향에 따라 도미노처럼 플라스틱 쓰레기의 문제가 번져가고 있다.

플라스틱 말고도 이산화탄소의 증가에 의해 엘리뇨와 나니냐 등의 현상이 이미 심각한 수준에 도달해 있다. 이러한 현상들과 더불어 지구 멸망의 시간이 몇 분 앞으로 다가왔다는 뉴스를 별다른 반응 없이 접하는 날들이 늘어만 가고 있다. 영국의 기상청 해들리센터는 21세기 중에 대기 온도가 8.8도 더 상승할 것으로 예측 보도를 한 적이 있다. 만약 이 예측이 정확하다면 바다의 수면은 88cm가 높아지게 될 것이고, 그로 인해 저지대와 농경지가 바닷물에 잠기고, 홍수는 훨씬 빈번하게 일어나게 되고 만다. 특히 방글라데시나 섬나라들의 저지대에서 농사를 지으며 사는 가난한 소규모 농민들은 보다 큰 재앙을 맞게 될 것이다.[2]

현재 아프리카에서는 4년간 가뭄이 지속된 결과 3~4천만 명이 굶주림에 시달리고 있다. 미국 중서부도 가뭄으로 인해 곡물 수출이 현저히 줄어들었으며, 유럽에서도 가뭄과 홍수로 인해 천문학적인 금액의 손실을 보고 있다. 이러한 이상 고온 현상은 지구의 기온이 단지 0.7도 정도 올라간 데 따른 결과일 뿐이다. 그렇다면 21세기 말까지 기온상승 폭이 8도 정도 오른다면 어떻게 될까? 재앙이 우리에게 벌어지게 될 것은 당연한 것으로 보인다.[3] 그렇다면 이러한 문제들에 대해 우리는 어떠한 행동을 취해야 할 것인가?

에코페미니즘 신학은 이러한 위기에 대한 해결 모색에서 출발하며, 특별히 그 영역은 현대 기독교 신학이다. 물론 기독교 신학 외에 수많은 학문 분야에서 생태계의 위기에 대해 진단하고, 그것을 해결하기 위해 연구와 노력을 하고 있는 것이 사실이다. 그리고 본 연구는 기독교 신학

---

2 세계화 국제포럼/이주명 역, 『더 나은 세계는 가능하다』(서울: 필맥, 2005), 84.
3 앞의 책, 85.

안의 반성과 위기 극복의 노력을 함께 조망하면서 그것을 인간 중심주의라는 기독교 신학적 전통을 넘어서는 생태계 중심의 '심층생태학적'(deep ecological)인 관점의 전환 안에서 발견해 보고자 한다.

심층생태학이라는 말은 피상적 환경주의의 임시방편적 접근과 대조하기 위해서 노르웨이 철학자 내스(Arne Naess)가 고안하여 사용하였다. 특별히 이것은 생태계 보존을 위해서 인간 의식의 영적·도덕적 전환 혹은 새로운 지구적 양심을 촉구하였다는 점에서 대단히 중요한 가치를 지녔다고 볼 수 있으며,4 이러한 이유에서 본 연구는 심층생태학의 최전선에 서 있는 생태여성주의 신학(eco-feminist theology)을 중심으로 논의를 전개하기로 한다.5 생태여성주의 신학은 기독교의 근간이 되는 신 개념과 인간 중심주의적 체계를 과감히 변형시키고, 그럼으로 기독교가 세계 위기에 책임을 지면서 그것을 해결하기 위한 노력을 경주하며, 지구적 위기를 분석 비판한다. 또한 위기를 넘어 새로운 공동체적 삶에 대한 희망을 주는 정의와 생명의 신학을 추구하는 데 제일 앞에 서 있다.6

1. 생태계 위기에 대한 기독교의 책임

일반적으로 생태계 파괴는 서구로부터 발전한 기술문명의 책임이며, 나아가 그 책임에 기독교 역시 속해 있다는 점이 주장되고 있다.

---

4 김애영, "로즈마리 류터의 생태여성신학", 「한국조직신학논총」 제16집 (2006), 118.
5 강남순, 『현대여성신학』, (서울: 대한기독교서회, 1994), 192-193.
6 전현식, "인간줄기세포 연구에 대한 에코페미니즘의 비판적 성찰", 「한국조직신학논총」 제16집 (2006), 142.

왜냐하면 기독교, 더 멀게는 유대교로부터 출발한 유일신론의 종교적·
신학적 관점이 인간의 타 생명에 대한 태도와 폭력을 성립시켰기 때문이
라는 것이다. 다시 말해 생태계 위기는 특별히 기독교 문명을 가지고
있는 근대 서구에서 발생되었으며, 몇몇 학자들은 이것이 기독교가 가
지고 있는 인간 중심주의, 신인동형동성론(anthropomorphism)에 있다
고 진단한다. 예를 들어 이러한 주장은 린 화이트(Lynn White)[7] 등의 학자
들로부터 제기되고 있으며, 그들은 기독교의 생태학적 문제점을 다음
과 같이 이야기한다.

첫째, 기독교는 유일신론과 자연의 탈신성화를 통해 자연환경의 신
비로움과 신성을 상실시켰다. 고대에서 자연환경은 신적인 것으로 간
주되어 인간이 접근할 수 없는 숭배의 대상이었다. 그러나 기독교의
유일신관으로 인해 자연환경은 신성과 신화적 성격을 상실하였다. 결
국 인간은 자연환경에 자유롭게 접근할 수 있다고 믿게 되었으며, 탐구
하여 개발할 수도 있고, 나아가 마음대로 처리할 수 있는 대상으로 자연
을 생각하게 되고 만다. 그리고 이러한 몰지각한 생각을 통해 인간의
무차별적 자연 파괴와 생태계의 위기가 발생하고 말았다.

둘째, 그는 기독교가 하나님의 형상이라는 개념을 인간에게만 한정
된 것으로 정식화함으로써 인간 우월적 세계관, 인간 중심적 세계관을
형성시켰다고 비판한다. 결국 기독교는 인간을 신의 대리자 또는 대변
자라고 봄으로써 자연의 모든 다른 생물들로부터 구별하였고, 그것이
끝내 자연을 인간에게 예속시키는 것을 정당화하고 말았다는 것이다.

---

7 Lynn White, Edited. David Spring and Eileen Spring, "The Historical Roots of Our Ecological
Crisis", *Eccological and Religion in Histoty* (New York: Haper & Row, 1974).

셋째, 그들은 기독교가 '창세기 1장 26절 이하'에 나오는 신의 명령을 단순히 땅을 정복하고 다른 생명체들을 지배해도 좋다는 뜻으로 믿게 만들었다. 그리고 이러한 이유 때문에 인간은 자연을 정복과 지배의 대상으로 만들고, 끝내 소유해 버렸다고 비판한다.

넷째, 기독교 신학은 인간 중심적 원리를 형성시켜 자연의 영역을 간과해 버렸다는 것이다. 왜냐하면 신학의 모든 사고와 진술들은 인간을 중심 대상으로 전개되고 있기 때문이다. 나아가 기독교 신학은 신의 구원을 인간의 구원으로 축소하는 데 앞장섰고, 신학적 중요 명제들 역시 인간에게만 해당하는 것으로 만들어 버렸다는 비판이 가능하다. 즉, 성스러운 영역에서 자연은 철저히 배제되었고, 이것이 생태학적 문제를 불러온다.

위의 비판처럼 기독교의 성서가 인간 중심적 세계관을 형성하는 데 기여했음을 부인하기는 어렵다. 그리고 그 책임감을 깊게 느끼고 새로운 대안을 모색해야 한다는 점도 사실이다. 그러나 자연환경의 파괴가 오직 기독교 때문만이고, 그렇기에 지금도 기독교는 아무것도 하지 않고 있다는 비판에는 동의하기 힘들다.[8] 오히려 기독교 신학에 대한 생태학적 비판은 현대에 이르러 여러 가지 방식으로 행해지고 있는 대안 노력들에서 다시 한번 재고되어야만 한다. 왜냐하면 성서 안에서 위기에 대한 신의 구원의 길을 발견할 수도 있고,[9] 성서의 창조 이야기 안에

---

8 위 비판에 대해서는 다음과 같은 반박들이 있다. 첫째, 인간 중심적 사고는 고대의 문화권에도 발견되고, 둘째, 창조신앙 안에 있다는 유일신론과 인간 중심적 세계관은 3,000년 이상의 역사를 가진 반면, 서구에 의한 환경 파괴의 역사는 기껏해야 400년밖에 되지 않으며, 셋째, 환경 파괴는 기독교 문화권만이 아니라 이외의 문화권에서도 광범위하게 일어난다는 항변이 그것이다.

9 강남순, 『현대여성신학』, 196.

내포되어 있는 해방적 요소들을 찾아볼 수도 있기 때문이다.

물론 지금까지 기독교 전통 안에서 행해져 왔던 일들이 대부분 인간 중심주의적 성서 해석에 머물렀고, 이러한 이유로 위의 비판들이 타당한 면을 가지고 있는 것은 사실이다. 따라서 이제 본 연구에서 분명히 밝혀질 바와 같이 신학은 좀 더 깊은 차원의 생태학에 관심을 쏟기 시작했고 또한 더욱 그래야 할 것으로 보인다. 그리고 앞선 비판에서 볼 수 있듯이 이러한 관심은 기독교 신학 체계의 전면적 해체와 재구성이 수행됨으로써 가능해질 수 있을 것이다. 나아가 기독교 신학은 그 어떤 시대보다 큰 비판의 대상이 되고 있으며, 어떠한 방식으로라도 여기에 대한 책임이나 항변이 있어야만 한다. 이러한 이유에서 우리는 여기에서 특별히 우리가 생태여성주의 신학을 기독교적 대안 시도의 대표적인 예로 제시해보고자 한다.

2. 생태여성주의 신학의 목표

Eco(생태)와 Feminism(여성주의)이라는 단어를 연결해 사용하는 생태여성주의는 1970년대에 사회문화적 관습과 질서에 대한 반지배적·반억압적 운동에서부터 성립되었다. 그 당시까지 주도적인 문화 안에서 억압받던 여성들 스스로의 자각이 자신들을 지배자의 타자로서 규정함과 동시에 상처받고 지배받던 다른 타자를 생태적인 자연으로 인식할 수 있었던 것이다. 이러한 인식을 가지고 여성주의자들은 여성 차별과 자연 차별 그리고 인종 차별과 계급 차별이 구조적으로 맞물려 있는 복합적인 문제임을 각성함으로써 가부장적인 억압 문화에 대한 극복을 그 목표로 삼게 된다.[10] 특히 1960년대 초생태학적 의식과 사회제도 변혁의 필요성을 일깨워 준 레이첼 카슨의 기념비적 저서인 『침묵의 봄』을 시작으로 여러 학문 분야(철학, 신학 및 사회분석)에서 환경문제에 대한 여성의 관심이 집중되기 시작하면서 1980년대에 이르러 생태여성주의의 이론 및 운동이 꽃을 피우게 된다. 즉, 생태여성주의는 생태학(ecology)과 여성학(feminism)을 연결시키면서 주류 환경 이론 및 운동이 여성학의 통찰력을 수용하지 못하는 한계가 있음을 지적하기 시작했던 것이다.

직접적으로 생태여성주의라는 용어가 처음으로 쓰인 것은 1974년 프랑스의 페미니스트 드봉에 의해서이다.[11] 이러한 용어의 사용을 통해 마침내 서구에서 벌어지고 있던 페미니즘 운동과 더불어 서서히 대두되고 있던 생태계 파괴에 대한 통찰들이 서로 간의 문제의식을 공유하게 되었고, 특별히 양쪽의 문제가 모두 일종의 억압과 착취의 문제로 함께 연관되어 있다는 것을 깨닫기 시작한다. 즉, 생태학이라는 말이 단지 인간 생존에 관한 관심으로 시작되었을 뿐이라는 통찰은 그 안에 인간 중심주의, 곧 남성 중심주의의 폭력이 잔존하고 있다는 사실을 밝혀낸 것이다. 이념 안에 숨어 있는 폭력적 전제를 가지고는 아무런 대안도 만들어 낼 수 없다. 그리고 이러한 한계를 밝혀내고 비판한다는 면에서 생태여성주의는 깊은 차원의 생태학이라고 이야기될 수 있다.

생태여성주의는 기존의 인간 중심주의적, 남성 중심주의적 생태학과는 달리 급진적인 심층생태학과 공통된 전제를 가지고 있다. 심층생태학이 인간 중심주의적 영역보다는 생태계와 온 생명에 중심을 두는

---

10 로즈마리 레드포드 류터/이우정 역, 『여성들을 위한 신학』 (서울: 한국신학연구소, 1985), 314.
11 강남순, 『현대여성신학』, 185.

사고를 중시한다면, 파괴당하는 생태계를 향해 여성의 억압적 경험을
통해 다가가려는 생태여성주의야말로 기존의 생태학보다 깊은 차원의
논의임에 틀림없다. 또한 양자 모두는 일종의 이원론에 대한 철저한
저항을 그 출발점으로 삼는다. 여기서 말하는 이원론이란 일종의 계급
구조에 의해 지배와 피지배, 착취와 피착취의 구도에서 영위되고 있는
모든 사회, 정치, 경제 그리고 생명적 현상을 의미한다. 이것은 곧 남성·
여성 지배(sexism), 인간·자연(anthropocentrism), 정신·몸(초월적 이원
론), 백인·유색인(racism), 제1세계·제3세계(Neocolonialsim), 외모 차별
(Lookism), 유전자 차별(genism) 등의 우열 관계를 당연시하는 모든 이념
이나 가치관들을 통칭한다.

　생태여성주의는 이러한 이원론 중에서 특히 '여성의 억압'과 '자연의
억압'이 상호 연결되어 있다는 통찰을 통해 그 문제의 근거로 가부장주
의적인 세계관을 지목하여 비판·해체하는 데 중점을 두고 있다. 그들의
통찰에 따르면 생태계와 여성이라는 원초적인 존재 방식은 양자 모두
현실적·구조적인 악에 의해 억압과 착취를 당하는 공동의 피해자로
규정되어야 한다. 그리고 억압과 착취의 상황 안에서 기독교 신학의
출발점은 이러한 피해자의 해방이어야만 한다. 이러한 이유 때문에라
도 생태여성주의를 신학이 차용하게 된 사건은 기독교의 당연한 수순이
었는지도 모른다.

　나아가 신학은 생태여성주의를 차용함으로써 기존의 전통 신학과
사회의 통념들을 억압과 착취의 도구로 간주할 수 있게 된다. 그뿐만
아니라 그들이 가진 문제점들을 통렬하게 비판함으로써 사회적인 문제,
특히 생태계 위기와 성차별의 사실을 분명하게 드러내고, 이렇게 드러
난 문제들은 다시금 그 안에 도사리고 있는 신학적으로 잘못 전제된

상징개념들을 지시하게 되어 끝내 그것들을 해체하고, 새로운 은유를 통해 삶의 변화를 모색해 볼 수 있게 된다.

생태여성주의 신학의 통찰에 따르면 생태계 위기의 근원은 단순히 인간 중심주의에서 이루어지고 있는 것이 아니라 그 안에 숨어 있는 남성 중심주의 혹은 가부장주의(patriarchism)에서 비롯된 것이다.[12] 인간 중심이라는 슬로건 안에는 이미 그것들이 숨어들어 와있었고, 따라서 우리가 생태학적인 문제를 직시하고 거기에 대한 대안을 제시하기 위해서는 우선적으로 남성 중심주의적이고 가부장적인 세계 구조를 비판하여 해체한 이후에야 새로운 생태계 진단과 해결을 모색할 수 있을 뿐이다.

물론 이러한 생태여성주의의 목표가 결코 남성성을 배제하려는 데에 있는 것은 아니다. 도리어 그것의 목표는 가부장제하에서 여성 억압을 직시하면서 남성 지배로부터 여성과 생태계의 해방을 추구하여 여성뿐만 아니라 남성의 온전한 인간성을 회복시키는 데 있다.[13] 즉, 이러한 통찰은 지구상의 모든 존재하는 것이 지배와 착취의 관계에서 고통을 당할 것이 아니라 도리어 역동적 상호(mutuality) 관계로 회복함으로써 지구 생명 공동체의 비전을 실현할 것을 요구한다.

---

12 Rosmary R. Ruether, *Gaia and God: An Ecofeminist Theology of Earth Healing* (San Francisco: HarperCollins, 1992), 205.

13 전현식, "인간줄기세포 연구에 대한 에코페미니즘의 비판적 성찰", 156.

3. 환경 위기 극복을 위한 전통 신론의 현대적 재구성

생태여성주의를 신학적으로 차용한 이들은 특별히 기독교 전통 안에 도사리고 있는 남성 중심적, 가부장주의적 교리 비판에 초점을 맞춘다. 즉, 생태여성주의 신학의 작업은 지금까지 기득권층을 보호했던 기존의 교리에 대한 해체와 재구성에서 시작된다.

시간 안에 있는 모든 것은 생성-소멸, 변화 안에 있다. 특히 인간은 수없이 많은 존재자 그리고 세계와 관계를 맺음으로써 자기 몸의 변화만큼이나 빨리 스스로의 생각을 변화시키며 살고 있다. 그러나 기독교가 현대에서 주장하고 있는 내용들은 여전히 2,000년 동안 힘의 논리에 의해 선택되었던 상징들에 불과해 왔다. 또한 이러한 상징이 절대적인 기준으로 행사됨으로써 생생한 종교적 경험들은 일방적인 체계 안으로 말소되어 버리고, 현대에 진정으로 의미 있는 것들은 도리어 거부되고 말았던 것이다. 이 지점에서 생태여성주의는 기존 신학의 교리가 만들어 놓은 가장 큰 병폐로 차별의 문제, 생태계 파괴의 문제를 지적하고 있다. 여전히 인간들은 성서의 구시대적 상징을 절대화함으로써 억압과 착취의 구조를 유지하고 있기에 억압과 착취를 당하는 인간과 생태계 모두 그러한 폭력에 노출될 수밖에 없다는 것이다. 특별히 본 연구에서는 신론과 기독론이라는 가장 기본적인 두 개념의 해체와 재구성을 통해서만 생태여성주의 신학의 성과들을 알아보려 한다. 왜냐하면 신과 예수 그리스도야말로 기독교의 정체성을 결정짓는 가장 핵심적인 단어들이기 때문이다.

1) 신론의 해체 · 재구성

생태여성주의 신학자들에 따르면 전통적으로 초월적인 남성적 자아의 이면에는 자연에 대한 정복이 자리 잡고 있으며, 이것은 모성(motherhood)에 대한 정복과 초월을 상징하고 있다고 한다. 따라서 가부장제적 유일신교의 이면에 있는 종교들로 돌아가야만 여성의 이미지와 남성의 이미지 모두를 한 짝으로 연결할 수 있고, 원래적인 성서의 뜻을 회복할 수 있게 된다는 것이다.[14] 이러한 전제하에서 류터(R. R. Ruether)와 같은 신학자들은 고고학적 증거를 통해 신적 존재의 가장 오래된 이미지가 여성이었다고 주장한다.

예를 들자면 모신 숭배의 모습은 빙하 시대의 여러 동굴 벽화에서 발견되며, 고대의 지중해 세계로부터 인도와 서부 유럽에 걸쳐서까지 두루 발견된다. 즉, 신적 존재에 대한 인간의 근원적인 이미지란 고대로부터 근본 모체(primal matrix)로 인정되어 왔다. 근본 모체란 신과 인간, 하늘과 땅, 인간과 비인격적 존재들의 모든 만물이 발생되어 나오는 거대한 자궁이라고 말할 수 있다.[15] 그리고 여기에서 신은 피안의 세계로 추상화되는 것이 아니라 현재의 세계를 둘러싸면서 그 지속성을 보장해 주는 새로운 생명의 포괄적인 원천이 된다.

고대 근동의 세계에서 출현한 두 가지 핵심적인 신화는 각기 상이한 방식들로 신과 여신을 서로 연결시킨다. 하나는 생과 사를 반복하는

---

14 로즈마리 R. 류터/안상님 역, 『성차별과 신학』 (서울: 대한기독교서회, 1985), 56.
15 Rosmary R. Ruether, ed. Judith Plaskow and Carol Christ, "Sexism and God-Language", *Weaving the visions – New Patterns in Feminist Spirituality* (San Francisco: Harper-Collins, 1989), 151.

신-왕이 여신에 의해 구조되어 그 여신과 결혼한다는 신화이고,[16] 두 번째는 바빌로니아의 마르둑-티아멧(Marduk-Tiamat) 이야기, 즉 늙은 여신 티아멧이 젊은 남신인 마르둑이 이끄는 도시-농경 세계의 새로운 신들에 의해 패배하고 만다는 신화이다.[17] 류터에 따르면 고대 문화들은 위의 두 방식과 같은 여신의 숭배 혹은 정복이라는 두 가지 이야기를 대등한 것으로 모두 반영하고 있다. 여신을 모시는 왕의 이미지는 여신 숭배와 그 여신에게 힘을 받지만, 동시에 자연의 생식력이 갖는 혼돈의 성격을 극복하는 것으로 묘사되고 있는 것이다. 그러나 유목민의 종교들은 정착한 농경민과 그들의 종교들에 대한 공격적이며 적대적인 관계 및 배타주의로 특징지어진다. 그리고 이러한 흐름이 유대·기독교 전통에 연결되고 만다.

남성적 유일신교는 여신 이미지를 배제하고 가부장적인 지배 체계를 강화한다. 신은 가부장제적 지배 계급을 본떠 만들어지며, 이러한 지배 계급의 남성들을 그의 아들로 선택하여 그들과만 만나는 것으로 상징화된다. 이러한 위계 체제 질서는 구약성서 속의 가부장제적 율법의 구조 속에서 확고하게 자리 잡게 되며, 이것이 신약성서에 이르면 가부장적 계급구조가 우주적 원리로 높여지고 만다. 남성적인 신 이미지는 여성에 대한 억압을 넘어 노예제, 농노제, 정치적 억압, 나아가 인종주의적 차별까지 정당화하게 된다.[18]

---

16 앞의 책, 152. 이것은 수메리아의 이난나-두무지(Inanna-Dumuzi), 바벨론의 이쉬타르-탐무즈(Ishtar-Tammuz), 가나안의 안나스-바알(Anath-Baal), 이집트의 이시스-오시리스(Isis-Osiris) 등이 그 좋은 예이다.

17 앞의 책, 152-153.

18 앞의 책, 155.

인간은 그 유한성 때문에 어쩔 수 없이 이미지를 만들어 낸다. 하지만 그 이미지가 이데올로기를 업고 스스로를 절대화시키는 순간 모든 인간의 행위들은 거짓된 하나님을 섬기는 것이 된다. 인간은 유한하기에 절대로 완전 자체를 만들어 낼 수 없으며, 신에 대한 이미지 역시 마찬가지이다. 우리는 단순히 신이 완전한 자로 정의할 수 있을 뿐이지 그 완전이라는 것을 모든 해당 사항을 나열하면서 정의할 수는 없다. 우리 마음 안의 신 이미지는 단지 신의 일부분에 불과하다. 그러나 그 일부분을 전체로 알고 왜곡시키는 순간 우리는 자신이 만들어 낸 이데올로기를 섬기는 우상 숭배자가 될 수밖에 없으며, 이러한 이유에서 기독교의 신은 전통적으로 가부장제와 위계질서의 유지자로 보일 수밖에 없었다.

2) 재구성된 남신 · 여신(God · ess)

생태여성주의 신학자들의 통찰에 따르면 기독교의 모체인 이스라엘의 신인 야웨 하나님은 기본적으로 노예들을 구속으로부터 해방시켜 새로운 땅으로 인도한 분이며, 바로 그 비참한 자들의 역사 안에서 활동하는 분이시다. 또한 예언자들에 따르면 하나님은 이 사회에 대한 비판자이며 사회적 희생자들의 옹호자이시기도 하다. 구약과 신약 당시의 그들에게 구원은 죽은 이후의 내세가 아니었다. 구원은 사회적 억압 체제로부터의 해방이어야 하며 처음의 평등사회의 회복이 가장 큰 목표로 그려진다.[19]

기독교에서는 신이 바로 해방의 하나님이며, 이것을 구약을 넘어

---

19 앞의 책, 156.

예수의 가르침에서까지 볼 수 있다고 말한다. 그리고 예수는 하나님을
아바(Abba)라고 말하며 하나님과의 기본적인 관계, 즉 상호 섬김의 관계
를 주장하고 있다. 이러한 예수의 가르침은 신적인 부권과 신관이 가부
장제에서 머물지 않고, 그것들을 극복하여 새로운 관계로 전환되어야
함을 보여주게 된다. 예수의 공동체는 새로운 해방된 관계의 공동체이
며, 이러한 해방은 바로 반가부장적인 하나님의 언어를 재발견하여 사
용해 온 기독교 역사에서 내적으로 이어져 오고 있다.

　류터에 따르면 야웨 하나님은 도리어 수수께끼 같은 출애굽기의 3장
14절의 "나는 스스로 있는 자이다"에서만 나타날 수 있는 분이다. 하나님
은 기존의 사회적 역할들에 의해서는 결코 묘사될 수 없는 분이며, 절대
적으로 '제한 없이'(open-ended) 존재한다.[20] 이러한 한에서 전통 신학이
신의 이름을 유비로서 부를 수 있었던 것이며, 모든 속성을 거부하는
부정의 신학이 존재할 수 있었던 것이다. 따라서 하나님을 한정하는
개념들의 범위는 고착되지 않은 채 새로운 경험을 통하여 확장되어야
하며, 지금 시대는 남녀 모두의 이미지와 경험을 포괄하는 언어를 요청
하고 있는 것이다. 이러한 상황에서 생태여성주의 신학자들은 구체적
인 은유로서의 남신 · 여신(God · ess)이라는 개념을 제시하게 된다.

　남신 · 여신이라는 남성 · 여성의 구체적 포괄성은 바로 남성과 여성의
등가적(equivalent) 위치를 의미하게 된다. 그리고 이러한 위치의 등가성
은 성서적 사례 안에서 면면히 나타나고 있다. 류터는 마리아 · 마르다의
이야기, 겨자씨와 누룩의 비유, 잃어버린 양과 잃어버린 동전의 비유들
속의 남성 · 여성 이미지들이 서로 동등하다는 점에 주목한다.[21] 그녀는

20 앞의 책, 158.

그것들이 짝 지워진 한 쌍의 이미지들로서 같은 것들을 대표하고 있을 뿐이며, 나아가 가난한 갈릴리 농부들에게서 나왔다고 말한다. 그리고 거기에 대구를 이루는 여성들 역시 종속적이 아닌 스스로를 중심으로 기술되고 있을 뿐이라는 것이다. 즉, 이러한 비유들이 상징하는 것은 남성, 여성, 부모 등의 이미지로 신을 한정하는 것이 아니라 잃어버린 것을 찾는 자로서의 하나님과 역사의 변혁자로서의 하나님의 구원과 해방을 강조하고 있다는 것이다.[22]

신·여신의 모든 언어는 사실상 유비이며 해방자 하나님을 지배-피지배의 구조가 없는 동등성의 입장에서 표현하려는 수단일 뿐이다. 도리어 이 언어를 통해 신앙인들은 기독교의 하나님이 가지고 있는 강한 해방의 힘을 다시 느끼게 되며, 기존 기득권의 상실을 희망할 수 있게 된다.[23] 나아가 기득권의 상실은 남성·여성의 가부장적 억압 구조를 넘어 세계 곳곳에 존재하는 지배자와 피지배자, 억압자와 피억압자 모두에게 반성을 촉구하게 된다.

생태여성주의 신학자들에 따르면 사실상 세상은 그 어떤 차별도 존재할 수 없는 곳이어야 한다. 왜냐하면 하나님께서 남성과 여성 모두의 모습으로 나타나고 계신 것처럼 이 세상은 그저 모습의 다양성이 존재할 뿐 그 어떤 계급도 억압도 존재해서는 안 되기 때문이다. 따라서 지금의 문제점들은 현재 실행되고 있는 무의미한 가부장제와 계급 구조의 타파에서 실현되어야 한다. 그리고 그것이야말로 진정한 하나님이신 해방

21 앞의 책, 158.
22 앞의 책, 159.
23 앞의 책, 160.

의 주도자가 우리에게 요구하고 실현시켜 주시는 선물이다. 류터에 따르면 현대 시대에 필요한 하나님 이미지는 신·여신의 구체적 등가성이다. 그리고 오직 이러한 이미지를 통해서만 현대는 직면한 이원론에서 다시금 육체와 물질을 회복하는 가능성을 찾을 수 있게 된다. 이것은 곧 가장 낮은 단계의 자연에 대한 존경을 회복하는 것이며, 이러한 노력 안에서만 페미니즘과 생태학은 일종의 연결점을 획득하게 된다.

3) 재구성된 몸(body)으로서의 신

남신·여신 개념을 차용하려는 노력과 더불어 생태여성주의 신학의 일각에서는 신에 대한 바른 모델을 구체적으로 제시하려는 시도 역시 동시에 행해지고 있다. 맥페이그(Sallie Mcfague)는 전통적으로 기독교가 창조 이해에 있어서 땅, 우리들의 집, 아름다움에 초점을 맞추기보다는 초월적인 개념들에 초점을 맞추고 있다고 말하면서 이러한 작업을 위해 그녀는 전통적인 몇 가지 신모델들의 대안으로 생태여성신학적인 모델을 제시하게 된다.

맥페이그에 따르면 전통적인 창조 이해는 신의 절대성만을 주장함으로써 전적인 인간의 타락과 대속의 기독론이라는 왜곡된 이야기만을 하고 있다. 즉, 이러한 이야기에서는 초점이 신의 행위에만 맞추어져 있다. 따라서 전통적인 창조 이야기는 언제나 단순한 '왜'라는 물음만을 묻게 되고 만다. 그리고 창조 이야기는 신이 주인공인 드라마에 불과해지는 것이다. 그러나 맥페이그에 따르면 창조와 섭리에서 우리가 가져야 하는 관심은 '왜'가 아니라 '어디에서'로 전환되어야 한다.[24] 즉, 우리가 살고 있는 세계의 이웃을 향하여 우리가 어떻게 행동해야 하는지를 읽어내야 한다.

전통적인 창조 이해에서 보자면 창조주는 이 세상에 결코 우리와 같이 살지 않는다. 그는 우리와 이원적 차별의 구조를 두고 있고, 따라서 물질은 창조 세계에서 하등한 것으로 여겨지게 되고 마는 것이다. 이것이 곧 성차별과 생태계 위기를 한꺼번에 몰고 온 계급구조의 뿌리이다. 즉, 현재의 지구의 위기는 이러한 몰이해에서 비롯된 것이고, 우리는 우리가 지금 살고 있는 현재의 땅에서부터 시작해야만 이러한 이원론적 몰이해에서 벗어날 수 있게 된다.

맥페이그는 신과 세계의 관계를 나타내기 위해서 몇 가지 다른 모델들을 살펴보며 그것의 한계점들을 지적하고,[25] 마침내 '신이 성육신하신다는 의미'를 '세계가 신의 몸'이라는 것을 의미한다는 사실로 분명히 한다. 따라서 신은 '신의 몸으로서의 세계'(the model of the world as God's body)가 된다. 또한 이것은 신의 몸으로서의 우주 모델이기도 하며 신 중심주의적-우주 중심주의적 신론으로서 정의되어야 한다.

기독교에서 야웨 하나님과 세계의 관계는 성육신 안에서 이해되어

---

24 William C. Placher(ed.), *Essentials of Christian Theology* (Lousiville: Westminster John Knox Press, 2003), 103.

25 앞의 책, 105-109, 첫째는 이신론적(deistic) 모델이다. 이 모델은 하나님을 하나의 시계공처럼 생각하는데, 하나님께서는 세계를 창조하셨고, 하나님은 정기적으로 자연재앙 등으로 간섭하실 뿐 세계는 법칙에 의해서 운행된다는 것이다. 이 모델은 과학에서 자연법칙 등을 설명하기에는 유용하지만 하나님을 이 세계에서 쫓아내어 창조자일 뿐 세계와 관계하지 않는 것으로 여기게 한다. 이것은 히브리와 기독교에서 인정이 있으며, 고통당하고 우리와 함께하시는 하나님의 모습과는 다르다. 둘째는 대화적인(dialogic) 모델이다. 이 모델들은 하나님과 세계의 관계를 하나님과 개인의 관계로 축소시켰다고 비판받는다. 셋째는 군주적(monarchical) 모델이다. 이것은 전능한 왕이 그의 영토를 다스리는 것에 비유된다. 이 모델은 이신론적 모델의 비인격적 성격과 대화적 모델의 개인주의적 성격을 수정하여 인격적인 것을 말할 수 있다. 그러나 군주적 모델은 초월과 내재를 나타내지 못하는 한계를 가지고 있다.

왔고, 맥페이그를 비롯한 생태여성주의 신학자들 역시 성육신을 중심으로 하나님의 몸으로서의 세계라는 모델을 전개해 나간다. 성육신의 관점에서 봤을 때 하나님은 영이고 세계는 단지 물질이라는 이원적 관계가 아니라 하나님과 세계 사이에는 연속성이 있다. 따라서 신은 이제 내재신론적인 존재로 인식되어야 한다.[26] 또한 이러한 이유에서 '하나님의 몸으로서의 세계' 모델은 다시금 류터의 '가이아로서의 하나님'과 필연적으로 상호 연결점을 가질 수 있게 된다. 즉, 가이아는 땅의 여신으로 지구상의 존재하는 모든 것이 다 그 안에 있으며 동시에 그를 구성하고 있다는 의미에서 역시 우주의 몸으로서의 신이 제시된다.

류터는 지구 위에서 신음하는 자연의 소리가 곧 하나님의 울부짖음이라는 통찰을 통해 세계를 신성한 것으로 전환하고 거기에서 구원의 부름을 듣는다. 그 소리는 바로 약자를 위한 소리이며, 괴로움을 당하는 바로 그 자신의 소리, 즉 가이아로서의 하나님의 소리, 그의 계시이다.[27] 그리고 이러한 소리에 귀 기울이는 모습에서 구체적인 구원의 전통들을 찾아내게 된다. 이러한 모델들은 생태여성주의 신학자들이 의도하는 대로 우리가 살고 있는 환경, 이웃에 관심을 갖게 하는 근거를 제공할 수 있는 것을 의미한다.

이와 같이 기독교의 성육신은 세계가 하나님의 몸이라는 것을 알려 준다. 그리고 우리는 그 하나님의 몸과 함께 살아가고 있음도 알려 준다. 그러므로 성육신을 통해서 창조의 교리는 창조주의 힘에 관한 것이 아니라 하나님의 사랑과 어떻게 우리가 함께 살아갈 것인가를 말하게 된다.[28]

---

26 Placher(ed.), *Essentials of Christian Theology*, 95.
27 강남순, 『현대여성신학』, 216.

이것은 곧 세계의 모든 것이 상호관계적이고 상호의존적이라는 사실을 의미한다. 맥 페이그는 이것을 '생태학적 연합'(ecological unity)이라고 부른다.[29] 이러한 인식은 의식의 전환을 불러일으켜서 인간학에 있어서도 인간이 세계와 전적으로 의존적인 관계라는 사실을 일깨워 준다. 따라서 인간도 세계에 대해서 어떤 책임을 가져야만 한다는 사실이 드러난다. 즉, 지금 인간이 하고 있는 모든 행위가 다른 생태계에 대한 파괴뿐만 아니라 자기 자신을 죽이는 자학, 자살에 다름이 아니라는 것이다.

결론적으로 맥페이그와 류터의 새로운 신모델은 하나님의 초월성을 모든 것을 존재하도록 하는 근원으로 이해하도록 하고, 이 초월성이 하나님의 몸이라는 것을 통해서 체화된 것을 내재성이라고 주장하고 있다.[30] 즉, 몸은 초월성과 내재성이 함께 녹아있으며, 우리는 바로 그 하나님의 몸과 함께 살아가고 있다는 것이다. 이러한 신론의 전환을 통해 인간은 우선적으로 자신들의 가치관과 파괴 행위가 철저한 죄악과 자학이라는 사실을 깨닫게 된다. 그리고 이러한 신론의 변경을 통해 상호의존성과 자기 자신의 유한성을 깨달음과 동시에 이제 왜곡된 기독론을 새롭게 해체·재구성해야 할 필연성을 가지게 된다.

28 Placher(ed.), *Essentials of ,Christian Theology*, 111.
29 앞의 책, 111.
30 앞의 책, 113.

4. 환경 위기 극복을 위한 전통 기독론의 현대적 재구성

1) 왜곡된 예수의 모습과 생태여성주의적 해체

예수 그리스도는 기독교의 가장 핵심적인 단어이면서 그것의 정체
성을 유지해 주는 하나의 사건이다. 따라서 기독교의 중심 개념인 예수
에 대해 일정의 인식적 전환을 요구하는 것이 생태여성주의 신학자들의
필수적인 전략일 수 있는 것이다. 이러한 의도를 가지고 그들은 전통
기독론이 나사렛 예수의 메시아적 선포와 하나님의 통치에 대한 예수의
생각을 왜곡시켰다는 점을 직시하고, 그것에 대한 다양한 증거를 찾아
낸다. 그리고 이러한 왜곡을 통해 교회 기독론의 모든 교리가 가장 많이
여성을 억압하고 배제해 오고 있다는 사실을 명확하게 드러내고 있다.[31]
나아가 생태여성주의 신학자들은 히브리 이전의 고전 기독론은 인
간과 신을 통일시키는 신의 지혜 사상을 가지고 있었고, 그 특징은 여성
신의 것이었다는 점에 관심을 집중한다. 그리고 이러한 여성 신의 특징
이 끝내 헬레니즘의 로고스를 받아들이면서 여성성에서 남성성으로
바뀌었으며, 남성으로서의 로고스와 남성 예수의 존재론적 결합이 필
요하게 되었다는 점을 명확히 지적한다.[32] 이러한 예수의 남성성 강조는
신의 가부장적 모습을 강화시키는 데 유용하게 사용되었고, 남성 중심
의 인간학을 강화하는 역할을 한다.[33] 즉, 정통 삼위일체 교리에서 여성

---

31 엘리사벳 A. 존슨/함세웅 역,『하느님의 백한 번째 이름』(서울: 바오로딸, 2000), 235.

32 R. R. Ruether, *Sexism and God-talk: Toward a Feminist Theology* (Boston: Beacon Press, 1983), 117.

33 존슨,『하느님의 백한 번째 이름』, 236-237.

성을 제거해 버리고, 히브리 전통부터는 오직 남성적 메시아 사상을 주장하면서 남성 중심주의를 절대적인 것으로 유지하게 된다.[34]

메시아 사상은 사실상 이스라엘과 유다의 멸망 후 포로기로부터 발전한 것으로 다윗 왕조의 회복에 대한 기대, 즉 다윗의 아들이 다시 나났을 때 "하나님은 다시 이스라엘을 회복시킬 것이라는 기대를 그 내용으로 가지고 있다. 따라서 이 메시아는 왕으로서의 메시아, 정복자로서의 군인으로 이해되며, 특히 일반적으로 남성으로 이해되어 왔어야만 했던 것이 사실이다."[35] 그러나 문제는 메시아에 대한 이해가 남성화되면서 예수에 대한 이해 역시도 가부장적인 흐름에 동참하게 되었다는 사실이다. 여기서 우리는 여성-생태주의 신학자들이 말하는 바와 같이 예수의 메시아적 선포가 다윗적인 메시아에 대한 소망과는 전적으로 다르다는 점을 주목해야만 한다.

예수가 제시한 하나님 나라는 결코 민족주의적이거나 내세적인 것이 아니었다. 그는 하나님의 통치가 이 땅 위에서 일어나기를 기도했고 또한 민족주의적 복수 신화를 거부했으며, 오히려 모든 지배와 피지배의 구조가 극복되는 때를 말했다. 그가 제기한 메시아는 왕이 아닌 종이었으며, 하나님에게 순종하는 종이 될 때야 비로소 해방된 인간으로서 타인을 위한 '모든 사람의 종'이라는 점을 설교하고 몸소 보여주었다. 예수는 하나님이 과거뿐만 아니라 지금도 말씀하고 있다고 주장했으며, 우리는 하나님의 성령이 오늘도 말씀하신다고 고백하고 있다. 그러므로 예수를 하나님의 '최후의 말씀'이나 '유일회적인' 하나님의 현현으로

---

34 Rosmary R. Ruether, *Womenguides: Readings Toward a Feminist Theology* (Boston: Beacon Press, 1985), 122-123.

35 앞의 책, 117-119.

한정시키는 것은 예수의 정신을 부정하는 것이며, 예수가 저항했던 것에 다시 굴복하고 마는 것에 불과해지는 것이다. 그러나 문제는 예수의 정신과 저항이 왜곡되면서 부활을 경험한 예수의 제자들의 십자가 경험 역시 왜곡되어 버렸다는 사실이다.

제자들에게 예수는 그의 죽음 이후 이스라엘 죄의 대속자로 고백되었고, 신화적으로 하늘로 올라가셨으며, 정복의 메시아로서 마지막 때에 다시 올 분으로 고백되기 시작한다.[36] 그리고 공동체의 방언, 병 고침을 통해 여기에 함께 내재하시는 하나님을 성령으로 이해한 채 예수는 심판의 날에 다시 오실 분으로만 이해하게 된다. 이렇게 초대교회가 오셨던 예수를 장차 오실 메시아와 동일시함으로써 '예수 그리스도'라는 고백은 지금까지 전해지고 있다. 그러나 생태여성주의 신학자들에 의하면 여기에는 예수에 대한 상당한 몰이해가 들어가 있을 뿐이다.

예수는 우상 파괴적이며, 예언자적인 비전, 즉 '성령'을 이야기한다. 그리고 기독교의 예언자들은 예수의 가르침이 가지고 있는 현재적 힘을 말하기 위해 '성령'을 말했으나 이후의 제도적 교회는 성령의 힘에 대한 알맞은 기준을 정하기 위해 주교의 권한을 강화시키고 만 것이다. 공동체 안에서 오직 남자들만 사도에게 배울 수 있었고, 여자는 그리스도를 대리하는 남자들 앞에서 침묵해야만 할 뿐이었다.

기독론이 가부장적인 것의 표징으로 확립된 결정적 계기는 로마 국교화이다. 이것을 통해 세계가 로고스의 지배를 따르는 것과 같이 제국은 교회의 지배를 그리고 기독교적 황제인 로마 황제의 지배를 따라야 한다는 이데올로기가 확립되고 만다. 그 이후 이 결과로 인해 로고스와

---

36 앞의 책, 119-120.

세계의 관계는 주인과 노예, 기독교도와 이교도, 남성과 여성의 관계로 확대되고 말았다. 남성 예수를 그리스도의 현현으로 고정화시킨 이상 이러한 결과는 당연한 것으로 보인다. 그리고 이러한 계급 유지의 정당성을 예수에게서 찾게 된 이상 예수의 참된 모습과 사역이 망각되고 만 것은 어찌 보면 당연한 귀결이었다. 그러나 류터는 이러한 문제의 상황 안에서 도리어 결정적인 어떤 것들을 찾아내고 있다. 만약 메시아, 로고스 등의 전통적인 남성 이미지를 예수에게서 배제하게 된다면 우리는 그 어떤 곳에서보다 더 많은 여성 해방론을 볼 수 있다는 통찰이 바로 그것이다.

2) 재구성된 해방자 예수의 모습

생태여성주의 신학은 이제 예수의 모습을 해방자로서의 그리스도로서 보고자 한다. 왜냐하면 근본적으로 예수는 기존의 사회·종교적 질서를 전복시키고 소외된 자들을 대변하는 예언자적 비전을 제시하고 있기 때문이다. 그는 우리를 위계 체제로부터 해방시키고 서로서로에게 종이 됨으로써 형제자매가 되게 한다. 또한 낮은 자를 옹호하는 그의 복음은 우물가에서 사마리아 여인과 대화한 사건에서 볼 수 있듯이 성·계급·인종·종교 등의 사회적 현실에 저항했다. 그러므로 궁극적으로 예수가 남성이라는 사실이 중요한 것이 아니라 예수가 지배 체제를 전복시키는 삶을 살았다는 사실이 중요해진다. 그리고 그리스도는 남성이어야 할 필요가 없으며, 구원받을 대상자인 공동체가 여성이어야 할 필요도 없다. 예수가 세례 요한에게서 세례를 받았듯이 오직 구원자는 구원받은 자일 뿐이며, 해방된 자는 타인에 대한 예증적인 해방자가

될 수 있을 뿐이다. 바로 이러한 의미에서만 생태여성주의 신학은 예수를 구원자로 고백하고 그에게서 해방의 메시지를 발견하게 된다. 그리고 이러한 해방자 예수만이 세상을 구원한 메시아로서 지금 우리에게 유의미할 수 있을 뿐이다.

물론 이러한 해방의 예수는 인간상에 대한 전적인 전환을 암시하고 있다. 따라서 생태여성주의 신학은 신학이 하나님에 대한 선험적 정의로부터 연역된 남성-여성의 관계를 확립하기보다는 오히려 신학 자체가 인간학과 함께 시작한다는 점을 깨닫게 된다. 그리고 이러한 통찰을 통해 하나님의 형상 속에 만들어진 '인간'이 아니라 인간의 형상 속에 '하나님'이 만들어져 왔다는 점을 비판하게 된다. 이와 같이 생태여성주의 신학은 하나님의 형상의 재구성이 보다 신뢰할 수 있고 공정하게 되기 위해 먼저 진정한 인간학을 추구할 수밖에 없다.[37]

올바른 인간의 모습은 바로 예수의 모습에서 찾아질 수 있다. 그리고 예수 그리스도가 보여 준 인간의 모습은 자신의 해방을 수행하는 전체 인간성(full humanity)의 회복을 통해 드러난다. 예수에게서 보인 인간이란 일차적으로 스스로가 가진 사회적 성(gender)이나 생리학적 성(sex)에 고착되지 않아야 한다. 왜냐하면 가장 근저에 도사리고 있는 가부장적 권력이 사실상 여자뿐만 아니라 남자들까지도 스스로의 본래적 모습을 찾지 못하게 만들고 있기 때문이다. 따라서 남성, 여성 혹은 그것의 혼합된 모습이 아니라 자신에게 주어진 본래적이고 통전적인 모습을 회복한 것이 진정한 의미에서의 인간이라 말해질 수 있다.

"예수는 버림받은 이들을 지혜 하나님의 날개 아래 모으고 그들에게

---

37 Rosmary R. Ruether, *The Image of God* (Boston: Beacon Press, 1982), 287.

평화를 준다."[38] 따라서 그를 통해 지배-종속보다는 우정으로의 관계가 일어나고 여성들과 남성들 사이의 어울림과 일치가 나타날 수 있다. 그러나 이러한 일치를 맞본 여성들은 그의 죽음 이후에도 비난받는 희생 제물인 예수와 연대하여 가까이 혹은 멀리서 십자가와 무덤을 지켜나간다. 그리고 이러한 연대 안에서 생명의 은총을 증언하는 부활 신앙이 새롭고 상상조차 할 수 없는 방식으로 주어졌던 것이다.[39]

예수의 진정한 구원은 단순한 대속과 영생에 머물러 있는 것이 아니다. 도리어 예수는 자신의 십자가 희생을 통해 버림받은 자들과 연대하고 또한 연대 맺음을 받으며 사람들의 전체적 인간성을 회복함으로써 폭력과 죽음에 대항하는 상상할 수 없는 영역을 우리에게 허락한다. 이러한 승리는 단순한 칼이 아닌 고통 받는 이들과의 연대를 통해 그리고 이 연대 안에 있는 자비로운 사랑의 권위를 통해 이루어졌다.[40] 이러한 예수 그리스도의 모습에서 나타났듯이 우리의 목표는 가부장적인 권력의 해체를 넘어 연대성의 차원에 이르러야 하고, 마침내 전체 인간성의 회복으로 나아가야만 한다. 물론 그것은 상상할 수 없는 차원에서 드러나는 생명의 근원에 대한 비전의 전환을 꾀하는 것 외에 다름이 아니다.

이러한 생명의 근원에 대한 비전의 전환이 나타나게 될 때 생태여성주의의 전략은 본래적인 목표에 도달하게 된다. 즉, 스스로의 유한성을 깨닫고 우리를 움직이는 해방의 방식에 스스로를 맡길 때 세계 모든 생태계는 나와 다르지 않은 유기체의 망(organic web)에 함께 거하고

---

38 캐서린 모우리 라커그나 엮음/강영옥 · 유정원 역, 『신학, 그 막힘과 트임 – 여성신학 개론』(왜관: 분도출판사, 2004), 165.

39 앞의 책, 167.

40 앞의 책, 168.

있다는 사실이 메타노이아(metanoia)와 함께 드러난다. 그리고 이러한 망은 마침내 생태계 상호 간의 연대성으로 확장되어 나아가게 되고, 마침내 상호 간의 연대성에서 본래성을 회복하는 진정한 구원의 사건, 해방의 사건이 드러나게 된다.

지금까지 우리는 급진적인 심층생태학으로서의 생태여성주의 신학의 노력과 연대적 해결 방안을 모색해 보았다. 그 결과는 다음과 같았다.

첫 번째, 생태여성주의 신학은 기존의 생태학과 남성 생태신학이 가지고 있는 한계점을 남성 중심주의와 가부장주의라는 숨겨진 개념에서 발견한다. 그리고 진정한 의미에서의 위기 극복은 이러한 숨겨져 있던 개념들을 해체하고 재구성할 때 가능하다는 사실을 보여주게 된다. 이러한 사실들이 드러났을 때야만 기독교 안에 있는 해방의 전통은 자신의 본래 모습을 찾을 수 있게 된다.

두 번째, 여기에서 더 나아가 생태여성주의 신학을 통해 전통적 신관이 앞서 언급된 '육체로서의 신'으로 변환되면서 몸의 영성 및 신학이 가능해진다. 이것은 생명체를 기계로 보는 근대과학과 인간 중심주의, 가부장주의, 남성 중심주의를 비판하고, 도리어 하나로 연합된 몸-정신을 강조하는 인간의 통전성 회복이 우리에게 제시될 수 있다.

세 번째, 이러한 인간의 통전성 회복을 통해 만물의 상호 의존의 영성에 기초하여 유한한 인간을 강조할 수 있게 된다. 인간은 혼자 분리된 존재가 아니기에 자신의 통전성을 회복했다는 것은 동시에 다른 모든 개체와의 관계를 회복했다는 것을 의미한다.

네 번째, 생태여성주의 신학은 마침내 관심과 돌봄의 윤리를 제시하게 된다.[41] 자신과 타자들 간의 모든 통전성을 회복했다는 것은 마침내 예수의 길에 참여하고, 그의 삶을 자신의 것으로 떠맡게 되는 것을 의미한다. 즉, 지구적 생명 공동체 안에 스스로 참여하여 그들을 사랑과 정의의 상호관계로 회복할 수 있는 관심과 돌봄을 수행할 수 있게 된다.

상호관계의 회복과 관심과 돌봄의 수행은 비단 여성 생태주의 신학에만 국한된 것은 아니다. 소위 남성적이라고 불릴 수 있는 기존의 생태학들 역시 생태여성주의 신학이 이야기하는 해체와 재구성에 참여한다면 일종의 연대적 관계를 수립할 수도 있게 된다. 왜냐하면 사실상 중요한 것은 자신들이 가지고 있는 욕심과 그것을 유지하기 위해 용인하고 있는 잘못된 구조적 악을 직시하는 것이기 때문이다. 그리고 구조적 악에서부터 나와 남을 해방하고자 하는 기독교적 신앙에로 메타노이아를 통해 다가가는 것이기 때문이다.

마지막 다섯 번째, 메타노이아를 통해 이제 통전적 생태신학이 가능하게 된다. 모두가 유한성을 인정하고 끝내 연대성을 통해 자신의 통전성을 회복하게 되면 이제 우리에게 그 어떠한 이원론도, 자연 경시도 존재할 수 없다. 그리고 이러한 전체적인 해방의 메타노이아를 통해서만 생태계의 위기 문제는 제대로 숙고될 수 있다. 그리고 서로 간에 성스러운 한 몸을 이루고 있다는 이러한 깨달음은 위기에 대한 결정적인 해결 방안이 될 수 있다.

기독교가 신앙하는 해방의 하나님은 구약의 노예들을 자유롭게 하고, 가난한 자 예수를 메시아로 부른 분이시다. 따라서 예수를 그리스도로 고백하는 신학은 스스로의 욕망을 통해 만들어 놓은 기복신앙, 기득권을 위한 아첨을 버리고 원래의 해방적인 힘을 되찾아야만 한다. 신학은 지금까지 기독교에 돌려졌던 생태계의 위기에 책임을 지고 전지구적

---

41 전현식, "인간줄기세포 연구에 대한 에코페미니즘의 비판적 성찰", 164-165.

인 사유를 최소한 기독교인들에게 각성시킴으로써 이 시대의 문제를 해결할 수 있어야 한다. 그리고 그럴 때만이 기독교 신학은 구원을 논할 자격을 가지게 된다.

세상이 병들어 있다는 것은 창조주 신을 믿는 자들에게 큰 도전이 될 수밖에 없다. 신이 세상을 창조했다고 믿는다면 그리고 그러한 신을 사랑하고 그를 믿는다면, 세상을 병들게 만들고 있는 우리의 행동은 분명히 잘못된 것이기 때문이다. 최소한 신과 인간과 자연에 대한 사랑을 고백했다면, 기독교 신학은 생태여성주의 신학이 시도하고 있는 내적 비판과 각성에 동참하고 그 연대성 안에 참여하여 전지구적인 생명망의 일원으로 살아가야만 한다.

결론적으로 생태여성주의 신학의 목표는 일차적으로 몸의 영성을 추구하는 것이어야 한다. 근대 자연과학이 주장했던 '몸=생물학적 기계'의 구도가 아니라 몸-정신 유기체(the unified body-mind)로 연합된 통전적인 삶의 모습을 추구하고 있다. 이러한 통전적인 삶 안에서는 모든 생명의 공간적 필요성, 평등성 그리고 생태 정의가 가능하게 될 수 있다. 그것은 곧 하나의 지구 안에 살아가는 동등한 개체들에 대한 연민과 이해가 수반되며, 나아가 그 안에서 우리가 만나는 성스러운 하나님의 영역조차 가능해짐을 의미한다. 이러한 하나님과의 관계의 영역이 인정되고 나면 기존의 기독교 교리 및 상징들은 더 이상 그 안에 있는 가부장적인 요소를 주장할 수 없게 된다. 즉, 재구성을 통해 통전적이고 현실적인 삶에 알맞도록 변화될 수밖에 없는 것이다. 그것은 곧 인간과 하나님까지도 만물과 상호 의존되어 있다는 생태학적 통찰을 의미한다. 그리고 자아는 언제나 유한하기에 언젠가는 사라져야 하는 작은 존재라는 사실을 깨달아야 한다는 요구이다.

물론 이러한 생명의 유한성이 단지 내가 사라져 버린다는 절망으로 끝나지는 않을 것이다. 왜냐하면 전지구적인 연대성 안에 상호 의존되어 있다는 통찰은 이미 우리가 생명 순환의 부분이고, 그렇기에 절대적 평등성 안에서 서로에게 도움을 줌으로써 자신의 죽음을 다른 것들을 위한 밑거름으로 깨닫게 해주기 때문이다. 오히려 세계 안의 모든 것은 공동창조자이기에 서로가 서로를 돕는 창조 과정에 적극적으로 참여되어 있는 하나로 인식되어야 한다. 왜냐하면 이 인식은 곧 기독교 신학에서 말하는 축제와 저항의 공동체 안에 세상 모든 것이 참여하고 있다는 통찰이기 때문이다. 즉, 그것은 모든 것 간의 연대성 안에서 서로 함께 고통당하고, 그것을 이겨나가자는 신의 부름, 곧 해방의 부름이다.

9장

과학 시대의 신론
: 현대 자연신학과 과학 신학

이번 장은 최신의 과학 시대에 신 이해를 새롭게 제시하고자 하는 현대 자연신학의 시도들을 살펴본다. 이를 위해 본 논문은 R. 스윈번[1]의 '궁극적인 확고한 사실'(the ultimate brute fact)로서의 신, R. 스타나드[2]의

---

[1] "리처드 스윈번(Richard Swinburne)은 인간의 정신(영혼)과 육체(몸)의 관계에 대한 논의를 영미 분석철학 전통 안에서 수행해 온 영국의 심리철학자다. 특별히 그가 철학 분야를 넘어 기독교학계에서 알려진 이유는 옥스퍼드 대학교의 기독교철학과 교수라는 점과 더불어 그의 기본적 연구 주제가 기독교 변증론이면서 동시에 철학을 이용한 신학, 즉 철학적 신학이기 때문이다." 윤철호 책임 편집, 『과학과 신학의 만남: 기포드 강연을 중심으로』(서울: 새물결플러스, 2021), 162. 또한 "리처드 스윈번은 자연신학을 오랫동안 지지해 왔다." 이안 바버/이철우 옮김, 『과학이 종교를 만날 때』(서울: 김영사, 2002), 62.

[2] 러셀 스타나드(Russel Stannrd)는 런던에서 태어난 양자물리학자(고에너지 핵물리학)이다. 영국 밀턴 케인즈의 개방대학에서 교수로 재직했고, 지금은 오픈 유니버시티의 은퇴 교수로 연구를 지속하고 있다. 특별히 어린 학생들을 위한 쉬운 자연과학 서적을 많이 집필하였고, 1986년에는 템플턴 UK 프로젝트상을 그리고 물리학과 과학 대중화에 힘쓴 공로로 영국 훈장(OBE)을 받기도 했다. "영국성공회 신자였던 그의 종교성 혹은 신앙에 따라 과학과 종교 사이 상호 이해 문제를 기술하고 있다. 그의 기포드 강연은 바로 이러한 과학과 종교 사이, 특히 과학과 기독교 신학 사이의 관계 설정을 다룬다. 강연을 기초로 한 그의 저서는 스코틀랜드의 애버딘 대학교에서 1997년과 1998년 사이에 했던 두 시리즈의 기포드 강연에 기초하고 있다." 이관표, 「리처드 스윈번, 러셀 스태나드」, 171-172.

'초-정신'(Super-Mind)으로서의 신 그리고 이들의 신정론에 대한 대답을 다루며, 그 이후 자연과학의 최신 연구 결과 안에서 새롭게 시도되는 자연신학의 의미와 한계를 제안한다.

"물리, 화학, 생물학의 영역 안에서 전례가 없을 정도로 발전된 과학적 시대를 사는"[3] 현대인에게 신의 존재는 아직 신뢰할 만한 것일까? 전통적으로 우리는 절대자 혹은 우리보다 더 많은 능력을 지닌 존재를 상정하고 그것의 실재를 믿어왔으며, 신이라 명명해 왔다. 그러나 최신의 과학 시대에 이르러 이것은 비판에 직면하였으며, 종교가 자체로 몰락되는 상황이 가속화되는 것처럼 보인다. 왜냐하면 전례가 없는 발전을 거듭하면서 과학은 종교 없이도 영원한 삶을 가능하게 할 만큼 발전했고,[4] 이전 시대의 통념과 신화들은 무가치한 것으로 여겨질 뿐이기 때문이다.[5] 그리고 종교의 몰락이란 결국 더 이상 신은 없으며, 우리는 이제 아무런 것에도 의지할 수 없이 스스로 자신의 삶을 견뎌내야 한다는 슬픈 독립선언이 되어 버렸다.

그러나 현대의 종교 몰락 선언과 종교 비판에도 불구하고 한 편에서는 여전히 이 과학적 내용과 종교 비판을 통과한 새로운 종교 이해와 신 존재에 대한 제안이 함께 자라고 있다. 왜냐하면 "동서고금을 막론하

---

3 Russell Stannard, *The Divine Imprint: Finding God in the Human Mind* (London: SPCK, 2017). 39.

4 현대 과학 및 의학의 영생 논의는 다음을 참조: 이관표·김소연, "현대의학의 영생 기술과 그 신학적 성찰 – 텔로미어와 유전자 가위를 중심으로", 신학사상연구소, 「신학사상」 제178집 (2017).

5 "이런 다툼은 물론 놀라운 것이 아니다. 진화가 신앙과 상충하든 아니든, 과학과 종교는 극단적으로 다른 두 세계관을 대표한다. 이 둘은 어떻게든 공존하다 해도 서로 불편할 수밖에 없다." 리처드 도킨스 외, 존 브록만 엮음/김명주 옮김, 『왜 종교는 과학이 되려 하는가: 창조론이 과학이 될 수 없는 16가지 이유』 (서울: 바다출판사, 2017), 40.

고 '신 존재'에 관한 물음은 인간이 미지를 향해 던질 수 있는 질문치고는 가장 존재론적이며 심오한 것"[6]이기 때문이다. 물론 이러한 자연과학 안에서의 관심이란 단순히 사이비종교 혹은 극보수적으로 과학을 변형 시키는 몇몇 단체를 지시하는 것이 결코 아니다. 오히려 이것은 자연신 학이라는 이름으로 출발한 몇몇 과학자들과 종교인들 사이의 건설적 대화[7]를 의미하며, 특별히 여기서 소개되는 학자들은 스윈번과 스타나 드이다.

자연신학(natural theology)이란 전통적으로 자연을 탐구하는 것, 즉 계시와는 다른 자연의 빛(이성) 안에서 신 존재를 증명하고 기술하는 신학적 흐름이다.[8] 이것은 전적으로 계시신학으로 언급되는 추상적, 성서 중심적 신학 방법론과 대비된다는 점에서 계시 밖의 것에 관심을 가지는 신학[9]이라 말할 수 있으며, 본 연구는 이러한 자연신학을 현대

---

6 김현태, 『철학과 신의 존재』 (서울: 철학과현실사, 2003), 60.

7 "최근 30여 년 전부터 과학과 신학 또는 과학과 종교 사이의 학제적 연구가 진척되었는데 이얀 바버(가) 과학과 종교의 관계를 갈등, 독립, 대화 그리고 통합이라는 네 가지 타입으로 분류"(김기석, "과학과 종교의 대화: 빅뱅 우주론과 창조신앙", 「조직신학논총」 제10 집, 한국조직신학회, 2004, 116)했다는 것은 주지의 사실이다. 한국에서는 얼마 전까지만 해도 과학과 종교 사이 대화가 잘 소개되지 못했다. 그러나 21세기에 접어들어 템플턴 재단 및 버클리 연합신학대학원에 있는 신학과 자연과학 센터의 다양한 프로그램들에 한국 기관들이 참여하였고, 이 안에서 많은 외국학자들이 소개되고 있다.

8 윤철호 책임편집, 『과학과 신학의 만남』, 16. 판넨베르크는 자연신학의 수행 이유를 다음 과 같이 말한다. "만일 신학이 하느님의 신성을 사유하고자 한다면, 신학은 하느님을 인간 역사뿐만 아니라 자연까지도 결정하는 힘을 사유해야만 한다." 볼프하르트 판넨베르크, 데드 피터스 엮음/박일준 옮김, 『자연신학』 (서울: 한국신학연구소, 2000), 124.

9 "자연신학은 기독교 전통 밖에서도 하나님에 관한 것이 알려질 수 있다는 사실을 가정하고 있다." 앨리스터 맥그래스/황의무 옮김, 『과학 신학탐구: 신앙의 관점에서 본 과학과 신학의 관계』 (서울: CLC, 2010), 129. 과학 신학은 이러한 자연신학 안에서도 신학의 내용을 과학적 사실들을 통해 검증하고 새롭게 해석해 내는 흐름이다. "가설이라는 용어를 사용함으로써 우리가 신이라고 부르는 절대적 신비에 대한 신학적 주장들은 자연과학에

과학으로 개진하고 있는 두 학자의 '신의 존재' 및 그 의미와 한계를 살펴
보고자 한다. 그 이유는 다음과 같다.

첫째, 스윈번과 스타나드 모두 극보수적 신학이나 신앙을 통해 현대
과학과 철학의 논의를 무시하는 것이 아니라 오히려 현대 과학과 철학의
최신 성과들을 수용하고, 그럼으로 전통적 신학의 주제 및 신앙 경험
등을 새롭게 재해석하기 때문이다. 그리고 이러한 이유 안에서 그 둘
모두 대표적 자연신학 신학 강연인 기포드 강연[10]에 초대되어 강의하였
다. 둘째, 두 학자는 현대의 자연과학의 논의 안에서 특별히 신-인식
및 신의 존재에 대한 단초를 발견하였고, 이것을 통해 자연신학의 가능
성을 우리에게 제안하고 있기 때문이다. 그리고 바로 이러한 두 가지
이유를 통해 본 논문은 두 학자가 주장하는 신의 존재와 신정론에 대한
논의들을 살펴보고, 과학 시대 내 자연신학의 새로운 조건들을 모색함
과 동시에 그 한계도 지적해 보기로 한다. 논의의 순서는 다음과 같다.

2장은 스윈번의 자연신학에 대한 이해와 '궁극적인 확고한 사실'로
서의 신 이해를 살펴본다. 3장에서는 스타나드의 자연신학에 대한 이해
와 더불어 '초-정신'으로서의 신 이해가 다루어진다. 4장은 스윈번과
스타나드가 자신들의 자연신학과 신 이해를 통해 해명하는 신정론의

서 획득된 자료에 비추어 비판적으로 평가된다. 신학적 진리 주장들은 과학적 지식으로
부터 정보를 제공받고 더 첨예하게 다듬어져야 한다"는 것이 이 흐름의 전제이다. 테드
피터스 역음/김흡영·배국원·윤원철·윤철호·신재식·김윤성 옮김, 『과학과 종교: 새로운
공명』(서울: 동연, 2010), 14.

10 "기포드 강연은 스코틀랜드의 변호사, 판사, 상원의원이었던 아담 기포드 경의 후원
으로 1888년에 시작되어 지금까지 스코틀랜드의 유서 깊은 네 대학인 애버딘, 에든
버러, 글래스고, 세인트앤드루스와 연계해 매년 계속되면서 국제적으로 권위를 인
정받고 있는 영국의 전통적인 신학 강연이다." 윤철호 책임편집, 『과학과 신학의 만
남』, 11.

문제를 살펴본다. 5장은 글을 요약하고 이들이 시도하는 자연신학의
의미와 그 한계를 제시한다.

1. 리차드 스윈번의 자연신학과 신에 대한 이해

1) 자연신학의 출발에 대한 스윈번의 이해

스윈번에 따르면 자연신학이란 인간 안에 외부적이고 초월적인 어
떤 것이 이미 존립하고 있다는 전제를 가진다. 그러나 이것은 다양한
신 존재 증명을 통해 이미 시도되었고 그 한계를 노출하고 있다. 왜냐하
면 논리적으로 신이 존재해야 함을 증명하는 것은 불가능하기 때문이
다. 예를 들어 우리는 이등변 삼각형의 작은 두 변의 제곱의 합은 나머지
한 변의 제곱의 합과 같다는 것을 피타고라스를 통해 알고 있다. 또한
우리는 점, 선, 정육면체 등 안에 나름대로 정리를 가지며, 이 안에서
이것들을 증명한다. 그러나 신은 이러한 증명에 포함되지 못한다.[11] 그
리고 전통적인 철학자들과 신학자들, 즉 플라톤, 아리스토텔레스, 어거
스틴, 안셀름, 데카르트, 라이프니츠, 아퀴나스 등은 이러한 신의 존재에
대한 분명한 논증에 실패했다고 말할 수 있다. 그러나 현대 과학의 발전
과 더불어 새롭게 시작된 자연신학의 논의는 단순한 논리적 논증이 아니

---

11 이와 관련하여 스타나드 역시 전통적 자연신학이 만약 자신들의 기획, 즉 신 존재 증
　명에 성공했다면 지금의 우리는 자연신학을 언급할 필요가 없었을 것이라고 말한
　다. 왜냐하면 만약 증명될 수 있었다면 우리는 지금 증명할 필요도 없었을 것이기 때
　문이라는 것이다. Stannard, *The Divine Imprint*, 11.

라 신-인식론의 새로운 제안을 통해 신 존재에 대한 논의를 다른 방향으로 이끌기 시작한다.

인식이란 앎 또는 지식을 말하며, 철학적 인식론은 앎 혹은 지식을 탐구하는 철학의 한 분과를 의미한다. 특별히 이 인식론은 앎의 의미 및 앎의 과정을 그 연구 대상으로 삼으며, 인식의 정당성을 찾는 것이다.[12] 그리고 신학 안에서 논의되었던 신에 대한 인식, 즉 신-인식론 역시 이러한 인식론적 정당성의 문제로부터 완전히 벗어나지 못한다. 왜냐하면 신학은 단순한 신앙의 학문임을 넘어 신 그 자체에 대한 지식 및 인식의 가능성에 대해 꾸준히 언급해 왔으며, 그런 의미에서 신-인식론은 하나의 신학이 타당하기 위한 기본적 조건일 수밖에 없기 때문이다. 신-인식론은 짧게 말해 "어떠한 과정 혹은 조건을 통해 신을 알 수 있는가?" 혹은 "이러한 과정으로 알게 된 신에 대한 내용이 건전한가?"를 밝히는 것이다. 그리고 전통을 넘어 시도되고 있는 이 신-인식은 이제 우리 시대의 주요 담론인 자연과학과 연결됨으로써 새로운 신 존재에 대한 긍정적 언술들을 가능하게 만들고 있다.

기독교 철학과 교수인 스윈번은 기본적으로 기독교 배경에서 신 존재 증명에 대한 다양한 논증을 제시하며, 그는 특별히 자연과학의 원리를 통해 전통적 신의 존재에 대한 규정을 변증해 나간다. 전통적으로 유신론은 전능하고 전지적이며 완벽한 자유를 지닌 인격신을 선포해 왔다. 그리고 이러한 전능, 전지, 자유라는 세 가지 중요 개념은 그 자체로

---

12 "어떤 사람 S가 명제 P를 안다"의 필요충분조건은 다음과 같은 세 가지 전제가 모두 건전해야 한다. 전제1: P가 참이다, 전제2: S가 P를 믿는다, 전제3: S가 P를 믿는 것에 인식적 정당성을 가진다. 김도식, 『현대영미 인식론의 흐름』(서울: 건국대학교출판부, 2006), 33.

인간들의 합리적 논증 안에서 증명 가능할 것으로 여겨져 왔고, 그에
따라 안셀무스로부터 시작하여 칸트에 이르기까지 다양한 신 존재 증명
에 대한 논의가 있어 왔다. 스윈번 역시 전통적인 신 존재에 대한 해명과
그 증명 방식을 비판적으로 수용하면서 새로운 길들을 개척해내려고
시도한다.[13]

스윈번에 따르면 우주가 존재한다는 사실 자체가 신의 존재를 증명
하는 기본적 출발점이다. 왜냐하면 지금의 우주는 말할 것도 없고, 뭔가
존재한다는 것 자체가 엄청나게 이상한 일이며, 동시에 그것의 근거로
서의 무엇이 있지 않으면 상상할 수 없는 일이기 때문이다.[14] 우리는
철저히 무(無)여야 했고, 그래서 "도대체 왜 없는 것이 아니라 도리어
어떤 것이 존재하는가?"[15]라는 라이프니츠 및 하이데거의 질문은 너무
당연한 경탄의 질문일 수밖에 없다. 경탄스러움 앞에서 이 우주 및 우주
의 법칙을 창조한 자로서의 신은 존재해야만 한다. 이러한 전제를 가지
고 그는 다음과 같은 신 존재 논쟁을 진행한다.

---

13 오히려 1980년대 이후로 영미권 철학자들은 일종의 신 존재 논쟁에 대한 부활을 경
    험하게 되었고, 스윈번 역시 거기에 합류했던 것으로 보인다. 특별히 이러한 현대적
    신 존재 논쟁의 부활은 자연과학의 급속한 발달로부터 나타나게 된 무신론적 저술들
    (대표적으로 리차드 도킨스의 『만들어진 신』이나 스티븐 호킹의 『시간의 짧은 역사』
    등)에 대항하는 것으로 이해할 수 있으며, 스윈번은 여기에 대한 영미 분석철학적 경
    향을 가지고 1979년에 *The Existence of God* (revised edition)(Oxford: Oxford University
    Press, 1991)을 집필하였고, 이것에 대한 요약판으로서 1996년 *Is There a God* (Oxford:
    Oxford University, 2010)을 집필함으로써 무신론적 자연과학자들의 전제를 비판하고
    신에 대한 전통적 이해를 구출해내게 된다.
14 Swinburne, *Is There a God?*, 48.
15 마르틴 하이데거/신상희 옮김, 『이정표 I』 (서울: 한길사, 2005), 146.

2) '궁극적이며 확고한 사실'로서의 신

첫째, 스윈번은 신에 대해 영원성, 전능성, 전지성, 완벽한 자유와 같은 전통적 속성을 부여한다. 그리고 그가 완벽하기에 선하고 도덕적인 의무의 원천이 되며, 이것이 모두 본질적 속성이라 주장한다.[16] 또한 신은 자신 이외에 다른 피조물들이 존재하는 사실에 대해 책임을 가지고 있음과 동시에 자기 자신만은 그 어떤 설명도 가능할 수 없는 영역에 남는다. 물론 이러한 신에 대한 언술들은 당연히 "우리가 왜 그러한 존재자를 믿어야 하는가?"라는 질문을 등장시키게 되고, 이에 대한 답이 그의 두 번째 주장이다.

둘째, 신 존재를 믿어야 하는 이유는 모든 설명이 단순할수록 정답에 가까우며, 바로 이러한 이유에서 유신론이야말로 최고의 단순성을 지닌 진리이기 때문이다.[17] 스윈번에 따르면 설명의 정당화를 위해 어떤 자연법칙이 정당하게 될 수 있는 네 가지 기준이 있으며, 그것은 다음과 같다. 1) 다른 사건들을 예측하게 해주고, 2) 제안된 것이 단순하며, 3) 우리의 배경지식에 부합하고, 4) 그 주장이 없다면 우리는 우리가 어떤 사건들을 발견하리라고 기대할 수 없다. 그리고 이 네 가지를 모두 충족할 수 있는 특징은 얼마만큼 그것이 단순성에 가까워지는가 하는 것이다.

이것과 관련하여 다른 것의 원인으로 신의 존재를 상정하는 것 역시

---

16 스윈번은 본질적 속성과 부수적 속성을 구분하는데, 여기서 전자는 어떤 실체가 존재하기를 멈추지 않고서는 상실할 수 없는 것을 지칭한다.

17 "유신론은 그것이 지닌 단 하나의 원인인 하나의 인격체에게 인격체들이 갖는 본질적 속성들의 무한한 정도—즉, 무한한 능력, 무한한 지식, 무한한 자유—를 가정한다." Swinburne, *Is There a God?*, 43-44.

최대 단순성 때문에 가장 정당하다.[18] 왜냐하면 신이 가진 전능, 전지, 완벽한 자유 등은 무한대를 지칭하며, 이 무한대를 가진 존재자가 존재한다고 하는 것은 곧 가장 단순한 '0'(zero)의 한계를 짊어지고 있는 인격체가 존재한다는 것을 의미하기 때문이다. 예를 들어 과학자들은 광자들이 극히 작은 정지질량(2.62×10^{-1000} 그램)을 갖는다고 가정하는 것보다 '0'이라고 가정하는 것이 더 낫다고 생각한다. 가장 단순하게 어떤 현상을 설명하면 할수록 더욱 진리에 가깝고, 그러기 위해서 우리가 현실에 대한 설명의 근거로 가지고 올 수 있는 가장 단순한 가정은 인격적 신이라는 것이다.

셋째, 스윈번은 나아가 이러한 인격적 신의 존재가 우주와 그 안의 자연법칙 부여자로 제시될 수 있다고 주장하면서[19] 결국 신을 "모든 것을 설명하는 **궁극적이며 단적인 사실**(the ultimate brute fact)"[20]이라고 규정한다. 즉, 우주에는 엄청나게 많은 수의 물체가 있으며, 그것들이 거의 동일한 방식으로 행동하는 이러한 놀라운 사건을 가능하게 한 것, 나아가 그것이 그렇게 존재해야만 하는 이유 그리고 "모든 객체의 실존뿐만 아니라 그들의 힘과 능력에 대한 책임까지도 짊어지는 것"[21] 등은 결국 인격적 초월자라는 가장 단순한 이론에 의해서만 진리에 가장 가깝

---

18 "스윈번에 의하면 하느님이 존재한다고 말하는 것이 간단할 뿐 아니라 행위자의 의도로 현상 세계를 일관성 있게 설명할 수 있기 때문에 하느님의 존재는 애당초 그럴 듯하다. 그리고 현상 세계의 질서 정연함 같은 증거는 유신론적 가설이 참일 확률을 높인다고 주장했다." 바버, 『과학이 종교를 만날 때』, 62.

19 신 존재에 대한 논의는 다음의 저서로 연결된다. Richard Swinburne, *Mind, Brain, and Free Will* (Oxford: Oxford University Press, 2013).

20 Swinburne, *Is There a God?*, 18.

21 앞의 책, 11.

게 해명될 수 있을 뿐이다. 그리고 이런 의미에서 신은 궁극적이지만 동시에 확고하여 결코 거부될 수 없는 사실로 규정할 수 있으며, 이것은 인간 현상 안에서도 유사하게 나타난다.

스윈번은 극보수적 신학의 창조론보다는 진화의 과정 안에서 생명을 해석하려 한다. 그리고 그는 인간 역시 동일한 진화 과정 안에 놓여 있는 것으로 가정함과 동시에 다른 동물들과 달리 고등동물로서 육체에 머물지 않고 무엇인가 다른 어떤 것을 소유한다고 주장한다. 이러한 인간만의 고등성은 전통적인 이름으로서 영혼이라고 명명되어 왔다. 그리고 이 영혼은 진화의 어느 시점에서 육체와 연결되었기에 결코 과학적 실험을 통해서는 설명될 수 없는 어떤 것이다.[22]

이것은 결국 인간이 진화의 과정 안에서 육체를 넘어 영혼으로 연결되는 한 단계를 겪어 내었고, 그 둘 사이의 인과적 관계 안에 신의 간섭과 신의 실재를 증명할 수 있는 어떤 단초들이 놓여 있음을 의미한다. "순수한 정신 사건(고통 안에 있는 나와 같은 예)이 물리적 사건(C-자율신경계 섬유가 뇌 안에서 불타고 있는 예)과는 구분(되지만)… 영혼과 육체는 상호작용한다."[23] 또한 여기서 영혼은 능력을 지니며, 여기서 능력이란 곧 두 가지 선택지 중 하나를 고르는 자유의지이면서 결국 구조를 가진 상태에서 죽음 이후에는 영혼불멸이라고 부르는 영역과도 연계될 수 있다.[24] 그리고 스윈번은 모든 것이 가능해지는 근거로서 신이 증명될

---

22 앞의 책, 69.

23 Richard Swinburne, *The Evolution of the Soul, Revised Edition* (Oxford: Clarendon Press. 1997), ix.

24 "만약 신이 죽음 이후에 새로운 육체를 주거나 혹은 육체 없는 영혼의 삶을 주신다면, 인간은 결코 폭력적인 자연법칙에 노출되지 않을 것이다. 왜냐하면 내가 맞는다면, 죽음 이후에 영혼에게 발생할 그 어떤 것을 명령할 만한 자연적 법칙이란 존재하지

수 있다고 주장한다.[25]

　물론 여기에서 스윈번은 단순히 그렇다는 주장만을 제안하고 끝내지는 않는다. 오히려 여기에는 '경신의 원칙'(principle of credulity, 쉬운 믿음의 원칙)[26]을 통한 건전성 확보가 동반된다. 왜냐하면 유신론을 통해 영혼과 육체 간의 관계를 입증하는 이 언술들은 불가능한 것을 최대한 합리적으로 설명하는 가장 쉬운 가설이기 때문이다. 다시 말해 육체를 넘어서는 정신적 차원과 더불어 육체와 정신 사이에 설명될 수 없는 인과 관계 모두를 신을 통한 간섭과 중재로 논할 때, 우리는 분명하게 설명할 수 있다. 그리고 바로 이러한 이유에서 이 논의는 가장 건전하며, 이와 더불어 신 존재 역시 증명될 수 있게 된다.[27]

　넷째, 스윈번에 따르면 이러한 신의 간섭과 더불어 우리는 신에 대한 경험을 가지게 되고, 이것의 실재성이 신 존재의 마지막 논거이다. 신은 선한 창조자로서 자신의 최고등 피조물인 인간과 상호작용하기를 원하

않기 때문이다." Swinburne, *The Evolution of the Soul*, 309.

25 "영혼은 전기 전구와 같고 두뇌는 전기 전구의 소켓과 같다. 만약 전구를 소켓에 연결하고 전원을 켠다면 불은 밝혀질 것이다. 만약 소켓이 상하거나 전원이 꺼진다면, 불은 밝혀지지 않을 것이다. 이처럼 영혼은 기능을 하는데, 그것은 두뇌가 기능할 때이다. … 인간은 전기 전구를 옮겨서 전적으로 다른 소켓에 끼울 수 있다. 그러나 어떻게 영혼을 한 육체로 넣는지 그리고 그것을 다른 것에 연결시키는지는 도저히 알 수 없다. 그러나 이 작업은 그 어떤 모순도 포함하지 않으며, 전능한 신은 이것을 수행할 수 있을 것이다. … 자연의 이면에 도사리고 있는 궁극적인 능력을 발견하지 못하는 한에 있어서 인간은 결코 영혼을 다시금 기능하도록 할 수 없다." Swinburne, *The Evolution of the Soul*, 310-311.

26 이것은 "우리가 착각하고 있다는 증거를 갖고 있지 않는 한 그리고 그런 증거를 발견할 때까지 우리는 사물이나 사건들이 보이는 대로 믿어야 한다는 원칙이다." Swinburne, *The Existence of God*, 254.

27 "인간의 영혼을 창조하고 그것을 육체에 결합시키기 위해 그가 직접적으로 간섭한다는 것은 평범한 기독교의 교리이다." Swinburne, *Is There a God?*, 94.

며, 따라서 종교적 경험의 발생은 당연한 일이다. 그리고 이 경험은 실제로부터 야기되는 외견상의 경험이지만, 그러함에도 불구하고 앞서 언급한 '경신의 원칙'이라는 이성의 원칙을 통해 망상이 아닌 것으로 증명된다. '경신의 원칙'에 따르면 종교적 경험이 발견된다면, 망상이라는 증거가 나타나지 않는 한 인정되어야 한다. 나아가 이것은 신 존재에 대한 사항에서도 동일하게 적용된다. 신이 존재하지 않을 확률이 더 높게 증명되지 않는 한, 전통적으로 이어져 내려온 신 존재에 대한 논의들은 거부되어서는 안 된다.

물론 여기에는 반론이 가능하다. 왜냐하면 신이 존재하지 않아도 인간이 어떤 종교적 경험을 할 수도 있기 때문이다. 그러나 스윈번은 이러한 반론과 관련하여 종교 경험에 대해 신의 실재를 가정할 때와 가정하지 않을 때, 과연 어떤 상황이 더 개연성과 단순성에 있어 유리한지 되묻는다. 다시 말해 신의 실재를 가정할 때 우리는 더 분명하게 종교 경험을 설명할 수 있고, 나아가 인간의 정신-육체의 오묘한 삶과 더불어 광대한 우주 질서를 더 잘 이해하고 설명할 수 있게 되며, 이런 한에서 신의 실재를 가정하는 것이 더 낫다는 것이다. 스윈번은 경신의 법칙을 통해 신 존재 논쟁의 진흙탕을 벗어남과 동시에 보다 의미 있는 작업으로 이행하고 있는 셈이다.

2. R. 스타나드의 자연신학과 신 이해

1) 스타나드의 자연신학 이해

스타나드는 자연과학의 대중화와 더불어 그것과 종교와의 대화에 상당한 관심을 가졌던 물리학자이다.[28] 그는 종교와 물리학 사이를 중재하면서 자연신학의 가능성을 제시한다. "자연신학은 자연에 대한 연구를 통해 자연 속에 신과 신의 마음을 더 잘 이해할 수 있는 열쇠가 있는지 알아보는"[29] 방법론이다. 그리고 이러한 방법론을 통해 그는 우리에게 신을 인식하는 분명한 일점이 주어져 있으며, 그것이 기본적으로 인간의 정신(mind)에 연결되어 있음을 주장함으로써 신 존재에 대한 논의를 시작한다. 즉, 칸트가 말한 것처럼 신은 그 자체로 알려지는 것이 아니라 늘 내가 아는 한에 있어서 그를 경험할 수 있으며, 바로 그 앎이 이미 인간 정신에 들어와 있다는 것이다.

먼저 스타나드는 우리가 신을 찾을 때 일단 잘못된 곳을 찾아가고 있음을 분명히 하면서 그중에 가장 문제가 되었던 것이 세계로 나아가 세계 안에서 신을 찾는 논증이라고 말한다. 그리고 우리가 세계를 관찰하고, 그럼으로 거기에서 세계의 근거인 신을 찾는 시도는 'M-이론의

---

28 그는 많은 입문서 수준의 책을 저술하였으나 그 작업은 단순한 과학적 소개에만 머물지 않았다. 그는 영국성공회 신자였고, 따라서 자신의 종교성 및 신앙에 맞는 과학과 종교 사이 상호 이해를 연구하여 기술하였다. 이러한 이해 중 한국에 가장 알려져 있는 책은 『과학, 신 앞에 서다』(Science & Belief: The Big Issues)이다. 이 책 안에서 스타나드는 "과학과 신앙이 서로에게 영향을 미치는 다양한 방식들을 포괄적으로 다룬다." 러셀 스태나드/임보라 옮김, 『과학, 신 앞에 서다: 진화에서 외계인까지』(서울: 성바오로, 2014), 서문.

29 스타나드, 『과학, 신 앞에 서다』, 227.

추측적 기능'과 연결된다.[30] 다시 말해 하나의 현상 혹은 근거에는 다양
한 선택지 대입이 가능하다는 것이며, 이것은 결국 인간이 세계를 어떻
게 바라보는가 하는 것에 따라 그것의 근거에 대한 원인들이 추론 가능해
짐을 지시한다. 그는 바로 이러한 입장에서 오히려 신-실존의 근거를
신을 알고 있음의 차원으로 환원시키고, 그 안에서 의식의 중요성을
관찰하기 시작한다.

먼저 신을 인식할 수 있는 어떤 것이란 그에게 있어 인간 모두가 분유
(share)하며, 인류가 그 기원으로부터, 즉 출생부터 소유한 방법이면서
동시에 우리는 공백이 아닌 정신과 더불어 세계에 나타난다. "이것은
진화론적 과거가 두뇌에 흔적을 남겨둔 방법으로부터 나타난다."[31] 일
반적으로 진화에서는 우리 모두를 아무런 여백도 가지고 있지 않은 생존
기기로 묘사하지만, "우리가 자기 자신을 깨닫게 된 단순한 자기 복제적
생존기기로 설명되기는 어려운 어떤 것을 가지고 태어난 그러한 정신의
형태가 존재한다. 정신의 타자성이 존재한다."[32] 여기서 정신의 타자성
이란 진화적 법칙으로 해석될 수 없는 빈 공간(spandral)이며, 그러함에
도 진화 안에서 나타난 결과물임은 분명하다.

진화의 과정 안에서 두뇌가 형성되었는데, 이 두뇌는 모든 과거적
기억이 축적되어 있는 어떤 사유를 지금의 나에게 전달한다. 그리고
이 두뇌의 내부에서 "신이 그의 속성을 우리의 의식 안에 흔적을 남겨
놓았던 것처럼 우리는 그 자신을 그의 물리적 창조물들 위에서 발견한

---

30 M-이론은 초끈이론을 논할 때, 만약 하나의 현상 혹은 근거가 있다면, 이는 여기에 맞
　는 다양한 형태의 수학적 계산이 있을 수 있음을 지칭하는 이론이다.

31 Stannard, *The Divine Print*, 44.

32 앞의 책, 116.

다."[33] 스타나드는 이 의식의 근거가 신이라고 주장한다. "우리의 의식은 신의 의식으로부터 파생되었다. 그렇기에 우리의 정신은 본성상 신의 정신적 특성 중 몇몇 측면에서 합동한다(incorporate). … 진실로 성서 안에서 말하듯이 우리는 하나님의 형상이다. 그렇다 우리의 진화적 과거는 우리의 정신에 지울 수 없는 흔적을 남겼고, 그렇게 또한 신을 소유한다."[34] 그리고 이러한 흔적을 통해 이제 우리는 이미 신을 인식했으며 또한 동시에 이미 관계 맺고 있다.[35]

진화 과정 안에서 우리는 신의 변화와 더불어 우리의 변화를 경험할 수 있으며, 이러한 현상은 단순한 우리의 현실을 신에게 투영하는 신인동형론을 넘어 전혀 우리가 상상할 수 없었던 신의 특성이 우리에게 되돌아오는 외부적 형태를 인정하게 만든다. 그리고 바로 여기에 개별적 정신의 타자성이 등장한다.

타자성이란 진화를 통해 면면히 이어져 온 정신의 본능과 다른 어떤 영역이다. "진화란 모든 생명체를 창조하는 신의 방법"[36]이지만, 진화론은 그 자체에 이기주의적 원리라는 문제점을 지닌다. 적자생존, 약육강식, 자연선택이라고 하는 진화론 안에서 모든 것은 생존하기 위해 이기적으로 작동하는 기계일 뿐이다. 그러나 스타나드에 따르면 이렇게 모든 것을 기계로 보고 또한 망상으로 보는 이 관점은 오히려 더 위험하다. 왜냐하면 실제와 더 먼 해석이기 때문이다.

---

33 앞의 책, 6.

34 앞의 책, 44.

35 "우리가 신을 알게 된다는 것은 우리가 신과의 관계 안으로 들어옴을 인지하는 것 안에 놓여 있다." 앞의 책, 124.

36 스타나드, 『과학, 신 앞에 서다』, 28.

진화는 늘 효용성이 높은 것으로 변경되는데, 오히려 앞서 밝힌 것처럼 많은 가치 있는 것들은 오히려 진화론적으로 보면 시간과 노력의 낭비이다. 다시 말해 정신이나 의식이 아예 없어서 자동화되는 행동의 형태가 된다면 더욱 진화론적 생존의 법칙에 더 알맞았을 것이지만, 오히려 정신과 의식은 우리의 삶을 더욱 복잡하게 만들어 효용성을 떨어뜨린다. 오히려 진화를 이기적 논리로 해석하는 "진화론은… 계몽된 자기 흥미 이외에 다른 것"[37]이 아니다. 그러나 진화 안에는 진화론의 이기적 원리와 다른 전적으로 신비로운 영역이 존재한다. 그리고 이것이 바로 인간 정신의 타자성으로서 진화론의 설명을 넘어서 있는 어떤 것이다.

타자성을 해명하기 위해 스타나드는 자각, 느낌, 이타주의, 도덕의 감정, 아름다움의 감각(성적 아름다움, 예술, 문학, 즉 시, 음악, 자연, 수학과 과학)을 제시한다.[38] 예를 들어 우리는 이타주의를 언급할 수 있다. 누군가 이타적으로 행동한다면, 우리는 그것을 이기적이라고 말하지 않는다. 리차드 도킨스는 이타성으로의 전환이 이기적 유전자가 새로운 자기보존의 법칙이라고 주장하지만, 이러한 해석은 진화론적 원리에 완전히 흡수되지는 못한다. "아무것도 돌려주지 않아도 성실하게 주는 경우가 존재한다."[39] 그리고 거기에는 가깝게 관련되지 않아도 이러한

---

37 Stannard, *The Divine Print*, 69.
38 또한 그는 성서 내 기적에 대한 기록이 일방적 강요나 저급한 기복 추구가 아니라고 말한다. 오히려 기적은 그 자체로 영적인 차원에서 새롭게 제시되어야 하는 어떤 것이다. "기적을 동원해 치료를 해야 한다면 예수는 틀림없이 그렇게 했을 것이다. … (그러나) 기적을 행해도 그것을 사람들 개종시킬 목적이 아니었다." 스태나드, 『과학, 신 앞에 서다』, 192.
39 Stannard, *The Divine Print*, 114.

이타성이 나타나는 놀라운 상황이 일어난다. 이타성의 다양한 상황과 관련하여 진화심리학은 모든 것을 설명할 수는 없다.

또 다른 예로서 스타나드는 도덕을 제시한다. 이것은 진화론적 생명 유지의 본능을 거스르며 이런 의미에서 아무런 수여자 없이 그냥 자연선택의 과정에서 나타난 것으로 언급될 수 없다. 왜냐하면 도덕이란 진화론 안에서 보면, 즉 자기중심적 사고에서 보면 방해꾼이 되기 때문이다.[40] 또한 두려움의 감정, 창조성의 감정, 목적의 감정 등은 앞서 언급한 진화론적 본능에 반대되는 것을 넘어 단순한 자기중심성을 넘어선다. 그리고 이 타자성에 대한 논의로부터 스타나드는 신의 존재를 규명하기 시작한다.

2) 초-정신으로서의 신

스타나드에 따르면 이 정신의 타자성을 가능하게 만드는 자가 바로 신이며, 그는 그 정신을 넘어선 초-정신(Super-Mind)이라 명명될 수 있다.[41] 이러한 초-정신인 신은 우리의 사유와 상호 간 메시지를 우리의 흔적인 정신의 타자성으로 전송한다. 그렇게 함으로써 물리적 세계를 작동시키며, 아주 근원적인 차원에서부터 모든 존재자와 소통하고 있

---

40 "진화는 가장 적합한 개체만 살아남는다는 점을 알려 준다. 따라서 인간의 행동 양식은 유전적 영향을 받게 되어 있고, 당연히 인간은 이기적인 존재가 될 수밖에 없다. (이와 달리) 다른 사람을 도우려는 마음 혹은 이타적인 욕구는 신이 우리에게 날 때부터 준 능력이다." 스태나드, 『과학, 신 앞에 서다』, 48.

41 "근거는 의식의 궁극적 근원이라는 것을 받아들일 때 이것은 근거 그 자체가 최소한 의식의 일종이라도 가지고 있어야 함을 암시하는 것은 아닌가? 초-정신(Super Mind)이라고 부르는 것이다. 이것은 신을 의식적 개체가 존재하도록 하는 수단이라기보다는 하나의 실존하는 의식적 개체로서 다룬다." Stannard, *The Divine Print*, 121.

다. 왜냐하면 그는 모든 존재의 근거이기 때문이다. "정신이 실존하게 되는 수단으로서 신은 유일하고, 직접적인 우리 의식 안의 연결고리 (Link)이다."[42] 이 논의는 결코 진화심리학으로는 모두 다 설명될 수는 없다. 오히려 초-정신인 신의 특성들은 인간의 정신을 단순히 진화적 순응에 머물지 않고 초월하도록 만들며, 바로 이러한 의미에서 스타나 드는 초월적 정신의 타자성을 신의 흔적이라고 말하고 있다. 이 흔적으로서의 정신의 타자성은 "보다 좋은 속성, 즉 신의 근거가 유사하게 수여되었다."[43] 그럼으로 "신에게 부여된 속성들 사이에서 밀접하게 유사한 것은 의식적 경험의 타자성의 특성이면서 다른 한편으로는 우리가 신에 의해 각인되어 태어난 정신의 외부적 특성"[44]이다. 그렇다면 전통적 고백인 창조자 신은 어떻게 현대적으로 해석될 수 있는가?

스타나드는 신이 기독교의 신으로서 창조자라는 사실을 긍정하면서 이러한 긍정을 표현하기 전에 먼저 해야 하는 사항은 기원과 창조라는 두 가지 용어에 대한 차이를 분명히 해야 한다고 주장한다. 왜냐하면 이 두 개념의 혼동 때문에 과학과 종교는 무가치한 갈등을 겪기 때문이라는 것이다. 기원은 사물의 시작이 어떠한가 또한 그것이, 기원이 어떻게 설명될 수 있는가를 다룬다. 이와 전적으로 다르게 신학자들은 이것에 관심을 가지지 않고 오히려 실존의 근원(source)을 묻는다. 창조는 무엇이 지금의 존재를 만들었는가라는 기원에 대한 물음이 아닌 '왜'를 묻는

---

42 앞의 책, 122. "신은 우리의 정신 안으로 사유를 전송하는 수단으로 물리적 세계를 사용한다. 그러나 이것은 우리의 의식의 현재적 단계에서 자각되지는 않는다. 우리가 이해해야 하는 것은 신은 사유와 메시지를 전송하는 수단으로서 물리적 세계를 필요로 하지 않는다는 것이다." 앞의 책, 122.

43 앞의 책, 119.

44 앞의 책, 119.

물음이며, 그 창조물의 존재에 대한 책임을 요구하는 물음이다. 신학은
신을 창조자로 찾음으로써 그를 세계를 유지하는 자이자, 모든 것의
책임자로 기술해낸다. "신은 우리가 실존함을 위해 책임을 가지고 있는
그 무엇이든 붙이게 되는 이름이다."[45]

3. 신정론에 대한 현대 자연신학자들의 대답

이제 우리는 마지막으로 자연신학의 신 이해가 현실적으로 마주하
게 되는 비판을 점검해야만 한다. 왜냐하면 아무리 그럴듯한 신에 대한
논증이 가능할지라도 막상 그가 현실과 연결될 수 없다면 그리고 현실을
설명할 수 없다면 그것은 추상적 기술에 불과할 수 있기 때문이다. 그리
고 이러한 현실의 설명이란 곧 신정론의 문제이다.

신정론(Theodicy)이란 현실에 존재하는 고통과 악의 존재에 대한
논의이다. "전능한 신은 이 악을 방어할 수 있었을 것이고, 확실히 완벽하
게 선하고 전지전능한 신은 그렇게 해 왔어야 한다. 그런데 왜 이 악은
존재하는가?"[46] 전지전능한 신과 악 사이의 이 긴장감은 결국 신의 완전
성과 신의 사랑 사이의 역설적 긴장감을 신학 안에서 터트려 버린다.
왜냐하면 "왜 전능한, 사랑하는 신이 이러한 일들이 발생하도록 허락했
는지를 대답하는 것은 쉽지 않"[47]기 때문이다. 이러한 문제에 대해 스윈

---

45 앞의 책, 33-34.
46 Swinburne, *Is There a God?*, 84.
47 Stannard, *The Divine Print*, 148.

번과 스타나드는 현대 자연신학의 특징 안에서, 즉 철저히 과학적, 합리
적 논증을 통해 대답을 시도한다. 그럼으로 이제 그들은 새롭게 자신들
이 개진했던 신에 대한 나름대로의 논의들에 정당성을 확보하고자
한다.

1) 신정론에 대한 스윈번의 대답

먼저 스윈번은 신정론의 문제, 즉 신이 도덕적 악과 고통을 허락하는
이유와 관련하여 그것이 인간 개인의 책임이어야 함을 분명하게 한다.
"신정론의 중심적 핵심은 내가 믿거니와 자유의지 방어가 되어야 한
다."[48] 그리고 이러한 자유의지를 신이 인간에게 주었다는 것을 인정한
다면, 결국 모든 악이란 우리가 자유롭게 그리고 책임감 있게 선택한
것이 된다. 인간들이 자유의지를 가졌다는 것은 결국 그들이 "자신의
성품을 형성할 수 있게 만들어졌음"[49]을 의미하는 것이다.[50]

신은 세계를 창조하면서 자신의 창조 행위에 동참하도록 하였으며,
이는 서로가 상처를 주고받으면서 문제가 발생할 수 있는 가능성까지도
포함된다. 신은 마치 부모가 자녀들이 지식, 능력, 자유까지도 가진 성숙
한 존재가 되기를 바라듯이 그렇게 우리에게 자유의지를 허락하였다.
그리고 이러한 신의 사랑의 창조행위를 통해 우리 모두는 도덕적 악과

---

48 Swinburne, *Is There a God?*, 86. "자유의지 방어란 인간들이 자유와 책임의 선택이라
고 부르는 자유의지를 가지는 엄청나게 좋은 것을 말한다. 만약 그렇다면 도덕적 악
의 자연적 가능성이 존재하게 될 것이다." 앞의 책, 86.
49 앞의 책, 86.
50 "인간의 자유로운 선택은 다른 인간들을 위한 진정한 책임성을 포함해야만 하고, 이
것은 그들에게 이득을 주거나 혹은 그들을 해칠 기회를 포괄하고 있다." 앞의 책, 87.

관련하여 자유와 책임을 지니고 있다. 그러나 신은 그 자유의지로부터 나타날 수 있는 악과 고통을 통해 보다 큰 선을 만들어 냄으로써 신정론의 문제를 스스로 해결한다. 오히려 신은 악을 통해 피조물들의 삶 안에 더 선한 것을 허락한다. "신은 그 과정에서 많은 악을 허용함이 없이는 이러한 선한 것들을 도대체 줄 수가 없다."[51]

나아가 더 큰 위험이 있을 때, 신은 그 위험 안으로 침투해 들어가며, 그것은 각각의 인간들의 영웅적 선택이 가능하도록 그들을 움직인다. "그러나 고통을 야기하는 자연의 가능성을 가진다는 것은 보다 큰 선을 가능하게 만든다. 세계를 선택할 수 없는 인간을 창조하면서 신은 그들이 다른 이들의 선에 고통을 가하는 그 위험한 세계 안으로 그들이 나타나는 영웅적 선택을 하도록 그들의 선을 드러낸다."[52]

둘째, 스윈번은 또 다른 악, 즉 자연적 악(자연적 재해)[53] 및 고통과 관련하여 그것이 인간에게 두 가지 자유로운 선택권이 있기에 더 나은 선을 위한 가능성을 지닌다고 주장한다. 이러한 선택권 중 "첫 번째는 악을 생산하는 자연법칙들의 작동이 어떻게 악 자체가 야기되는지에 대한 인간적 지식을 제공"[54]하는 것이다. 자연에서 벌어지는 악이란 우리에게 고통과 악일 뿐이지, 그것이 세상의 법칙을 바꿀만한 이유가 되지 못한다. 오히려 선을 만들기 위해 신이 기본적 법칙을 바꾼다면 결국 모든 세상이 무너질 것이고, 이것은 더 큰 자연적 악을 불러오게

---

51 앞의 책, 85.

52 앞의 책, 94.

53 스윈번에 따르면 자연적 악은 "인류에 의해 기획되어 생산된 모든 악이 아니며 또한 인류에 의해 그들의 부주의의 한 결과로서 야기되지도 않은 모든 악"이다. 앞의 책, 85.

54 앞의 책, 94.

된다. 오히려 자연적 악과 고통 안에서 우리의 자유의지는 선과 악의 작동 원리를 배우면서 악과 고통의 발생을 줄여나갈 수 있을 뿐이다. 그리고 이러한 지식과 역사 내의 노력을 통해 인간은 비로소 신이 준 내용들을 기반으로 신의 존재를 깨닫게 되고, 나아가 보다 더 선한 것을 향할 수 있는 가능성을 획득하게 된다. 이 자연적 악이 인간으로 하여금 더욱 신의 존재를 확인하게 함과 동시에 온전한 사람으로 바꾸고 있는 셈이다.

두 번째 자유로운 선택권은 인간으로 하여금 무엇이든 행동을 취하도록 하며, "이것(자연적 악)이 의미 있는 선택의 범위를 확장시킨다."[55] 고통을 가진 자만이 그것을 극복할지 포기할지를 선택할 수 있다. 우리가 어떻게든 행동을 취할 수 있는 것은 이러한 자연적 악과 거기로부터 나온 자극들이다. 그리고 결국 이러한 선택권 안에서 나는 다른 피조물들과 더불어 자연적 악과 고통을 극복하기 위한 최선의 협력을 모색하게 된다.

셋째, 스윈번은 신의 내세의 행복에 대한 보상을 통해 신정론에 대해 답한다. 그에 따르면 이러한 도덕적 악과 자연적 악 모두는 그 어떠한 이유를 대더라도 고통스러운 일이며, 이 고통에 대해 우리는 여전히 신에게 저항할지도 모른다. 그러나 악을 통한 선의 확대라는 신의 의도는 늘 죽음 이후의 행복이 보상으로 있으며,[56] 이러한 보상을 통해 이제

---

55 앞의 책, 95.

56 "나의 주장은 완벽하게 선한 하나님이 선의 목적을 위해 악을 발생시키는 것에 대해 정당화됨을 허락하기 위한 선의 위대함을 확신시키게 된다. 만약 신이 선을 가능하도록 하는 고통의 희생자에게는 죽음 이후의 행복의 형태 안에서 보상을 제공한다면 말이다." 앞의 책, 98.

세상의 선을 위해 악에 노출되어야만 하는 현실은 정당화한다. 즉, 신이 약속하는 영원한 삶과 내세의 행복은 자연 안에서의 악과 고통의 문제를 해결할 수 있다.

2) 신정론에 대한 스타나드의 대답

스타나드는 신정론을 세 가지 관점에서 극복하고자 시도하며, 그중 첫 번째 관점은 악이란 선을 돋보이게 하는 것이면서 동시에 보다 나은 선이 가능하게 만드는 도구라는 것이다. 그에 따르면 선과 악은 서로가 상호적인 것이다. 오히려 악은 선의 결핍이며, "악이 없었다면, 우리는 선이 무엇인지 알 수 없었을 것이다."[57] 이것이 이것이기 위해서는 다른 것이 이것이 아닌 것이어야 하듯이 그렇게 악은 선을 위해 우리에게 나타난다. "악이란 선을 위해 치러야만 하는 (대가의) 값이다."[58]

나아가 선과 악이라는 것은 반드시 직접적으로 반대로만 연결되는 것도 아니다. 예를 들어 핵폭탄은 분명히 생명을 멸망시킨다는 점에서 가장 최악의 악이지만, 이 핵폭탄이 쉽게 나타날 수 있는 세계 3차 대전을 막고 있는 상황을 인류는 경험해 왔다. 노동자가 해고되는 것은 고통스럽고 악한 것이지만, 그것을 통해 회사는 위기를 넘길 수 있으며 또한 어머니는 고통을 당하지만, 그 고통 안에서 자녀가 태어난다. "고통은 위험에 대항하는 유용한 경고(warning)로서 넓게 간주"[59]되며, 보다 적

---

57 Stannard, *The Divine Print*, 149.

58 앞의 책, 150.

59 Stannard, *The Divine Print*, 151.

극적으로는 선수들이 고통을 통해 더 나은 선수로 발전하는 것과 같이 악을 경험하면서 선은 더욱 분명하게 발휘된다.

스타나드가 신정론을 극복하는 두 번째 관점은 악이 인간의 자유의지를 통해 나왔기에 그의 책임이라는 것이다. 인간은 분명 진화 안에서 신으로부터 독립하였지만, 신을 찬양하는 자유의지를 가지고 있다. 그러나 우리가 창조자를 거절할 수 있어야 비로소 창조자가 우리를 사랑하는 것이 되기에 인간은 거절하는 잘못된 자유의지의 사용을 통해 악을 행한다. 그래서 "악은 신으로부터 기인되는 것이 아니라 우리로부터 기인된다."[60] 신에게 악의 책임이 있는 것이 아니라 거절할 수 있는 자유의지를 가진 우리에게 책임이 있다. 그러나 이러한 책임과 관련하여 신은 그저 놔두지 않는다. 오히려 그는 악과 고통에 지친 인간을 마치 말썽꾸러기 어린아이를 돌보는 엄마와 같이 어린아이의 고통을 공감하여 돌본다. 사랑이 가장 위대하기 위해서는 항상 고통이 따르며, 이것이 바로 신이 우리를 사랑하는 모습이다. 기독교의 십자가 교리가 바로 여기에 해당하며, 악과 고통을 통해 신이 선을 이루어 나가는 모습이다.

마지막 세 번째는 신정론 자체가 우리의 자기중심적 사고에 의한 오류이며, 인간이 가진 가치판단의 잘못으로부터 나타난다는 관점이다.[61] 이를 위해 그는 욥의 이야기 안에서 설명한다. 우리가 잘 아는 것처럼 욥은 아무런 잘못이 없이 큰 악과 고통을 경험하였으며, 이러한 이유에서 욥은 전능한 신에 대면하여 따져 묻는다. 그러나 여기에서 신은 욥의 질문에 대답하지 않는다. 오히려 신은 욥에 대해 연속적인 질문을

60 Stannard, *The Divine Print*, 153.
61 "우리는 인간들의 다양한 삶의 경험들이 명백하지 못함을 깨닫도록 숙고해야만 한다." Stannard, *The Divine Print*, 155.

던질 뿐이다.

"욥기 38장에 나오는 하나님의 질문들은 하나님의 광대하심에 비해 너무나도 작은 인간 욥의 모습을 처참히 드러낸다."[62] 이 처참히 드러난 상황 안에서 스타나드는 인간들이 유한함 안에서 스스로를 해석하는 한계를 지적한다. 오히려 신의 사랑과 정의 사이에서 한 편만을 주장하고, 그것을 자기중심적으로 판단하는 것은 인간이며, 그의 문제이다. 수없이 많은 상황 안에서 인간들은 신에게 정의를 요구하다가 동시에 자기 욕심에 따라 신에게 사랑을 요구한다. 그러나 "신은 사랑의 신이다. … 신의 또 다른 속성은 그가 정의의 신이라는 것이다. 명백히 아닌 것을 깨닫는 인간의 다양한 삶의 경험들을 고려해야만 한다."[63]

인간이 어린아이와 같이 생각하고 행동하는 반면, 신은 인간의 부모와 같이 생각하고 행동한다. 미성숙한 어린아이가 도대체 부모의 생각과 행동을 이해하지 못하듯이 인간은 신이 왜 이런 일들을 생각하고 행하는지 이해하지 못한다. "우리는 마치 어린아이처럼 신의 면전에 있다."[64] 그리고 어린아이같이 인간은 울부짖으며 신정론의 문제를 꺼내 든다. 그러나 스타나드는 이러한 상황에서 전능한 신이 우리의 생각과 행동을 넘어서고 있음을 인정하고 그에 대한 신뢰를 언급한다. 스타나드는 신정론의 문제를 우리의 무지와 신뢰의 요구라는 개념을 통해 극복한다.[65]

---

62 윤철호 책임편집, 『과학과 신학의 만남』, 174.

63 Stannard, *The Divine Imprint*, 156.

64 Russell Stannard, *The God Experiment: Can Science Prove the Existence of God?* (Santa Monica: Hidden Spring, 2000), 110.

65 "그는 누군가가 자신의 상상을 꿈꾸며 맞춰 왔던 그런 신이 아니다. 그는 거기에 대해서는 너무나도 문제적이다." Stannard, *The God Experiment*, 101.

이번 장에서 우리는 현대 자연신학 논의 중 스윈번과 스타나드의 신 존재에 대한 제안과 신정론의 문제를 살펴보았다. 먼저 스윈번은 신이란 "모든 것을 설명하는 **궁극적이며 단적인 사실**"[66]이라고 규정했다. 신을 통해 설명했을 때 자연의 창조와 유지가 설명되고, 나아가 인간과 생명의 차원에서도 영혼과 육체 사이의 관계, 영혼의 능력 그리고 다양한 종교적 경험이 성립되기에 경신의 법칙에 따라 신의 존재가 타당하다는 것이다.

스타나드는 신을 정신의 타자성을 가능하게 하는 근거로서의 초-정신[67]으로 규정했다. 인간은 오랜 진화의 과정 안에서 정신이 발전하고, 결국 그것은 진화의 이기적 법칙으로 해석되지 않는 정신의 타자성을 획득한다. 이것은 단순히 진화의 과정 안에 머물지 않는 초-정신으로서의 신으로부터 부여되는 것이며, 끊임없이 정보전송을 주고받는 적극적인, 그러나 무의식적인 신과 인간 사이의 관계를 스타나드는 제안한다.

또한 위 두 학자는 신에 대한 논의와 더불어 신정론에 대한 현대적 변증을 시도했으며, 먼저 스윈번은 세 가지 신정론에 대한 답을 제시한다. 이는 첫째, 선을 더욱 선하게 만들기 위해 악이 존재한다는 점, 둘째, 악은 인간의 자유의지 책임이라는 점, 셋째, 악을 견뎌내는 내세의 보상이 존재한다는 점 등이다. 이와 동시에 스타나드 역시 세 가지 신정론에 대한 답을 제시한다. 첫째, 악이란 선을 돋보이게 하는 도구이자 선을 이루기 위해 치러야 하는 대가라는 점, 둘째, 악은 인간의 자유의지에 대한 책임이라는 점, 셋째, 신정론 자체가 세상의 일을 인간의 자기중심

---

66 Swinburne, *Is There a God?*, 18.

67 Stannard, *The Divine Print*, 121.

적 관점으로 판단하기에 나타난 오류라는 점 등이다.

이처럼 현대 자연신학은 신의 실존을 현대 과학의 최신 성과들과 대화 안에서 나름대로 빈 공간을 찾아 위치시키고 있으며, 따라서 자연신학이 가진 특징은 다음과 같이 언급될 수 있다. 첫째, 자연신학은 현대 과학의 결과들을 사용하되 그것을 인간의 완전성이 아니라 인간의 불완전성을 통해 새롭게 해석하고, 그 안에서 신 존재의 가능성을 찾아내고 있다. 다시 말해 자연신학은 신-인식론의 근거와 관련하여 인간의 능력이 아닌 인간의 불완전성, 한계, 유한성으로부터 출발한다는 특징을 지닌다. 물론 칸트에 의해 전통적인 신 존재 증명은 모두 깨졌지만, 자연신학의 이름으로 다시금 제안될 수 있는 논증들은 이제 자연 그 자체와 인간 의식 안에서 벌어지는 사건 중 인간에게 신비의 영역으로 남아 있는 그곳에서 신의 존재와 역할을 발견한다. 그럼으로 자연신학은 과학이 이야기해 주는 놀라움의 근거로서 그리고 인간 안에서 벌어지는 불가해한 사건의 근거로서 신을 찾아가는 일련의 과정을 시도한다.

스윈번은 자연과학의 지식들이 사실 오류 가능성을 지닌 인간의 한계 안에서 작성되고 있음을 직시하면서 자연 내 미지의 영역에 대한 논의 안에서 신을 우주의 법칙 부여자로 등장시킨다. 스타나드 역시 인간의 정신을 넘어선 영역, 즉 진화심리학으로는 설명될 수 없는 정신의 타자성을 신의 흔적으로 보고, 신을 존재의 근거인 초-정신으로 규정한다. 두 사람 모두 인간이 결코 도달할 수 없는 어떤 영역에 신이라는 이름을 붙이는 것으로 새롭게 현대의 과학 시대 안에서 신 존재에 대한 논의를 가능하게 만들고 있다.

둘째, 기존의 신-인간 사이 관계, 신-자연 사이 관계 혹은 인간-자연 사이 관계에만 치중되었던 신학의 논의가 자연스럽게 신-인간-자연 사이 관계의 재확립이라는 확장된 형태를 획득하게 된다. 특별히 스윈번은 신 존재에 대한 논의에서 신과 자연 사이가 이차적 매개이고, 신과 인간 사이가 일차적 매개를 가지고 있다는 점을 강조한다. 즉, 어떤 면에서 신과 자연 사이의 관계 안에는 이미 그것의 관계 매개로서의 육체와 영혼(정신)의 관계가 설정될 수 있으며, 인간이 바로 그러한 역할을 하고 있다는 것이다. 스타나드 역시 물리적 세계를 다스리기 위해 초-정신이 신적 흔적인 정신의 타자성에 메시지를 전송하며, 그럼으로 세계가 운영되는 것으로 표현한다. 즉, 인간이 다른 존재자들과 초월적 존재 사이의 어떤 연결 지점으로 기능하고 있다는 통찰들이 새롭게 자연신학 안에서 논의되고 있다.

셋째, 신 존재를 우리가 살고 있는 삶 혹은 존재의 가운데에 위치시킨다는 것이다. 자연신학은 기본적으로 우리와 신이 어떤 방식으로든 상호연결되어 있다는 전제를 가지며, 결국 전체 과학의 발견이 결국 신의 창조에 대한 탐구라는 신앙적 고백으로 연결된다. 이러한 전제하에서 우리의 외부와 내부 모두는 신이 머무는 장소이자 신을 발견할 수 있는 장소이다. 이는 만유내재신론과 비견되며, 이 안에서 초월적 신에 대한 논의는 약해질 수밖에 없다.

넷째, 특별히 자연과학 중 진화를 긍정하면서도 진화론의 이기적 해석을 거절한다는 것이다. 진화의 과정 자체를 현대에 거부하긴 쉽지 않아 보인다. 발견되는 화석의 다양한 증거뿐만 아니라 유전자 검사 등 다양한 현대적 조사방법론을 통한 데이터를 우리는 부인할 수는 없기 때문이다. 그러나 이러한 진화적 증거의 명확성에도 불구하고 여전히 다윈적 시대상을 담고 있는 진화론과 관련하여 자연신학은 분명한 반대 입장을 견지한다. 오히려 자기중심적이며, 이기적인 생존 기계로 생명을 이해하는 진화론은 그 증거에도 불구하고 그 원리에 있어서는 '잘못 놓여진 구체성의 오류'(화이트헤드)라 지적받을 수 있을 것이며, 자연신학은 바로 이러한 의미에서 진화를 받아들이되 진화론의 한계를 비판하면서 자신들의 논의를 전개한다.

이러한 자연신학의 특징에는 그러나 한계 역시 존재한다. 그것은 바로 신 자신의 인식 불가능성과 관련된다. 우리는 신 자신의 인식 불가능성으로부터 그를 사유하는 부정신학적 전통에 한 번쯤 귀를 기울여야 할 것으로 보인다. 왜 신이 반드시 인식되어야 하고, 왜 신이 자연이나 인간의 정신 안에 자신의 흔적을 남겨야 하는가? 우리는 거기에 분명한 답을 찾지 못하면 자연신학이 시도하는 근거들은 다 무용한 것으로 남고 만다.

자연신학은 신에 대한 어떤 선천적 흔적을 주장하며, 그를 인식할 수 있고 또한 관계 맺을 수 있다는 전제를 가진다.[68] 그러나 기독교 신학 안에서 신은 전지전능, 완전의 속성을 지녔기에 인식의 불가능성 안에 머물러 있다고 고백 되어 왔다. "신이 무엇인지 우리는 알지 못한다. 이것은 오래된 신학적 명제이다. 신은 규정되지 않는다(Deus definiri nequit)."[69] 이러한 이유에서 오랜 세월의 전통을 지닌 부정신학은 그저 신 자체에 대해서 표현할 수 있는 언술은 부정적 언술에 불과하다고 고백해 왔다.

---

68 스타나드는 신에 대한 긍정적 인식과 신과의 관계를 다음과 같이 언급한다. "우리 자신과 신 사이의 관계는 두 가지 방식이다. 사유와 정신적 성질이 의식의 근거로부터 발생할 뿐만 아니라 기도를 통해 우리는 근거로 사유를 전송할 수 있다. 우리가 신을 알게 되는 바로 그 신과의 관계 안으로 우리가 들어간다는 것이 인식된다." Stannard, *The Divine Print*, 124.

69 Jürgen Moltmann, *Der gekreuzigte Gott. Das Kreuz Christi als Grund und Kritik christlicher Theologie* (München: Chr. Kaiser, 1972), 210.

"신은 단적으로 규정되지 않는 것, 즉 무규정자이다. ··· 신은 모든 특수자의 부정이다."[70] 그리고 이러한 인식 불가능성에서 먼저 찾아오시는 분은 오히려 신 그 자신이며, 그 자리는 언제나 고난, 고통, 죽음의 순간이었다. 그리고 이것은 예수 그리스도의 고통의 십자가에서 극명하게 증거된다. 왜냐하면 "신의 결정적인 자기 드러냄이 그리스도 이외의 그 누구도 아닌 이 예수의 종이 됨, 고통 그리고 죽음 안에 있[71]었기 때문이다.

자연신학은 이처럼 신의 인식 불가능성에 대한 존중 및 예수 그리스도 성육신의 무조건적 은혜에 대답할 수 있어야 한다. 이것은 결국 "전적인 초월이자 신비인 신에 대해 우리가 정말 인식하고 관계 맺었다고 할 수 있는가?"의 물음이며, 나아가 "인간 경험을 통해 구성된 자연과학의 결과들을 통해 일종의 신학이 개진될 수 있는가?"라는 기초적 물음이기도 하다.

---

70 G. W. F. Hegel, Hrsg., von Eva Moldenhauer und Karl Markus Michael, *Bd. 16: Vorlesungen über die Philosophie der Religion I* (Frankfurt(M): Suhrkamp Verlag, 1986), 28.

71 David Tracy, "Kenosis, Sunyata, and Trinity", *The Emptying God. A Buddhist-Jewish-Christian Conversation,* Edited by John B. Cobb, Jr and Christopher Ives (NY: Orbis, 1990), 153.

현대의
케노시스 신학

3부에서는 '철학적 신학'의 다양한 논의를 통과한 신론이 현대의 비움 주제에 알맞게 재구성되는 케노시스 신학을 소개한다.

현대는 더욱 많은, 충만한 소비가 가능해진 시대이다. 너무 많은 쓰레기가 더는 수용 공간이 없을 만큼 버려지고 있고, 결코 어떤 이가 굶어 죽는다는 것이 예상될 수 없는 시대이기도 하다. 현대의 경제발전은 기술과 함께하며 이러한 기술의 힘을 통해 삶과 존재의 형태는 점점 빠르게 변경되어 왔다. 현대적 인간은 때때로 마치 자신이 영원히 살 수 있을 것처럼 말하고 행동한다. 그는 현대에서 자신의 죽음과 동시에 모든 다른 존재자들의 가멸성의 고통을 잊었다. 그럼으로 현대 인류는 삶의 그 어떠한 의미 혹은 기준을 그 자신으로부터 획득하지 못한다. 예를 들어 현대 인간들은 그들의 삶 안에서 단지 이러한 의미 상실로부터 도피를 위해 돈만을 생각하며, 그렇기 때문에 모든 이에게 백만장자 혹은 재벌이라는 말은 최고의 이름이 되었다. 돈은 의미가 상실되는 현상 안에서 행복하고 좋은 삶의 기준이기 때문에 이제 인간의 삶의 의미는 그가 얼마나 많은 재력을 소유했는지와 연결된다.

삶과 존재가 이처럼 의미 상실을 통해 위협되고 있는 반면, 지금까지 기준의 역할을 해 왔던 종교는 지속적인 비판에 서 있다. 이러한 비판 안에서는 몇몇 종교가 문제가 되는 것이 아니라 종교적 영역 자체가 그 안에서 완전히 거절된다. 이러한 반종교의 경향 안에서 종교적 가르침은 단지 판타지나 정신병 증상으로 입증된다.

다른 편에서는 그러나 아직 단지 맹목적인 신앙을 지녔어야만 하는 사람들 혹은 단체들 사이에서 경악스러운 싸움이 나타난다. 이러한 형태들은 또한 동양적 종교와 문화의 상황들 안에서도 강하게 발견된다. 특별히 한국에서의 기독교와 극단적 반종교의 양극화의 현상들은 그 예들로서 제시될 수 있다. 그리고 이것은 단적으로 다음과 같은 사실을 드러낸다. 현대의 신앙 형태들이 회의적인 종교의 거절 안으로 혹은 맹목 신앙 안으로 가고 있다. 이러한 종교 단체들은 신을 믿지 않고, 오히려 돈을 믿는다.

그러나 이제 종교는, 아니 분명하게 말해 기독교는 이러한 문제점을 극복할 수 있도록 보다 분명하게 나아가야 한다. 그리고 이를 위해 현대에는 개별적, 사회적 혹은 종교적인 차원 안에 있는 망상들을 통찰하고, 각각의 차원들 안에 있는 새로운 의미들을 발견해야만 한다. 이러한 요청에 상응하는 것이 현대의 케노시스 신학이다. 신학은 케노시스를 통해 새로운 과정 안으로 들어간다. 즉, 자기를 비워 직접 이 땅에 오신 성자 예수님을 따라 신학은 성부 하나님과 성령님을 새롭게 이해해야만 하고, 이와 더불어 인간과 생명 자신의 모습도 새롭게 해석해야 한다.

10장
케노시스의 신론과 인간론

이번 장은 예수 그리스도의 자기-비움을 지칭하는 케노시스 개념을 통해 기독교 신학의 '하나님 이해'와 '인간 이해'를 새롭게 재구성한다.

하나님은 우리가 상상하는 바대로 최강의 존재자인가 혹은 나약한 존재자인가? 일반적으로 종교는 신 혹은 신들을 힘이 강한 자이자 동시에 모든 것에 비해 완벽하며, 그래서 전지전능한 어떤 자로 고백하고 있다. 왜냐하면 세상의 존재자들과는 전적으로 다른 존재 혹은 존재자이며, 유한자로서의 우리와는 전적으로 다른 무한자가 바로 신에 대한 규정이었기 때문이다. 거의 모든 종교가 아버지라는 이름으로 상징되는 절대적 권력을 신의 속성 안에 포함시키고 있다는 사실 역시 이러한 일반적 종교 행위에 기인하는 것으로 보인다. 그리고 대부분의 종교는 이처럼 신을 원초적 힘의 상징으로서의 아버지라 부르면서 항상 자신이 가진 유한성과 대치되는 무한한 힘을 찾고 예배한다.[1] 종교는 그 시원에

---

1 특별히 신의 숭배는 신의 힘에 대한 '두려움'(Tremendum)과 그것에 대한 '열망/환희'(Faszination)로서의 이중적 감정과 관련되며(Rudolf Otto, *Das Heilige. Über das irrationale in der Idee des Göttlichen und sein Verhältnis zum Rationalen* [München:

서부터 절대적인 힘에 대한 추구였으며, 그래서 "힘의 숭배는 종교의
자연스러운 출발점이다."2

물론 힘은 동시에 종교적 예식과 연결될 수밖에 없었다. 왜냐하면
인간들이 궁극적으로 갈망하던 힘이란 결국 인식할 수 없는 절대적인
위험(죽음)으로부터 안정을 획득할 수 있는 피안적·종교적 힘이었으며,
그래서 전통적으로 종교적 궁극자란 언제나 동시에 사회적·정치적·
경제적 절대자로 숭배되었기 때문이다. 고대 이스라엘의 신이 전쟁의
신이었고, 바알이 농경신이었던 것은 이러한 종교와 현실 사이의 연결
의 예이다. 신은 인간과 달리 절대자여야만 했으며, 그래서 결코 고통당
할 수 없었다. 그리고 이 절대자로서의 신 개념은 형이상학적 형태를
가지고 기독교 안으로 그대로 흡수된다.3 형이상학 안에서 신은 자체로
우리와 관련되지 않은 자처럼 해석되었으며, 그래서 신은 단순한 부동
의 동자 혹은 최고원인으로 사유될 뿐이었다.

여기에서 분명히 해야 하는 것은 그러나 "신은 대상화될 수 없으며,
되어서도 안 된다(는 사실, 즉) 절대자는 표상하거나 도구적인 인간의
지배 안에 존재하지 않는다"4는 사실이다. 형이상학의 사변을 통해 규정

Bielderstein Verlag, 1947], 39), 이러한 이중적 감정은 종교 안의 특성으로서의 힘 숭배주
의(dynamism)에 기인한다. 곧 전능자가 나약한 인간에게 있어 두려움의 대상임과 동시
에 매혹의 대상이라는 것이다.

2 Geddes MacGregor, *He Who Let Us Be: A New Theology of Love* (NY: Seabury Press, 1975),
168.

3 "하이데거에 따르면 기독교 신학은 이미 일찍부터 형이상학의 역사 안에, 다시 말해 표상
하는 사유 안에 빠져 있다." Bernhard Welte·Eingeführt und bearbeitet. Holger Zaborowski,
Denken in Begegnung mit dem Denken. Hegel-Nitzsche-Heidegger. Bd. II/2 (Freiburg/
Basel/Wien: Herder, 2007), 203.

4 Thomas Rentsch, *Gott* (Berlin: Walter de Gruyter, 2005), 120.

되는 절대자란 우리의 유한성 안에서 표상된 어떤 것에 불과하며, 결코 실재 그 자체를 확인할 수도 없다. 따라서 형이상학이 상정한 신은 결코 신앙의 살아있는 신이 아니며, 형이상학적 신학은 결코 우리의 삶에 대해 어떤 의미도 되어줄 수 없다.[5]

이러한 전제를 가지고 이번 장은 현대의 상황에 맞는 신학적 작업을 모색하기 위해 케노시스, 즉 자기-비움을 핵심 주제로 등장시킨다.[6] 케

---

5 바로 이러한 한계를 극복하기 위해 화이트헤드의 과정형이상학이 새롭게 등장하기도 했다. 그러나 화이트헤드 역시 한계를 지닌다. 왜냐하면 원초적 본성과 결과적 본성으로 분화된 신은 여전히 형이상학이란 이름에 걸맞게 어떤 종교적 신앙을 위한 대상이 될 수 없기 때문이다.

6 케노시스 신학에 대한 최근의 연구는 다음과 같다. 특별히 본회퍼(Dietrich Bonhoeffer)는 이 신의 자기-비움으로서의 케노시스의 의미를 20세기 이후의 현대 신학 안에서 가장 먼저 그리고 가장 분명하게 드러낸 최초의 신학자이다. "하나님이 그리스도의 몸 안에서 영원에 속하는 초월자로서 사망했다는 신학적 운동이 고지되었는데, 그것은 본회퍼에서 기인한다." "하나님은 스스로를 세계로부터 십자가에로 몰아넣었다. (따라서) 하나님은 세계 안에서 무력하시고 약하다. 단지 그렇기에 그는 우리 곁에 있으며, 우리를 돕는다. 마태복음 8장 17절에 따르면 이것이 확실해지는데, 그리스도는 그의 전능으로 도우시는 것이 아니라 그의 약함으로, 그의 고난으로 우리를 돕는 것이다. … 단지 고난 받는 하나님 만이 도울 수 있다." Dietrich Bonhoeffer & Hergegeben von Eberhard Bertge, *Widerstand und Ergebung. Briefe und Aufzeichnungen aus der Haft* (München: Chr. Kaiser, 1970), 394. 이러한 본회퍼의 주장을 받아들인 대표적인 신학자, 알타이저(Thomas Altizer)와 헤밀톤(William Hamilton)은 자신들의 '신 죽음의 신학' 안에서 이제 "신학이 이제 급진적으로 케노시스의 기독론으로 명명"되어야 함을 주장한다. 즉, 케노시스는 현대 신학의 화두로서 그리스도론으로부터 시작하여 다른 영역으로 발전된다. Thomas Altizer, *William Hamilton, Radical Theology and the Death of God* (Indianapolis: Boobs-Merrill, 1966), 135. 우선 케노시스 혹은 신의 자기 포기의 사상은 소위 말해 '신 죽음의 신학' 안에서 넓게 확장되었다. 예를 들어 알타이저에게 신의 죽음이란 그 스스로의 자기 끝냄 혹은 자기 무화였다. 죌레(Dorothee Sölle)는 이 개념을 가지고 헤겔의 신의 죽음에 대한 명제 이후의 신에 대한 재규정을 시도했다. 나아가 신의 죽음의 신학이 종결된 이후 이 개념은 바로 몰트만에게 주목받았고, 이것은 그의 삼위일체적인 십자가 신학의 핵심이 되었다. 그 안에서 그는 케노시스 개념을 통해 십자가 위에서 함께 고통당하는 성부 하나님 개념을 제시한다. 이 외에도 가톨릭에서는 폰 발타자르(Hans Urs von Balthasar)와 라너가 케노시스와 관련된 새로운 신 이해를 제시하였다. 브라이데르트는 다음과 같이 말한다. "신의 케노시스 혹은 자기-비움의 사상은 소위 말하는 '신 죽음의 신학' 안에서 보다 넓게

노시스(κένωσις, Sich-Leeren, self-emptying)란 예수 그리스도의 신성이 신의 자기-비움을 통한 육화였음을 설명하는 신학 용어이다.[7] 이것은 "그리스도가 어떻게 한번에 그리고 동시에 '전적인 신이면서 전적인 인간'일 수 있었는지를 설명하는 데 도움을 주는 교리"[8]이며, 우리는 이제 이 자기-비움과 같은 부정성의 성격을 통해 신학의 중요 개념을 새롭게 재구성해 보고자 한다. 왜냐하면 우리의 상황과 현실 안에서 만나는 하나님은 전능하고 힘에 점철된 그런 신이 아니라 오히려 우리의 고통과 고난 그리고 나약함 안에 들어와 주시는 하나님으로 드러나기 때문이다.

1. 케노시스의 의미

앞서 밝힌 것처럼 케노시스란 용어는 빌립보서 2장 5-11절 그리스도 찬가로부터 기인한다. 이 단어는 '비움' 또는 '자기-비움의 행동'을 지칭하며, 특별히 "그리스도의 일화는 하나님의 버림을 받았던 인간들의

발견되었다. 토마스 알타이저는 자신의 신의 죽음에 대한 논의를 이러한 자기 종결 혹은 자기 무화 위에 근거 짓는다. … 유사하게 D. 죌레는 신의 자기-비움의 새로운 이해를 시도하는데, 그녀는 헤겔의 신 죽음의 명제를 수용하는 것처럼 보인다. … 가톨릭 측면에서는 폰 발타자르가 케노시스 모티브의 긍정적 가치에 영향을 받고 있지만, 19세기에 유행했던 케노시스 이론에는 반대하면서 그것을 단순한 기독론적 역설로 축소시키고 있다." Martin Breidert, *Die Kenotische Christologie des 19. Jahrhunderts* (Gütersloh: Gütersloher Verlagshaus, 1977), 13.

7 Jürgen Moltmann, *Wissenschaft und Weisheit. Zum Gespräch zwischen Naturwissenschaft und Theologie* (Gütersloh: Chr. Kaiser, 2002), 69. 그리고 이 개념의 교리사와 관련해서는 다음을 참조: MacGregor, *He Who Lets Us Be*, 제4장 "Kenotic Theory and Its Historic Setting", 59-77.

8 Oliver D. Crisp, *Divinity and Humanity. The Incarnation Reconsidered* (Cambridge: Cambridge Univ. Press), 118-119.

구원을 위한 케노시스로 이해되고 있다."9 그리스도 찬가에 따르면 예수
그리스도는 하나님과 동일한 본성이지만, 그러함에도 영광 안에서 거
주하기를 거부하고 자신을 비워 종의 형상을 입은 자로 설명된다.10

특별히 여기서 언급되는 케노시스는 그리스도의 신적인 형태로부
터 인간적인 형태에로의 하강이 신의 자기-비움에서 비롯되었음을 이
야기하고 있다. "이 찬가의 첫째 부분이 묘사하는 그리스도의 이야기는
하늘에 있는 하나님의 아들의 '신적 형태'와 함께 시작하며, 골고다의
십자가에 있는 '종의 형태'로 끝난다. 그리스도의 성육신은 그의 신적
형태의 '자기-비움'(Selbstentäußerung)을 전제하며, 이것은 그의 자기 낮
추심을 그 귀결로 가진다."11

이 개념에 대한 가장 두드러진 신학적 논의는 17세기의 개신교 기독
론 논쟁으로부터 강조되기 시작했고, 특별히 19세기 독일 루터교 신학
자들에게서 유행하였다. 우선 루터(1483~1546)는 케노시스론을 특별하
게 발전시키지는 않았지만, 그러함에도 불구하고 성자의 낮아짐과 영
화의 상태(erniedrigten und verherrlichten Zustand) 사이의 이중성에 대해
언급했었고, 그가 죽은 이후 루터 신학을 중요하게 다루었던 기센 학파
와 튀빙엔 학파는 이 케노시스의 이중성을 주제로 논쟁하게 된다.12 "교

---

9 Moltmann, *Wissenschaft und Weisheit*, 69.

10 빌립보서 2:5-8. 특별히 예수 그리스도가 스스로를 낮추셨다는 의미는 성서의 다른
   곳에서도 동일하게 지적되어있다. 예를 들어 바울은 고린도후서 8:9에서 이러한 예
   수에 대해 "여러분은 우리 주님 예수 그리스도의 은총을 알고 있습니다. 그분은 부요
   하셨지만, 여러분을 위해 가난하게 되셨습니다. 당신 가난으로 여러분을 부요하게
   하시려고 말입니다"라고 말하고 있다.

11 Moltmann, *Wissenschaft und Weisheit*, 69.

12 Hermann-Josef Röhrig. *Kenosis. Die Versuchungen Jesu Christi im Denken von
   Michail M. Tareev* (Leipzig: Benno Verlag, 2000), 200.

리사적으로 케노시스 개념은 두 가지 큰 역할을 했다. 하나는 17세기의
루터 정통파 내에서 기센 학파와 튀빙엔 학파 사이의 싸움에서이다.
그리고 다시금 19세기에는 몇십 년 동안 케노시스론으로 신학을 지배했
다. 이런 과정은 다시금 나중에 두 가지로 반복되는데, 먼저 영국에서
19세기에서 20세기로의 변형에 그리고 그 이후 케노시스가 러시아적인
종교철학에… 의미를 가지게 되었던 러시아 안에서였다."13 이러한 개
념 확장의 과정을 통해 케노시스는 마침내 현대에 이르러 그리스도의
이중본성론의 문제에 대한 답변을 넘어 신의 자기-비움의 본성으로 해
석된다.

　앞서 언급한 현대적 케노시스 이해는 특별히 새로운 신론에 대한
요구에 기인한다. "이것은 하나님에 대한 새로운 개념을 제시할 필요로
이끈다. 원초적으로 절대적인 힘으로부터 신은 원초적으로 절대적인
사랑으로서 사유되며",14 "기독교 신학은 하나님의 사랑을 '많은 사랑을
받았던 아들' 안에서 증거"15한다. 다시 말해 하나님의 사랑은 예수 그리
스도의 자기-비움, 즉 신적 케노시스에 대한 논의를 통해 성부 하나님의
케노시스로 확장되며, 현대의 신학은 이러한 의미에서 자기를 비우면
서 고통당하고 고난당하는 성부 하나님을 이야기하기 시작한다.

13 Lyle Dabney, *Die Kenosis des Geistes. Kontinuität zwischen Schöpfung und Erlösung im Werk des Heiligen Geistes* (Neukirchen-Vluyn: Neukirchener Verlag, 1997), 56.

14 Manuel G. Doncel, "The Kenosis of the creator and of the created co-creator", *Zygon*, Vol. 39, no. 4 (2004), 792.

15 Bernhard Casper, "Das Versuchtsein des Daseins und das Freiwerden von den Götzen", *Herkunft aber bleibt stets Zukunft. Martin Heidegger und Die Gottesfrage*, Paola-Ludovica Corando(Hg.) (Frankfurt(M): Vittorio Klostermann, 1998), 80.

현대 신학 안에서 하나님의 창조와 유지는 그의 비움과 고통당함을 근거로 하여 설명된다. 하나님은 직접 자신을 비워 시간 안에 들어와 세계를 창조하고 또한 유지하며, 그래서 그는 철저히 역동적이며, 계속적인 창조를 수행하고 있는 분으로 드러난다. 왜냐하면 하나님의 자기-비움의 특성은 이미 태초의 창조에서부터 시작된 것이며, 신의 사랑의 발현이기 때문이라는 것이다. 하나님은 절대불변하며, 정적인 자가 아니라 오히려 자신의 절대불변을 비워나가는 동적인 분이다. 그는 자기-비움을 통해 창조하는 분이며, 그래서 창조의 법칙이란 바로 자기-비움 이외에 다른 것이 아니다.

특별히 여기서 주목되어야 하는 것은 현대 신학이 하나님의 고통을 이야기하고 있다는 점이다. 우리가 느끼는 세상의 불안과 고통은 피조물만의 것이 아니라 신 자신이 경험하고 있는 것이기도 하며,[16] 이제 신은 우리의 존재를 창조-유지하기 위해 자기를 비우면서도 그것 때문에 우리보다 먼저, 우리보다 더한 고통을 겪는다. 현대의 케노시스적 신은 힘을 추구하고 그것을 폭력으로 행사하는 자가 아니다. 오히려 그는 모든 인류의 공생을 염려하며 어떻게 살아가야 하는지를 새롭게 보여주는 자이다. 그의 아들이 자신을 비워 우리를 구원했던 것처럼 그 역시 이미 태초부터 스스로를 비워 존재자를 존재케 하며, 나아가 우리로 하여금 자기-비움으로서의 존재의 원리를 따라 살도록 요구하고 있다.

기존의 전통 신학적 관점에서 "우주 만물 위에 계신 성부는 분명히 행동하시고 또한 분명히 영향을 받지 않는다. 이것은 그가 고통을 겪을

---

16 MacGregor, *He Who Lets Us Be*, 149.

수 없다는 것을 의미한다."[17] 그러나 이제 케노시스적 하나님은 전통적이해와 전적으로 다른 방식인 비움의 나약함을 통해 자신의 완전성을, 자신의 전능함을 그리고 자신의 무한성을 드러낸다. 왜냐하면 무한함에도 불구하고 자신을 비우고 고통 안에 서 있을 수 있는 하나님만이진정으로 완전하고 전능할 것이기 때문이다. 고통을 당하지 못하는 신이 아닌 당할 필요가 없는 고통을 자신이 받아들일 수 있는 하나님이더욱 완전하고 전능하다.

2. 하나님의 케노시스

"현금의 신학의 주된 특징 가운데 하나는… 하나님의 자기 낮추심의행동을 강조한다는 점이다."[18] 그럼으로 이제 그리스도의 케노시스 개념이 확장되어 현대 신학의 신 이해는 전통적인 형이상학 안의 '힘 숭배주의적 신'으로부터 비우고-고통당하는 '케노시스적 사랑의 신'으로 변경되고 있다.

1) 케노시스적 사랑의 하나님: 게데스 맥그리거

맥그리거에 따르면 이러한 힘 숭배주의적 신으로부터 케노시스적신으로의 변경은 현대의 탈형이상학적 흐름과 함께 한다. 왜냐하면 형

---

17 앞의 책, 71.
18 신옥수, "몰트만의 창조 이해 안에 나타난 하나님의 케노시스", 「한국조직신학논총」 Vol. 27 (2010), 79

이상학의 사변적 사상 안에 있는 절대적 힘으로서의 신이란 결코 신앙의 살아있는 신이 아니기 때문이다.[19] 오히려 형이상학적-힘 숭배주의적 신을 우리는 경험할 수 없으며, 우리는 그와 어떠한 인격적 관계도 가질 수 없다. "이것은 무엇보다도 신을 제1원인(the first cause)으로 나타내는 신에 대한 모든 상징을 우리가 부인해야 한다는 것을 의미한다."[20] 이러한 상황 안에서 이제 힘의 숭배에 대한 오래된 모델들은 자체의 한계를 자각한다.

물론 이러한 한계는 기독교 안에서도 발견할 수밖에 없다. 이미 기독교는 오랜 기간 형이상학적 신 이해를 주장해 왔으며, 이것은 여전히 영향력을 행사한다. "신의 본성에 대한 전통 기독교의 이해는 이미 웃음거리가 된 사고 양태에 집착함으로써… 신적 존재의 본성을 명증적이지 못하게 파악하면서 결론을 내리고 있다."[21] 그러나 이제 현대인들은 또 다른 하나님 이해를 요구한다. 현대의 많은 고난과 고통 속에서 완전과 전능의 개념은 변경되어야 하며, 그래서 진정한 완전함 혹은 진정한 힘이란 현실 안에서 벌어지는 고통을 간과하지 않으면서도 기존의 궁극자의 작업을 계속 수행할 수 있음을 의미한다. 케노시스 개념은 바로 이 지점에서 기독교 신학의 새로운 신론의 모티브로 수용되기 시작한다.

맥그리거에 따르면 케노시스의 재해석을 통해 제시될 수 있는 하나님에 대한 새로운 이해란 이미 성서 안에서 선포되고 있는 '사랑의 하나

---

19 형이상학적 신이란 곧 철학 안에서 논의되었던 신을 의미하며, 이러한 의미에서 "철학의 신은 결코 신앙의 살아 있는 하나님이 아니다. 형이상학적 신학은 결코 사유의 물음에 대한 최종적인 대답이 아니다." Otto Pöggeler, *Der Denkweg Martin Heideggers* (Pfullingen: Neske, 1983), 46.

20 MacGregor, *He Who Lets Us Be*, 124.

21 앞의 책, 73.

님' 이외에 다른 것이 아니다. 하나님은 사랑하기 때문에 피조물들을 위해 자신을 비운다. 그는 피조물들과의 관계 안에서 결코 자기-확장의 활동을 하지 않으며, 오히려 피조물과 관계 맺기 위해서 그는 스스로 억제와 포기 안에 머무른다. 왜냐하면 무한이 자신을 희생하지 않으면, 결코 유한은 그 어느 곳에서도 자신을 드러낼 수 없기 때문이다. 바로 이것이 힘 숭배주의적 신을 극복하는 사랑의 하나님이다. 사랑이란 신의 여러 속성 중의 하나가 아니라 곧 하나님 그 자신이다. 하나님의 사랑이란 자신을 삼가면서 타자를 위한 자리를 내주는 자기-비움의, 자기-희생의 나약함을 받아들이는 힘이다.[22] 그는 태초부터 케노시스의 하나님이며, 그래서 이러한 신의 케노시스적 본성은 신의 창조 안에서부터 나타났다. 왜냐하면 그는 곧 창조주이기 때문이다.

우리는 이것을 창세기 안의 '태초에'(en arche)라는 표현 안에서 발견할 수 있다. 전통적으로 창세기의 '태초에'라는 표현은 시간의 한 점으로 해석되어 왔다. 즉, 창조의 바로 그때 그리고 시간이 시작되는 하나의 시점을 태초라고 명명해 왔다. 그러나 '태초에'라는 단어는 오히려 '원형적으로'(archetypically)라고 번역될 필요가 있다. 왜냐하면 창조의 시원 안에는 이미 창조의 모든 원형이 담겨 있기 때문이다. 오히려 창조 이전은 그 어떠한 시간도 없었으며, 그래서 창조 이전의 태초는 시간을 함의하지 않는다. 따라서 이 단어는 시간적인 의미를 벗어나 새롭게 해명될 필요가 있다. 태초라는 단어는 '일정의 시점'이 아니라 '창조의 원형'을 의미한다. 그리고 이 창조의 원형이란 곧 예수 그리스도 안에서 나타났

---

22 "신의 역설이 그렇기 때문에 약함과 겸손함에서 나타날 때보다 더 분명하게 신이 자신의 힘을 드러내는 곳은 어디에도 없다." 앞의 책, 136.

던 케노시스이다.

모든 존재는 오직 하나님의 '원형적' 사건 안에서 창조되었으며, 그 원형은 그리스도의 모습과 같은 자기-비움이다. 왜냐하면 "신도, 진정한 인간도 예수 그리스도의 밖에서 발견되지 못하"[23]기 때문이다. 예수가 보여 준 하나님은 그래서 자신을 낮추고, 스스로를 비우고, 영원히 수고하는 케노시스의 하나님이며, 그의 창조성이란 자기의 힘을 축소하고 포기하는 능력이다. 오히려 하나님은 완전하고 자존적이기 때문에 그에게는 그 어떤 성취의 목표나 자기 자신의 만족을 위한 의지 따위는 문제가 되지 않는다. 다시 말해 만약 하나님이 완전하고 무한하다면, 그에게 확장과 정복 등은 결코 필요하지 않을 것이다.[24] 그러나 오히려 그는 자신의 무한함으로부터 어떤 유한한 것을 창조하려는 의지를 가지고 자신의 무한함을 수축하고 비워낸다. 자기-비움이 창조의 법칙이다.

하나님은 태초의 창조 안에서 자신을 비웠다. 무한이 자신을 수축하여 유한한 것의 자리를 만들었으며, 바로 그 자리에 유한한 것들의 존재를 허락했다. 하나님의 본성은 전적인 자기-비움을 통해 이해되며, 예수 그리스도가 자기-비움을 통해 세상을 구원한 것처럼 신은 끊임없이 자기-비움을 통해 세상을 창조한다. 이것은 사랑으로부터 기인한다. 다시 말해 창조의 근거는 자기를 내어주는 하나님의 사랑이다.[25]

오직 하나님의 사랑 위에서만 만물은 계속해서 '창조-유지-지속'될

---

23 Matthew L. Becker, *The self-giving God: Trinitarian Historicality and Kenosis in the Theology of Johann von Hofmann* (Chicago University Dissertation, 2001), 260.

24 MacGregor, *He Who Lets Us Be*, 107.

25 "하나님의 사랑은 그의 창조의 힘과 다를 수 없다. 단지 사랑이 모든 것을 이긴다 (*omnia vincit amor*)는 깨달음을 통해서만 요한서신의 이 격언은 인지될 수 있다. *ho theos agape esti*, 하나님은 사랑이시다." MacGregor, *He Who Lets Us Be*, 77.

수 있을 뿐이다. 이것은 그가 피조물들을 존재케 하기 위해 자기 자신을 주는 것이며, 그래서 그의 내줌 안에서 피조물들은 실존한다. "우주적 창조를 결정하기 이전에 삼위일체의 하나님은 자유롭게 단지 실존하기 위한 것이 아닌 위치를 받아들이기로 결정했다. 그래서 하나님과 다른 존재자들은 또한 실존한다."[26]

2) 케노시스적 창조의 하나님: 위르겐 몰트만

몰트만은 이러한 신의 케노시스적 창조를 보다 구체적으로 발전시킨다. 그에 따르면 하나님의 자기-비움은 그의 운명이나 무력성이 아니라 오히려 철저한 그 자신의 자유로움으로부터 기인한다. "하나님은 자기 자신 안에서 자유로우며, 어떤 운명에도 예속되어 있지 않다. 그러나 하나님은 그의 정열 가운데에서 계약의 관계를 맺으심으로써 자기를 구속시켰다. … 그는 하늘의 보좌에 앉아 계신 동시에 낮고 천한 자들 가운데에 거하신다."[27] 다시 말해 하나님의 힘은 그의 강한 권력이 아니라 케노시스로서의 자기-비움이다. 왜냐하면 "하나님 능력의 탁월한 표징은 바로 이러한 섬김이고 자기 내줌이(기 때문이)다."[28] 따라서 몰트만에게 자기-비움이란 단순히 성육신에서 제한되는 어떤 활동이 아니라 오히려 창조 자체의 본성이다. 이미 창조 안에서 하나님은 피조물

26 Doncel, "The Kenosis of the creator and of the created co-creator", 792.

27 Jürgen Moltmann, *Trinität und Reich Gottes: Zur Gotteslehre* (München: Chr. Kaiser, 1980), 42.

28 Arthur McGill, *Suffering. Atest of Theological Method* (Philadelphia: The Westminster Press, 1982), 63.

들의 고난의 경험 안에 참여할 수 있는 근본적인 지평을 마련하고 있었다.

특별히 몰트만은 이것을 보다 자세하게 설명하기 위해 유대교 카발라 신학의 침춤(Zimzum) 개념을 수용한다. 침춤이란 신의 창조가 자기 축소 혹은 자기 제약에 의해 이루어졌음을 주장하는 유대 철학자들의 카발라 신비주의 경향의 이론이다. 침춤 안에서는 창조의 신이 제약을 스스로에게 행하여 피조물의 장소를 마련하는 자로 묘사된다. 신은 그의 창조를 위한 공간을 만들기 위해 자신의 편재성을 제한하고 또한 시간을 만들기 위해 영원성을 제약한다. 다시 말해 하나님은 자신의 영원한 현존을 제한함으로써 창조를 위한 공간과 시간을 만드신다. "그것(자기 제한)이 유한한 세계가 하나님과 공존할 수 있게 만든다. … 하나님만이 하나님을 제한할 수 있다. … 그는 비신적 세계에 자리를 마련하고, 그것을 위한 공간을 양보하기 위하여 자기를 자기 자신 속으로 거두어들인다."[29]

시공간적인 우주를 창조하기로 결정함과 더불어 하나님은 영원하며 전능한 자로서의 그 자신을 제한하는 방식으로 창조하기를 허락한다.[30] 왜냐하면 "자기 자신의 밖에 있는 하나의 세계를 창조하기 위하여 무한한 하나님은 그 이전까지 자신 속에 있는 공간을 유한성에게 양보할수밖에 없었(기 때문이)다."[31] 하나님의 고통스러운 존재론적 수축을 통해 마련한 이러한 유한성을 위한 공간이란 바로 무이다. "그의 최초의

29 Moltmann, *Wissenschaft und Weisheit*, 76.

30 Doncel, "The Kenosis of the creator and of the created co-creator", 793.

31 Jürgen Moltmann, *Gott in der Schöpfung. Ökologische Schöpfungslehre* (Gütersloh: Gütersloher Verlagshaus, 1993), 99.

행동 안에서 밖을 향해 행동하는 대신에 안으로 향하는 신적인 존재의 자기 제한 속에서 무가 들어선다."[32] 다시 말해 하나님은 창조를 위해 자기 자신에게로 물러나고, 그 비워진 무 위에서 유한한 것들의 창조가 가능하다.[33] 이렇게 하나님이 그 자신을 그 자신으로부터 그 자신으로 거두어들일 때, 그는 신적 본질이나 신적 존재가 아닌 그 무엇을 불러낼 수 있다.

몰트만은 이러한 유대교적 침춤의 통찰을 기독교 안에서는 예수 그리스도의 케노시스로부터 발견한다. 왜냐하면 종의 모습을 취한 그리스도의 케노시스가 철저한 자신의 자유를 통한 순종의 행위였던 것과 마찬가지로 이러한 창조 역시 하나님이 자신의 사랑 때문에 행한 자유의 행위이기 때문이다. 그는 케노시스를 통해 자기를 수축하고 삼감으로써 피조물들을 존재하게 하고, 그들의 자유의 공간을 허락한다. "이것은 하나님이 존재의 공간을 홀로 차지하고자 하지 않으며, 다른 존재에게 자리를 마련한다는 것을 뜻한다. 이것을 행함으로써 그는 자기 자신을 제한한다. … 그리스도의 십자가에서 그의 정점에 도달하는 케노시스는 이미 세계 창조와 함께 시작한다."[34] "이러한 측면에서 오히려 하나님의 자기 낮춤은… 이미 창조 이전에 시작하며, 창조를 위한 전제이다."[35] 다시 말해 케노시스가 창조의 원리이다.

몰트만은 이러한 신의 케노시스적 창조를 구체적으로 설명하기 위

32 Gerschom Scholem, *Über einige Grundbegriffe des Judentums* (Frankfurt(M): Suhrkamp, 1970), 118.

33 Moltmann, *Gott in der Schöpfung*, 101.

34 Emil Brunner, *Die Christliche Lehre von Schöpfung und Erlösung: Dogmatik Bd. II* (Zürich: Zwingli Verlag, 1950), 31.

35 Moltmann, *Gott in der Schöpfung*, 101.

해 창세기의 단어 중 '창조하다'와 '만들다'의 차이에 주목한다. 그에
따르면 창세기 안에서 '창조하다'는 bara이며, 단순한 '만들다'는 asah이
다. 전자는 아무런 전제도 필요로 하지 않는 순수한 창조에 사용되고
있으며, 이와 달리 후자는 구체적인 재료들을 통한 하늘과 땅의 창작을
지칭한다. 특별히 이러한 구분 안에서 핵심적인 것은 이 개념 bara가
신의 창조가 '무로부터의 창조'라는 점을 분명하게 묘사하고 있다는 점
이다. 왜냐하면 "'무로부터의 창조'라는 창조에 대한 나중의 신학적 해석
이 성서적으로 '창조'라는 말이 의미하는 바를 적절히 표현하는 말이기
때문이다. 언제 어디에서 창조하든지 간에 하나님은 아무 전제 없이
창조한다."[36] 그리고 이 전제 없음을 의미하고 있는 '무로부터'(ex nihilo)
를 분명하게 규정하기 위해서는 하나님과 무와의 관계가 분명하게 규정
되어야 할 필요가 있다. 그렇다면 이 관계는 어떻게 규정될 수 있는가?

전통적 서구 사상은 무를 '절대무'와 '상대무'로 구분한다. 그리고
그 안에서 전통 기독교는 상대무가 아리스토텔레스의 순수물질로 오인
될 수 있기 때문에 '무로부터의 창조'의 무를 절대무로 간주한다. 몰트만
에 따르면 신의 창조란 바로 이 절대무와 관계 맺는 것이다. 다시 말해
무로부터의 창조란 신이 절대무와의 관계 안에서 세상을 창조했다는
사실을 의미한다. 그러나 신이 이 절대무와 관계 맺는 방식은 오히려
"낮추심, 자기 제한 그리고 비하"(Herablassung, Selbstbeschränkung und
Erniedrigung)[37]이다. 왜냐하면 신은 자기 자신의 자유 안에서 스스로를
낮추고 제한하고 비하하면서 자기를 비워 창조의 장소를 마련하는데,

36 앞의 책, 87.
37 앞의 책, 91.

그 장소가 바로 절대무이기 때문이다. 다시 말해 신이 자신의 현존을 거두어들인 창조의 자리는 무이다.

몰트만에 따르면 이 무란 창조 전에는 하나님의 버림을 받았던 공간이다. 그러나 창조를 가능하게 하기 위해 하나님은 자기를 제한하고, 이 공간을 드러낸다. 따라서 창조란 비존재의 위협, 다시 말해 무 자체의 위협이 존립해 있는 작업이다. "이것을 위협하는 부정적인 것의 성격은 그것을 넘어 다른 쪽으로까지 이르며",[38] 그럼으로 창조 안에서 무는 이제 신이 비워 놓은 신 바깥의 장소가 된다. "그러나 하나님의 바깥을 생각할 수 있는 하나의 가능성이 있다. 그의 창조를 선행하는 하나님의 자기 제한을 인정하는 것만이 하나님의 신성과 모순 없이 결합될 수 있다."[39] 자기 자신 내부로 들어가 스스로를 제한함으로써 그는 자기 외부에 창조적인 활동을 할 수 있는 공간을 드러낸다. 그리고 이것이 바로 '무로부터의 창조'에서 말하는 무이다.[40] 여기서 무란 하나님이 창조를 위해 자기 안에 허락한 무이다.[41] 그리고 하나님은 무와의 관계에서 자기를 제한하는 고통을 당하며, 그래서 창조란 신에게 고통을 수반하는 작업이다. 적극적으로 하나님이 이 고난과 고통 안에 뛰어들어 그것을 받아들이는 한에서만 창조는 일어날 수 있으며 또한 일어났다.

그 어떤 고통도 하나님의 케노시스를 중단시킬 수 없으며, 창조는

---

38 앞의 책, 100.

39 앞의 책, 99.

40 몰트만은 다음과 같이 말한다. "신 밖의 세계의 실존은 신의 내향을 통해 가능하다. 이 내향을 통하여 일종의 신비적인 원초의 공간이 생긴다. … 그곳에서 그는 신적인 본질과 신적인 존재가 아닌 것을 일으킬 수 있다." 앞의 책, 99.

41 "그의 첫 행위에 있어서 밖을 향하여 활동하는 대신 오히려 자기 자신에게로 전향하는 신적인 존재의 자기 제한 속으로 무가 드러난다." 앞의 책, 100.

지속되어 왔고 또한 지금도 지속된다. 따라서 우리는 다음과 같이 말할
수 있다. 창조란 항상 역사를 향해 열려 있으며, 따라서 개방된 체계이다.
창조주 하나님의 본성이 케노시스인 한 창조는 이미 끝난 사건이 아니라
지속적으로 이루어지고 있는 작업이다. 하나님은 이 세계의 지속적인
창조 안에서 확장되지 않고 지속적으로 제한되고 비우며 수축하고 있
다. 그는 끊임없이 스스로를 비우고 있는 자이다. "그(하나님)는 자기
스스로를 비움을 통해 창조하고 있으며, 그렇기 때문에 그 자신은 비움
안에 있는 자이다."[42] 그의 '창조-유지의 원리'란 곧 자기 내줌-자기-비움
이며, 자기를 내주고 비우면서 그는 세계 자체 안에서 현존하고 있다.[43]
이것은 곧 하나님이 자신을 비워 세상을 충만하게 하고 있는 그의 희생적
사랑을 보여주고 있다.

　　이러한 창조의 규정을 통해 이제 현대 기독교 신학 안에서 말하는
진정한 힘이란 어떤 강함이 아니라 오히려 자기-비움, 자기-희생으로
드러난다. 왜냐하면 진정으로 힘 있는 자만이 타자의 존재를 염려할
수 있으며, 진정으로 힘 있는 자만이 다른 것들을 위해 자기를 부정하고
비울 수 있기 때문이다. "그래서 진정한 하나님 혹은 진정한 절대자란
자체로 절대적 자기 부정을 소유하고 실현하는 것이다."[44] 케노시스란

---

42 Karl Rahner, *Grundkurs des Glaubens. Einführung in den Begriff des Christentum* (Freiburg/Basel/Wien: Herder, 1991), 220.

43 Moltmann, *Wissenschaft und Weisheit*, 75.

44 Thomas Altizer, "Buddhist emptiness and the crucifixion of God", *The Emptying God. A Buddist-Jewish-Christian Conversation*, Edited by John B. Cobb, Jr. and Christopher Ives (NY: Orbis, 1990), 70. 몰트만은 다음과 같이 말한다. "하나님은 아틀라스가 지구를 어깨에 짊어지고 있는 것과 비교될 수 있을 만큼 세계를 그것의 죄책과 그것의 고난과 함께 어깨에 짊어지고 있는 고난당하는 종과 같이 세계를 획득하고 다스린다." Moltmann, *Wissenschaft und Weisheit*, 80. 나아가 이러한 케노시스적 하나님 이

철저히 하나님의 사랑이며, 하나님의 자유이고, 하나님의 원리이며, 하나님의 영광이다.

3. 인간의 자기-비움

현대 기독교 신학은 이러한 자기-비움이 하나님의 본성일 뿐만 아니라 인간의 본성이기도 하다고 주장한다. 왜냐하면 "우리는 하나님의 형상 안에서 창조되었기 때문에 우리는 하나님을 따라야 하(기 때문이)다."[45] 다시 말해 창조 안에서 하나님의 케노시스적 형상을 가진 인간은 그 본성에 있어서도 언제나 자기를 비우는 케노시스를 가지고 있다.

1) 케노시스를 통해 본 악과 선

잘 알려져 있는 것처럼 기독교 교리 안에서 인간은 유일하게 하나님

해에서 본다면, 삼위일체란 절대적인 영의 사건을 의미한다. 다시 말해 '절대내부'(absolute interior) 안에서 벌어지는 삼위일체적 신은 이제 '영(0)의 특징'(characteristic of zero)이 된다. 왜냐하면 삼위일체 안에서 신의 각 위격들은 다른 위격들의 자리를 마련하기 위해 자신을 '무' 혹은 '심연'으로 비우기 때문이다. 지금까지의 형이상학적 신은 자기 자신을 위한 힘으로 그리고 하나의 힘 숭배로 규정될 수 있었을 뿐이라면, 성서가 이야기하는 하나님은 신실하며 후회할 수 있으며 열정과 자비로 충만하며, 그러므로 사랑할 수 있고 고난을 당할 수 있다. 바로 이렇게 고난을 당하고 스스로를 비워 타자를 세울 수 있기에 하나님은 자체로 삼위일체적일 수 있을 뿐이다. 몰트만은 다음과 같이 이야기한다. "케노시스의 자기 희생은 하나님의 삼위일체적 본질이며, 그러므로 바깥을 향한 모든 사역, 곧 모든 사물의 창조와 화해와 구원을 형성한다." 앞의 책, 71.

45 Doncel, "The Kenosis of the creator and of the created co-creator", 797.

의 형상을 따라 창조된 자로 규정하며, 이것은 곧 인간의 존재가 하나님
의 형상을 따라야 함을 의미한다. 그리고 이 형상이란 앞서 우리가 언급
했던 것처럼 케노시스, 즉 자기-비움이라 말할 수 있다. 왜냐하면 창조주
하나님은 케노시스를 자기의 본성으로 가지고 창조를 행하고 계시며,
바로 이것이 형상이라 이야기될 수 있기 때문이다. 다시 말해 하나님의
형상을 따라 창조된 인간은 그래서 케노시스를 그의 고유한 존재의 요소
이자 본성으로 가진다.

　　어원상으로 케노시스란 비움이며, 따라서 인간이 수행해야 하는 케
노시스란 지금까지 가지고 있던 것들을 없애서 가난하게 됨 혹은 불필요
한 것들을 청소함을 의미할 것이다. 다시 말해 케노시스 안에는 진정으
로 필요한 것을 받아들이기 위해 기존에 쌓여 있는 불필요한 것들을
비워야만 한다는 사실이 함의되어 있다. 이러한 이유에서 기독교는 마
음의 가난함이 그 자체로 복이며,[46] 우리 모두의 본성이라 말할 수 있었
다. 다시 말해 인간의 케노시스의 수행, 즉 자기를 비움이란 참된 인간이
됨을 의미한다.

　　특별히 우리는 이러한 인간관을 케노시스를 통해 참인간의 모습을
보여 준 예수 그리스도로부터 발견할 수 있다. 이것은 곧 참인간의 모습

---

46 "심령이 가난한 자는 복이 있나니 하나님의 나라가 저희의 것임이요"(눅 6:20). 예수
　의 산상수훈에 따르면 심령이 비워져 가난한 자들은 복이 있으며, 그 가난함 안에서
　하나님의 나라가 채워질 것이다. 심령이 가난하다는 것은 인간이 자신 안에 그 어떤
　집착할 것도 모두 비워 냈음을 의미한다. 그래서 그는 비움 안에서 신으로부터 올 어
　떤 것을 받아들일 수 있는 자이며 또한 그의 비움 안에 하나님의 나라가 들어설 수
　있다. 보다 구체적으로 말해 그들은 복이 있는데, 왜냐하면 하나님의 나라로서의 보
　상 때문이 아니라 오히려 그들의 비워진 가난함 안에서 하나님의 나라가 나타날 수
　있기 때문이다. 우리의 비워 놓은 가난함이란 곧 세상의 욕심을 비우고 신을 받아들
　일 장소이다.

이 자기-비움 안에 있음을 의미한다. 다시 말해 하나님이 우리를 존재하게 만들기 위해 자기 힘을 포기함으로 자발적으로 고통을 당한 것처럼 그리고 고통 안에서 예수 그리스도가 십자가를 진 것처럼 참된 인간이 되기 위하여 자기를 비워야만 한다. 물론 이러한 비움은 나 자신만을 위한 비움을 의미하지 않는다. 오히려 그것은 성부 하나님과 성자 그리스도가 피조물 전체를 위해 자기를 비웠던 것과 같이 그렇게 다른 모든 피조물을 위한 것이어야만 한다. "우리는 하나님의 형상 안에서 창조되었기 때문에 우리는 하나님을 따라야만 한다. … 우리는 모든 피조물을 위한 '하나님의 사랑하는 자기 제한'의 측면을 배워야만 한다."47 왜냐하면 근원적으로 하나님이 이미 그렇게 우리보다 앞서 모든 비움의 고통을 짊어짐으로써 우리를 존재하도록 하기 때문이다.

만약 그렇지 않고 본성에 저항하면, 인간은 바로 자기 보존을 위해 다른 이들을 착취하고 괴롭히는 악으로 향하게 된다. 악인은 자신을 비우려 하지 않으며, 오히려 그 비움 안에서 나타나는 고통을 회피하고자 다른 것들에게 희생을 강요할 뿐이다. 이것은 다음을 의미한다. 악이란 케노시스를 통한 창조의 과정 안에 참여하지 않고, 이기적인 삶을 위해 끊임없이 자신의 고통을 다른 것에게 미루는 것이다.

인간은 자기 자신을 위해, 자기의 유한성을 극복하기 위해 그리고 자기의 괴로움과 죽음을 피하기 위해 자기 자신을 더욱 강하고 더욱 잘 존재하도록 만들길 원한다. 그러나 신의 비움 안에서 생성-소멸하는 존재의 본성상 인간이 더욱 굳건하게 존재하면 할수록 타자들의 존재는

---

47 Doncel, "The Kenosis of the creator and of the created co-creator", 797. "기독교인은 다른 사람을 향해서 철저히 모든 힘을 쏟아서 스스로 약해지면서 자기실현을 향해서 노력하는 사람이다." Waldenfels, *Absolutes Nichts*, 207.

약해진다. 왜냐하면 내가 무엇인가를 가져다가 나 자신만을 위해 쓰면
쓸수록 그리고 다음을 위해 저축해 놓고 안정을 위해 노력하면 할수록,
그것을 위해 타자를 조정하면 조정할수록 이와 반대로 타자는 더욱더
죽음에 가까워지고, 불안정해지며, 고통당할 수밖에 없기 때문이다. 다
시 말해 나에게는 가장 좋은 선이라 보였던 것이 타자에게는 악이 된다.
그렇게 본다면 "악은 '잘못된 관계' 안에 존재한다."[48] 오히려 "죄는 삶을
자아의 중심에 두는 것, 자아를 스스로, 그 자체로 확립하려고 애쓰는
것이다. … 거짓된 삶은 이기적인 삶이다."[49] 그렇다면 이와 반대로 케노
시스 안에서 선이란 무엇을 의미하는가?

　선한 삶이란 모든 것이 잘 존재하기 위해, 즉 모든 것이 잘살기 위해
내가 나 자신의 욕심이나 나 자신의 안정감을 제한하고 비워나가는 것이
다. 많이 가지는 것 혹은 수명이 길어지는 것이 반드시 행복과 평안함을
지시하지 않는다. 왜냐하면 내가 타자를 억압하고 나의 욕심을 채운다
면 나의 존재는 결코 행복할 수 없을 것이기 때문이다. 그래서 자기-비움,
자기 희생, 나눔 등이 바로 존재의 원리에 맞는 선 자체이다. "자기-비움
은 곧 삶의 법칙이다."[50] 따라서 우리는 다음과 같이 말할 수 있다. "하나
님의 질서는 자기 자신에게 집중하는 자아('이기심')가 중심 밖으로 밀려
나고, 하나님에게 뿌리를 두고 이웃에 관심을 갖는 자아('신성화')가 다시
중심이 되는 질서다."[51]

---

48 로즈마리 레드포드 류터/전현식 역, 『가이아와 하나님. 지구 치유를 위한 생태 여성
　학적 신학』(서울: 이화여자대학교출판부, 2000), 200.
49 쉘리 맥페이그/장윤재, 장양미 역, 『풍성한 생명. 지구의 위기 앞에 다시 생각하는 신
　학과 경제』(서울: 이화여자대학출판부, 2008), 54.
50 MacGregor, *He Who Let Us Be*, 183.
51 맥페이그, 『풍성한 생명』, 54.

오히려 존재란 결코 혼자 살 수 없는 나눔의 사건이며, 다른 것들의 고통을 돌아보면서 스스로를 지속적으로 낮추어가는 과정이다.[52] 따라서 우리는 선을 다음과 같이 규정할 수 있다. 선이란 이기적인 자아가 영원히 존재하고자 하는 욕망의 실체화로서의 죄와 악의 결여이다. 다시 말해 선이란 자기 욕심 때문에 타자에게 가하는 고통과 악을 줄여나감이다. 악이 선의 결핍이 아니라 오히려 선이 악의 결핍이다. 오히려 올바른 삶이란 유한한 시간과 공간 안에서 모두가 함께 살기 위해 자신을 제한하는 삶이다. 우리는 이 유한한 시간과 공간 안에서 함께 생성-소멸하며 존재하기 때문에 서로 연결되어 있고, 서로에게 의존되어 있으며, 서로의 고통을 함께 느끼고 있다.

이런 의미에서 본다면 케노시스적 하나님은 절대적으로 선하시다. 왜냐하면 그의 비움을 통해 모든 것은 더욱더 충만하게 존재할 수 있기 때문이다. 보다 정확히 말해 케노시스적 하나님은 자기를 희생하면서 다른 것들을 살리는 선 자체 이외에 다른 것이 아니다. 따라서 인간 역시 이러한 하나님의 케노시스를 본받아 자기-비움을 수행해야 한다. 그는 자기 존재의 지속에 집착하지 않고 자신을 비워 내는 선을 행해야만 한다. 왜냐하면 이것이 바로 창조자로서의 신의 본성일 뿐만 아니라 피조물로서의 인간의 본성이며, 나아가 세계의 원리이기 때문이다. 그래서 "세계사는 하나님께서 자기를 낮추시는 일련의 사건으로 형성되고 이것을 기술한다. … 전능하신 그분은 세상 마지막까지 자기를 낮추신

---

52 MacGregor, *He Who Let Us Be*, 149. 따라서 악이란 자신을 비울 수 있는 자유에도 불구하고 오히려 그 소중함을 망각하고 오직 질투에만 얽매이는 인간의 모자란 본성에서 기인한 것에 불과하다. 즉, 인간의 모자란 본성 때문에 나타나는 이러한 악의 짐을 하나님은 보다 많은 고통을 감내하면서 다시금 비워 나가고 있는 것이다.

다."[53] 그렇다면 인간은 어떻게 케노시스를 수행할 수 있는가? 이것은 그리스도와 함께 죽고 그리스도와 삶을 통해서만 가능하다.

2) 그리스도와 함께 날마다 죽고 날마다 산다!

성서는 참된 인간을 다음과 같이 이야기한다. 그는 "옛 사람을 벗어 버려야 하며, 그럼으로 새로운 사람을 입어야 하고, 죽기까지 순종한 예수 그리스도를 입어야 한다. 예수 그리스도와 같이 죽고, 예수 그리스도의 죽음과 같은 형태를 지녀야만 한다."[54] 그리스도 안에 존재함으로써 그와 더불어 죽고 그와 더불어 살아가야 하며, 이러한 의미에서 예수 그리스도는 "자기 목숨을 얻는 사람은 목숨을 잃을 것이요, 나 때문에 자기 목숨을 잃는 사람은 목숨을 얻을 것"(마 10:39)이라고 말한다. 즉, 참된 인간이란 그 안에 이기적인 자기가 죽고 그리스도가 사는 자이다.

특별히 이러한 자기의 죽음은 부분적인 것이 아니라 총체적인 것이어야만 한다. 왜냐하면 "우리 생명의 총체적인 부정 내지는 우리 자아-자기의 완전한 죽음이 없이는 우리의 생명이 그리스도의 생명으로 새롭게 현현한다는 것은 불가능하기"[55] 때문이다. 오히려 이 완전한 죽음 안에서 인간은 자신을 비우고, 그리스도와 더불어 살아야만 하며, 그렇게 죽어서 다시 산 자가 참된 인간이다. 즉, "참된 인간이란 그리스도의 비움을 따라 날마다 죽고, 날마다 다시 살아나는 참된 자기이다."

53 Moltmann, *Trinität und Reiche Gottes*, 42-43.
54 Waldenfels, *Absolutes Nichts*, 205.
55 Abe, "Kenotic God and Dynamic Sunyata", 11.

바로 이러한 참된 인간이 신을 사랑하는 자일 뿐 아니라 피조물을
사랑하는 자이기도 하다. 왜냐하면 신이 자기를 비워 사랑을 실현하는
이유는 그의 피조물들 안에 있기 때문이다. 그는 피조물들의 죄를 함께
짊어진다. 보다 적극적으로 표현한다면 신이 사랑하는 피조물이란 낮
고 천한 자들이며, 그래서 그는 낮고 천한 자들의 신이다. 그는 자신을
과부와 고아의 하나님으로 선포하시며(시 68:5), 하나님의 나라는 마음
이 가난한 자의 것이다(눅 6:20). "천국으로 가는 문이 그토록 낮은 것을
보라. 허리를 굽히는 것을 배운 사람만이 거기에 들어갈 수 있다."[56]

만약 우리가 하나님을 사랑하고자 한다면, 그것은 동시에 가난하며
낮고 천한 자들을 사랑하는 것과 같다. 그러나 사랑은 우리의 인간적
행위로부터 오는 것이 아니다. 오히려 "하나님은 자신의 자기-비움을
통해 해방을 만들어 내며, 자신의 자기 낮아짐을 통해 높아지고, 자신의
대속하는 고통으로부터 죄인들의 구원을 실현시킨다."[57] 오직 우리는
이러한 신의 자기-비움, 자기 포기 안에서만 살아갈 수 있으며, 하나님과
이웃을 사랑할 수 있을 뿐이다.

지금까지 우리는 케노시스의 개념을 통해 하나님 이해와 인간 이해
를 재구성해 보았다. 먼저 케노시스란 예수 그리스도의 육화를 가능하
게 했던 성부 하나님의 자기-비움을 의미했으며, 우리는 이 개념을 예수
그리스도를 넘어 성부 하나님 자체의 본성으로 확대해 보았다. 이와
관련하여 맥그리거는 케노시스가 창조자이신 성부 하나님의 본성이자
원형이라 규정하면서 그의 창조의 원리를 힘을 사용하는 작업이 아니라

56 MacGregor, *He Who Lets Us Be*, 147.
57 Moltmann, *Gott in der Schöpfung*, 102.

오히려 스스로의 힘을 제한함과 동시에 존재의 한쪽 질서인 필연성을 허락하는 사건으로 해석한다. 물론 이러한 하나님은 동시에 자기-비움의 본성 역시 함께 수여해 주시는 분이며, 그것을 통해 하나님 자신에게로 돌아오도록 하시는 분이시다.

몰트만은 케노시스를 통한 창조 이론을 보다 확장시키면서 이것을 유대교 카발라 전통의 침춤과 연관시킨다. 이미 창조 안에서 벌어지고 있는 자기-비움의 현상은 하나님 자신이 스스로를 창조자로 규정하고, 무한한 자신의 존재를 끊임없이 축소시키기 위해 무로 보냄으로써 고통과 고난을 감당함을 의미한다. 이러한 자기-비움은 태초의 창조로부터 시작하여 예수 그리스도의 구원에 이르기까지 일관되게 흐르는 원리이며, 마지막 종말의 때를 열린 개방성으로 희망하게 하는 단초이다.

이러한 하나님의 자기-비움을 따라 인간 역시 자신을 비우는 자이다. 그는 신의 형상을 받은 자로서 신이 그 본성상 자기-비움인 한에서 동시에 비움의 길을 가는 자이다. 이와 같이 우리가 만나는 하나님은 근원적으로 자기 자신을 자기-비움 안에 세우고 있는 분이며, 바로 이러한 그의 비움을 통해 세상은 창조되고 유지된다. 인간 역시 하나님의 형상을 가진 자로서 하나님의 비움을 본받아 자기를 비우면서 살아가야 하는 자이다. 그는 결코 비움 없이 살아갈 수 없으며, 오히려 이러한 비움 없는 삶이란 우리가 일상 안에서 악으로, 죄로 규정할 수 있다.

이제 마지막으로 우리는 다음과 같은 질문을 반드시 제기해야만 할 것으로 보인다. 그것은 바로 기독교라는 종교 안에서 그리고 하나님을 믿는 우리의 입장에서 과연 고통받는 신이 만족스러운가 하는 점이다. 아니, 보다 구체적으로 질문한다면 다음과 같은 비판이다. "고통 안에서 괴로워하고 고난당하는 신을 우리는 여전히 살아 있다고 이야기할 수 있는가?", "그런 하나님이 참된 구원의 하나님일 수 있는가?"

절대적으로 그렇다! 오히려 고통받는 하나님만이 살아있는 하나님이며, 참된 구원의 하나님이다. 왜냐하면 "단지 고난받는 하나님만이 도울 수 있(기 때문이)다."[58] 다시 말해 신은 자기 자신과 다르고 불완전한 것들의 실존을 위해 자기 자신을 비우고 무화시키고 있으며, 오직 이러한 비움의 고통을 통해서만 신은 우리를 존재하게 할 수 있기 때문이다. 그래서 태초로부터(원형적으로) 자기-비움 안에 머물고 있는 신은, 즉 사랑이다. 이제 현대 기독교 신학 안에서 말하는 진정한 힘이란 어떤 강함이 아니라 오히려 자기 희생이 된다. "그래서 진정한 신 혹은 진정한 절대자란 자체로 절대적 자기 부정을 소유하고 실현하는 것이다."[59]

58 Bonhoeffer, Dietrich & Hergegeben von Eberhard Bertge, *Widerstand und Ergebung. Briefe und Aufzeichnungen aus der Haft* (München: Chr. Kaiser. 1970), 394.

59 Altizer, "Buddhist emptiness and the crucifixion of God", 70

11장
케노시스 성령론

이번 장에서는 현대 신학의 핵심 주제인 케노시스 논의를 통해 우리 시대의 성령 이해를 재구성한다. 기독교 신학은 새로운 의무를 요청받고 있다. 그것은 바로 지나친 풍족함 그리고 거기로부터 나타난 갈등과 고통에 대해 날카로운 비판과 올바른 숙고를 시도해야 하며, 이를 위해 우리의 신학을 앞의 문제들에 맞추어 새롭게 재해석해야 한다는 점이다.

케노시스(κένωσις)라는 개념은 빌립보서 2장 5-11절, 그리스도 찬가[1] 안에 있는 내용으로서, 예수 그리스도의 자기 비움을 명명한다. 이러한 자기 비움이란 성육신으로서 그분의 겸허와 성품을 표현함과 동시에 예수 그리스도가 본래 성부 하나님과 한 분이심을 설명하려는 신학적 노력이기도 하다.[2] 먼저 "신학은 유한자와 궁극자 각각이 가진 자기 비움

---

1 예수 그리스도가 스스로를 낮추셨다는 의미는 성경의 다른 곳에서도 동일하게 지적되어 있다. 바울은 다음과 같이 말한다. "여러분은 우리 주님 예수 그리스도의 은총을 알고 있습니다. 그분은 부요하셨지만 여러분을 위해 가난하게 되셨습니다. 당신 가난으로 여러분을 부요하게 하시려고 말입니다"(고후 8:9).

2 이것은 고전적으로는 "그리스도가 어떻게 한 번에 그리고 동시에 '전적인 신이면서 전적인 인간'일 수 있었는지를 설명하는 데 도움을 주는 교리"(Oliver D. Crisp, *Divinity and*

을 예수의 케노시스를 통해 제시하고 있으며 자기 비움은 곧 기독론의 주제가"[3] 되었고, "케노시스는 마침내 현대에 이르러 기독론의 이중본 성론의 문제에 대한 답변을 넘어 철저한 신의 극단적인 자기 비움의 본성으로 해석된다."[4]

이제 하나님은 창조의 때부터 자신을 비워 자신의 피조물을 존재하게 만들었고 또한 유지하시는 분으로 이해된다. 따라서 성부와 성자의 비움은 동시에 삼위일체 안에서 동일본질로 고백되는 성령에게 동일하게 적용될 수 있고, 바로 이것이 우리가 여기에서 모색하고자 하는 새로운 성령에 대한 이해이다.[5] 이것이 가능한 이유는 성령이 삼위일체 하나님의 제 삼위로서 이미 삼위일체 안에서 하나님과 본질적으로 한 분으로서 모든 면에서 나머지 두 위격과 동일하기 때문이다. 즉, 삼위일체 안에서 성령은 성부와 성자가 자신을 비우는 것처럼, 그렇게 자신을 비워 다른 위격을 드러나게 해 준다.[6]

Humanity. The Incarnation Reconsidered [Cambridge: Cambridge Univ. Press, 2000], 118-119)였으며, 현대에 이르러 성부 하나님의 사랑으로서의 본성을 비움으로 규정하는 데 사용되고 있다. 이 단어 자체와 관련해서는 다음을 참조: Jürgen Moltmann, *Wissenschaft und Weisheit. Zum Gespräch zwischen Naturwissenschaft und Theologie* (Gütersloh: Gütersloher Verlagshaus, 2002), 69. 그리고 현대 신학의 케노시스적 하나님 이해와 관련해서는 앞 장을 참조.

3 이관표, 『하이데거와 부정성의 신학: 하이데거의 죽음 이해와 무(無) 물음 그리고 그 신학적 의미』 (서울: 동연출판사, 2021), 344.

4 앞의 책, 352.

5 "우리에게는 한 분이신 하나님과 한 분이신 그리스도 그리고 우리 위에 부어진 한 분의 은총의 영이 계시다." Geddes MacGregor, *He Who Lets Us Be. A New Theology of Love* (New York: Seabury Press, 1975). 44.

6 "한 분이신 하나님의 '하나가 됨'은 영(Zero)의 특징을 지녀야만 한다. 삼위일체 안에서 한 분이신 하나님은 '셋이 됨'과 구분되는 '하나가 됨' 안에서 자유로우면서도 위대한 영이어야 한다." John B. Cobb & Ives Christopher (Edited). *The Emptying God: A Buddist-*

1. 삼위일체와 성령의 위치

예수 그리스도에 대한 기억으로부터 시작된 기독교는 예수와 하나님의 관계 설정이 중요한 주제로 다루어져야만 했다. 그리고 이것을 위해 제안된 삼위일체 교리는 일종의 당혹감으로부터 시작된 것으로 보인다. 왜냐하면 뿌리로서의 유대교는 창조주 신의 단일군주적 통치를 주장해 온 반면, 초대교회 성립 이후로 기독교는 창조주 하나님뿐만 아니라 예수 그리스도 그리고 성령을 함께 동일한 신적 존재로 인정했기 때문이다. 다시 말해 유대교의 "자신을 제외한 만물의 창조주인 유일한 신이 피조물들과 거리를 두고 있고 피조물들에 대해 절대적인 통치권을 갖고 있는 존재로서 그것들과 완전히 독립되어 있다는 관점"[7]과 더불어 기독교는 신앙의 핵심인 예수 그리스도와 성령이 이 창조주 하나님과 동일하다고 주장해야만 했다. 또한 세 분의 동일성에 대한 주장, 즉 "초대교회의 삼위일체론의 형식은 하나님이나 그리스도 때문에 그리스도와 하나님의 단일성을 문제시하는 위험한 이단을 방어함으로써 형성되었다."[8]

확실히 단어 "삼위일체는 성경 안에서 표현상 기술되어 있지는 않다."[9] 그러나 앞서 언급한 당혹감과 필요성으로부터 수많은 해명의 방식이 나타났으며, 특별히 초대교회도 거기에서 예외는 아니었다. "고대

Jewish-Christian Conversation (New York: Orbis Books, 1990), 24.

7 Macgregor, *He Who Lets Us Be*, 61.

8 Jürgen Moltmann, *Trinität und Reiche Gottes. Zur Gotteslehre* (München: Chr. Kaiser, 1980), 144.

9 MacGregor, *He Who Lets Us Be*, 43.

교회적 기독론은 잘 알려져 있다시피 '위로부터 아래로'를 생각한다. 그것은 삼위일체의 신 혹은 선재하는 신성의 예수로부터 나온다."[10]

가장 먼저 작성된 성경인 바울서신은 '그리스도 안에서'와 '성령 안에서'를 동의어로 사용하고 있으며, 초대교회의 교인들은 이미 성자를 하나님으로 간주하고 그에게 기도하고 있다. 또한 요한복음 1장은 그리스도로서의 로고스가 창조 이전부터 신과 함께하고 있었다고 주장한다. 이러한 영향하에서 초대 교부들은 창조자, 선재한 그리스도 그리고 하나님의 영을 동일하게 생각하고, 삼위일체를 구체적으로 설명하려고 노력했다. 예를 들어 그들 사이의 관계 문제를 직접적으로 언급하지는 않지만, 초대 교부 클레멘스는 "우리에게는 한 분이신 하나님과 한 분이신 그리스도 그리고 우리 위에 부어진 한 분의 은총의 영이 계시다"[11]라고 말함으로써 삼위일체적 신앙의 초기적 형태를 고백하고 있다. 따라서 우리는 이미 초대교회 안에서 삼위일체론의 원형적 모습이 존립했음을 알게 된다.

삼위일체론의 기본적인 구도는 '성부 하나님', '성자 하나님' 그리고 '성령 하나님'의 통일적인 공존이다. 성부, 성자, 성령은 '하나이면서 동시에 셋이고, 셋이면서 동시에 하나'이다.[12] 그러나 여기서 문제가 되는

10 Horst Georg Pölhmann, *Abriss der Dogmatik. Ein Kompendium* (Gütersloh: Chr. Kaiser/Gütersloher Verlagshaus, 2002), 234.

11 MacGregor, *He Who Lets Us Be*, 44.

12 '성부'는 이스라엘 민족의 시작 이래로 그들을 돌봐왔던 신이다. '성자'는 구약에서는 메시아로, 신약에서는 그리스도로 명명되는 예수의 신성이다. 예수 그리스도의 신성은 그의 유일회적 삶, 그의 죽음과 부활의 역사성과 분리되지 않는다. '성령'은 성부의 영이자 성부와 성자 모두에게서 보냄을 받은 신적 존재이다. 그는 우리에게 미래를 열어 주고, 오늘날까지 영향을 미친다.

것은 이러한 세 가지 하나님의 위격이 결코 다른 하나를 배제하지 않고, 동시에 또 다른 제4의 요소를 포함하지 않은 채 유일신이라는 형태 안에서 설명되어야만 한다는 점이다. 그러나 이와 동시에 각 세 요소는 '각각의 실체'로서도 또한 '하나의 실체로부터 파생된 양태들'로서도 규정될 수 없었으며, 오히려 실체 혹은 양태에 대한 극단적인 양자택일은 이단으로 정죄되었다.[13] 또한 교회의 분리 이후 동방 정교회와 서방 가톨릭교회는 삼위일체에 대한 용어를 다르게 사용하게 된다.

동방 정교회의 그리스어 단어 삼위는 '근거에 놓여 있는 것'이라는 의미를 지닌 '휘포스타시스'(ὑπόστασις)를, 일체는 '존재 혹은 본질적 존재'라는 의미의 '우시아'(οὐσία)를 뜻한다. 이와 달리 서방 가톨릭의 라틴어 단어 삼위는 '페르조나'(persona)로서 '인격 혹은 가면'을 뜻하며, 일체는 '수브스탄치아'(substantia), 즉 현대적 의미에서의 '실체, 본질 혹은 자립적 존재'를 뜻한다.[14] 이러한 차이에서 볼 수 있듯이, 삼위일체 해명의 불완전성은 분명하게 해소되지 못했으며, 그저 한 하나님에 대한 속성들(attributa), 재산들(Eigentum, propriatate) 혹은 그의 규정적 행위들이라고 설명될 수 있었을 뿐이다. 그래서 이러한 설명들을 증명하기 위한 노력이 중세기의 '실재론'과 '유명론'의 논쟁으로 표출되었고, 그 안에서 삼위일체의 세 가지 요소는 실체화되기도 하고, 때때로 이름만으로 남기도 했다.

삼위일체를 최초로 구체적이면서도 형식적으로 개념화한 학자는 라틴교부 터툴리안으로 알려져 있다. 초대교회와 달리 라틴교부 이후

---

13 Christofer Frey (Herausgegeben), *Repetitorium der Dogmatik: Für Studierende der Theologie 6, völlig neubearbeitete Auflage* (Waltrop: Hartmut Spenner, 1998), 121.

14 앞의 책, 121.

로 다양한 이단들(예를 들어 영지주의 그리고 그 이후의 마르시온주의, 단일
군주론 등)과의 대결 안에서 보다 정확한 성부, 성자, 성령의 위치와 각
요소 간의 관계가 정립될 필요가 나타났으며, 이러한 필요를 통해 삼위
일체는 보다 구체적이면서도 형식적으로 정립된다. 터툴리안(ca. 155~230,
Quintus Septimius Florens Tertullianus)은 처음으로 라틴어 트리니타스
(trinitas)라는 말을 소개했으며, 그들의 역할을 오이코노미(oikonomie)
라는 단어를 통해 표현했다. 그가 분명하게 언급하고 있는 것은 창조와
구원에 있어서 성부, 성자, 성령이 단일하게 참여하고 있다는 것이었다.

터툴리안에 따르면 하나님이란 영원 전부터 한 분이지만 혼자는 아
니다. 그는 그의 이성(logos, ratio) 혹은 지혜(sophia, sermo)와 함께 있으
며, 그들은 영원하다. 이러한 이유에서 터툴리안에게 유일신론이란 수
적인 혹은 일원론적 단일성이 아니라 그 자체 안에서 이미 구분되어
있는 단일성이다. 여기서 "로고스란 영원한 하나님의 기원의 행위를
통해 나타났으며 이것은 곧 아들이 된다. 아들과 아버지는 구분되지만
나뉘지 않으며, 구별되지만 분리되지는 않는다."[15] 그리고 성령 역시
성부에 의해 그리고 성자를 통해 파생되며, 신적인 실체의 단일성 안에
서 성부와 성자와 더불어 결합되어 있다.

삼위일체는 그 후 '입양적 종속주의'(Adoptianischer Subordinatianis-
mus),[16] '양태론'(Modalismus) 혹은 '사벨리우스주의'(Sabellianismus) 등
을 거치면서 새로운 모습으로 형성되어 간다. 특별히 양태론에 따르면
성부는 자기 자신을 성자와 성령으로 만들었으나 그 둘은 성부의 껍데기

15 Moltmann, *Trinität und Reiche Gottes*, 153.
16 앞의 책, 147.

이외에 다른 것이 아니다.[17] 양태론 안에서 그리스도의 신성은 소멸되며, 오히려 그리스도의 모습은 비본래적인 양태로 간주된다. 왜냐하면 그리스도의 모습을 취한 성부는 성부 자체의 모습이 아니기 때문이다.

이와 더불어 삼위일체 안에서 성령의 위치도 필리오케 논쟁을 통해 다양하게 해석된다. 필리오케 논쟁이란 성령이 성부로부터 나온 것인지, 아니면 성자를 통해서도 그 근원을 물을 수 있는지를 다룬다. "589년 제3차 톨레도(Toledo) 공의회에서 381년의 니케아-콘스탄티노플 신경(Symbolum Nicaenum Constantinopolitanum, 이하 니케아 신경)에 처음으로 첨가된 것으로 보이는 필리오케(Filioque, 보다 정확하게 에트 필리오[et Filio])는 이후 동·서방 교회의 신학자들 사이의 지속적인 논쟁점이었다."[18] 이 논쟁은 그 처음에서부터 현재까지 단순한 역사적, 교의사적, 성서신학적 근거들이 다양하게 등장하면서 이어지고 있지만, 학문적으로 완벽한 답을 제시하기에 많이 부족한 것으로 보인다.[19] 오히려 그 어떤 인간의 언변들을 가져온다 할지라도 사실상 "하나님께서 구원의 '경륜' 안에 실재하시면서도 초월해 계시는 신비('신학')를 역동적으로 이해하는 것"[20]은 불가능하며, 이것은 앞서 언급한 성부와 성자 사이의 관계 그리

---

17 "계시와 성령 전달의 역사 안에서 일자이신 하나님은 세 가지 형태를 취하신다. 성부의 형태 안에서 그는 우리에게 창조자이자 입법자로 드러난다. 성자의 형태 안에서는 구원자로, 성령의 형태 안에서는 삶을 베푸는 자로 드러난다. 성부, 성자, 성령은 한 하나님의 세 가지 현상 방식이다." 앞의 책, 151.

18 이충만, "필리오케(Filioque) 논쟁의 교의적 문제들과 의의 – '신앙과 직제 위원회'의 1981년 제안서와 로마가톨릭교회의 1995년 해설서를 중심으로", 「한국조직신학논총」 제60집 (2000), 145-146. 특별히 현대 신학의 필리오케 관련 논쟁과 관련한 사항은 다음을 참조: 앞의 책, 148 이하, "II. 20세기 후반의 두 계기".

19 또한 "필리오케를 통하여 성령을 이해하는 데 결정적인 약점이 주어졌다(는 점 역시 중요하다). 성령은 아버지와 아들의 서열보다 낮다." 위르겐 몰트만/이신건 옮김, 『삼위일체와 하나님의 역사』 (서울: 대한기독교서회, 2006), 130.

고 성부, 성자와 성령 사이의 관계에 대한 다양한 논쟁의 실패로
드러난다.

이제 삼위일체는 세 신적 존재자의 본질적 공존을 신비라는 이름
안에 내버려 둘 수밖에 없는 상황을 맞이한다. 여러 번의 정치적·종교적
투쟁을 거치면서 "하나의 실체 안에 있는 세 가지 위격으로서의 삼위일
체 교리의 공식적 정식화는 기원후 382년 콘스탄티노플 공의회(the
Synod of Constantinople)로부터 기록되었다."[21] 그러나 여기에는 문제점
이 여전히 남아 있을 수밖에 없었다. 왜냐하면 삼위일체의 신비 안에서
도 여전히 성령은 정확한 자신의 실체 혹은 본체를 획득할 수 없었기
때문이다. 성령은 여전히 애매모호한 위치로서 삼위일체의 한 위격이
라 지칭되었고, 이것은 현대의 우리에게도 마찬가지라 여겨진다.

예를 들어 아우구스티누스는 성령이 단순하게 생각하여 성부와 성
자를 연결하는 '사랑 자체' 혹은 '사랑의 띠'라고 주장한다. 즉, 성령은
자체로 실체나 본체가 아니라 성부와 성자를 연결하는 데 사용되는 하나
의 단초에 불과하다는 것이다. 우리가 만약 "서방 신학의 유명한 개념인
사랑의 띠로서 성령의 개념"[22]을 받아들이게 된다면, 성령이란 그 자체
로 존재하기보다는 성부와 성자를 연결하는 한에서만 존재하는 의존적
인 하나의 존재자로 이해될 뿐이다. 그뿐만 아니라 이러한 성령에 대한
설명의 어려움은 현대에도 지속된다. 예를 들어 몰트만에 따르면 성령
은 성부와 성자의 사귐 자체로 이해될 수 있을 뿐이며, 성령의 존재론적

---

20 이충만, "필리오케(Filioque) 논쟁의 교의적 문제들과 의의", 172.

21 MacGregor, *He Who Lets Us Be*, 45.

22 현요한, 『성령, 그 다양한 얼굴. 하나의 통전적 패러다임을 향하여』(서울: 장로회신
학대학교출판부, 1998), 55.

독립성은 분명하게 설명되지 못한다.[23]

성령은 삼위일체를 위한 필수적인 위격임에도 불구하고 이해되기 쉽지 않으며, 바로 이러한 한계 때문에라도 성령에 대한 논의는 전통 신학으로부터 현대 신학에 이르기까지 늘 새롭게 시도되었고 또한 시도되어야 한다. 그리고 이제 우리는 성령론의 새로운 해석을 위한 단초로서 케노시스라는 기독론 개념을 차용하게 된다. 개념의 기독론적 성격에도 불구하고 우리가 케노시스를 통해 성령을 이야기할 수 있는 이유는 이것이 이미 성자 하나님의 육화 사건으로부터 발견된 것이면서 동시에 현대에 와서 성부 하나님 자신의 창조적 능력으로까지 확장되어 설명되고 있기 때문이다. 즉, 케노시스는 삼위일체 하나님과 관련된 개념이다.

2. 케노시스의 전통적 의미와 현대 신학의 이해

케노시스는 빌립보서 2장 5-11절, 그리스도 찬가에서 '비움' 또는 '자기-비움의 행동'을 지칭하는 데 사용되었던 용어이다. "바울이 빌립보서 2장 5-11절에 인용하는 그리스도 찬가에 의하면, 그리스도의 이야기는 하나님의 버림을 받은 사람들의 구원을 위한 케노시스로 이해된다."[24] 이 안에서 그리스도는 하나님과 동일한 신적 본성이지만, 영광 안에서 거주하기를 거부하고, 자신을 비워 종의 형상을 입은 자로 설명된다. 그리고 개념의 확장을 통해 케노시스에 대한 논의는 현대에서

---

23 "사귐이 성령 자신의 본질로 표현된다." 위르겐 몰트만/김균진 옮김, 『생명의 영』(서울: 대한기독교서회, 1992), 293.

24 Moltmann, *Wissenschaft und Weisheit*, 69.

그리스도의 이중본성론과의 관련성으로부터 떨어져 나와 하나님의 자기 비움, 자기 희생의 본성으로 해석된다. 이제 케노시스는 사랑을 실현하는 신의 자기 희생의 본성이고, 자기 희생의 행위이며, 창조의 원리로 명명된다.

20세기 신학자 중 케노시스의 의미를 가장 대표적으로 제기한 사람은 디트리히 본회퍼이다. "하나님이 그리스도의 몸 안에서 영원에 속하는 초월자로서 사망했다는 신학적 운동이 고지되었는데, 그것은 본회퍼에서 기인한다."[25] 본회퍼에 따르면 "하나님은 스스로를 세계로부터 십자가에로 몰아넣었다. (따라서) 하나님은 세계 안에서 무력하시고 약하다. 단지 그렇기에 그는 우리 곁에 있으며, 우리를 돕는다. … 단지 고난받는 하나님만이 도울 수 있다."[26]

물론 여기에는 극단적 역설의 상황이 기입되어 있다. 왜냐하면 그리스도의 힘, 즉 성자이자 구원자인 그의 힘, 하나님과 동일한 그의 힘이 그 자신 무력함, 즉 그 케노시스로부터 나온다고 고백되기 때문이다. 이러한 역설적 상황 "이것이야말로 종교적 인간이 기대했던 모든 것의 전복이다."[27] 본회퍼 이후 이 논의들은 '신 죽음의 신학'의 대표자들인

---

25 Lyle Dabney, *Die Kenosis des Geistes. Kontinuität zwischen Schöpfung und Erlösung im Werk des Heiligen Geistes* (Neukirchen-Vluyn: Neukirchener Verlag, 1997), 56. 독일에서 대표적인 학자가 본회퍼라면, "19세기 말부터 20세기 초까지 영어권 세계의 많은 신학자들은 보다 사색적인 추론을 선호한 대륙의 신학자들과 다른 접근 방법을 통해 케노시스 개념을 발전시켰다. 이들 가운데에는 성경 신학자인 체인과 라이트푸트, 교의신학자들로는 고어, 훼스톤, 페어베언, 가비, 포레스트, 포사이스 등이 있었다." 권문상, 『비움의 모범을 보이신 예수 그리스도』 (서울: 새물결플러스, 2008), 97.

26 Dietrich Bonhoeffer & Hergegeben von Eberhard Bertge, *Widerstand und Ergebung. Briefe und Aufzeichnungen aus der Haft* (München: Chr. Kaiser, 1970), 394.

27 앞의 책, 395.

토마스 알타이저와 윌리암 헤밀톤을 통해 확장된다. "신은 죽었다!"는 절규 안에서 현대의 신학은 전통적 신론을 포기하고 철저히 예수 그리스도의 십자가로 향하며, 그래서 "신학은 이제 급진적으로 케노시스의 기독론으로 명명된다."[28] 즉, 케노시스는 이미 신학의 중심이었고, 특별히 현대 신학의 중심이 되었으며, 그래서 전통적 신론이 거부되는 지금, 케노시스적 그리스도론으로부터 모든 신학이 새롭게 이해되기 시작한다.[29]

현대의 케노시스 신학은 특별히 전통적 신론의 포기 이후 나타나야 하는 새로운 신론의 필요성에 기인한다. "이것은 신에 대한 새로운 개념을 제시할 필요로 이끈다. 원초적으로 절대적 힘으로부터 신은 원초적으로 절대적인 사랑으로서 사유된다."[30] "우리가 소유하는 하나님은 궁극적으로는 하나님 홀로 우리에게 이르게 하시는 하나님에 대한 극단적인 포기를 언제나 관통해야 한다."[31] 다시 말해 하나님의 자기-비움, 즉 신적 케노시스에 대한 논의는 기독론을 넘어 새롭게 고통당하는 하나님의 본성으로 수용될 필요가 있다. 현대 신학은 더 이상 전능하며, 완벽

---

28 Thomas Altizer, *William Hamilton, Radical Theology and the Death of God* (Indianapolis: Boobs-Merrill, 1966), 135.

29 "신의 케노시스 혹은 자기-비움의 사상은 소위 말하는 '신 죽음의 신학' 안에서 보다 넓게 발견되었다. 토마스 알타이저는 자신의 신의 죽음에 대한 논의를 이러한 자기 종결 혹은 자기 무화 위에 근거 짓는다. … 유사하게 D. 죌레는 신의 자기-비움의 새로운 이해를 시도하는데, 그녀는 헤겔의 신 죽음의 명제를 수용하는 것처럼 보인다. … 가톨릭 측면에서는 폰 발타자르가 케노시스 모티브의 긍정적 가치에 영향을 받고 있지만, 19세기에 유행했던 케노시스 이론에는 반대하면서 그것을 단순한 기독론적 역설로 축소시키고 있다." Martin Breidert, *Die Kenotische Christologie des 19. Jahrhunderts* (Gütersloh: Gütersloher Verlagshaus, 1977), 13.

30 Manuel G. Doncel, "The Kenosis of the creator and of the created co-creator", *Zygon*, Vol. 39, no. 4 (2004), 792.

31 Karl Rahner, *Sacramentum Mundi. Vol. 2* (London: Burns and Oates, 1969), 207-208.

한 존재자로 설명되었던 전통 형이상학의 신론에 머무를 수 없으며, 오히려 우리의 고통과 함께하는 케노시스적 하나님 그리고 고통당할 수 있는 살아계신 하나님을 요구한다.

하나님은 자기를 비우면서 세계를 창조하고 또한 자기 피조물의 고통과 함께한다. 그래서 현대 신학 안에서 하나님의 창조와 유지는 하나님의 비움과 고통당함을 근거로 하여 설명된다. 그는 사랑으로 고통을 감내하며 세계를 창조하고 유지한다. 이러한 의미에서 현대의 케노시스적 하나님은 힘을 추구하고 그것을 폭력으로 행사하는 자가 아니라 모든 인류와 생명의 공생을 염려하면서 우리가 어떻게 살아가야 하는지를 직접 보여주는 분이다. 성자가 성육신과 십자가 안에서 자신을 비워 구원을 이루었던 것과 같이 성부 하나님은 태초에 자기를 비워 우리를 창조했다. 그렇다면 이러한 케노시스 개념을 통해 성령은 어떻게 해석될 수 있는가?

3. 성령에 대한 케노시스적 이해

1) 비움 자체로서의 성령

앞서 살펴본 것처럼 케노시스란 전적으로 자기를 비우는 성부 하나님과 예수 그리스도의 본성이며, 이것은 동시에 삼위일체의 성령에게도 해당된다. 그리고 이러한 이해를 통해 성령은 이제 삼위일체 안에서 자기를 비우는 케노시스적 위격으로 드러난다. 왜냐하면 삼위 각각이 자기 자신을 비워낼 때야만 비로소 다른 두 요소가 밝히 드러날 수 있기

326 3부 | 현대의 케노시스 신학

때문이다. 그리고 바로 이러한 논의를 통해 우리는 첫째, 성령을 비움 자체라고 명명할 수 있게 된다.

현대에 케노시스의 재해석을 통해 제시되는 삼위일체 하나님에 대한 선포는 이미 성경 안에서 선포되고 있는 '사랑'이다. 하나님은 사랑이기 때문에 삼위일체로 거하시고, 동시에 피조물을 위해 자신을 비우신다는 것이다. 그러나 여기서 우리가 분명하게 해야 하는 것은 앞서 말한 삼위일체와 피조물의 비움은 먼저 삼위일체 안에서 창조주 하나님과 승리자 예수 그리스도가 드러날 수 있어야 가능하다는 사실이다. 다시 말해 창조주 하나님이 자신의 창조주로서의 모습을 그리고 구원자 하나님이 자신의 구원자로서의 모습으로 현상하고 역사하기 위해서는 우선 삼위일체 안에서 자신들을 그 자신으로 드러낼 수 있어야만 하며, 바로 이것을 성령이 행하고 있다. 즉, 성령이란 삼위일체 안에서 벌어지고 있는 비움의 사건 그 자체이다. 이것은 무엇을 의미하는가?

삼위일체 안에서 우리가 발견하는 것은 상호관계 안에서 내주하시는 삼위의 하나님이 결국 자신들을 페리코레시스를 통해 비움과 동시에 상대편들의 자리를 마련해 준다는 놀라는 사실이다. "그들이 상호 내주하기 위해 각각 서로에게 열린 삶-공간을 수여(하며), 우리는 영원한 삼위일체의 상호 침투 안에서 세 위격뿐 아니라 세 넓은 공간을 발견한다. … 하나님의 비밀스러운 이름 중 하나가 마콤, 즉 넓은 장소"[32]이다. 보다 적극적으로 말해 이러한 삼위일체의 페리코레시스는 자기를 비워 0을 만듦으로써 3은 1일 수 있고, 1은 3일 수 있게 됨을 의미한다. 그리고

---

32 존 폴킹혼 엮음/박동식 옮김, 『케노시스 창조이론. 하나님은 어떻게 사랑으로 세상을 만드셨는가?』 (서울: 새물결플러스, 2015), 240.

우리는 창조자 성부와 구원자 성자가 그것일 수 있는 이 비움 자체가 성령이라고 이해할 수 있다. 즉, 성령은 삼위일체를 가능하게 하는 비움 그 자체이시다.

전통적으로 성령은 결코 자신의 모습을 명확히 드러내지 않았다. 오히려 우리는 늘 성부와 성자의 사역과 존재를 경험하고 고백해 왔으며, 바로 이러한 성부와 성자의 뚜렷한 현상이 가능했던 것은 바로 성령께서 자신을 비움으로 숨기고 다른 두 위격을 삼위일체 안에서 그리고 우리의 피조세계 안에서 드러내 주셨기 때문이다. 삼위일체의 근거는 바로 비움의 사건이신 성령님 자체이며, 그는 늘 자신을 숨기고 다른 것의 이면이 되어주심으로써 우리에게 삼위일체 하나님의 영광을 드러내어 주셨다. 그리고 바로 이러한 의미에서 우리는 아우구스티누스가 왜 성령을 사랑 자체 혹은 사랑의 띠라고 이야기했는지 그리고 몰트만이 사귐 자체라고 이야기했는지 이해할 수 있다. 왜냐하면 성령은 성부와 성자를 드러내기 위해 결코 자신을 직접 드러내지 않기 때문이다. 그는 자기를 감춤으로써 성부와 성자를 삼위일체 안에서 드러내는 비움의 사건 자체이다. 그는 성부의 창조를 비움의 사건으로서 돕고, 성자의 구원을 비움의 사건으로서 돕는다. 그리고 그는 동시에 창조되고 구원된 피조물들의 삶 안에서 비움의 사건으로서 그들을 유지하고 위로하신다. 즉, 하나님이 사랑일 수 있는 이유는 그가 비움이기 때문이며, 그가 삼위일체 안에서와 피조물들 안에서 행하는 비움이란 곧 성령 하나님 자체이시다.

2) 창조의 비움으로서의 성령

두 번째 성령 이해로 우리는 케노시스적 성령이 창조의 비움 자체임을 발견할 수 있다. "오늘의 새로운 상황 속에서 하나의 통전적이며 새로운 성령 이해의 패러다임을 제시"[33]하기 위해 이제 우리는 창조하시는 하나님께서 행하시는 비움의 사건이 성령이심을 분명하게 밝힐 필요가 있다.

앞서 언급한 것처럼 성령이 비움 자체로 해석될 수 있었던 이유는 삼위일체 안에서 벌어지고 있는 페리코레시스의 사건, 즉 자신을 비우면서 상대방들의 장소를 마련해 주는 신의 본성 때문이었다. 우리는 여기서 보다 적극적으로 주장하여 비움 그 자체의 사건이 바로 성령이라고 명명할 수 있었다. 그리고 여기서 분명한 것은 이러한 성부, 성자, 성령 사이의 비움의 관계는 결코 삼위일체 안에만 머물지 않고, 나아가 신의 외적인 세계와의 관계로까지 확장된다는 것이다. 다시 말해 삼위일체 안의 케노시스적 상호관계는 이제 신과 피조물과의 관계 사이에서 드러나며, 우리는 이러한 피조물을 위한 비움 자체 혹은 그 비움 사건 자체를 성령의 사역이라고 부를 수 있다는 말이다. 왜냐하면 피조물과의 관계 안에 있는 신의 본성은 폭력적인 힘이 아니라 비움의 힘이고, 이 비움이 바로 성령이기 때문이다.

먼저 성령의 창조적 능력을 우리는 구약의 성령 개념인 '루아흐'에서 찾아볼 수 있다. "루아흐는 자연적 혹은 초자연적인 능력, 힘, 에너지 등을 의미(하며), 하나님께서 세상을 창조하신 그 창조의 능력이기도

---

33 현요한, 『성령의 다양한 얼굴』, 27.

하다."[34] 그분이 창조를 하실 때, "성령은 하나님 자신의 활동하는 현존이다."[35] 그리고 그는 자기를 비우시는 하나님의 사랑의 활동, 즉 창조의 비움 그 자체이다. 물론 성령이 성부를 통해 발현하는 비움의 창조 능력은 그의 운명이나 무력성이 아니라 오히려 그 자신의 자유로움으로부터 기인한다. 왜냐하면 "하나님은 자기 자신 안에서 자유로우며, 어떤 운명에도 예속되어 있지 않(기 때문이)다. 그러나 하나님은 그의 정열 가운데에서 계약의 관계를 맺으심으로써 자기를 구속시켰다."[36] 자기-비움이란 단순히 성육신에서 제한되는 어떤 활동이 아니라 오히려 창조 자체의 본성이면서 동시에 피조물 안에 함께하시는 하나님의 비움으로서의 성령 자체이다.

요약하자면 다음과 같다. 먼저 태초에 하나님은 그의 창조를 위한 공간을 만들기 위해 자신의 편재성을 제한한다. 그리고 그 안에서 비움의 능력인 성령이 만물을 창조하신다. 그 이후 예수 그리스도의 육화 안에서 다시금 성부 하나님은 자신을 비워 구원을 완성한다. 예수 그리스도의 부활과 승천 이후 다시금 성부 하나님은 쉐히나, 즉 자신을 비워 보혜사 성령의 모습으로 피조물들에게 찾아온다. 신의 고통스러운 존재론적 수축을 통해 사랑으로 실현되는 피조물들은 이제 삼위일체 하나님의 비움의 역사를 통해서만 창조되고 구원되며, 성령의 역사 안에 살아갈 수 있다. 하나님은 이 세계의 지속적인 창조 안에서 확장되지 않고 자신을 비우며 수축하고 있다. 그는 삼위일체 안에서 끊임없이

---

34 앞의 책, 292.

35 앞의 책, 같은 곳.

36 Moltmann, *Trinität und Reich Gottes*, 42.

스스로를 비우는 분이다. "그(신)는 자기 스스로를 비움으로써 창조를 행하고 있으며, 그렇기에 그 자신은 비움 안에 있는 분이다."[37]

3) 우리 비움의 고통 안에 내주하는 성령

케노시스적 성령은 세 번째로 인간 및 모든 피조물의 비움의 고통을 함께 당하는 분으로 명명될 수 있다. 우리는 본성상 하나님의 케노시스적 형상을 가지고 있으며, 그래서 그 본성에 있어서 언제나 비워져야만 한다. 왜냐하면 "우리는 신의 형상 안에서 창조되었기 때문에 우리는 신을 따라야"[38] 하기 때문이다. 물론 우리가 비워지고 있다는 사실은 우리의 적극적·능동적 비움을 의미하지 않는다. 오히려 우리는 할 수 없으며, 그저 그분의 본성에 따라 가진 것들을 내려놓게 되며, 궁극적으로는 마지막 비움의 종착점을 향해 나아가고 있을 뿐이다. 그리고 이것을 우리는 죽음이라는 가장 가까우면서도 가장 먼 사건을 통해 잘 인식하고 있다.

모든 사람이 알고 있듯이 우리는 원하든 원하지 않든 간에 죽는다. 왜냐하면 인간은 이미 태초부터 죽을 것이라 선고되어 있기 때문이다 (창 3:3). 죽음이 있는 한 우리는 불안하고 고통당하며 나약하다. 죽음에 노출된 채 상처받을 수밖에 없고 또한 나약할 수밖에 없으며, 이러한 근본 상황 안에서 우리는 고통을 가지고 있는 모든 것을 상실하면서 비워짐으로 향해 가고 있다. 성령은 그러나 바로 이 지점에서 우리 안에

---

37 Karl Rahner, *Grundkurs des Glaubens. Einführung in den Begriff des Christentum* (Freiburg/Basel/Wien: Herder, 1991), 220.

38 Doncel, "The Kenosis of the creator and of the created co-creator", 797.

들어와 함께 하시며 동시에 우리에게 다시금 생명을 부어주시는 분이다. 이것은 무엇을 의미하는가?

논의를 해명하기 위해 먼저 우리는 구약의 쉐히나 개념이 케노시스와 연관된다는 사실을 분명히 해야 한다. "쉐히나 개념에서 우리는 그리스도의 비움에 대한 기독교 사상을 구약이 전제하고 있으며, 이것이 유대교에 해당한다는 점을 발견하게 된다."[39] 물론 이것은 하나님께서 자신을 낮추사 우리와 함께 고통당하심을 말하는 개념들이다. 그리고 여기서 중요한 사항이 나타나는데, 그것은 바로 이 쉐히나와 케노시스의 사역 그 자체가 성령님을 지시할 수 있다는 점이다. "쉐히나의 빛나는 광채를 카발리아의 학자들은 성령이라 부를 수도 있었다."[40] 다시 말해 이미 이스라엘의 고난 안에 영적인 모습으로 함께해 왔던 쉐히나의 하나님은 우리가 현대에서 만나고 있는 바로 그 성령 하나님이라 이해할 수 있으며, 이것은 곧 우리의 비움의 고통을 함께 당해주시는 성령이다.

쉐히나는 우선 철저한 고난과 고통의 경험으로부터 출발한다. "모욕당하고 추방당하며, 강대국들의 박해에 시달릴지라도 하나님의 쉐히나가 이스라엘 백성들 가운데 거하면서 포로가 된 백성들과 더불어 바빌로니아로 추방된 신세가 되"[41]어 주셨다. 하나님은 영으로 임재하사 이스라엘의 모든 환란과 함께했으며, 바로 이러한 근거를 가지고 이스라엘 민족은 끝까지 자신들의 삶과 신앙을 유지할 수 있었다. 그리고 케노시스의 개념을 통해 이제 쉐히나의 고통 참여는 우리를 위한 은혜로서

---

39 폴킹혼 엮음, 『케노시스 창조이론』, 242.
40 몰트만, 『생명의 영』, 79.
41 폴킹혼 엮음, 『케노시스 창조이론』, 243.

이해될 수 있다. 왜냐하면 피조물을 창조하시고 유지하시는 분은 동시에 우리의 고통을 잘 알아 우리 안에 내주해 주시는 비움의 사건 자체이시기 때문이다. 자신을 비워 현대의 우리에게도 함께하시는 하나님의 모습은 성령의 케노시스적 사역이다. 즉, "쉐히나 표상은 성령의 케노시스를 가리킨다."[42]

성령은 우리와 함께하신다. 그는 우리의 고통을 함께 느끼며, 자신이 이미 비움의 고통을 잘 알아 우리의 고통에 연대하여 오신다. "고난이 타자들을 보살핌의 결과로 자유롭게 개입하는 행동인 한에서 오히려 고난은 존재론적으로 신적 존재의 한 표현으로 생각될 수 있다."[43] 따라서 이 우주 안에는 내재적인 고통이 배어 있을 수밖에 없다. 그리스도의 십자가 사건 안에 원형적으로 각인되어 있는 것처럼 하나님의 케노시스적 창조와 성령의 내주하심 안에는 무한한 고통이 투영되어 있으며, 그럼으로 "깊은 슬픔이 들어가 있다."[44] 왜냐하면 "하나님은 스스로의 자기 비움을 통해 (세계를) 창조하고 있으며, 바로 그러한 의미에서 그는 비움 안에 놓여 있는 분"[45]이기 때문이다.

성자의 자기를 비우시는 십자가 고통처럼 그리고 성부의 자기를 비우시는 창조의 고통처럼 이제 성령은 피조물들의 고통의 현장 안에서 자신을 비워 들어와 함께 고통당하신다. 왜냐하면 신의 능력은 무감각함이 아니라 고통에 더 가깝게 놓여 있기 때문이다. 이러한 고통은 끊임

---

42 현요한, 『성령의 다양한 얼굴』, 80.

43 Elizabeth Johnson, *She Who is: The Mystery of God in Feminist Theological Discourse* (New York: Crossroad, 1993), 265.

44 MacGregor, *He Who Lets Us Be*, 98.

45 Rahner, *Grundkurs des Glaubens*, 220.

없이 자기를 내어 주는 사랑의 과정이며, 그래서 성부의 창조, 성자의 구원, 성령의 쉐히나는 고통을 수반하는 사랑의 행위이다.

경륜적이든지 존재론적이든지 혹은 그 어떤 것으로 표현되든지 간에 삼위일체란 하나님 스스로가 자기를 비우고, 자기를 감추며, 동시에 자신을 희생하는 사건이다. 왜냐하면 무한하고 충만한 하나님이 스스로를 감추고 비우지 않으면, 다른 삼위일체의 그 어떤 자리도, 피조물들이 존재할 수 있는 그 어떤 자리도 불가능할 것이기 때문이다.[46] 스스로의 무한성과 충만함을 비워 삼위일체의 다른 위격들의 장소를 마련해 주고 또한 피조물들이 존재할 수 있는 장소를 가능하게 하는 하나님의 행위는 그래서 고통 안에 있으며, 그 고통을 스스로 감내하는 사랑의 행위이다. 그리고 성령은 바로 이것을 가능하게 하는 비움 그 자체이며, 동시에 창조하는 비움의 능력 자체이고, 나아가 우리의 고통 안에 비움으로 함께 하는 하나님 그 자체이다.

지금까지 우리는 전통적 성령 이해를 현대 신학의 케노시스 개념을 통해 재구성하고 그것의 핵심인 성령의 비움을 제시해 보았다.

먼저 우리는 삼위일체가 성립될 수밖에 없었던 성부와 성자의 관계 규정을 살펴보고, 그 안에서 발생하는 문제의식을 언급했다. 그 이후 우리는 이러한 문제점을 극복하기 위해 현대 신학의 주도적 개념인 케노

---

46 "이것은 하나님이 존재의 공간을 홀로 차지하고자 하지 않으며, 다른 존재에게 자리를 마련한다는 것을 뜻한다. 이것을 행함으로써 그는 자기 자신을 제한한다." Emil Brunner, *Die Christliche Lehre von Schöpfung und Erlösung: Dogmatik Bd. II* (Zürich: Zwingli Verlag, 1950), 31. "이러한 측면에서 오히려 하나님의 자기 낮춤은⋯이미 창조 이전에 시작하며 창조를 위한 전제이다." Jürgen Moltmann, *Gott in der Schöpfung. Ökologische Schöpfungslehre* (Gütersloh: Gütersloher Verlagshaus, 1993), 101.

시스를 차용하여 새롭게 성령에 대한 이해를 마련해 보고자 시도하였
다. 케노시스란 자기-비움을 이야기하는 빌립보서 2장 4절 이하의 그리
스도 찬가에서 발견한 개념이며, 여기에서는 성자가 성부의 자기-비움
임을 지시하고 있었다. 그러나 현대의 신학자들은 이미 성삼위일체 하
나님이 케노시스를 자신의 본성으로 가지고 있다고 주장하면서 이것이
삼위일체의 성립 근거임과 동시에 하나님과 피조물 사이의 관계라는
점을 분명하게 말하고 있었다. 나아가 성령이 삼위일체 안에서 '비움
자체'이며, 케노시스적 '창조를 이끄는 비움의 영'이라는 사실이 분명하
게 제시되었다. 성령은 삼위일체 하나님이 '우리의 고통 안에 내주하시
는 모습'이며, 동시에 우리와 함께 이 비움의 고통에 연대해 주시는 하나
님 자신이시다.

　진정한 하나님의 힘은 어떤 강함이 아니라 오히려 자기 비움이자
자기 희생이다. 그리고 바로 이 하나님은 성령을 통해 자기를 비우심으
로써 창조, 구원 그리고 역사하시는 분이시다. 따라서 전통 신학으로부
터 현대 신학에까지 이르는 긴 역사 안에서 우리는 성령에게 다음과
같이 듣는다. 그리스도인이란 삼위일체 하나님을 따라 자기를 비우고
희생하는 자이다. 오직 우리는 이러한 신의 자기-비움, 자기 포기 안에서
만 살아갈 수 있으며, 하나님과 이웃을 사랑할 수 있을 뿐이다.

현대의
죽음의 신학

4부에서는 현대의 죽음 신학을 다룬다. 죽음은 인간의 가장 중요한 사건이자 전적으로 무화되는 부정성이 극단화되는 경악스러운 사건이다. 그러나 이 사건이 중요한 이유는 단순히 사라짐의 경악에만 연결되는 것이 아니라 이러한 극단화의 과정 안에서 결국 전적으로 다른 사건이 나타난다는 점이다.

앞에서 우리는 다양한 주제를 통해 죽음을 매개로 새로운 사건들의 개방을 언급했다. 하나님을 만나는 상황이 논의되었고, 지금까지 살아왔던 삶이 전적으로 다르게 결단되는 상황도 논의되었다. 또한 죽음을 경험하고 통찰함을 통해 나와 다른 타자와의 관계가 달라지는 어떤 상황도 슬쩍 언급되었다. 그렇다면 이러한 사건을 가능하게 만드는 매개로서의 죽음은 어떠한 의미를 지니는가? 보다 분명하게 말해 죽음이란 도대체 무엇인가? 여기서는 이 물음에 대한 현대 신학의 논의를 살펴본다.

12장

현대 개신교 신학의 죽음 이해
: 전적 죽음과 자연적 죽음

이번 장은 현대 개신교 신학의 죽음 이해를 '전적 죽음'(Ganztod)과 '자연적 죽음'(natürlicher Tod)의 이론으로 제시하며, 그 예로서 현대 개신교 신학의 대표적 학자인 쿨만[1]과 바르트[2]의 죽음 이해를 살펴본다.

죽음이란 무엇인가? 인간이 세상에 출현한 이후로 그는 늘 죽음에 대해 물어 왔으며, 그래서 이 물음은 가장 오래된 것 중의 하나이다. 그러나 이러한 물음에 인류는 늘 부정적인 답을 제시할 수밖에 없었다.

---

1 "오스카 쿨만(Oscar Cullmann)은 1902년 스위스 슈트라스부르크에서 출생하여 그곳에서 신학 기초 교육을 받았고 파리에 유학하여 공부하였다. 그 후 1927년부터 슈트라스르그대학에서 신약학을 강의한 후 로잔즈대학, 영국의 맨체스터대학, 스코틀랜드의 에딘버러대학 등에서 명예박사 학위를 취득하였다." 오스카 쿨만/김근수 옮김, 『신약의 기독론』(서울: 나단출판사, 1993), 1. 루터교 전통의 개신교 신학자이자 에큐메니칼 운동가로서 구속사 신학 등으로 유명하며, 1999년에 사망하였다.

2 칼 바르트(Karl Barth)는 스위스 개혁교회 목사이자 20세기의 대표적 신학자이다. 1886년에 태어나 1968년에 사망한 그는 당시 인간 이성의 능력을 강조하는 자유주의신학에 반대하여 하나님의 전적 은혜를 강조하는 신정통주의를 제창한 것 그리고 에밀 브루너와의 자연신학 논쟁으로 유명하다.

왜냐하면 죽음은 생명이 무참히 끝나버림으로써 경악스러움을 느끼게
하는 어떤 것이기 때문이다. 아니 죽음의 경악스러움은 어쩌면 그것이
생명의 끝나버림임에도 불구하고, 동시에 모든 이에게 가장 확실하다
는 점 때문이다.3 그러나 인류는 아직 죽음이 정확히 무엇인지 알지 못하
며, 이것은 우리가 가장 확실한 가능성인 죽음을 마음대로 지배할 수 없다
는 사실을 보여준다. "죽음은 정의될 수 없다(mors definiri nequit). …
우리는 죽음을 지배할 수 없으며, 죽음이 우리를 지배할 뿐이다."4

비록 죽음에 대한 규정이 완전히 불가능함에도 불구하고 인간은 역
사 안에서 나름대로 죽음을 이야기해 왔으며, 이것은 기독교 역시 마찬
가지였다. 예를 들어 기독교의 구약성서는 죽음을 쉐올에서 의식 없이
지내는 상태라 말한다. "구약성서는 사망한 자들을 단지 '무덤 안으로
보내지만은' 않는다. 죽은 자는 스올(Scheol), 즉 '죽은 자들의 왕국'이라
는 말로 불분명하게 묘사되는 '영역'으로 간다. … 죽은 자는 '다시 일어나
지 못하고, 영원히 거기에 머물며, 하늘이 없어지기까지 눈을 뜨지 못하
며, 잠을 깨지 못하는 것'이다."5 그리고 신약 시대 이후로 죽음은 고대
그리스 철학의 영혼불멸설에 보다 가까이 머무는 경향을 드러낸다.6

그러나 현대에 이르러 개신교 신학은 기존 죽음론에 맞서 전환을
시도한다. 앞으로 논의되겠지만 이것은 영혼의 불사성과 불멸성을 함

---

3 "한 번은, 그러나 당장은 아직 아니다에서 일상성은 죽음의 확실성(Gewißheit)과 같은
  어떤 것을 시인하고 있다." Martin Heidegger, *Sein und Zeit* (Tübingen: Max Niemeyer,
  1972), 255.

4 Eberhard Jüngel, *Tod* (Stuttgart: Gerd Mohn Kreuz-Verlag, 1983), 11.

5 앞의 책, 89-90.

6 "초대교회, 중세 그리고 지금까지 신학들은 인간의 영혼이 시간적 종말이 없이 생각될
  수 있으며, 불사 혹은 불멸이라고 가르친다." 앞의 책, 58.

의한 죽음 이해에 대한 거부, 즉 영혼불멸로 알려져 왔던 기존 사후 이해의 극복 시도이면서 이와 더불어 죽음이 저주받은 것이었지만, 예수 그리스도의 구원 이후 '자연적 죽음'으로 전환되었다는 통찰을 의미한다. 여기서 말하는 전적 죽음이란 플라톤의 영혼불멸설과 가톨릭 연옥설에 대한 반박으로서 몸과 영혼이 전적으로 사라지게 됨을 말하며, 자연적 죽음이란 영혼불멸설을 받아들였던 아우구스티누스의 '죄의 삯으로서의 죽음', 다시 말해 '저주받은 죽음'이 예수 그리스도의 십자가 구원을 통해 오히려 하나님의 은혜로 변경되었음을 지시한다. 즉, 이제 죽음은 영혼과 몸이 함께 죽어 부활을 기다리게 되는 전체적 사건이자 예수 그리스도의 십자가를 통해 회복된 자연스러운 사건으로 이해되어야 한다.

이번 장은 현대 개신교 신학 안에서 나타났던 이러한 죽음 이해의 전환을 살펴보고, 그것을 바탕으로 기독교를 위한 하나의 올바른 죽음 이해를 제안하고자 한다.[7] 특별히 이것이 필요한 이유는 기독교가 기존

---

7 거의 대부분의 현대 개신교 신학자들은 죽음이 전통적 이해로부터 변형될 필요가 있음을 통찰하고 그 작업을 시도하고 있다. 이와 관련해서는 다음의 저서들이 설명하고 있다. 먼저 볼그샤프트(Hermann Wohlgschaft)의 저서 『죽음과 관련된 희망』(*Hoffnung angesichts des Todes. Das Todesproblem bei Karth Barth und in der zeitgenössischen Theologie des deutschen Sprachraums*) (Paderbon: Ferdinand Schöningh, 1977)은 바르트 이후 신정통주의 신학의 죽음 이해로부터 시작하여 전적 죽음과 자연적 죽음을 주장하는 현대 독일 신학자들의 다양한 논의를 소개하고 있다. 로너(Alexander Lohner)의 저서 『실존주의에서의 죽음』(*Der Tod im Existentialismus. Eine Analyse der fundamentaltheologischen, philosophischen und ethischen Implikationen*) (Paderbon: Ferdinand Schöningh, 1997)은 하이데거 및 실존철학으로부터 시작된 죽음에 대한 현대적 이해가 어떻게 현대 신학에 영향을 미치고 있는지를 소개한다. 특별히 바르트 이후 개신교 신학자들의 죽음 이해 중 대표적인 이론들은 융엘(Eberhard Jüngel)과 몰트만(Jürgen Moltmann)으로 이어진다. 먼저 융엘은 자신의 저서 『죽음』에서 기독교의 본래적 죽음 이해가 전적 죽음과 자연적 죽음이라는 점을 밝힘과 동시에 예수 그리스도의 죽음으로부터의 구원이

에 주장했던 영혼불멸이나 저주받은 죽음만의 강조는 기독교 신학에 맞지 않으며, 동시에 현대인들의 자기 이해에도 적용될 수 없기 때문이다. 그리고 이러한 전제를 가지고 우선 우리가 살펴보게 될 연구 대상은 '전적 죽음'과 '자연적 죽음'의 이론이며 또한 그것을 다루고 있는 쿨만과 바르트의 죽음 이해이다.

기독교의 죽음 이해는 사후 영혼불멸설도, 저주받은 죽음만도 아니다. 오히려 기독교에 있어 죽음이란 모든 피조물이 자신의 고유한 전체 존재를 하나님 안에서 끝마치는 자연스러운 것이며, 오직 이러한 한에서만 그들은 하나님의 은혜를 통한 영원한 삶을 희망할 수 있을 뿐이다.

1. 사후 영혼불멸설로부터 전적 죽음으로

1) 사후 영혼불멸설

사후 영혼불멸설이란 전 세계, 전 문화권에 걸쳐 많이 거론되고 있는 죽음 이후에 대한 믿음이다. 이것은 인간의 영혼이 본래 저 너머의 세상에 살았던 영원한 것이며, 지상의 인간은 단지 그 영혼이 육체를 입고 머물러 있는 찰라의 존재자라 주장한다. 이 믿음은 서구뿐만 아니라 동양이나 아프리카 등의 사후 신앙에도 나타나고 있는 상당히 보편적이고 오래된 현상 중 하나이며,[8] 특별히 서양 사상 안에서는 고대 그리스·

무관계성의 충동의 하나님과의 관계성으로의 변경이라고 언급한다(Jüngel, *Tod*, 161). 몰트만은 그의 저서 『오시는 하나님』과 『끝에서, 시작』에서 죽음이 가진 신학적, 사회학적, 정치적 논의를 통해 십자가와 부활을 해방의 하나님 이해와 연관시키고 있다.

로마 문화에서 기원되었다. 고대 그리스·로마의 영혼불멸설은 본래
오르페우스(Orpheus) 신비 종교에서 유래하였고, 기원적 6세기 이후
그리스와 소아시아 지역에까지 알려지게 됨으로써 마침내 고대 그리스
인들의 기본적 사후믿음으로 등장한다. 소위 소크라테스·플라톤적 전
통으로 알려져 있는 서구 사상의 영혼불멸설 역시 여기로부터 기인된
것이며, 그래서 플라톤은 자신의 저서『파이돈』,『소크라테스의 변명』
등에서 영혼의 불멸을 믿는 소크라테스의 죽음을 기술하고 있다.

플라톤에 따르면 인간은 불사적인 영혼과 가사적인 육의 혼합체이
며, 이러한 육에서 영혼이 떠나는 것을 죽음이라고 말한다.[9] 즉, 인간은
오직 육체를 지니고 있을 때만 죽음에 노출되어 있을 뿐이다. 그러나
죽음 이후 떠나가는 인간의 영혼은 그 실체에 있어 본질적으로 불멸하
며, 지상에서는 가사적인 육체, 곧 감옥 속에 머물러 있는 객에 불과하다.
특별히 플라톤은『파이돈』에서 영혼의 불멸이 무엇이며, 그것을 앎으
로써 삶과 죽음에 대해 어떤 태도를 가지게 되는지를 기술한다.[10] 그에

---

8 Jürgen Moltmann, *Im Ende der Anfang. Eine kleine Hoffnungslehre* (München: Chr.
 Kaiser/Gütersloher Verlaghaus, 2003), 115.

9 Jüngel, *Tod*, 58.

10 Platon, *Platon Werke III*. griesch und deutsch, Hrg. v. G. Eigler (Wissenschftliche
 Buchgesellschaft Darmstadt, 1974), 23 이하. 플라톤은 다음과 같은 것들을 영혼불멸
 의 실재성에 대한 증거로 제시한다. 첫째, 삶과 죽음은 깨어 있음과 잠자는 것과 같
 이 대립 쌍이다. 따라서 잠자다가 깨기도 하고 깨다가 다시 잠자는 것과 같이 삶과
 죽음 역시 서로가 연결되는 생성의 쌍에 불과하다. 둘째, 우리가 가진 인식(episteme)
 과 추론 능력(orthos logos), 즉 상기가 영원한 영혼을 증명해 준다. 우리의 삶은 다시
 회상하는 것에 불과하다. 그리고 이러한 회상이 가능할 수 있는 이유는 우리의 영혼
 속에 이미 출생 전 그의 주어져 있는 어떤 것이 존재하기 때문이다. 따라서 우리가
 무엇인가를 인식한다는 것은 영혼이 이미 전에 존재할 때 알고 있던 것을 다시 상기
 하는 것이며, 그렇기 때문에 삶 이전에도 영혼이 존재했을 수밖에 없다. 셋째, 죽음
 의 경험, 즉 육으로부터 해방될 영혼이 영혼불멸을 알려 준다. 플라톤은 죽음이 육체

따르면 이미 존재했던 영혼은 죽은 다음에도 존재할 것이며, 그것은
탄생도 없이 단지 육체를 계속 바꿔 입는 것에 불과하다. 또한 그렇기
때문에 영혼은 죽지 않는다. 왜냐하면 영혼은 육체의 출생과 죽음에
초월하여 있으며, 그의 본질에서 출생과 죽음과는 무관한 채로 존속하
기 때문이다. 이러한 의미에서 "영혼불멸설은 '죽음 이후의 삶'에 대한
이론이라기보다는 출생과 죽음 저편에 있는 인간의 신적 동일성에 관한
이론이다."11 따라서 가사적인 몸으로부터 해방됨은 영혼이 신적으로
고양되는 영혼의 잔치를 의미하며, 영혼은 그의 본향으로의 귀향을 수
행해야 된다.

　그러나 문제는 육체가 인식하고 있는 영혼을 붙잡은 채 현상으로부
터 벗어나는 것을 방해한다는 점이다. 따라서 영혼은 육체를 벗어나야
하며, 죽음이 그 해결책이다. 죽음은 영혼의 가장 좋은 친구12이고, 영혼
의 해방이자 정화자이며, 진정한 인식을 가능하게 만드는 기재이면서
은혜와 축복이다.13 그리고 이것을 영혼은 인식을 통해 알고 있다. "영혼
은 인식하면서 항상 무상한 현상으로부터 풀려나오고 스스로를 무상하

로부터 영혼이 분리되는 것이라고 말한다. 그런데 영혼은 올바로 철학함, 다시 말해
죽음을 명상할 때 그 자신을 직접 의식할 수 있게 되며, 그것이 바로 영혼이 불멸하
는 증거라는 것이다. 앞의 책, 93.

11 Jürgen Moltmann, *Das Kommen Gottes* (München: Chr. Kaiser, 1995), 76.

12 Moltmann, *Im Ende – der Anfang*, 116.

13 이처럼 죽음이 은혜와 축복이기 때문에 죽어가는 소크라테스는 마지막으로 동시대
사람들이 건강을 빌 때 하는 방식 그대로 자신의 제자로 하여금 자기를 위해 수비둘
기를 제물로 바치게 한다. 그의 이러한 행동은 죽음이 마치 건강을 회복하듯이 영혼
의 영원성을 회복하게 해 준다는 사실을 상징적으로 보여 준다. 다시 말해 그는 자신
의 죽음을 진정한 인식과 영혼의 정화와 회복을 위한 예식으로 생각하고 있다. 그에
게 영원을 향한 회복은 곧 자기 자신을 향한 해방이었으며, 그래서 소크라테스의 죽
음을 따라 철학자들의 삶은 죽음의 사유여야만 했다.

지 않은 '사태 자체'로 향하고 있다."[14] 이러한 의미에서 고대 그리스 철학자들은 해방으로서의 죽음을 죽기 위해 죽음을 평온하게 받아들여야만 했고, 마침내 죽음은 2,500년의 철학사 안에서 갈망해야 하는 것, 해방시키는 것 그리고 완성하는 것으로 간주되어 왔다. 즉, 고대 그리스 전통 안에서 그리고 거기로부터 시작된 철학 안에서 죽음이란 고통이 아니라 신적 지복이다.

2) 영혼불멸설에 대한 비판과 전적 죽음의 신학적 타당성

영혼불멸설은 그러나 현대에 이르러 비판에 직면한다. 왜냐하면 영혼과 육체를 나누고, 그중 전자만을 중시하던 플라톤은 이원론적 인간학에 근거해 있는 반면, 이것과는 다르게 그 둘은 현실적인 삶 안에서 분리될 수 없는 것으로 경험되기 때문이다. 오히려 경험 안에서 인간은 영혼과 육체로 나눠지지 않으며, 통일체로서 세계를 살아갈 뿐이다. 따라서 죽음 역시 통일체가 전부 죽는 것이고, 그렇기에 현대가 이해하는 죽음은 인간의 전체가 죽게 되는 '전적 죽음'(Ganztod)이 된다. 이것은 "죽음의 순간에 영혼과 육체의 통일체로서의 인간 전체가 완전히 죽어버린다"[15]는 사실을 지시한다.

그리고 기독교 전통 역시 영혼불멸설보다 전적 죽음에 가까이 있어왔다. 예를 들어 "구약성서에 의하면 인간의 죽음은 인간의 한 부분, 곧 육의 죽음이 아니라 전체적 존재로서의 인간의 죽음을 뜻한다."[16]

---

14 Jüngel, *Tod*, 62.

15 Lohner, *Der Tod im Existentialismus*, 265.

그리고 이러한 영혼불멸설에 대한 저항과 전적 죽음에 대한 인정은 구약을 넘어 초대교회로도 이어졌던 것이 사실이다. 약간의 이단적 분파를 제외하고 초대교회 교인들은 하나님께 속하지 않고도 영원히 존재할 수 있는 인간의 영혼에 대해 생각하지 않았다. 또한 특별히 개신교 신학의 입장에서는 가톨릭 신학의 죽음 이해에 대한 반동을 위해 적극적으로 영혼불멸설을 거절할 수밖에 없었다. 왜냐하면 "영혼의 불멸성에 대한 플라톤적, 아리스토텔레스적 이론은 오늘날 무엇보다도 로마 가톨릭 신학 안에서 대표되고 있"[17]으며, 이 흐름은 '연옥설'(Lehre vom Purgatorium)[18]의 탄생 배경이기도 하기 때문이다. 연옥설은 영혼불멸설을 근거로 하고 있으며, 엄밀한 의미에서 기독교적인 것이 아니다. 왜냐하면 연옥은

---

16 김균진, 『죽음의 신학』(서울: 대한기독교서회, 2002), 119. "기독교에 있어서 인간을 혼(영혼)이라고 부를 때, 그 말은 인간의 몸(육체) 이전에 그것과 별도의 것으로 병존하는 것으로서, 육체성 밖에서 육체성이 상실된 이후에도 그 스스로 존재를 지속하는 어떤 독립적 실체를 말하는 것이 아니다. … 데카르트의 실체론적 심신이원론은 히브리적, 성서적 인간 생명관과 구별되어야 한다." 김승혜 편, 『죽음이란 무엇인가: 여러 종교에서 본 죽음의 문제』(서울: 도서출판 창, 1990), 213.

17 Horst Georg Pöhlmann, *Abriß der Dogmatik* (Gütersloh: Gütersloher Verlagshaus, 1973), 269.

18 연옥설은 개개인이 죽음 이후에 곧바로 심판을 받아야 한다는 1336년 교황 베네딕트 12세의 선언에 기인한다. 그의 주장은 죽음의 상황 속에서 많은 사람들은 자신의 잘못을 다시 보게 되고, 그 안에 남아 있는 죄의 결과 역시 계속적으로 남아 속죄되어야 한다는 믿음을 표현하고 있다. 죄는 죽음 이전의 삶에서처럼 죽음 이후의 삶에서도 정화되어야 하고, 그렇기 때문에 이러한 작업을 할 수 있는 연옥이 필요하다는 것이다(Moltmann, *Im Ende - der Anfang*, 150). 연옥의 모습은 단테(Dante Alighieri)의 『신곡』(*La comodie*)에서 잘 묘사되어 있다. 그에 따르면 연옥은 일곱 층으로 된 정화의 산 위에 있는데, 이 산은 땅으로부터 하늘에로 이른다. 그리고 그 연옥 안에 있는 죽은 자들의 영혼은 살아 있는 그리스도 공동체와 연결되어 있기 때문에 다른 살아있는 자들에 의해 죄의 사면을 간구할 수 있다. 그리고 사면의 간구를 통해 연옥 안에서의 기간 역시 단축될 수 있게 된다. Dante Alighieri & Aus dem Italienischen übertragen von Wilhelm G. Hertz, *Die Göttliche Komödie* (München: Deutscher Taschenbuch Verlag, 1997), 제2부 "연옥편".

성서에 언급되지 않음과 동시에 신학적으로도 필요 없는 사항이기 때문이다. 그리스도가 십자가에서 단번에 인간의 죄를 대속했기 때문에 죽은 자들의 영혼이 참회하기 위한 연옥은 따로 있을 필요가 없다.

현대 개신교 신학은 이처럼 영혼불멸설과 연옥설을 비판하면서 전적 죽음을 이야기한다. "세계 제1차 대전 이후 그리고 그때로부터 계속된 개신교 신학의 인간학적 청산의 과정 안에서 사람들은 영혼의 불멸성을 플라톤적 전통뿐만 아니라 모든 형태에서 거부하였고, 전적 죽음의 이론(인간은 몸과 영혼에 있어 전적으로 죽는다)을 옹호하였고, 영혼불멸이냐 죽은 자의 부활이냐의 양자택일로부터 시작하였다."[19] 이러한 상황이 나타났던 이유는 현대 개신교 신학은 성서가 인간의 죽음을 몸과 더불어 영혼의 전체적 죽음으로 증거한다고 보았기 때문이다. "죽음은 몸뿐만 아니라 영혼에도 적중되어 버린다. 인간에게는 한 부분만 존재하는 것이 아니며 그는 자체로 존재한다. 그렇게 본다면 몸과 영혼은 본래 분리될 수 없도록 공속하며, 죽음 안에서 몸으로부터 영혼이 분리된다면 이러한 상황은 구원이기는커녕 곤궁한 일이 되어 버린다(고후 5:1 이후)."[20]

물론 개신교 신학의 전적 죽음 이론 안에도 구분이 있다. 그것은 죽은 이후의 상태의 문제 때문에 구분되는 '강한 전적 죽음'과 '약한 전적 죽음'이다. 예를 들어 엘러트(Werner Elert)나 슈에츠(Paul Schütz) 등의 강한 전적 죽음론자들은 죽을 때에 인간은 전체가 소멸되기 때문에 죽기 전과 부활 이후의 연속성을 거부한다. 그들에게 있어 죽기 전후 사이의 연속

19 Pöhlmann, *Abriß der Dogmatik*, 270.
20 앞의 책, 272.

성은 단지 부활과 새 창조 안에서 수행되는 하나님의 판단에 달려 있을
뿐이며, 그래서 죽기 이전에 인간이 가지고 있던 그 어떤 것도 부활 이후
로 가져갈 수 없다.[21]

이와 다르게 현대 개신교 신학의 보편적인 경향은 죽음 이전과 이후
의 연속성을 부정하지는 않으며, 이것은 대부분의 현대 기독교 신학자
들이 인정하는 '약한 전적 죽음론'이라 명명될 수 있다. 특별히 여기서
'약한'이라는 형용사가 사용된 이유는 이들의 '전적 죽음'이 영혼불멸설
과 연옥설이 가지고 있는 영혼-육체의 분리에 대해 비판하고 있지만,
그럼에도 불구하고 강한 전적 죽음과 다르게 하나님과의 관계 안에서
죽기 전과 죽은 이후 혹은 부활 이후의 연속성을 인정하고 있기 때문이
다.[22] 또한 그들이 이러한 연속성을 인정한다는 것은 영혼과 같은 인간적
불멸의 속성 혹은 영원한 실체를 인정한다는 것을 의미하지 않는다.
단지 그들은 죽음 이전과 이후가 일종의 연속성을 가지고 있다고 생각하
며, 마지막 부활이 현재의 삶과 연관을 가지고 있다고 믿을 뿐이다.

'약한 전적 죽음'은 현대 개신교 신학뿐만 아니라 기독교 전반의 죽음
이해에서도 차용되고 있다. 예를 들어 종교개혁 시대 루터의 '수면설'도
약한 전적 죽음의 성격을 지닌다. 특별히 그들은 연옥을 비판하면서
죽은 자들은 잠을 자며 마지막 때에 부활한다고 주장한다.[23] 완전히 죽는

21 Wohlgschaft, *Hoffnung angesichts des Todes,* 131 이하 "II. Die Interpretation des Todes als Ganz-Tod bei Werner Elert" 부분을 참조.

22 "우리의 전 지상적 생애의 마지막을 통하여 주님인 하나님은 무로부터 생명으로 불러낸 인격을 계속 보존하며, 그것에게 새로운 존재 형태를 준다. 죽음이 몸만이 아니라 전 인간에게 관계되듯 부활도 전 인간에게 관계된다." Pöhlmann, *Abriß der Dogmatik,* 442.

23 Moltmann, *Im Ende – der Anfang,* 123.

것이 아니라 죽은 이후 잠의 과정을 통해 죽음의 전후가 동일성을 유지한다. 또한 수면설이 가진 약한 전적 죽음의 특성을 받아들이면서 라너(Karl Rahner), 그레쉐이크(Gisbert Greshake), 로핑크(Gerhard Lohfink) 등의 현대 가톨릭 신학자들도 '죽음 안에서의 부활'(Auferstehung im Tode)을 주장한다. 이들에 따르면 죽은 후 영혼이 따로 어딘가에서 사는 것이 아니라 "죽음에서 육신과 영혼과 함께한 인간 전체가⋯ 하느님 앞에 나아간다."[24] 즉, "현실적이며 모든 감각을 가진 몸과 영혼을 통전적으로 가진 인간의 삶이 하나님에 의해 화해되고 구원받으면서 변용되며",[25] 죽음 직후에 죽은 사람들의 개인적 부활이 바로 발생하여 일어난다.

지금까지 언급한 '약한 전적 죽음'과 더불어 현대에는 또 하나의 죽음 이해의 특징이 존재하는데, 그것은 바로 '자연적 죽음'이다. 자연적 죽음은 전통적 기독교의 죽음 이해 안에서 계속적으로 주장되었던 '죄의 삯으로서의 죽음' 혹은 '저주받은 죽음'을 극복하기 위해 새롭게 제시된 개념이다.

---

24 게르하르트 로핑크/신교선 · 이석재 옮김, 『죽음이 마지막 말은 아니다』(서울: 성바오로출판사, 2000), 48.

25 Moltmann, *Das Kommen Gottes*, 122-123.

2. 저주받은 죽음을 넘어 자연적 죽음의 회복으로

'자연적 죽음'(natürlicher Tod)의 이론이란 죽음을 일반적으로 한번 태어나고 맞이하게 되는 자연의 이치로 보려는 시도, 다시 말해 그것을 우리에게 주어져 있는 유한성의 증거로 간주하려는 시도이다. 그리고 이것을 이해하기 위해 우선 논의되어야 하는 것은 전통적 죽음에 대한 이해로서의 '저주받은 죽음'이다.

전통적으로 저주받은 죽음에 대한 이해는 창세기 2장 17절, 즉 선악 과를 "네가 먹는 날에는 정녕 죽으리라 하시니라"라는 인과응보의 말씀 에 기초하고 있다. 이러한 이해는 특별히 구약을 지배하고 있으며, 신약 에서도 "죄의 삯은 사망"(롬 6:23)이라고 보는 바울의 신학에 그 근거를 둔다. 따라서 초대 교부들은 행위와 결과의 인과율에 기초하여 죽음을 죄의 결과라고 보게 된다. 이것은 곧 초대 교부들이 죽음을 인간의 죄 때문에 하나님이 부과하신 벌이라고 해석했음을 의미하며, 그들은 원 죄로 말미암아 없던 죽음이 최초로 세상에 나타났다고 주장한다. 그뿐 만 아니라 아우구스티누스 역시 죽음을 두 가지 형태로 나누면서 육체의 죽음과 영원한 죽음이 인간의 죄로 말미암은 저주의 죽음이라고 간주했 고, 이러한 아우구스티누스의 죽음 이해를 따라 418년 카르타고 공의회 는 '펠라기안주의자들'에 대항하여 자연적 죽음에 강한 반감을 드러내 게 된다. 즉, 죽음이란 오직 저주받은 죽음밖에 없음을 공의회는 주장했 다. 그 이후 이 논의는 529년 오렌지 공의회와 1546년 트리엔트 공의회에 서도 초대 교부들과 아우구스티누스의 입장을 통해 공식화된다.

그러나 계몽주의 이후 죽음을 저주받은 죽음으로만 여기는 경향은 서서히 거부되기 시작한다. 왜냐하면 한 인간의 죄로 말미암아 모든 인류가 죽음의 운명에 빠진다는 것은 비합리적이기 때문이다. 다시 말해 근대 이후의 사조는 죄와 죽음이 인과율적으로 연결되어 있는 것이 아니며, 단지 인간이 경험하는 육체적 죽음은 창조 때부터 부여되어 있는 자연적 사건이라고 주장하게 된다. 특별히 슐라이어마허에 따르면 죽음 그 자체란 악한 것도 하나님의 벌도 아니며, 유한한 인간 존재의 시간적 한계이자 자연적 끝이다.26 그렇지 않고 육체적인 죽음이 죄로부터 왔다고 말하고자 한다면, 자연에서 벌어지는 모든 좋지 못한 사건들도 죄로부터 기인되었다고 말해야 할 것이지만, 결코 그렇게 장담할 수는 없다. "단지 죄는 인간의 의식 안에 있는 죽음의 형태를 죽음의 공포 속에서, 양심과 후회의 고발 속에서 변화시키고 있을 뿐이다."27

물론 슐라이어마허와 자유주의신학의 자연적 죽음 이론은 현대 개신교 신학에서 자체로 인정받지는 못했다. 왜냐하면 그들은 구원을 해명하기 위해 영지주의적 이원론의 영혼불멸을 다시금 차용해야 했기 때문이다. 그들에 따르면 죽음을 단순히 자연적인 것으로 보게 되면, 육의 부활을 이야기할 필요가 없다. 부활 이외의 구원의 요소를 찾기 위해 다시금 불멸하는 영혼이 그들의 사상 안에 들어와야 한다. 즉, 그들이 보았을 때 죽음을 자연적으로 보기 위해 가장 먼저 해야 하는 것은 영혼이 불멸하다는 인정과 그럼으로 육체적 죽음이 자연에 속한 사소한 사건에 불과하다는 주장이었다.

이러한 오류를 비판하면서 현대 개신교 신학은 슐라이어마허와 자유주의 사상이 지닌 자연적 죽음을 수용하되 그들이 그 근거로 전제하는

---

26 Moltmann, *Das Kommen Gottes*, 106.
27 앞의 책, 107.

영혼불멸설을 제거한다. "신약 성서는 죽음과 세상의 종말에서 우리에게 다가올 영원한 삶에 대하여 말할 때, … 언제나 예수 그리스도에 대해서 함께 이야기하고 있"[28]으며, 이러한 의미에서 자연적 죽음은 오히려 예수 그리스도의 십자가 사건에 더 알맞은 죽음 이해이다. 왜냐하면 예수 그리스도의 십자가를 통해 하나님이 주신 본래적인 죽음이란 저주받은 죽음이 아닌 자연적 죽음이었다는 사실이 드러나기 때문이다. 다시 말해 예수 그리스도의 구원 사역 이전의 죽음이 저주받은 것이었다면, 그리스도의 죽음과 부활을 통해 모든 것은 회복되었다. 그리고 회복된 우리가 피조물로서 경험해야 하는 죽음은 이제 더 이상 저주받은 것이 아닌 원 창조의 때부터 주어져 있던 자연적 사건으로 고백되어야 한다.

이처럼 현대 개신교 신학은 죽음을 적극적으로 예수 그리스도의 죽음과 부활에 연결시키고, 그럼으로 죽음이 저주를 넘어 자연스러운 사건으로 회복되었음을 통찰한다. "유한성의 근거인 자연적인 죽음은 하나님의 질서에 속해 있는 것이며, 예수 그리스도의 십자가 사건을 통해 새롭게 회복된 창조의 은혜"[29]로 정식화된다.

---

28 로핑크, 『죽음이 마지막 말은 아니다』, 55.
29 위의 논문, 129.

3. 현대 개신교 신학자들의 전적 죽음과 자연적 죽음에 대한 논의

앞서 살펴본 것처럼 현대 개신교 신학은 예수 그리스도의 십자가와 부활 그리고 그분을 증거하는 성서에 근거를 둠으로써 죽음 이해를 '전적 죽음'과 '자연적 죽음'으로 전환시키고자 한다. 그리고 이제 살펴볼 쿨만과 바르트는 이러한 현대 개신교 신학의 경향 안에서 전적 죽음과 자연적 죽음을 처음으로 공론화했던 신학자들이다. 우선 영혼불멸설에 대한 비판과 전적 죽음을 가장 처음 명시적으로 밝힌 쿨만의 죽음 논의로부터 시작하도록 한다.

1) 전적 죽음으로서의 예수 그리스도의 죽음: 쿨만

쿨만에 따르면 성서에 기록된 예수 그리스도의 죽음은 전적 죽음을 의미하며, 그렇기 때문에 초대 기독교적 부활 신앙은 영혼불멸에 대한 희랍적인 관념과 조화되지 못한다. 예를 들어 신약에서는 죽음을 궁극적인 원수라고 생각함으로써 죽음을 친구로 보았던 희랍 사상과 극적 대립을 이루고 있다.[30] 따라서 죽음은 본질적으로 친구가 아니다. 단지 예수가 십자가를 통해 승리를 얻었기 때문에 죽음의 가시와 그 권세가 거세될 수 있었을 뿐이며, 그렇기 때문에 고대 그리스 철학의 영향을 가장 많이 받았다고 주장되는 요한복음조차도 영원한 생명을 오직 그리

---

30 Oscar Cullmann, *Unsterblichkeit der Seele oder Auferstehung der Toten? Antwort des Neuen Testaments* (Stuttgart: Stuttgart Verlag, 1986), 18.

스도 사건과만 밀접히 연결시키고 있는 것이다.

　　쿨만에 따르면 고대 그리스 철학자 플라톤에게 "육체는… 영혼으로
하여금 자유로워질 수 없게 하고, 이 영혼이 진정 영원한 본질과 합치하
여 살 수 없게 하는 겉에 입는 옷(äußeres Gewand)이다."[31] 플라톤은 영혼
의 자유를 인정함으로써만 영원한 이데아의 세계를 지켜낼 수 있었고,
죽음은 이 자유를 완성해 주는 도구로 간주되었다. 따라서 그에게 소크
라테스의 죽음은 아름다운 죽음이었다. 왜냐하면 소크라테스는 죽음을
두려워하지 않았으며, 그것을 통해 자유를 획득할 수 있었기 때문이다.
하지만 쿨만은 예수의 죽음에서는 이와 정반대의 모습을 발견한다. 오
히려 예수는 죽음 앞에서 심히 놀라며 슬퍼한다(막 14:33). 그는 고민하여
죽게 되었으며, 땀을 피와 같이 흘릴 정도로 괴로워했다. 그는 철두철미
보통 인간이었다. 그는 자신의 죽음을 눈앞에 두었을 때, 모든 사람과
마찬가지로 자연적인 공포를 갖고 있었다. 그는 영혼의 불멸을 믿거나
그럼으로 죽음을 친구로서 생각하지 않았다. 그는 이스라엘의 전통 그
대로 죽음을 최대의 원수로 여기고, 그것에 대한 모든 인간적인 두려움
을 지닌 채 아버지를 의지했다. 그는 하나님께 그 잔을 걷어가 달라고
울부짖었다.

　　물론 예수는 아버지의 뜻대로 하라는 기도를 통해 그것을 끝내 수용
한다. 그러나 그것은 죽음에 대한 인식이 변했거나 거기에 대한 공포가
사라졌기 때문이 아니었다. 오히려 예수는 그 공포 자체를 인정하면서
도 하나님의 뜻에 복종하겠다는 결의를 보여주었을 뿐이다. 다른 인간
과 마찬가지로 죽음은 예수에게서도 전적인 버림받음이었다. 우리는

---

31 앞의 책, 22.

이것을 예수가 그의 제자들이 깨어 있기를 원했던 사실에서 발견할 수 있다. 죽음은 그에게 너무나도 두려운 것이었기에 죽음이 가지고 있는 철저한 개별화 속에서 예수는 혼자 있기를 원치 않았다. 무서운 죽음이 접근해 오고, 그것을 온전히 혼자 감당해야 한다는 사실을 잘 알았기 때문에 그는 그 죽음이 오기 전만이라도 제자들과 함께하려 했다. 죽음이 접근해 올 때 그는 너무나도 연약했고, 버림받길 원치 않는 '나약한 인간'에 불과했다.

쿨만에 따르면 이러한 죽음에 대한 예수의 공포는 성서의 다른 부분들에 비해 특별히 예수의 인성을 더 강조하고 있는 히브리서에서 세밀하게 묘사되고 있다. 예수는 "큰 부르짖음과 눈물로써 자기를 구원하실 수 있는 하나님께 기도와 간구를 드리셨다"(히 5:7). 기도하면서 예수는 죽음 앞에서 우시고 부르짖었다. 여기서 우리는 "침착하고 조용히 영혼 불멸을 말하는 소크라테스가 한쪽에 있다면, 다른 쪽에는 울면서 부르짖고 있는 예수"[32]의 광경을 상상할 수 있다.

여기에서 고대 그리스의 죽음 이해와 기독교의 죽음 이해 간 분명한 차이가 나타난다. 고대 그리스인에게 죽음은 친구였고, 해방을 위한 기쁨의 탈출구였다. 그러나 이스라엘과 기독교에서 그것은 하나님의 대적자이며, 생명이신 하나님으로부터의 소외일 뿐이다. "하나님과 가장 굳게 연합된 예수는 하나님과 그 누구와의 연합이 무너진 것 이상으로 그 연합이 파괴되었다."[33] 그렇기 때문에 예수는 다른 사람들보다 더욱 더 무서운 죽음을 체험하지 않으면 안 되었다. 다른 사람보다 더 크고

32 앞의 책, 27.
33 앞의 책, 28.

심하게 예수는 이 버림받음을 맛보았고, 하나님과의 관계의 상실을 경험했기에 그 두려움은 일반적인 것을 넘어서는 것이 아닐 수 없었다. 즉, 예수는 전적 죽음 앞에서 그 어떤 사람들보다도 더욱더 전적으로 두려워했으며, 더욱더 전적으로 버림받아, 더욱더 전적으로 죽어갔다.

쿨만이 여기서 주목하는 것은 예수의 전적 죽음에서만 새로운 신적인 행위가 나타났다는 사실이며, 이러한 행위란 하나님의 새로운 창조 행위로서의 예수 부활이다. 물론 이러한 창조 행위는 인간의 한 부분, 즉 영혼이나 육체의 하나만 다시 살게 하는 것일 수 없다. 왜냐하면 전적으로 죽었기에 부활에서는 "모든 것이 통전적인 인간으로 다시 살아야"[34]하기 때문이다. 그러나 불멸하는 영혼에게는 이러한 하나님의 창조 행위가 필요치 않았을 것이다. 왜냐하면 육체는 악하기에 살 수 없는 것이고, 영혼은 결코 죽어본 적도 없으며, 죽지도 않을 것이기 때문이다. 그러나 초대 그리스도인들에게 구원의 중보자로 간주된 이는 영혼불멸하는 이가 아니라 처절하게 고난당하며 전적으로 죽어서 부활한 예수 그리스도 한 분뿐이다.

만약 고대 그리스의 한 장소에서 예수가 그렇게 죽었다면 그는 존중받지 못했을 것이며, 하나님으로 고백될 수도 없었을 것이다. 그러나 예수의 두려움을 몸소 보았던 공동체는 그를 죽음 가운데서, 죽음 그 자체를 정복하신 유일한 분으로 고백하고 있다. 이러한 이유 때문에 쿨만은 만일 우리가 기독교적 부활 신앙을 이해하기 원한다면 고대 그리스 사상을 거절해야만 한다고 주장한다. 왜냐하면 전적 죽음이 바로 유대교적-기독교적 죽음 이해이며, 이러한 이해를 통해 죽음은 하나님

---

34 앞의 책, 29.

께서 창조한 생명의 전적인 멸망으로 간주되기 때문이다. 영혼불멸에 대한 믿음은 부활에 대한 신앙이 아니다. 그것은 죽음을 자체로 인정하지도 않으며, 그럼으로 하나님의 사역을 인정하지도 않는다. 거기에 비해 부활은 적극적인 주장이다. 이것은 곧 하나님의 창조의 기적을 믿는 것이며, 동시에 죽음의 두려움 앞에 처해 있는 존재자들의 사실을 여실히 인정해 주는 것이다. 그래서 쿨만에 따르면 "아름다운 죽음을 그리는 사람은 부활을 그릴 수 없다. …(그리고) 사망의 공포를 이해하지 못하는 사람 역시 결코 그리스도의 승리에 동참할 수 없을 것이다."[35]

앞서 살펴본 것처럼 전적 죽음을 주장하는 쿨만은 죽음이 우선 우리에게 죄의 삯이라는 전통적인 교리 안에서 알려지고 있다고 이야기한다. 즉, 창세기의 원죄를 통해 죽음이 저주로서 모든 피조물에게 퍼지고 말았다는 것이다. 따라서 죽음은 저주받은 죽음이며, 오직 죄가 제거되는 한도 내에서만 극복될 수 있다. 그러나 하나님은 생명 자체이시고, 생명의 창조주이시며, 세상을 창조하신 후 생명을 가진 모든 것이 선하다고 말씀하셨다. 그리고 쿨만은 예수 그리스도의 구원을 통해 저주받은 죄의 상황은 사라지고, 성령의 능력 안에서 모든 것이 하나님의 창조로 회복됨을 말한다. "성령의 권세가 만물을 변화시킬 때, 새로운 창조행위에서 하나님은 물질을 멸망시키는 것이 아니라 육에서, 썩어질 것에서 이 만물을 자유하게 하신다."[36] 그리고 그때에 저주받은 죽음은 자유하게 되는 자연적 죽음으로 변경된다.

물론 쿨만에게 자연적 죽음은 성서적으로 확실한 사항이 아니다.

---

35 앞의 책, 30.
36 앞의 책, 42.

다만 그에게는 타락 이전이 자연적인 것이며, 그 이후의 죽음은 저주받은 죄의 삯일 수밖에 없다. 따라서 그는 죽음이 본래 자연적이라는 주장과 관련해서는 보다 많은 성서적 숙고가 필요하다고 주장한다. 그러나 중요한 것은 쿨만이 타락 이전의 상태가 자연적이며, 그때의 삶과 죽음 역시 저주와는 상관없다고 생각한다는 점이다. 그는 죽음 안에서 일어나는 몸의 부활이 타락 이전을 회복할 것임을 인정하며, 이런 한에서 본래 우리에게 주어졌던 타락 이전의 죽음은 자연적인 것이었음을 인정하는 것처럼 보인다.

2) 하나님과 인간 사이 매개로서의 자연적 죽음: 바르트의 죽음 이해

쿨만이 전적 죽음을 가장 명시적으로 주장하면서도 자연적 죽음에 대해 정확히 언급하지 않은 것과 다르게 바르트는 전적 죽음과 자연적 죽음 모두를 강하게 주장한다. 먼저 바르트는 영혼불멸은 이교도적인 것일 뿐,[37] 진정한 죽음이란 성서적으로 '전적 죽음'이라는 사실을 주장한다. 그리고 그는 이러한 전적 죽음을 본래 우리에게 주어진 "피조성이요 자연성"[38]으로서의 '자연적 죽음'이라 말한다. 우리는 이러한 그의 주장을 살펴보기 위해 우선 그의 자연적 죽음에 대한 논의에서부터 시작하도록 한다. 왜냐하면 그의 죽음 이해는 저주받은 죽음과 자연적 죽음 간의 모순적 대립을 통해 전개되기 때문이다.

모순적 대립이란, 즉 '철저한 죽음의 타락'과 '선물로서 주어진 부활'

---

37 Karl Barth, *Dogmatik im Grundriss* (München: Chr. Kaiser, 1949), 180.
38 Karl Barth, *Der Römerbrief* (Zürich: Theologischer Verlag Zürich, 1989), 144.

사이의 '계시실증적인'(offenbarungspositivstische) 변증법이라 말할 수 있다. 이 변증법 안에서 죽음은 멸망이면서 동시에 기독교 복음의 인간학적 '매개'(Vermittlung)가 된다.[39] 이것은 곧 죽음의 매개성을 통해 인간이 하나님에게 도달할 수 있다는 것을 말한다. 따라서 인간은 죽음 없이 하나님을 만날 수 없으며, 그 반대로 하나님 없이 죽음을 알 수도 없게 된다. 그러나 문제는 바르트가 다른 한편에서 하나님과 죽음을 이원론적으로 나누고 대립시키려는 경향이 있으며, "죽음이 결코 인간에게 긍정적인 것이 아니라고도 말하고 있다"[40]는 사실이다.

물론 이러한 바르트의 죽음 이해는 분명히 모순으로 드러날 수밖에 없다. 그러나 후쿠시마(Yo Fukushima)에 따르면 그의 죽음 이해 안에서 나타나는 모순적 성격은 바르트의 고유한 사유 전개 방식이다. 왜냐하면 모순이란 자체로 변증법의 특징이기 때문이다.[41] 그리고 이러한 방법적 특징 때문에 바르트의 죽음 이해는 곳곳에서 긍정적 의미와 부정적 의미가 충돌하고 있으며, 그의 모순적인 죽음 이해는 그가 처음 활동을 시작한 초기에서부터 후기 『교회교의학』까지 계속 발견된다.[42] 그러나 이것은 말년에 이르러 '자연적 죽음'과 '저주받은 죽음'을 구분하는 그의 죽음 이해에서 어느 정도 해소된다. 따라서 우리가 주로 다루게 될 바르트의 텍스트는 『교회교의학』에서의 죽음 이해이다.

---

39 Wohlgschaft, *Hoffnung angesichts des Todes*, 303.

40 Barth, *Der Römerbrief*, 144.

41 Yo Fukushima, *Aus dem Tode das Leben. Eine Untersuchung zu Karl Barths Todes- und Lebensverständnis* (Zürich: Theologischer Verlag Zürich, 2009), 168.

42 앞의 책, 29-30. 후쿠시마는 바르트의 죽음 이해의 발전에 대해 다음과 같은 네 가지 시대적 구분을 적용하고 있다. 그것은 1. 초기 젠퍼 시기, 2. 자펜빌 시기, 3. 『로마서 강해』의 시기, 4. 후기 『교회교의학』의 시기이다.

특별히 바르트는 『교회교의학』, III/2 §47-5의 '끝나가는 시간'(Die
endende Zeit)에서 이러한 두 가지 죽음의 명확한 구분을 보여주고 있다.
『로마서강해』안에서 죽음은 '죄를 통한 죽음', '위기로서의 죽음', '삶의
굴절로서의 죽음' 그리고 '인식의 원천으로서의 죽음'이었다.[43] 그러나
그 이후 바르트는 신중심주의적 사상으로 완전히 전환하였고, 그것을
죽기 직전까지 유지하게 된다. 이러한 전환을 통해 그의 후기 작품인
『교회교의학』에서 나타나는 죽음 이해는 죽음을 심판의 죽음으로만
해석하는 루터적 죽음과는 다르게 '죄의 결과로서의 저주받은 죽음'과
'하나님으로부터 주어진 피조물의 한계로서의 죽음'으로 구분한다. 그
리고 이러한 죽음의 구분 안에서 그는 자연적 죽음을 더욱 중요한 것으로
강조한다. 특별히 이러한 경향은 『교회교의학』에서 죽음의 기독론적
본질 규정을 기초로 강화된다. 왜냐하면 "그리스도가 죄인들을 대리하
여 십자가에서 저주의 죽음을 죽을 수 있기 위해서는 그 자신은 죄가
없는 인간임에 틀림없지만, 동시에 가사적 존재여야만"[44] 했기 때문이다.

특별히 그가 죄와 죽음의 인과 관계를 거부하는 슐라이에르마허의
자연적 죽음에 대해 동조했던 것은 "죽음이 그 자체에 있어서 유한한
현존재가 지닌 한계의 형태이며, 그 자체로서 인간의 본질에 속한다"[45]
는 점 때문이다. 그에 따르면 "인간의 출생이 비존재로부터 존재로 들어
감인 것처럼 죽음은 존재로부터 비존재로 들어감이다. …(그리고) 유한
성은 가사성(Sterblichkeit)을 말한다."[46] 그뿐만 아니라 우리의 죽음이

---

43 Barth, *Der Römerbrief*, 146-149.

44 Moltmann, *Das Kommen Gottes*, 108.

45 앞의 책, 107.

46 Karl Barth, *Die Kirchliche Dogmatik. Die Lehre von der Schöpfung*, III, 2 § 47-5

그리스도를 통해 구원될 수 있다는 사실 역시 인간의 죽음이 자체로 창조자의 명령에 따라 피조물의 삶에 속하며, 필연적인 것을 의미한다.[47] 따라서 죽음 그 자체는 유한한 인간 존재의 제한된 현존재에 속하며, 자연적인 것을 의미하게 된다.

물론 죽음은 아담의 죄를 통해 세계 안에 들어온 것이다. 인간의 죽음이 어디까지나 고통스럽고 극악한 형식인 것은 이러한 죄의 결과 때문이다. 그러나 바르트는 이것이 실제적 죽음, 다시 말해 육체적 죽음을 의미하는 것은 아니며, 단지 하나님으로부터 죄인이 분리되는 것을 의미할 뿐이라고 말한다. 즉, 죄를 통해 나타난 죽음은 저주받은 죽음(Fluchtod)일 뿐이지, 결코 유한한 우리의 본성으로서의 자연적 죽음일 수는 없다는 것이다. 현실에서 벌어지고 있는 죽음은 저주받은 죽음이며, 죄인의 죽음이다. 왜냐하면 인간은 그가 죄를 지음으로 인해서 자신에게 주어진 자연적 죽음을 저주로서 두려워하고, 그것을 죄에 대한 벌로 경험하기 때문이다. 따라서 실제적인 죄가 죽음을 만들어 내고 있으며, 이 죽음을 통해 죄악된 인간과 그의 죽음에 대한 악은 권력을 가지게 된다. 그러나 저주받은 죽음은 본래적 죽음은 아니다. 왜냐하면 죄와 악의 권력에도 불구하고 저주받은 죽음은 하나의 변형된 죽음의 형태이기 때문이다. 그리고 이것은 변형된 것이기에 그리스도 안에서 자연적 죽음으로의 해방이 가능해진다. "자연적이지 못한 죽음으로부터의 해방은 영원한 생명으로의 해방이며, 그렇기 때문에 인간의 자연적 죽음으로의 해방이다."[48] 이러한 의미에서 바르트는 "자연적 죽음이 창조자의 질서에

(Zürich: Theologischer Verlag Zürich 1992), 761.

47 Wohlgschaft, *Hoffnung angesichts des Todes*, 74.

따라 그의 피조물의 삶에 속하며 피조물에게 필연적인 것"⁴⁹으로 생각
해야 한다고 주장하게 된다.

나아가 바르트는 죽음이 전적인 것이라고 이야기한다. 특별히 그는
철저히 영혼불멸에 대해 반대의 입장을 가지고 있다. "죽은 다음에 인간
의 영혼이 남아서 나비처럼 무덤 위를 날아다니며, 어느 곳에서든지
포함되어 죽음 없이 계속 산다는 생각은 비기독교적"⁵⁰이다. 왜냐하면
불멸성이란 하나님만의 고유한 속성이며, 그렇기 때문에 이것을 인간
이 가지고 있다는 가르침은 성서에 반하는 것이기 때문이다. 따라서
그는 전통적인 인간의 영혼불멸의 이론이 잘못되었다는 점을 분명히
한다. 성서에 따르면 인간의 몸과 영혼은 통일되어 있을 뿐이며,⁵¹ 몸
없이는 영혼도 없다. 따라서 죽음은 '전체 인간을 적중시키는(betrifft)
것'이며, 한 인간의 전체를 종말에 이르게 하는 것으로 간주되어야 한다.
이러한 바르트의 전적 죽음론은 앞서 언급했듯이 '약한 전적 죽음'이다.

'강한 전적 죽음론'이 죽음 안에서 모든 것이 완전히 무화됨을 의미한
다면, 그것에 비해 바르트는 우리가 전적으로 죽더라도 하나님 안에
실제적으로, 그러나 몸을 입지는 않은 채 근거 지어져 있다고 말한다.
이러한 근거와 관련하여 바르트는 영혼과 육체를 넘어서는 제3의 요소,
즉 영(Geist)을 이야기한다. 그것은 곧 창조자와 피조물 간의 관계인 성령
이 인간의 본래적인 삶의 원리라는 것과 전체로서의 인간은 영이기 때문

48 Barth, *Die Kirchliche Dogmatik. III, 2 § 47-5*, 777.
49 앞의 책, 779.
50 Karl Barth, *Die Auferstehung der Toten. Eine akademische Vorlesung über I. Kor. 15* (München: Chr. Kaiser, 1953), 67.
51 Wohlgschaft, *Hoffnung angesichts des Todes*, 84.

에 인간 주체가 죽으면 그것은 다시금 하나님께로 돌아가게 된다는 것을 의미한다. 특별히 이 개념은 관계라고 하는 비실체적인 성격을 가지고 있다. 그것은 소멸되지 않지만, 그렇다고 우리 자신인 피조물의 내적 성질 안에서 나타난 것은 아니다. 그것은 오직 하나님으로부터 있으며, 그 안에만 있다. 왜냐하면 "모든 유한한 실제성이 그 안에서 근원과 목적으로서 근거 지어져 있기"[52] 때문이다.

결론적으로 바르트는 예수의 죽음으로부터 우리의 죽음은 철저한 변형이 일어나게 된다고 말한다. 즉, 우리가 죽을 수밖에 없던 것은 저주받은 죽음이지만, 예수 그리스도의 죽음을 통해 우리에게 주어져 있는 자연적인 것으로 회복되고, 부활을 희망할 수 있게 되었다는 것이다. 따라서 죽음은 영혼불멸과 저주받은 죽음으로 이해될 수 없다. 왜냐하면 예수의 죽음은 결코 그런 죽음이 아니었고, 인간의 통일체가 하나님으로부터 부여받은 전적이며 자연적인 죽음이었기 때문이다.

지금까지 우리는 현대 개신교 신학의 죽음 이해의 특징이 '전적 죽음'과 '자연적 죽음'이라는 사실을 보았다. 이것은 영혼불멸과 연옥설에 대한 비판에서 형성된 현대적인 죽음 이해였으며, 우리는 이러한 현대 신학의 죽음 이해의 예를 쿨만과 바르트 안에서 발견할 수 있었다. 그리고 이러한 연구들로부터 다음과 같은 결론에 도달할 수 있었다. 죽음이란 전체적이며 동시에 자연적인 어떤 것이다. 그것은 우리가 죽을 때에 육체만 사라지고 영혼은 남게 되는 그런 식의 죽음이 아니라 그 둘이 함께 전적으로 죽게 됨을 말하며, 나아가 현실적으로는 저주받은 것으로 경험되지만, 본래 유한성의 증거로서 자연적인 사건이다. 왜냐하면

---

52 앞의 책, 82.

예수 그리스도의 십자가와 부활을 통해 모든 것과 더불어 죽음까지도 회복되었기 때문이다. 그리고 이러한 현대 개신교 신학의 죽음 이해는 다음과 같은 신학적 의미를 지닌다.

첫째, 현대 개신교 신학의 죽음 이해를 통해 현대인들은 자신의 경험에 보다 알맞은 죽음 이해를 획득할 수 있게 된다. 현대인들은 더 이상 자기 자신을 영혼과 육체라는 이원론적 결합체로 이해할 수 없으며, 육체를 떠난 영혼이 스스로의 힘으로 영원히 사는 불멸의 존재라는 꿈을 꿀 수 없게 되었다. 그뿐만 아니라 모든 인간이 저주받은 죽음만을 경험한다는 것, 그래서 육체적 죽음을 경험하지 않고 영원히 사는 것이 최고라는 주장은 현대의 생태계 위기에 더 이상 존립되기 어렵다. 왜냐하면 만약 죽음이 무조건 나쁘기만 한 것이라면 육체가 영원히 살도록 만드는 것, 그래서 자연과학 기술을 통해 영원히 살려는 노력 역시 절대적으로 선한 것이라 인정되기 때문이다. 또한 이러한 착각은 인간이 자신의 영생만을 위해 다른 생명들을 희생시키는 것을 정당화하는 비윤리적 결론으로 우리를 이끌 수 있기 때문이다. 죽음 없이 영원히 살려고만 하는 인간의 욕망은 결코 선하지 않으며, 예수 그리스도의 십자가 구원을 얻은 이들은 오히려 자신의 생명을 다른 이들을 위해 내놓을 수 있어야 한다.[53] 그리고 이러한 의미에서 기독교는 성서와 전통 안에 나타났던

---

53 "내가 존재한다는 것은 늘 다른 이들의 희생에 의해 이루어지고 있다는 것, 다른 관점으로 말해 내가 늘 그들의 희생에 빚을 지고 살고 있음을 의미한다. 따라서 나는 나의 존재에 있어 다른 이들의 생명 희생의 빚을 지고 있는 것과 마찬가지로 다른 이들을 위해 희생하고 내어 줄 수 있어야 한다." 이관표, "하이데거와 근대철학: 데카르트의 '코기토(COGITO)' 비판을 통해 현대 위기 극복의 단초 찾기", 「현대유럽철학연구」 Vol. 53 (2019), 165. 그러나 이와 반대로 많은 생명의 희생을 통해 삶을 유지하면서 자신의 생명은 내놓지 않겠다는 것은 극단적 이기심이며, 4차산업혁명 이후 나타난 새로운 트랜스휴머니즘 이해는 영생을 꿈꾸면서 이러한 문제점을 현실에 던지고 있

다양한 죽음 이해를 검토하면서 기독교와 현대적 상황에 맞는 죽음 이해를 지속적으로 모색할 필요가 있다.

둘째, 죽음이 전체로서의 인간의 죽음이고, 유한성의 본질이라는 것을 알게 될 때, 현대인들은 잘못된 영혼불멸의 사상을 포기하고, 삶의 소중함을 깨닫게 될 것이다. 또한 기독교는 이러한 깨달음을 통해 "예수 천당 불신지옥"을 외치며, 남을 정죄하던 잘못된 신앙에서 벗어날 수 있을 것이고, 나아가 세상에서 벌어지고 있는 상황들에 스스로를 개방할 수 있게 될 것이다. 즉, 죽음 이해의 전환은 우리를 죽음 앞에서 겸허하게 만들며, 나와 타자의 생명에 대한 소중함을 깨닫게 해줄 수 있다. "죽음을 자연적인 것으로 볼 때, 한편으로 자연과의 화해가 가능케 되며, 자기의 죽음을 쉽게 받아들일 수 있다. 이리하여 수단과 방법을 가리지 않고 생명의 시간을 연장시키려는 일을 피할 수 있게 된다."[54]

셋째, 죽음이 자연적 죽음이라는 것을 인정하게 될 때, 현대인들은 죽음을 전쟁, 폭력, 살해 등을 통해 저주받은 것으로 뒤바꿔 놓는 현실의 악에 맞서 저항해야 함을 더욱 강하게 통찰하게 된다. 세상에는 여전히 자신들의 욕망과 이득을 위해 다른 이들이 하나님의 은혜로서 자연스럽게 맞이하게 될 죽음을 방해하는 악이 팽배해 있다. 그러나 죽음이 하나님께서 주신 자연적 사건이라는 점을 깨닫게 될 때, "자연적 죽음에 대한 이론은 조기 사망의 무의미성을 상기하고, 전쟁이나 기아, 질병 그리고 지진 등의 천재지변으로 생기는 폭력에 의한 죽음에 대항하기 위해 인류

다. 현대인의 영생에 대한 욕망과 트랜스휴머니즘 사이의 관계에 대한 논의는 다음을 참조: 이관표·김소윤, "현대 의학의 영생 기술과 그 신학적 성찰: 텔로미어와 유전자 가위를 중심으로", 「신학사상」 제178집 (2017).

54 김균진, 『죽음의 신학』, 258.

가 동원해 낼 수 있는 모든 힘에 대해 호소할 수 있는 중요한 기능을
담당하"55게 된다. 그리고 이러한 기능은 단순히 인간 사이의 관계를
넘어 생태계 문제에 대한 통찰로 나아갈 수 있다. 인간의 욕심을 통해
자신들의 자연적 죽음을 맞이하지 못하고 생명을 빼앗기는 생태계 문제
에 대해 자연적 죽음의 이론은 저항의 필요성을 드러내 준다.

넷째, 전적이며 자연적인 죽음을 인정하게 될 때, 우리는 진정한 부활
의 희망으로 나아갈 수 있다. 먼저 전적이며 자연적인 죽음에 대한 논의
와 관련하여 우리가 분명히 해야 하는 것은 이 죽음 이해가 하나님의
죽음에 대한 절대적 지배를 지시한다는 점이다. 그리고 바로 그 절대자
하나님께서 그리스도의 십자가 사건 안에서 죽음과 접촉하심과 동시에
그리스도를 다시 살게 하셨다. 우리가 영혼불멸이나 저주받은 죽음을
이야기할 때, 거기에는 인간이 가진 어떤 능력이나 실수에 죽음과 그
이후의 상황이 연결된 것으로 보이는 반면, 이와 반대로 죽음을 영육의
전체적 사건이자 하나님의 은혜로 받아들이게 될 때, 죽음과 그 이후의
상황은 전적인 하나님의 영역으로 남게 된다. 그리고 바로 그 지점으로
부터 우리는 하나님께서 우리에게 베풀어 주실 부활의 희망을 가질 수
있다. 왜냐하면 "진정한 신적인 희망이란 언제나 희망할 수 없는 것을
희망함일 뿐"56이기 때문이다. 만약 죽음이 인간의 능력이나 실수와
연결된다면 거기에서는 인간의 능력과 실수를 넘어서는 어떤 것을 기대
할 수 없다. 그러나 모든 것이 우리로부터 벗어나 하나님의 지배 아래에

55 허버트 포그리믈러/심상태 옮김, 『죽음 – 오늘의 그리스도교적 죽음 이해』 (서울: 성
　바오로출판사, 1985), 52.
56 이관표, 『부정성의 신학: 하이데거의 죽음 이해와 무 물음 그리고 그 신학적 의미』
　(서울: 동연출판사, 2021), 426.

있다면 우리는 희망할 수 없는 것을 비로소 희망할 수 있게 되며, 이러한 희망 중 최고의 희망은 부활의 희망이다. 즉, 전적이며 자연적인 죽음을 인정하게 될 때만 우리는 하나님의 절대적 지배를 인정하게 되고, 그럼 으로 절대자 하나님만이 해주실 수 있는 부활을, 그 희망할 수 없는 것을 희망할 수 있게 된다.

죽음과 함께하는 삶 위에서 우리는 너무나도 유한하고 나약하며 고 통스러운 자에 불과할 수밖에 없다. 그러나 그 어떤 부정성 위에서도 우리는 염려할 필요가 없다. 왜냐하면 예수 그리스도의 십자가가 드러 내 주었듯이 우리가 아무것도 할 수 없는 바로 그 시간, 그 장소에서 하나님은 우리를 위해 새로운 일을 시작하시기 때문이다. 우리 그리스 도인들은 결국 하나님께서 죽음을 무화시키실 분이라는 사실을 너무나 잘 알고 있다.[57] 그리고 바로 그렇기 때문에 우리가 비록 나약할지라도 그리스도 안에 있는 우리는 세상의 악과 왜곡되고 불의한 죽음에 맞서 항상 승리할 수밖에 없다.

---

57 Jüngel, *Tod*, 102.

13장
에버하르트 융엘의 죽음 이해

　　요즘 우리는 너무나도 많은 죽음의 소식을 접하게 된다. 충격적이었던 연쇄살인, 안타까운 사고들 그리고 오래전(2009년)에 있었던 퇴임대통령의 자살에 이르기까지 우리는 단 하루도 죽음에 대한 뉴스를 듣지 않을 수 없는 시대에 살고 있다. 특별히 얼마 전 한국의 자살률이 OECD 국가 중 최고라는 뉴스가 보도되었고, 우리 사회가 그 어느 때보다 죽음의 혼란기에 있는 것으로 진단되기도 했다. 우리는 이러한 사회적 현상 안에서 "양심의 판단을 잃어버린 죽음론이 삶에 얼마나 위험한 것"[1]인지를 깨닫게 된다. 하지만 우리가 주목해야 하는 것은 이러한 혼란스러운 한국에 개신교 신도가 1,000만 명에 이르며, 천주교 신도 역시 500만 명을 넘어가고 있다는 사실이다. 이것은 무엇을 의미하는 것일까?

　　먼저 이것은 기독교의 잘못을 보여주는 한 단면이라 볼 수 있다. 다시 말해 기독교가 한국 사회에서 자신의 책임을 제대로 해내지 못하고 있다는 사실을 드러내 주고 있다는 말이다. 그렇다면 왜 기독교가 사회적

---

1 Eberhard Jüngel, *Tod*. Gütersloher Taschenbücher (Stuttgart: Kreuz. Auflage. 2, 1983), 42.

죽음의 혼란에 책임을 가지고 있다는 말인가? 기독교는 분명히 여기에 대한 책임을 가지고 있다. 왜냐하면 기독교는 예수 그리스도라는 사람의 죽음을 통해 세상에 나타날 수 있었고, 그래서 "기독교 신앙은 죽음 물음에 대한 대답과 같기"[2] 때문이다. 또한 "기독교 신앙의 본질은 (죽음의) 물음이 하나의 대답을 발견했다는 사실을 통해 규정되어 있어서 그 대답을 사태와 시대에 맞게 표현하는 것이 신학의 필수적 과제"[3]이기 때문이기도 하다. 따라서 이러한 종교가 죽음에 대해 혼란을 겪고 있는 이 사회에 책임감을 느끼지 못하거나 현실에서 벌어지는 죽음의 문제에 침묵하고 그것을 내버려 둔다면, 기독교는 자기 자신의 본질에 모순되게 존재하는 것이 된다. 현대에 죽음의 혼란이 벌어지고 있고 그러한 문제가 있는 곳에 기독교가 존재하고 있다면, 그는 이 혼란에 대해 비판하고 올바른 죽음 이해를 찾고자 노력할 책임을 가지고 있다. 바로 이것이 죽음을 그 존립 근거로 가지고 있는 기독교의 의무이자 권리이며, 이 의무와 권리를 다했을 때만 그것은 사회에 존재할 이유를 가질 수 있는 것이다.

이번 장은 이러한 문제의식을 가지고 융엘(Eberhard Jüngel)의 신학적 죽음 이해를 살펴봄으로써 우리 사회의 구성원들이 죽음에 대한 올바른 이해를 가질 수 있도록 돕고자 한다. 왜냐하면 올바른 죽음 이해의 정립을 통해서만이 현대의 죽음에 대한 혼란을 극복할 수 있으며, 나아가 현실에서도 보다 나은 삶을 계획할 수 있을 것이기 때문이다.

본격적인 논의에 들어가기에 앞서 우리는 융엘의 신학적 죽음 이해

---

2 앞의 책, 40.
3 앞의 책, 41.

와 관련하여 다음의 네 가지 배경을 주목해야 할 필요가 있다. 그럼으로 우리는 복잡한 그의 신학 체계에 대해 보다 쉽고 구체적으로 다가갈 수 있게 된다.

첫 번째, 그는 철저히 개신교 전통에서 죽음을 언급하며, 이러한 입장을 통해 기독교 안에 자리 잡고 있는 잘못된 죽음 이해를 거부하고 있다. 여기서 잘못된 죽음 이해란 현대 사회가 가지는 죽음을 억제하는 경향⁴과 영혼불멸이라는 이름으로 서구 사회와 신학의 전통을 지배했던 플라톤적 전통⁵이다. 특별히 이것은 바르트(Karl Barth)와 같은 현대 개신교 신학자들이 주장했던 전체죽음론⁶과 맥을 같이 하는 것이기도 하다. 또한 그는 '죽음을 마지막 결단으로 해석'하는 현대 철학과 라너(Karl Lahner)와 보로스(Ladislaus Boros)⁷ 등으로 대표되는 가톨릭 신학의 대표적인 죽음 이해에 대해서도 성서적 근거가 부족하다는 이유로 반대하고 있다.

두 번째, 융엘의 신학은 개신교 안에서도 특별히 바르트와 불트만(Rudolf Bultmann)에 의존하고 있다.⁸ 하지만 여기서 중요한 것은 그가

---

4 앞의 책, 49.

5 앞의 책, 73.

6 Alexander Lohner, *Der Tod im Existentialismus. Eine Analyse der fundamentalth-eologischen, philosophischen und ethischen Implikationen* (Paderbon: Ferdinand Schöningh, 1997), 265. 전체죽음론(Ganztodtheorie)이란 몸과 영혼이 모두 죽는다는 주장이다. 융엘은 영혼불멸설을 거부하면서 간접적으로 이 이론을 인정하는 것처럼 보이지만, 자신의 책에서 그것을 명시적으로 언급하고 있지는 않다.

7 Jüngel, *Tod*, 117. 융엘에 따르면 죽음에 대해 라너는 '고유한 삶을 완성하는 인간의 행위'라 정의하고(Karl Rahner, *Zu Theologie des Todes. Mit einem Exkurs über das Martyrium* [Freiburg: Herder, 1958], 49), 보로스는 '의지 일반의 행위'로 해석한다(Ladislaus Boros, *Sein und Werden nach dem Tod*, 김진태 역, 『죽은 후에는. 죽음에 대한 새로운 신학적 묵상』 [서울: 가톨릭대학교출판부, 2001], 제2강좌).

비판적 시각을 가지고 그들을 받아들임으로써 자신의 신학을 정립하고 있다는 사실이다.[9] 이것은 우리가 주목해야 할 세 번째와 네 번째 사항에 연결된다.

세 번째, 융엘은 앞서 말한 비판적 시각을 정립하기 위하여 성서적 근거를 가장 우선적인 것으로 받아들인다. 특히 그는 모든 개념을 성서에 나와 있는 말씀들을 통해 정의하고 있으며, 이러한 특성은 신학적 죽음 이해와 관련해서도 그대로 반영되고 있다

네 번째, 그는 성서적 근거를 중시함과 동시에 하이데거(Martin Heidegger)의 현상학적 이점들을 받아들이고 있다.[10] 이것은 그가 하이데거의 언어관을 차용하여 바르트의 유비론과 종합시키고, 현상학의 방법론을 사용함으로써 "성서의 언술들 안에 있는 의미의 새로운 심오함을 발견"[11]하려 했음을 의미한다. 그리고 그 안에서 성서의 언술들과 하이데거의 언어들은 서로를 이해할 수 있는 이해의 틀로서 상호 연결되어 있다. 이러한 경향은 그의 작품 대부분에서 발견되고 있으며, 우리가 논의할 신학적 죽음 이해에서 더욱 두드러진다.

---

8 Roland Daniel Zimany, *Eberhard Jügel's Synthesis of Barth and Heidegger* (London: University Microfilms International, 1980), 5-8.

9 이런 사실에 대해 E. 융엘/백철현 옮김, 『하나님의 존재는 '되어감' 속에 있다』, 바르트신학연구씨리즈 2 (서울: 그리스도교신학연구소, 1988), 13-25; Zimany의 앞의 책, 같은 곳, Abstract를 참조.

10 Zimany, *Eberhard Jügel's Synthesis of Barth and Heidegger*, 28.

11 앞의 책, 68.

1. 성서 안에 나타나 있는 죽음에 대한 태도

융엘에 따르면 사실상 전체 성서를 관통하는 죽음의 정의는 없다. 왜냐하면 성서들이 제각기 쓰이고 편집되었던 시기 사이에는 상당한 차이가 존재하기 때문이다. 또한 구약성서와 신약성서 사이에도 예수 그리스도 사건이라는 큰 변화가 있었고, 저자들의 삶의 자리까지 달랐기 때문에 이러한 차이들은 더 커질 수밖에 없게 된다. 그러나 이러한 불일치에도 불구하고 융엘은 성서가 죽음에 대한 세 가지 특징적인 태도를 가지고 있다고 말한다. 그중 첫 번째는 죽음에 대한 부정적인 태도이다.

1) 부정적인 죽음

성서는 죽음을 부정적인 것으로 여기고, 하나님을 거기에 대립되어 있는 분이면서 전적으로 살아계신 분으로 간주한다. 특별히 죽음은 구약에서 삶의 시련(Anfechtung)을 의미한다.[12] 예를 들어 구약의 인간들은 죽음이 다가올 때, 자신의 신을 찬양하지 않았다. 왜냐하면 그들은 죽음이 하나님께 편안히 되돌아가는 것이 아니라 최초에 만들어졌던 티끌로 돌아가는 것이라 생각했기 때문이다.[13] 도리어 그들에게 좋고 고귀한 것은 단지 생명뿐이었다. 그들에게는 장수하는 삶이나 후손을 유지하는 것 등이 하나님이 주시는 최상의 선물이었고, 도리어 하나님

---

12 Jüngel, *Tod*, 78.
13 앞의 책, 98.

을 찾는 사람들에게 그분은 생명을 약속하셨던 것으로 묘사되고 있다.[14] 융엘은 이러한 구약의 생명 중심 사상이 하나님 자체가 살아계신 분이라는 이해에 그 근거를 둔다고 생각한다. 즉, 구약 안에는 일반적인 생명의 근원으로 하나님을 이해하는 신관이[15] 깔려 있다는 것이다.

나아가 구약은 죽은 생명이 하나님에게 의미 없는 것이라고 이야기한다. 거기에 따르면 하나님은 생명을 주셨고, 다시금 그것을 취하시는 분일 뿐이다.[16] 그렇기에 인간의 삶의 시간은 신의 손안에 있고, 끝내 삶조차도 인간에게 고유한 것으로 여겨질 수 없다. 따라서 삶도 죽음도 인간의 것이 아니다. 단지 하나님으로부터 주어진 생명은 좋은 것이지만, 부정적인 죽음에 이르게 되면 이마저도 빼앗기고 무의미한 것이 되어 버리고 말 뿐이다.

신약도 구약과 마찬가지로 죽음이 삶보다 안 좋으며, 단지 부정적일 뿐이라고 말한다. 특별히 바울에게는 사망이 장수보다 환영받지 못하는 것이었다. 사망은 단지 죽은 자를 죽음을 넘어서서 살아있는 자의 힘으로 인도할 뿐이다.[17] 특별히 "죽은 자를 넘어 산 자를 다스리려고 그리스도가 죽으셨다가 살아나셨다"[18]라는 바울의 말은 그리스도 사건이 어디까지나 생명을 위한 것이지 죽음 자체를 위한 것이 아님을 보여주고 있다.

구약과 신약을 포함한 모든 성서는 죽음을 인간의 생명에 대한 위협

---

14 창세기 15장 15절, 시편 127편, 아모스 5장 4절.

15 Jüngel, *Tod*, 79.

16 시편 104편.

17 Jüngel, *Tod*, 107.

18 로마서 14장 9절.

으로 간주한다. 예를 들어 주변의 다른 종교들이 죽음을 영원회귀의
문으로 고백하거나 영혼불멸을 위한 해방이라고 찬양하고 있을 때, 이
스라엘의 종교성은 결코 거기에 동조하지 않았다. 도리어 이스라엘이
보기에 다른 종교가 주장하는 죽음은 이방의 신들 역시 그 죽음 안에
포함되어 있는 거대한 질서 혹은 죽지 않는 영혼의 삶을 찾게 해주는
장치에 불과했을 뿐이다. 그러나 이스라엘의 하나님은 죽음에 속해 있
는 분이 아니라 전적으로 살아계신 분이다. 그리고 인간은 이런 하나님
에게 속해 있는 죽을 수밖에 없는 자일 뿐이다. 이러한 사상은 신약에서
도 마찬가지였다. 약간의 이단적 분파를 제외하고 초대교회 교인들은
하나님께 속하지 않고도 영원히 존재할 수 있는 인간의 영혼에 대해
생각하지 않았다. 만약 그런 것을 주장하고자 했다면, 예수 그리스도의
몸의 부활은 이야기될 필요도 없어야 했다.

2) 하나님의 통치에 속한 죽음

성서가 지닌 죽음에 대한 두 번째 태도는 죽음을 하나님의 통치하에
있는 것으로 보는 것이다. 특별히 구약 중 후기 문헌들에서는 이스라엘
의 '생명 중심 사상'이 다스리시는 하나님의 은혜에 대한 갈구와 연관되
어진다. 거기에서 말해지는 선한 삶이란 은혜를 통한 충만함이고, 끝내
은혜와 생명은 동일한 것이 된다. 왜냐하면 "생명의 근거이신 하나님과
그 생명을 분유(Teilgabe)할 때만 생명의 유지가 가능하기"[19] 때문이다.
이것은 하나님께 참여(teilen)하고, 생명을 은혜롭게 선물(Gabe)로 받는

---

19 Jüngel, *Tod*, 80.

것을 의미한다. 이러한 참여 안에서 피조물들은 하나님을 통해 자신들의 생명을 보존할 수 있으며, 거기서 벗어나게 되면 그것은 거두어지고 만다. 나아가 구약성서가 죽음을 하나님의 선한 선물 뒤에 따라오는 해악이라고 말하는 것 역시 하나님의 죽음 통치를 증거하고 있다. 구약성서는 욥의 말처럼[20] 선과 악 그리고 삶과 죽음이 언제나 하나님으로부터 주어지는 제한적인 것에 불과하다고 고백한다. 즉, 삶과 같이 죽음 역시도 하나님의 권능 아래 복종되어 있을 뿐이다.[21]

융엘은 구약의 죽음 이해가 모순성과 취약성을 지닐 수밖에 없다는 점을 말하며, 이것이 죽음에 대한 하나님의 우위성 고백으로부터 기인되었다고 진단한다.[22] 다시 말해 죽음 자체의 독자적인 의미는 하나님의 죽음의 통치를 생각하고 있던 구약에서 더 이상 발전될 수 없는 사상이었다는 것이다. 이러한 의미에서 이스라엘 안에서 죽음론은 신론을 통해 약화될 수밖에 없었다. 그리고 그에 따라 죽음 역시도 철저히 비신화론화되어야만 했다.[23]

3) 삶과 죽음의 관계 변화

융엘에 따르면 성서에 나타나 있는 죽음에 대한 세 번째 태도는 '삶과 죽음의 관계 변화'이다. 이것은 특별히 신약에서 예수 그리스도가 메시

---

20 "… 우리가 하나님께 복을 받았은즉 재앙도 받지 아니하겠느뇨 하고 이 모든 일에 욥이 입술로 범죄치 아니하니라"(욥 2:10).

21 Jüngel, *Tod*, 92.

22 앞의 책, 같은 곳.

23 앞의 책, 93.

아로 고백됨으로써 새롭게 등장하고 있는 사실이다. 물론 이러한 변화
는 앞서 이야기한 구약의 하나님 중심 사상이 신약에서도 계속되었다는
것을 의미하기도 한다. 신약의 입장에서 보면 하나님의 통치 아래 있는
세상에서 죽음이란 반대자이며 적일 수밖에 없다. 그리고 이러한 반대
자와 맞선 하나님의 싸움이 바로 신약에서 전하는 예수 그리스도의 역사
라 할 수 있다. 따라서 죽음에 대한 신약의 태도는 예수 그리스도의 역사
에 대한 태도에 의해 전적으로 규정될 수밖에 없다.[24] 하지만 놀라운
것은 예수 그리스도가 중심이 되자마자 신약은 구약성서와는 다르게
삶과 죽음의 상대화를 이야기하고 있다는 사실이다. 이제 하나님의 통
치 아래에 있던 삶과 죽음은 예수 그리스도의 죽음과 부활을 통해 철저히
예수 그리스도 중심적으로 해석되어지고, 그럼으로 삶과 죽음의 대립
관계 자체가 무의미해지고 만다.

바울은 "살든지 죽든지 그리스도는 영광 받을 수 있다"[25]라고 말한
다. 융엘에 따르면 이러한 생각은 이사야 38장 18절에서 이야기하는
생명의 우위성과는 전적으로 대립된다.[26] 왜냐하면 구약은 생명을 중시
하고 죽음을 미워하였던 반면, 신약은 그것들 간의 관계를 다른 모습으
로 제시하고 있기 때문이다. 이것은 예수 그리스도를 통해 삶과 죽음이
새로운 관계로 서로 마주 보게 되었다는 것을 의미한다. 여기서 특별히
두드러지는 것은 그리스도가 삶과 죽음 모두에 속하고 있다는 바울의

---

24 앞의 책, 103.
25 앞의 책, 106.
26 "음부가 주께 사례하지 못하며 사망이 주를 찬양하지 못하며 구덩이에 들어간 자가
주의 신실을 바라보지 못하되 오직 산 자 곧 산 자는 오늘날 내가 하는 것과 같이 주
께 감사하며…"

주장이다. 그에 따르면 "우리가 살든지 죽든지 예수 그리스도의 다스림 아래에 있고, 죽는 것도 사는 것도 혹은 또 다른 힘들도 우리를 예수 그리스도 안에 있는 하나님의 사랑으로부터 멀어지게 할 수는 없다."[27] 오히려 그에게는 삶과 죽음 양자 모두가 예수 그리스도를 통해 규정되고 있다. 따라서 삶과 죽음은 더 이상 하나님과 인간 사이의 관계에 대한 척도가 아니며, 유일한 척도는 오직 예수 그리스도일 뿐이다. 그것들은 그리스도 안에서 결코 대립되지 않으며, 도리어 서로 마주 볼 수 있게 되었던 것이다.

우리는 지금까지 성서 안에 나타나 있는 죽음에 대한 세 가지 태도를 살펴보았다. 이제는 이것들을 전제로 하여 융엘이 어떻게 죽음을 이해하고 있는지 살펴볼 차례이다.

2. 죽음 물음과 인간

1) 죽음 물음의 역설적 성격과 그 대상인 인간

죽음을 묻는 데 있어서 우선 다음과 같은 질문이 제기된다. 그것은 융엘이 그 물음의 대상을 어디로부터 정하고 있느냐 하는 것이다. 거기에 답하기 위해 우리는 그의 책 『죽음』의 1장 2절에서부터 시작하도록 한다. 그곳에는 우리에게 익숙한 톨스토이의 소설 『이반 일리치의 죽음』이 다음과 같이 인용되고 있다.

---

27 Jüngel, *Tod*, 106.

모든 사람이 삼단논법을 알고 있었다. 하지만 나 반야, 이반 일리치에게는 아무리 생각해도 아무리 느껴 보려 해도 그것(죽음)은 나와는 전적으로 다른 것이다.[28]

모든 인간이 죽는다는 것은 논리학 교과서에 나와 있는 고전적인 예이다. 사람들은 그것을 인정해야만 삼단논법의 문제를 풀 수 있으며, 이 대전제는 몇천 년 동안 의심의 여지 없이 올바른 것으로 여겨져 왔다. 하지만 문제는 모두가 이러한 삼단논법의 자명함은 인정하면서도 실제로는 자신의 고유한 죽음을 믿지 않는다는 사실이다. 이러한 일상 안에서 융엘은 다시금 그 안에 근본적으로 놓여 있는 또 다른 역설적인 사실을 끄집어낸다. 그것은 우리의 근본에 '죽음의 확실성'과 더불어 '죽음이 우리에게 가장 낯선 것'이라는 통찰이 대립적으로 존재하고 있다는 사실이다. 그러나 우리의 당혹스러움은 단순히 여기에서만 끝나는 것이 아니다. 도리어 우리는 죽음과 관련하여 보다 복잡한 역설적 상황에 직면해 있다. 그는 다음과 같이 말한다.

죽음은 다시 말해 인간 현존재에 대하여 단적으로 낯선 것만이 아니라 우리에게 있어 가장 고유한 것이다. … 더욱더 우리를 당혹스럽게 만드는 것은… 우리가 우리 자신을 이해하기 원할 때, 우리는 항상 죽음에 대해 질문해야만 한다는 사실이다.[29]

---

28 앞의 책, 113.
29 앞의 책, 116.

융엘에 따르면 이러한 인간이 최소한 임종을 앞둔 인간이나 죽은
망자를 의미하지는 않는다.[30] 임종을 앞둔 인간은 죽어가고 있는 진행형
이긴 하지만 아직 죽은 사람은 아니며, 죽은 사람 역시 이미 사망했기
때문에 거기에 대해 아무런 말도 할 수 없을 뿐이다.[31] 따라서 죽음 자체는
질문될 수 없는 것처럼 보이게 된다.[32] 왜냐하면 죽음은 인생이 그냥
끝나 버리는 사건이기 때문이다. 하지만 융엘은 이러한 문제를 해결하기
위해 죽음 그 자체에서 한발 물러나 죽음에 대한 경험의 차원을 제시한다.

우리는 이것을 다음과 같이 풀어낼 수 있다. 인간은 죽음과 관련하여
역설적으로 존재한다. 그는 죽음을 일상적으로 확신하고 그것이 자신
에게 일어날 것이라는 사실을 알고 있지만, 우선은 그것에 대해 믿지
않거나 미루고 있다. 또한 죽음은 가장 고유한 것이기에 확신하지만,
그것은 무엇인지 알 수 없을 정도로 우리에게 낯선 것이다.[33] 그렇지만
동시에 죽음을 소유하고 있는 자 그리고 타자의 죽음을 경험하면서 자신
의 죽음을 생각할 수 있는 자 역시도 오직 인간뿐이다. 그는 죽음에 대해
계속 질문해야만 하며, 인간 이외에 그 어느 것도 자기의 죽음에 대해
질문하지 않는다.[34] 즉, 죽음을 확실한 것으로 이해하고 있으면서 그것
에 관해 물음을 던지고 있는 자는 언제나 인간뿐이라는 것이다.[35]

---

30 Jüngel, *Entsprechungen*, 331.

31 Jüngel, *Tod*, 19.

32 앞의 책, 20.

33 Eberhard Jüngel, *Entsprechungen: Gott - Wahrheit - Mensch* (München: Chr. Kaiser, 1986), 333.

34 Lohner, *Der Tod im Existentialismus*, 108.

35 위에서 언급한 세 가지 역설적 상황—1. 일상적 거부, 2. 고유하며 낯선 것, 3. 삶을 위
해 죽음을 알아야 함—을 통해 우리는 (서론에서 이미 밝혔듯이) 융엘의 사상 안에 있
는 하이데거의 영향을 발견할 수 있다. 먼저 하이데거에게 존재 개념은 융엘의 죽음

앞서 이야기한 대로 인간은 죽음 그 자체의 순간에는 끝나 버리고 만다. 하지만 우리가 여기서 주목해야 할 것은 인간은 자신이 살아가는 삶 안에서 이미 자신의 고유한 죽음과의 관계를 경험하고 있다는 사실이다. 그리고 이러한 죽음과의 관계는 삶 안에서 다시금 인간 스스로를 규정하고 있다. 융엘은 죽음이 인간에게 가장 고유한 것, 확실한 것이면서 언제나 질문되고 있다는 사실이 바로 이것을 증명해 주고 있다고 말한다. 즉, 죽음은 이미 인간과 관계를 맺고 있으며, 그렇기 때문에 죽음의 물음은 인간으로부터만 물어질 수 있다는 것이다.[36] 이렇게 삶과 관계하는 죽음의 경향은 셸러가 말한 죽음의 지향(Todesrichtung)[37]이라고 말할 수 있다. 융엘에 따르면 이러한 죽음의 지향은 바로 인간이 가진 죽음과의 관계를 의미한다. 그리고 죽음과의 관계란 곧 '죽음을 향한 존재'(하이데거)의 실존과 같다.[38] 죽음이 삶 안에서 인간과 관계를 가지고 있다는 통찰을 통해 그는 에피쿠로스의 명제를 다음과 같이 변경시키

개념과 마찬가지로 역설적인 상황을 만들어 낸다. 왜냐하면 1. 현존재에게 존재는 자명한 개념임에도 불구하고 쉽게 대답 될 수 없고, 2. 현존재는 존재 이해로 규정되어 있으며, 3. 그는 존재함 자체가 문제가 되는 존재자이기 때문이다. 이러한 역설적 상황에서 존재의 의미를 밝히기 위해 하이데거는 인간 현존재를 기초존재론의 탐구 대상으로 삼는다. Cf. Martin Heidegger, *Sein und Zeit* (Tübingen: Max Niemeyer, 1979), 12, 13. 융엘은 이러한 기초존재론의 현상학적 방법을 차용하면서 동시에 하이데거의 죽음 분석도 참조하고 있다. 『존재와 시간』의 죽음 분석에서도 위의 세 가지 역설적 상황들이 나타난다. 1. 죽음은 일상에서 애매함에 거부되지만, 2. 이미 현존재의 본질은 근원적으로 죽음을 향한 존재이면서 동시에 가장 먼 것으로 남으며, 3. 그의 존재 전체성과 본래성을 확보하기 위한 근원적 해석은 죽음으로부터만 가능할 뿐이다. Cf. Martin Heidegger, *Sein und Zeit*, 233-234, 253-256. 이 외에도 그가 정의한 인간 본질, 불안, 죽음의 성격 등도 하이데거 철학과 밀접한 관계를 가지고 있다.
36 앞의 책, 22.
37 김균진, 『죽음의 신학』 (서울: 대한기독교서회, 2002), 22.
38 Jüngel, *Tod*, 24.

게 된다.

> 죽음은 우리와 연관된다. 왜냐하면 우리가 존재하는 한에서만 죽음도 존
> 재하는 것이며, 우리가 아직 존재하지 않았거나, 더 이상 존재하지 않을
> 때, 죽음 역시 존재하지 않기 때문이다.[39]

　여기서 우리가 하나 주목해야 할 것은 죽음이 이미 우리와 연관되어 있고, 우리의 삶 안에 들어와 있다는 융엘의 통찰이 기존의 기독교적 입장과는 다르다는 사실이다. 앞서 우리가 성서의 이해에서 보았던 것처럼 죽음은 삶과 대립되는 것으로 이해된다. 이러한 죽음을 삶 안에서 이미 관계 맺고 있는 것으로 본다는 것은 기존의 기독교적 죽음 이해와는 분명 다른 접근 방식이라 할 수 있다. 게다가 죽음 논의를 하나님 자체에 대한 논의에서 출발하지 않고 인간의 경험으로부터 출발했다는 것 역시 전통적 신학과는 분명 구별되는 점이다. 예를 들자면 바르트는 죽음 개념에 대한 접근을 철저히 하나님으로부터 시작해야 한다는 전제를 가지고 있다. 하지만 이러한 접근은 도리어 죽음의 다양한 의미와 죽음 경험이 가지고 있는 상대적인 차원을 무시하는 결과를 초래하고 만다.[40] 왜냐하면 죽음은 인간의 삶을 이해할 때 알 수 있게 되며, 그 삶은 상당히 다양하기 때문이다.[41] 이러한 문제점 때문에 융엘은 기존 전통 신학의 죽음 논의의 출발점을 비판하면서 죽음을 인간의 측면에서부터 고찰해

39 앞의 책, 25.

40 Yo Fukushima, *Aus dem Tode das Leben. Eine Untersuchung zu Karl Barths Todes- und Lebensverständnis* (Zürich: Theologischer Verlag Zürich, 2009), 194.

41 Jüngel, *Entsprechungen* (1986), 345.

나가고 있는 것이다.

물론 우리는 죽음이 과연 인간 혼자만의 사건이고, 그의 경험만으로 이해될 수 있는가에 대해서는 보다 신중히 생각해 볼 필요가 있다. 왜냐하면 필자가 생각하기에 죽음은 인간의 사건에만 해당되는 것이 아니라 죽음을 통해 우리와의 관계를 단절당하게 되는 당사자, 즉 하나님의 사건에도 해당되기 때문이다. 이러한 비판을 위해서라도 우리는 그의 죽음 논의를 보다 자세히 검토해 볼 필요가 있다. 따라서 우리는 이제 융엘의 방법론을 따라 물음의 대상인 인간과 그의 죽음에 대해 살펴보도록 한다.

2) 관계로서의 인간

우리는 먼저 융엘이 인간에 관해 말하는 것을 직접 들어볼 필요가 있다.

… 오히려 인간이 단지 관계들 안에서만 살 수 있다(저자 강조)는 것을 암시한다. 그리고 그것은 인간이 자기 자신에게 벗어나 있기 때문에 이미 항상 신과의 관계없이는 그 자신과도 관계를 맺을 수 없다는 사실을 암시하는 것이기도 하다.[42]

… 하나님의 율법을 청종함으로써 인간은 모든 관계의 근거와 관련을 맺는다. 그 근원 안에서만 단지 삶이 수행될 수 있다. … 따라서 관계에 맞게

---

42 Jüngel, *Tod*, 80.

실존하는 자는 올바르며, 그렇기 때문에 제사장에 의해 올바른 자로 설명
된다.[43]

하나님과 관계를 맺고 있으며, 그럼으로 그의 자기-자신을-이미-항상-벗
어나 있음(Sich-selbst-schon-immer-Entzogensein)에 상응하는 인간
은 살든지 죽든지 스스로를 은혜롭게 벗어나 있는 것이다.[44]

그의 책 『죽음』 중 "죽음에 대한 구약성서의 태도"라는 제목으로
2부 4장 2절에 나와 있는 위의 구절들은 성서가 인간을 관계적인 존재라
고 정의하고 있음을 보여주고 있다. 앞서 인용한 융엘의 말처럼 하나님
과 관계 맺는 인간의 본질은 '자기-자신을-이미-항상-벗어나 있음'이다.
또한 그는 시간 안에 있는 유한한 자이기에[45] 우리는 이 개념을 탈자성
(Extase)[46] 개념과 같은 것으로 이해할 수 있다. 특별히 여기서 우리가
주목해야 할 점은 이러한 시간 안에 있는 유한한 자이며, 탈자적인 인간
이 언제나 관계 안에서만 존재할 수 있을 뿐이라는 사실이다.

성서, 특별히 구약에서 '인간의 삶'이란 관계 가짐을 의미한다.[47] 하
나님과 관계를 가진다는 것은 좋은 관계가 비로소 가능해지는 근거이
며, 따라서 인간의 삶은 언제나 이웃 간의 관계에 의해서만 규정되고
있다. 특별히 이러한 관계들은 율법 안에 반영된다. 예를 들어 십계명

---

43 앞의 책, 81.

44 앞의 책, 83.

45 Jüngel, *Entsprechungen*, 327.

46 Heidegger, *Sein und Zeit*, 329. "탈자태란 시간성의 성격으로서 엑스타티콘(ἐκστατ
ικόν), 즉 자기 밖에 나가 있음을 의미한다."

47 Jüngel, *Tod*, 99.

안에서 관계들은 인간의 삶을 유지하기 위해 꼭 지켜야만 하는 것으로
이해되었다. 이것은 다시 말해 이웃과 교통하며 이웃을 섬기는 삶이
바로 인간의 본래 모습임을 말해 주고 있다.[48] 오히려 "관계에 알맞게
실존하지 못하고 올바른 자가 되지 못하면 그는 죽게 된다."[49] 하지만
인간은 그가 가진 관계를 끊어 버릴 수도 있다. 그리고 이렇게 삶의 관계
를 단절하는 시도를 구약성서는 죄라고, 다시 말해 하나님께 대항하는
반역이라고 명명하고 있다. 또한 이러한 반역은 모든 관계에서 인간에
게 나타나고 있으며, 그것을 통해 죽음이 삶 안에서 벌어지고 있다. 따라
서 삶과 죄를 이해하면, 죽음을 이해할 수 있게 된다.[50] 즉, 융엘에게
있어 죽음과 삶은 철저히 관계성 안에서 벌어지고 있는 사건이라 말할
수 있다.

3) 죽음의 의미

바울이 아담을 통해 세상에 나타나게 된 죽음과 순수한 가사성을
구분한 것처럼, 융엘 역시 죽음을 '저주받은 죽음'(Fluch Tod)과 '자연적
인 죽음'(natürlicher Tod)으로 구분한다. 여기서 우리가 우선 속해 있는
죽음은 관계가 단절되어 있는 저주받은 죽음이다.

관계의 단절이란 인간의 죄이며, 그것은 죄성 때문에 생겨난다. 융엘
은 이러한 죄성을 무관계성으로의 충동(Drang in die Verhältnislosigkeit)

---

48 김균진, 『죽음의 신학』, 428.
49 Jüngel, *Tod*, 82.
50 Jüngel, *Entsprechungen*, 340.

이라고 정의한다.[51] 무관계성을 향한 충동은 구체적인 태도를 가지고 있는 것이며, 그것은 하나님과의 관계가 가장 충만할 수 있을 때, 거기서 발생하게 된다. 바울은 그것을 자기 의를 세우는 것이라고 말한다.[52] 이것은 인간적인 판단을 순전히 집행만 하는 자로 하나님을 격하시키는 것이며, 하나님을 낮추고 인간을 격상시키면서 하나님과의 관계를 파괴하는 것을 의미한다.[53] 따라서 "인간은 죄인이 죽어야만 하는 죽음의 본질 안에 있다."[54] 그는 거기에서 모든 것을 잃어버리고 있으며,[55] 모든 것을 무관계적인 것으로 만들면서 죄악을 만들어 내고 있다. 하지만 문제는 그것이 하나의 힘으로서 우리를 지배하고 있지만, 결국에는 우리에 의해 만들어진 것에 불과하다는 점이다. 즉, 죽음은 인간이 자기 스스로를 그곳으로 끌어들이고 있는 인간 자신의 고유한 사실일 뿐이다.

저주받은 죽음은 인간이 가진 '무관계성으로의 충동의 총합(Fazit)'[56] 이라 말할 수 있다. 이러한 죽음은 삶의 종말에 갑자기 나타나지 않고, 인간이 살면서 가지고 있는 무관계성을 향한 충동 안에 항상 존재한다. 이것이 사실적으로 침입할 때, 삶은 완전히 관계를 상실하고, 죽은 인간

---

51 Jüngel, *Tod*, 164.

52 로마서 10장 3절.

53 Jüngel, *Tod*, 112.

54 앞의 책, 113.

55 Jüngel, *Entsprechungen*, 345.

56 Jüngel, *Tod*, 99. 이 논의와 관련하여 융엘은 '죽음에 대한 구약성서의 태도'부터 시작하여 마지막까지 일관되게 죄를 '무관계성으로의 충동'으로, 죽음을 '무관계성을 향한 충동의 총합' 혹은 '무관계성과 관련된 것'으로 보고 있다. 결정적으로 그는 자신의 책 *Tod*, 171, 결론 부분에서 "Das Wesen des Todes ist Verhältnislosigkeit" 그리고 *Entsprechungen* (1986), 345에서 "Tod ist schlechthinnige Beziehungslosigkeit"라고 분명히 언급하고 있다.

은 하나님에게서 계속 멀어지고 만다. 그리고 하나님에게서 멀어졌기 때문에 모든 것과의 관계 역시도 끊어지고 만다.[57]

저주받은 죽음 안에서 사망한 인간은 타자에 대해서 관계를 상실한 것일 뿐만 아니라 자기 자신과의 관계 역시도 상실하게 된다.[58] 이렇게 죽음은 관계들을 파괴하고, 삶이 그 안에서 수행하고 있는 연관들을 끊어버린다. 관계가 없는 곳에는 그 어떤 희망도 나타날 수 없으며, 그렇기 때문에 '죽음은 희망 없는 사건'[59]이 되고 만다. 하지만 죽음이 언제나 저주받은 죽음으로 이해될 필요는 없다. 왜냐하면 저주받은 죽음은 예수 그리스도의 죽음을 통해 이미 깨어졌으며, 그럼으로 무관계성의 충동이 깨어지고, 하나님과 피조물 간의 관계가 다시금 회복되었기 때문이다. 융엘에 따르면 관계가 회복된다는 것은 새로운 관계가 정립된다는 것을 의미한다. 물론 새로운 관계를 만든다는 것은 창조적인 작업이며, 그렇기 때문에 하나님만이 하실 수 있는 작업일 뿐이다.[60] 바로 이러한 하나님의 구원이 예수 그리스도의 십자가 사건을 통해서 이루어졌다. 따라서 그것을 힘입어 우리는 새로운 관계를 통해서 새롭게 창조될 수 있다. 그리고 인간들과 더불어 모든 피조물 역시도 새로워진 관계를 통해 이 세상을 새롭게 바꾸어갈 수 있게 된다.

이처럼 예수 그리스도의 십자가를 통해 새로워진 관계는 저주받은 죽음을 무화시키고, 자연적 죽음을 회복시킨다. 또한 "자연적인 죽음은 그리스도가 약속한 영원한 삶과 관계된다."[61] 따라서 예수 그리스도의

---

57 Jüngel, *Tod*, 83.
58 앞의 책, 100.
59 앞의 책, 101.
60 앞의 책, 114.

십자가를 통해 하나님이 주신 본래적인 죽음이란 저주받은 죽음이 아닌 자연적 죽음이었다는 사실이 드러난다. 왜냐하면 저주받은 죽음의 전형으로 죽었던 예수 그리스도를 통해 다시는 그러한 죽음을 죽지 않을 수 있다는 구원의 희망과 부활의 희망이 우리에게 나타났기 때문이다.

"우리는 저주받은 죽음으로부터 해방된 생의 종말을 그것이 단지 인간 본성에 속한 현존재의 종말이기에 자연적인 죽음(저자 강조)이라고 성격 규정할 수 있다."[62] 여기서 말하는 자연적인 죽음이란 그것을 시작한 하나님이 직접 결론 내리는 종말을 의미한다. 따라서 이것은 관계의 단절로서의 저주받은 죽음과는 다르다. 왜냐하면 저주받은 죽음이 인간들이 스스로를 비존재로 만들어 버리는 죄의 결과이고, 갑자기 중단하는 단절을 의미한다면, 자연적인 죽음은 모든 피조물이 자신들의 고유한 존재를 하나님 안에서 끝마치는 것이며, 나아가 그분의 은혜를 통해 영원한 삶까지 희망할 수 있음을 의미하기 때문이다. 하지만 여기서 우리가 잊지 말아야 할 것은 자연적 죽음 역시도 우리에게 닥쳐오는 죽음이라는 사실이다.

인간은 이러한 자연적인 죽음 안에서도 고통을 느낄 수밖에 없다. 따라서 그는 그 안에서 수동적인 자가 되고 만다. 하지만 융엘에 따르면 이러한 수동성은 단절로서의 죽음과 다르게 악한 것이 아니다. 도리어 그 고통을 견뎌내면서 우리는 하나님을 바라보고, 단절로서의 죽음에서 스스로를 해방시킬 수 있다. 이러한 죽음의 기능을 융엘은 인간을 궁극적인 수동성으로 이끄는 것이라고 말한다.[63] 여기서 말하는 궁극적

---

61 앞의 책, 167.
62 앞의 책, 117.

수동성이란 바로 인간에 속하는 그의 한계성, 곧 유한성을 가리킨다. 이것은 선한 것이지 죄가 아니며, 원죄는 인간의 유한성 자체를 의미하는 것이 결코 아니다. 도리어 유한성의 근거인 자연적인 죽음은 하나님의 질서에 속해 있는 것이며,[64] 예수 그리스도의 십자가 사건을 통해 새롭게 회복된 창조의 은혜인 것이다.

3. 예수 그리스도의 죽음

앞서 우리는 예수 그리스도의 죽음이 새로운 창조의 관계를 가능하게 만든 구원 사건이며, 그것을 통해 본래적 죽음인 자연적 죽음이 드러났고, 동시에 회복되었다고 말했다. 그렇다면 이러한 예수의 죽음은 구체적으로 어떤 의미를 가지고 있는가?

1) 인간 본질의 회복

융엘에 따르면 예수 그리스도의 죽음이 가진 첫 번째 의미는 인간 본질의 회복이다. 앞서 우리는 그의 논의를 따라 인간의 본질을 타자와 관계 맺기 위해 '자기를 벗어나 있음'(Selbstentzogenheit)으로 정식화했다. 이것은 스스로를 벗어나 다른 공동의 인간들과 관계 맺으며, 궁극적으로는 하나님과 관계 맺을 수 있는 인간의 관계적 성격을 의미한다.

---

63 앞의 책, 116.

64 Wohlgschaft, *Hoffnung angesichts des Todes*, 74.

하지만 이러한 성격은 그와 반대로 인간이 가지고 있는 무관계성을 통한 충동 때문에 언제나 단절로서의 죽음에 이를 수밖에 없다. 그러함에도 불구하고 융엘은 그것이 문제가 될 수 없다고 말한다. 왜냐하면 하나님은 사랑이시기에 그러한 멸망의 운명을 방관하시지만은 않기 때문이며, 그 운명의 극복이 바로 예수 그리스도의 죽음에서 나타나고 있기 때문이다. 여기서 그는 예수의 죽음을 통한 구원에 대해 기존과는 다른 방식으로 해석하고 있다. 즉, 예수의 죽음이 인간적인 죽음이었지만, 그것은 인간에게서 벌어지는 관계의 단절이 아니라 그와는 전적으로 다른 관계 회복의 능력을 가진다는 것이다. 특별히 필자가 여기서 주목하고자 하는 점은 융엘이 예수 그리스도의 죽음을 통한 관계의 단절과 회복을 독일어 동사 entziehen과 관련하여 설명하고 있다는 점이다.[65]

죄와 죽음은 무관계성의 충동과 관계 단절의 사건이다. 이러한 단절의 사건에서 예수 그리스도가 당한 죽음은 철저히 그의 빼앗김(Entzug)으로 이해된다.[66] 그는 자신의 존재함 전체를 단절의 사건 안에서 빼앗기게 된다. 하나님과 그 누구보다 강하게 연합되어 있던 예수에게 관계의 단절과 빼앗김은 그 누구보다 무서운 죽음을 체험하게 만든 요소였다.[67] 그리고 마침내 그는 단절을 몸소 경험하고, 크게 소리를 지르며 운명하게 된다. 하지만 여기서 놀라운 반전이 일어난다.

예수 그리스도의 빼앗김의 사건은 그것이 발생하자마자 인간의 본

---

65 물론 이러한 설명이 명시적으로 도식화되어 있는 것은 아니다. 하지만 우리는 그가 사용하는 원문 단어들의 비교를 통해 이러한 그의 의도를 분명하게 발견할 수 있다.

66 Jüngel, *Tod*, 135.

67 Oscar Cullmann, *Unsterblichkeit der Seele oder Auferstehung der Toten? Antwort des Neuen Testaments* (Stuttgart: Stuttgart Verlag, 1986), 28.

질인 벗어나 있음을 회복시킨다. 즉, 인간들에게 빼앗김의 사건은 단절을 의미하며, 이것이 곧 무관계성의 절정에 이르는 것이라면, 예수 그리스도의 죽음 안에서 벌어진 빼앗김은 '관계로부터의 단절'이 아니라 '죽음으로부터의 단절', 다시 말해 '관계의 단절로부터의 단절'인 벗어나 있음이 되고 있다. 이것은 죽음이 빼앗으려 했던 예수 그리스도의 존재가 도리어 죽음의 힘에 대항하여 인간들을 회복시켜 놓았음을 의미한다. 다시 말해 인간이 처해 있던 죽음의 내쫓으며 빼앗는(entzieht) 힘이[68] 예수 그리스도의 빼앗김(Entzug)의 사건을 통해 이제 인간들이 자신을 스스로 내쫓아서, 벗어나서(entzieht) 관계에로 향하게 되는[69] 고유한 벗어나 있음(Entzogenheit)으로 회복되고 있다.

융엘은 이러한 관계 회복의 사건이 바로 하나님이 인간이 됨(Menschwerden)이라는 성육신 사건의 의미라고 말한다.[70] 하나님이 인간의 몸을 통해 죽으시는 빼앗김은 도리어 죽음으로부터 인간을 빼앗아 자신과 관계 맺게 하는 벗어나 있음이다. 죽음은 빼앗지만, 하나님은 그리스도의 죽음을 통해 빼앗음에서부터 벗어나 있음을 가능하게 하셨다. 그리고 벗어나 있음의 회복이란 앞서 언급한 하나님의 새로운 관계 창조와 새로운 인간 창조를 의미하고 있다. 그의 십자가 사건은 인간의 벗어나 있음을 회복하는 전적인 인간의 사건이자 관계를 회복시키는 전적인 하나님의 사건이기도 한 것이다.

융엘에 따르면 더욱 놀라운 것은 이러한 회복의 사건에서 하나님이

---

68 Jüngel, *Tod*, 136.
69 앞의 책, 79.
70 앞의 책, 131.

죽은 예수와 자신을 동일화시키고 그 안에서 죽음과 접촉하셨다는 사실이다. 예수와의 동일시를 통해 하나님 자신이 죽음을 접촉하신다.[71] 물론 하나님께서 죽음을 접촉하실 수 있다는 것은 그분이 되어감 안에 계시기 때문에 가능한 사건이다.[72] 이러한 접촉은 하나님에게 단순히 죽음으로 끝나지 않으며, 도리어 그것을 통해 하나님이 무를 존재에로 부르고, 종말에 이른 것을 새로운 존재에로 부르는 분으로 계시된다. 나아가 이러한 사건은 예수 신앙과 부활 신앙을 가능하게 만들었다. 다시 말해 하나님과의 동일화를 통해 예수는 삼위일체 하나님의 두 번째 위격으로서 고백되어질 수 있었다.[73]

2) 하나님의 승리

예수 그리스도의 죽음은 두 번째로 하나님의 승리를 의미한다. 승리는 하나님이 죽임당한 예수와 스스로를 동일화했을 때 성취되었다. 다시 말해 고난받을 수 없다고 생각되었던 하나님이 예수 그리스도의 죽음에서 스스로 고난을 당함으로써 승리하셨다.[74] 융엘에 따르면 이러한 하나님의 승리는 그가 죽음과의 접촉을 예수의 죽음 안에서 견디어 내시고, 그럼으로 부정의 힘에 고유한 신성을 내어놓았기 때문에 가능했던 사건이다.[75] 즉, 하나님을 죽음에 맡겨 버린 부정의 힘이 사실상 죽음의

71 Eberhard Jüngel, *Gott als Geheimnis der Welt* (Tübingen: J. C. B. Mohr(Paul Siebeck), 1977), 464.

72 앞의 책, 122.

73 Eberhard Jüngel, *Unterwegs zur Sache. Theologische Bemerkungen* (München: J. C. B. Mohr(Paul Siebeck), 1972), 111.

74 앞의 책, 117.

힘을 넘어서 버림으로[76] 승리가 나타나게 되었던 것이다. 죽음의 힘은 그 한계상 하나님을 가두어 놓을 수 없는 자이다. 그러나 하나님은 죽음으로 가셨고, 따라서 죽음은 극단으로 팽창하여 결국 하나님을 가둘 수 없게 된다.

하나님은 승리의 사건 안에서 모든 인간을 위해 현존하려는 자신의 행동을 보여준다. 어떤 이를 위해 현존한다는 것은 그와 관계 맺는다는 것을 의미한다. 따라서 이러한 현존을 통해 죽음의 무관계성으로부터 하나의 새로운 하나님과 인간의 관계가 자라난다. 다른 측면에서 보자면 하나님은 관계들이 깨어지고, 연관들이 끝나 버리는 곳에 정확히 끼어들어 오신다. 이러한 하나님의 오심이란 곧 하나님의 자기 없는 자기 투입(Selbsteinsatz)[77]을 의미한다. 또한 하나님이 예수 그리스도와 자신을 동일시하는 사건은 유한한 인간에 대한 무한한 사랑을 자신의 본질로서 계시하시는 사건이다. 바로 이 사랑이 신적인 행위의 모티브이며, 동시에 신적인 존재의 모티브이다. "사랑하면서 신은 스스로를 움직인다. 사랑하면서 하나님은 죽은 자, 부정적인 자 그리고 저주받은 자에게 도움을 주기 위해 자기 스스로를 활동시킨다."[78] 즉, 하나님은 사랑 때문에 저주받은 비참함을 인간과 나누어 가지고 계신다.

하지만 부활이 이야기되는 곳에서 저주는 극복되며, 이러한 극복이 바로 신적인 사랑의 결과로 나타난다.[79] 또한 신적인 사랑의 결과란 삶과

75 Jüngel, *Tod*, 138.
76 Jüngel, *Unterwegs zur Sache*, 120.
77 Jüngel, *Tod*, 139.
78 앞의 책, 같은 곳.
79 앞의 책, 140.

죽음 위에서의 싸움이며, 하나님의 죽음의 고통 안에서 그의 본질과 죽음의 본질이 서로 만난다는 것을 의미한다. 바로 그의 죽음 안에서 사랑과 파괴는 서로 만나고 있다. 융엘에 따르면 부활 신앙은 이러한 만남을 이미 예수의 삶에서 시작되었던 하나의 투쟁으로 본다. 즉, 예수가 자신의 일상의 삶 안에서 불쌍한 자들, 비참한 자들 그리고 사회적으로 경멸받는 자들에게 하나님의 현재를 가져다 주었다는 사실과 그가 병을 고치고 악한 영들을 쫓아내었다는 사실이 바로 이러한 투쟁적 만남의 시작이라는 것이다.[80] 따라서 우리는 예수의 삶 안에서 죽음을 향한 도상 위에 계신 하나님을 만날 수 있다. 죽음을 향한 자는 언제나 십자가에 달리신 분으로 남아 있으며, 언제나 몸에 상흔을 가지고 있는 분이다.[81] 왜냐하면 십자가에서 하나님은 스스로를 무에 내맡기셨고,[82] 죽음과 투쟁하여 승리하셨기 때문이다. 그리고 부활 사건은 바로 이것에 대한 증거일 뿐이다.

성서는 죄가 하나님에게 대항하는 공격이며, 죽음으로 이끄는 '쏘는 것', 즉 가시라고 말한다.[83] 이 쏘는 것에 고통을 당하고, 자신에게 대항하려는 부정을 견뎌내면서 하나님은 죽음에 자신의 힘을 내어준다. 인간은 유한하게 고통당하지만 하나님은 무한하게 고통당할 수 있으며, 그 사랑 때문에 무한하게 고통당하고 있다. 그리고 무한한 고통 때문에 그는 죽음의 승리자일 수 있는 것이다. 이러한 이해는 보상설이나 만족설 등의 전통 신학을 다시 한번 되돌아보도록 만든다. 왜냐하면 십자가

---

80 앞의 책, 141.
81 앞의 책, 142.
82 Eberhard Jüngel, *Gott als Geheimnis der Welt*, 297.
83 고린도전서 15장 55절.

는 분노한 하나님을 진정시키는 희생물이 아니며, 그 희생을 통해 하나님이 자기 자신과 화해한 것이 아니기 때문이다. 도리어 하나님은 죽음의 고통과 관계를 맺음으로써 세상과 화해하셨다. 그는 자기 자신이 아니라 바로 이 세상과의 관계를 회복하셨던 것이다.[84]

3) 부활의 희망을 가능하게 만든 사건

예수의 죽음은 세 번째로 부활의 희망을 가능하게 만든 사건을 의미한다. 그는 로마 정부에 의해 기원후 30년 전후 십자가에서 고통을 당하면서 죽었다. 그것은 결단코 소크라테스와 같은 영웅의 죽음이 아니었다. 그가 죽고 난 후 제자들은 도망갔고, 어떠한 희망도 거기에는 없었다.[85] 또한 예수의 업적은 폭력적으로 깨어져 버렸다. 하지만 이러한 예수의 죽음 이후에 그는 부활한 자로 고백되고, 나아가 자신이 선포했던 신적 가까움과 하나님의 아들로 선포되기 시작한다. 그리고 기독교는 예수의 죽음 이후에야 비로소 부활을 이야기하기 시작한다. 하지만 우리가 여기서 주목해야 할 점은 기독교가 일반적인 부활 사상에서 성립된 것이 아니라는 사실이다. 융엘에 따르면 도리어 기독교는 예수 그리스도의 부활이라는 한 사람의 사건에 의해서만 성립되었을 뿐이다.[86] 이것은 다시 말해 부활에 대해 우리는 오직 예수의 부활을 근거로 해서만 이야기할 수 있다는 것을 의미한다. 따라서 부활 일반에 대한 희망은

---

84 Jüngel, *Tod*, 143.
85 앞의 책, 133.
86 앞의 책, 54.

예수 그리스도의 부활 신앙이 생기고 나서 갖게 된 부차적인 희망 사항에
불과해진다.

이처럼 오직 예수 그리스도의 죽음과 그의 부활을 통해 일반적인
부활의 희망이 가능할 뿐이다. 단지 "예수 그리스도의 죽음이 우리의
삶에 들어맞는 사건으로서 이해될 때, 그래서 우리의 삶에 하나의 새로
운 죽음에 대한 태도가 가능하게 될 때, 예수 부활에 대한 신앙은 우리
모두의 부활에 대한 희망으로서 새 힘을 획득할 수 있다."[87] 예수 그리스
도가 십자가에서 죽고 부활하지 않았으면 모든 것은 헛된 것에 불과하
다. 그렇다면 우리의 부활의 근거인 예수 그리스도의 부활을 우리는
어떻게 받아들여야 하는가?

융엘에 따르면 부활 신앙과 부차적인 희망 사항인 다른 인간들의
부활 신앙 사이에는 하나의 순환의 문제가 놓여 있다. 즉, 다른 인간들의
부활을 보증해 주는 예수 그리스도의 부활이 가장 불확실하다고 비판받
고 있다.[88] 이것은 문헌적이고 상식적인 생각들을 통해 무조건 부활이
없었고, 무의미하다고 제거해 버리려는 태도를 말한다. 그러나 그는
이러한 거부가 도리어 인간이 가진 희망의 차원을 압제하려는 어리석은
행동이라고 비판한다. 왜냐하면 이들은 인간들이 오랜 세월을 통해 만
들고 가꾸어 왔던 전통과 문화라는 것 역시도 근대 과학의 실험 혹은
관찰을 통과하지 못한다면 무조건 다 무의미한 것으로만 치부해 버리는
잘못을 범하고 있기 때문이다.

이러한 이유에서 특별히 융엘은 예수 그리스도의 부활 희망이 시대

---

87 앞의 책, 같은 곳.
88 앞의 책, 55.

정신에 따라 계속 해석되어 왔다는 점에 주목한다. 그는 이것이 계속적
으로 해석되어 왔고, 그럼으로 세상을 변화시켜 왔기에 앞으로도 계속
적으로 해석되어야만 한다고 말하고 있다. 예를 들어 신학은 죽은 자의
부활에 대한 표상이 불가능하다는 위협을 받았을 때 그리고 부활이 일어
나지 않았을 때, 예수의 부활을 새롭게 조망하기 시작했다. 이것은 신학
이 부활에 대한 신앙을 새롭게 해석함으로써 삶과 죽음에 대한 인간
실존의 새로운 태도를 선언했다는 사실을 의미한다.[89] 이처럼 예수 그리
스도의 부활은 우리와 세상을 새롭게 변화시키는 원동력이 되어 왔다.
그리고 그 원동력 안에서만 우리는 예수 그리스도를 통해 가능해진 우리
자신의 부활의 의미를 찾을 수 있는 것이다. 그렇다면 이러한 부활은
무엇을 의미하는 것인가?

4. 부활의 의미

부활이란 우리에게 첫째, 삶의 모음(Versammlung)을 의미한다. 다시
말해 모든 것은 마지막 때에 그것들이 있었던 그대로 생명이신 하나님
안에 모여(versammelt) 있게 된다.[90] 융엘에 따르면 모든 인간은 세계가
창조된 목적으로서의 역사에 참여한다. 그리고 이 역사의 순간에서 모
든 인간적인 삶은 유일회적인 중요성을 가진다. 삶의 시간이 모든 인간
과 함께하는 신적 역사의 순간이기 때문에 유한한 시간도 무한한 하나님

---

89 앞의 책, 56.
90 앞의 책, 152.

을 위해 유일회적으로 중요할 수 있게 될 뿐이다.[91] 그럼으로 구원이란 삶의 시간 안에서 유일회적으로 살았던 바로 그 삶이 구원되는 것을 의미하게 된다.

인간은 예수 그리스도의 죽음을 통하여 저주의 죽음으로부터 자유롭게 되었고, 그렇기 때문에 인간의 삶은 자연스러운 종말을 가질 수 있게 되었다. 따라서 구원받은 자의 이전 과거는 하나님의 현재 안에 있는 과거로 인정된다. 즉, 하나님 자신에 의해 현재화되고, 하나님 자신에 의해 영화로워진 과거가 되는 것이다. 또한 종말의 때에 이르면 영화로워진 나의 모든 것이 하나님 안에 모여 있음을 알게 된다. 왜냐하면 그는 그 어떤 것도 버리지 않으시는 자이며, 생명인 자기 자신 안에 그 모든 것을 품으시기 때문이다. 그 안에서 모든 것은 자신을 잃어버리지 않고 유지되고 있지만, 그렇다고 이것이 죽지 않는 어떤 것이 하나님 안에 살아있다는 영혼불멸설을 의미하는 것은 아니다. 즉, 우리는 죽게 되면 사라지지만, 하나님이 그것을 버리지 않고 부활에 참여시켜 주실 뿐이다. 따라서 모음은 내가 불멸한다는 것을 의미하는 것이 아니라 단지 부활할 때에 다른 이가 아닌 바로 내가 다시 사는 것을 의미한다.

둘째, 부활이란 영원화를 의미한다. 이것은 부활할 때에 우리의 유한한 삶이 유한함 그 자체로서 영원화됨을 말한다.[92] 융엘에 따르면 영원화란 하나님의 삶 안에 참여하여 획득되는 유한한 나의 영원화이며, 나 자신(das Ich)이 하나님의 삶과 동일화되는 변형의 사건이다.[93] 따라서

---

91 앞의 책, 149.
92 앞의 책, 153.
93 앞의 책, 154.

앞서 이야기한 유일회적인 유한한 자들의 삶이 하나님 안에 모여 있다가 부활의 때에 새롭게 창조되어 영원화된다는 것이다. 이것 역시도 영혼 불멸설과는 전적으로 다른 개념이다. 부활의 때에 하나님과의 관계 안에서 영원화된다는 것은 결코 기존의 영원 개념으로 설명될 수 있는 것이 아니며, 그 개념들이 그다지 문제가 되는 것도 아니다.[94] 즉, 우리에게는 영원 개념 자체가 문제가 아니라 하나님의 삶에 참여함으로써 유한성의 모습 그대로 영원화된다는 것이 중요할 뿐이다.

셋째, 부활은 계시를 의미한다. 이것은 우리가 하나님 안에서 모든 것을 개방하게 되는 사건을 맞이하게 됨이다. 융엘은 우리가 부활의 때에 하나님 안에 모여 있던 모든 것이 숨김없이 드러나게 되는 경험에 참여하게 된다고 말한다. 따라서 우리는 그때에 우리 자신이 진실로 무엇이었고, 누구였던가를 발견하게 된다. 또한 우리는 그때에 왜 이런 일이 세상에서 벌어져야만 하냐고 울부짖었던 수많은 신정론의 문제들이 분명해짐을 보게 된다. 왜냐하면 우리는 하나님 안에서 모든 것을 깨닫게 될 것이기 때문이다.[95] 이것은 우리 안에 있는 모든 부정적인 것이 남김없이 해소됨을 의미한다. 그리고 그럼으로 우리는 끝내 극단적인 부정성이었던 죽음의 죽음을 보게 되고, 죽음을 조롱할 수 있게 된다.

넷째, 부활은 죽음의 죽음을 의미한다. 이것은 하나님의 이름으로 수행되었던 죽음의 무력화 사건이다. 이 사건은 곧 예수 그리스도의 죽음을 가리키며, 루터에 따르면 "그의 죽음을 통해 죽음이 죽은" 사건이다.[96] 그렇다면 그것은 구체적으로 무엇을 말하는 것일까? 죽음의 죽음

---

94 정기철, "융엘의 죽음의 신학", 198.
95 고린도전서 13장 12절.

이란 죽음을 조롱함을(Verspottung des Todes) 의미한다. 즉, 이것은 부활의 희망 안에서 죽음이 탈권력화(Entmächtigung)됨을 말한다.[97] 예수 그리스도의 죽음이라는 무력함(Ohnmacht) 안에서 죽음은 자신의 힘을 잃어버렸다.[98] 따라서 죽음은 다시는 우리에게 왕 노릇할 수 없게 되었으며, 융엘은 바로 이것을 죽음에 대한 영적인(geistliche) 조롱이라고 말하고 있는 것이다.[99] 또한 그는 이것이 예수 그리스도의 죽음 안에 근거 지어져 있는 그리스도인의 희망이자 동시에 의무라는 사실을 분명히 한다. 우리는 예수 그리스도의 죽음 안에서 우리의 부활을 희망함과 동시에 죽음이 사라져 버리게 된 사실을 죽음에 조롱하며, 하나님께 감사해야만 한다는 것이다.

결론적으로 "죽음으로부터의 구원이란 새로운 하나님 이해를 향한 해방이자 새로운 자기 이해를 향한 해방이다."[100] 앞서 말한 것처럼 죽음 앞의 인간이 다른 사람과의 관계를 상실하는 것일 뿐만 아니라 자기 자신의 측면에서도 관계를 상실한 것[101]이라면, 그 죽음을 벗어나는 구원이란 타자와의 관계뿐만 아니라 스스로와의 관계도 회복함을 의미한다. 또한 이것은 저주받은 죽음의 위협과 생명을 잃어버리는 저주받은 행위를 제거하는 것, 다시 말해 삶과 죽음 모두의 해방을 말한다. 이러한 해방은 다음과 같이 설명될 수 있다.

---

96 Jüngel, *Tod*, 147.
97 앞의 책, 166.
98 Jüngel, *Unterwegs zur Sache*, 120.
99 Jüngel, *Tod*, 167.
100 앞의 책, 161.
101 앞의 책, 100.

　　과거에 저주받은 죽음 안에 있던 우리는 도저히 살 수 없는 자들이었다. 하지만 문제는 살 수 없는 자는 죽을 수도 없다는 사실이다. 그와 반대로 죽을 수 없는 자 역시 살 수도 없는 법이다.[102] 인간이 이와 같이 살 수도 죽을 수도 없는 자들이었던 것은 성서의 증언을 통해 익히 알려져 있다. 이러한 상태를 기독교 전통은 지옥이라고 말한다. 하지만 우리는 더 이상 삶과 죽음의 불가능성에 놓여 있는 자들이 아니다. 왜냐하면 우리는 이제 그리스도 안에서 죽을 수 있는 자가 되었으며, 동시에 그리스도 안에서 살 수도 있는 자로 해방되었기 때문이다. 따라서 예수 그리스도의 죽음과 부활을 통해 우리의 삶과 죽음은 전적으로 다른 모습으로 변한다. 즉, 하나님의 승리를 통해 저주받은 죽음이 무화되어 버림으로써[103] 우리에게 자연적인 죽음이 가능해졌고, 나아가 죽을 수밖에 없던 우리가 마침내 마지막 때의 부활까지 희망할 수 있게 된 것이다.

　　지금까지 우리는 융엘을 따라 죄를 '무관계성으로의 충동'으로, 죽음을 '무관계성의 총합'으로 정의 내리면서 예수 그리스도의 십자가를 통해 이러한 죽음이 저주받은 죽음에서 자연적 죽음으로 회복되었으며, 그것이 바로 하나님의 승리였음을 분명히 하였다. 나아가 우리는 예수 그리스도의 죽음이 우리에게 관계성의 회복이자 부활의 희망이었고, 그 희망은 '모음', '영원화', '계시' 그리고 '죽음의 죽음'이라는 점을 살펴보았다. 그리고 이것은 다음과 같이 도식화할 수 있다.

---

102 앞의 책, 161.
103 앞의 책, 같은 곳.

	본질	죄	죽음	구원	부활
인간	- 자기를 벗어나 있음 - 관계	- 무 관 계 성으로의 충동 - 관계의 단절 - 자기 업적 - 하 나 님 께 대항하는 것 - 죽음의 쏘는 것	- 무관계성의 총합 - 단절 - 끝 - 유한성 - 저주받은 죽음 - 죽을 수 없지만 죽어야만 함	- 관계 회복 - 자연적 죽음 - 죽을 수 있음 - 부활 희망	- 종말 - 모음 - 영원화 - 계시 - 죽음의 죽음 - 죽음을 조롱함 - 죽음의 탈권력화
예수	- 구원자 - 선포자 - 선포의 대상		- 인격의 빼앗김 - 본질 회복을 위한 사건	자기를 벗어나 있음을 회복시킴	- 역사 중간의 심판 - 승리
하나님	- 모든 것의 통치자 - 무한한 사랑		- 소외되어 있는 것 - 무신성 - 예수와의 동일시 - 죽음에 내맡김	새로운 관계 창조	

물론 융엘의 죽음 논의는 다음과 같은 비판에 노출되어 있다.

첫째, 융엘의 죽음 개념은 앞서 언급했던 것처럼 그것이 인간의 관계성과 관련해서만 정의되고 있다는 점에서 비판될 수 있다. 죽음은 분명히 인간 관계성의 단절이다. 그러나 그것은 동시에 기독교가 가지고 있는 하나님에 대한 인간학적 '매개'(Vermittlung)[104]이기도 하다. 이러한 죽음 이해는 죽음을 통해 인간이 하나님을 만날 수 있다는 사실을 의미하며, 따라서 죽음은 인간보다는 그것을 주시고, 그것을 통해 인간과 만나고 계신 하나님과 관련하여 우선 정의되어야 한다. 왜냐하면 인간은 하나님 없이는 자신의 '가사성'(Sterblichkeit)조차 알 수 없는 자에 불과하기 때문이다[105]

104 Wohlgschaft, *Hoffnung angesichts des Todes*, 303.
105 Karl Barth, *Die Kirchliche Dogmatik. Die Lehre von der Schöpfung*, III, 2 § 47-5

둘째, 융엘이 말한 '자연적 죽음'의 개념은 죽음에 지나친 낙관성을 허락함으로써 사회정치적인 죽임의 문제를 방임할 가능성을 가지고 있다. 왜냐하면 만약 죽음이 자연적인 것으로 간주될 뿐이라면, 사람들은 죽음을 체념하고 쉽게 받아들일 수는 있겠지만, 그와 더불어 있어서는 안 될 폭력적 죽음들까지 체념하며 받아들일 위험성을 가지고 있기 때문이다. 특별히 마르쿠제에 따르면 "죽음에 순응함(Einvernehmen mit dem Tod)은 도시국가(Polis), 국가, 자연 혹은 신에 순응함이다."[106] 따라서 만약 집단이 개인에게 그들의 이익을 위해 자연적 죽음이라는 명분으로 죽음을 요구하는 경우, 그것은 학살이나 폭력적 죽음으로까지 발전될 소지를 가지고 있다. 또한 자연적 죽음이 인간 외의 생물들에게 적용될 경우, 죽음이 당연시되어 인간만의 이익을 위해 더 많은 파괴와 죽임이 발생할 위험이 생태계 안에 존재하게 된다.

셋째, 융엘의 '저주받은 죽음'의 개념도 비판되어야 한다. 그에 따르면 저주받은 죽음은 전통적인 이해와 같이 '죄의 삯'이며, 나아가 죄의 근원인 '무관계성으로의 충동'으로부터 발생하는 것이다. 그러나 우리는 현대의 죽음 문제들에 직면하게 되었을 때, 전통적 죽음론과는 전적으로 다르게 전도되어 버린 죄와 저주받은 죽음과의 관계를 발견할 수 있다. 몰트만에 따르면 죄의 삯이 죽음이 아니라 "죄가 '죽음의 삯(Tod Sold)이다."[107] 이것은 곧 죽음이 "자기 자신이길 원치 않고 다른 어떤

(Schweiz: Zürich, 1992), 761.

106 Herbert Marcuse, 'Die Ideologie des Todes', *Der Tod in der Moderne*, Hrsg. Hans Ebeling (Meisenheim am Glan: Anton Hain, 1979), 114-115.

107 Jürgen Moltmann, *Das Kommen Gottes* (Gütersloh: Chr. Kaiser/Gütersloher Verlaghaus, 1995), 113.

것이 되어야만 한다고 주장하면서, 삶을 파괴하고 있는 죄의 근원[108]"임을 의미한다. 즉, 이 세상에서 우리는 우리 자신의 가사성을 참을 수 없고, 그럼으로 타자들의 죽음을 만들어 내고 있다는 것이다.

이러한 언급들은 우리에게 중요한 점을 일깨워 주고 있다. 왜냐하면 전통 기독교 신앙의 이해와 다르게 지금 세상에서 벌어지고 있는 폭력적 죽음들은 자연적 죽음 자체를 거부하는 인간의 나약함에서 벌어지고 있기 때문이다. 따라서 만약 우리가 윙엘을 따라 자연적 죽음과 저주받은 죽음을 인정하기 원한다면, 우리는 저주받은 죽음이 단순히 죄에서뿐만 아니라 자연적 죽음에 대한 인간의 불안에서도 기인된다는 사실을 잊지 말아야 한다.

이상과 같은 비판점들에도 불구하고 윙엘의 죽음 이해는 현대의 죽음 문제와 관련하여 큰 시사점을 우리에게 던져 주고 있다. 특별히 그의 죽음 논의와 더불어 우리가 도달하게 되는 결론은 현대에 우리가 만나고 있는 죽음의 소식들이 '무관계성으로의 충동'을 통해 인간 자신이 끌어들이는 저주받은 죽음에 더욱 치우쳐 있다는 사실이다. 앞서 서론에서 언급했던 우리 사회의 살인, 사고, 자살 등의 혼란한 죽음의 상황 역시 여기에 속해 있을 뿐이다. 우리는 이것이 죽음의 본질을 왜곡하고 있다는 사실을 잘 알고 있다. 죽음은 본래 하나님이 인간에게 주신 자연적인 것이다. 그러나 그것은 인간이 자신의 본질을 깨고 관계성을 단절하게 됨으로써 철저히 저주스러운 것으로 변화되었다. 따라서 삶의 고통을 잊기 위해 스스로의 관계를 단절하는 자살은 저주받은 죽음에 불과하다. 그리고 남의 삶을 빼앗는 행위 역시도 관계를 단절하고 자신의 불안

---

108 앞의 책, 112.

을 견디지 못한 저주받은 죽음의 현상일 뿐이다.

인간은 죽음을 지배할 수 없다. 인간은 철저히 그 죽음에 맡겨져 있을 뿐이다. 단지 그는 죽음을 저주받아 사라져 버릴 악으로 맞이하게 될 것인지, 아니면 하나님이 주신 자연적인 축복으로 맞이하게 될 것인지를 선택할 수 있을 뿐이다. 만약 후자를 선택하고자 한다면, 현대에서 벌어지고 있는 죽음의 사건들은 철저히 극복되어야 할 것에 불과하다. 우리는 단지 예수 그리스도의 십자가 사건처럼 인간답게 죽음을 견디어야만 한다. 그리고 우리는 그의 십자가를 통해 새로운 관계의 창조와 부활을 희망해야만 한다. 그것은 바로 나의 관계적인 삶에 대해 최선을 다하는 것을 의미하며, 이것이 바로 인간이자 동시에 하나님의 피조물인 우리의 본래적 모습일 수 있는 것이다.

14장
위르겐 몰트만의 죽음 이해

이번 장은 몰트만의 신학적 죽음 이해를 그리스도교적 해방의 측면에서 살펴본다.

죽음이란 무엇인가? 인간이 세상에 출현한 이후로 그는 늘 죽음에 대해 물어 왔으며, 그래서 이 물음은 가장 오래된 것 중의 하나이다. 왜냐하면 인간은 그 어느 시대라 할지라도 태어나 살아가고 있으며 또한 살아가는 한에 있어서 죽어가는 하나의 존재자였기 때문이다. 물론 태어나 살다가 죽어간다고 하는 일반적 정의를 제외해도 인간이 최소한 자신의 죽음에 대해 생각하고, 그것을 끊임없이 성찰하고 있다는 면에서 죽음에 대한 물음은 인간의 존재와 실존의 근본적 질문일 수밖에 없다. "인간에게 죽음이란 생물적 차원과 동시에 존재-실존적 차원을 지니고 있다."[1] 그렇다면 죽음이란 무엇인가? 아니, 우리는 과연 죽음이 무엇인지 알 수 있는 것일까?

---

1 정재현, 『티끌만도 못한 주제에. 사람됨을 향한 신학적 인간학』 (경북: 분도출판사, 1999), 329.

분명한 것은 죽음이 무엇인지를 나는 모르지만, 그러함에도 불구하고 나는 죽는다는 사실만큼은 알고 있다는 점이다. "모든 사람 자체에 속하는 우리가 죽어야만 한다는 사실을 우리는 알고 있다. 하지만 우리는 그것을 믿지 않는다. 고유한 죽음이 문제가 될 때, 건강한 인간이라 할지라도 자신이 품고 있는 신앙이 갑작스럽게 절실해질 것이다."[2] 죽음이 무엇인지 전혀 모름에도 불구하고 그러나 죽어야만 한다는 것이 확고한 사실이 되어 버린 이 현실에서 우리는 때로는 좌절하고 당혹스러워한다. 아니, 어쩌면 이 당혹스러움 때문에 현실의 사람들은 그것을 잊어버리려 하고, 보다 다른 삶의 탐닉에로 향해 가고 있는지도 모른다.

그러나 문제는 이러한 망각으로 끝나지 않으며, 또 다른 죽음의 문제가 여기로부터 시작되곤 한다. 그것은 바로 죽음이 이렇게 사회적으로 억제되고 잊혀 가고 있는 와중에도 한편에서는 여전히 죽음으로부터 나타나는 경악스러운 현실들이 우리의 삶 안에서 나타난다는 사실이다. 예를 들어 현대의 물질만능주의 안에서 생명체들뿐만 아니라 인간까지도 하나의 물질로 평가받는다. 인간마저 도구와 생산 기계로 전락한 시대에서 모든 생명체는 그저 음식물 및 생산의 재료에 불과하기에 대량으로 죽어가고 있으며, 이것은 생각할 필요 없는 당연한 현상이 되어 버린다.

이번 장은 이러한 문제의식으로부터 출발하며, 여기에 대한 비판과 극복의 가능성을 몰트만의 신학적 죽음 이해 안에서 획득해 보고자 한다. 특별히 몰트만의 죽음 이해를 살펴보려는 이유는 그의 죽음 이해가 지속적으로 그리스도교의 중심 개념인 '해방' 안에서 형성되고 있으며,

---

2 Eberhard Jüngel, *Tod*. Gütersloher Taschenbücher (Stuttgart: Kreuz. Auflage.2, 1983), 13.

이것이야말로 현대의 생명 위기를 넘어설 중요한 단초이기 때문이다. 다시 말해 그는 기독교적 해방의 측면에서 전적 죽음, 자연적 죽음조차 뛰어넘는 '대화적 불멸성'과 '부활의 희망' 그리고 그것들을 근거로 실현될 하나님 정의의 해방, 즉 그리스도교적 해방을 말하며, 이러한 해방을 통해 현대의 생명의 위기는 새로운 대안을 만나게 된다.

1. 저주받은 죽음과 자연적 죽음

몰트만에 따르면 성서는 죽음이 생물학적으로 성적인 생육을 통하여 비로소 살아있는 것의 세계 속으로 들어왔고, 그렇기 때문에 저주받은 죽음(Fluch-Tod)과 관련될 수밖에 없게 된다는 점을 강조한다. 그래서 죽음은 '죄의 값'이라 명명될 수밖에 없으며, 그 범위는 오직 인간에게만 국한된다.[3] 특별히 우리는 이러한 예를 베드로후서 2장 4절에서 볼 수 있다. 거기에서는 천사들 역시 죄를 지었지만, 그들은 여전히 불멸하고 있으며, 이와 반대로 죄를 짓지 않은 다른 생물들은 "자기의 뜻 없이 허무한 데 예속되어 있으며" 죽는다고 말해지고 있다.[4]

이러한 성서의 예를 통해 몰트만은 피조물 속에 있는 '죽음 없는 죄'(Sünde ohne Tod)와 죄 없는 죽음(Tod ohne Sünde)을 구분하며,[5] 그럼으로 어디까지나 저주받은 죽음이 인간에게만 해당된다는 점을 분명히

---

3 Jürgen Moltmann, *Das Kommen Gottes* (München: Chr. Kaiser, 1995), 108.

4 "피조물이 허무한데 굴복하는 것은 자기 뜻이 아니요 오직 굴복케 하시는 이로 말미암음이라"(롬 8:20).

5 Moltmann, *Das Kommen Gottes* , 109.

한다. 죽음은 인간의 죄를 통해 들어왔으며, 그렇기 때문에 다른 피조물
들의 죽음 역시도 그것들의 죄가 아니라 인간 때문에 인간으로부터 들어
왔다. 따라서 오직 인간만이 다른 인간과 자기 자신, 나아가 피조물에게
까지 죄를 범하며, 마침내 이 죄는 죽음을 세상에서 만들어 내고 만다.
예를 들어 땅의 생태학적인 죽음은 이러한 인간의 죄 때문에 벌어지는
죽음이다.

　이러한 저주받은 죽음은 '자연적 죽음'과는 구분된다. 특별히 몰트만
에 따르면 저주받은 죽음과 자연적 죽음에 대한 성서의 논의는 '보편적
(allgemeine) 죽음'과 '특수한(besondere) 죽음'을 구분하는 것이다. 여기
서 전자가 시간적 창조에서 벌어지던 사건이라면, 후자는 죄를 통하여
세상에 들어온 것을 말한다. 또한 이러한 두 죽음 사이에는 인과(Kausal)
관계가 아닌 상관(Korelations) 관계만이 존재한다. 왜냐하면 인간의 시
간적 창조의 연약함을 발생시킨 보편적 죽음은 하나님처럼 되어서 이
연약함을 극복하고자 하는 죄, 즉 특수한 죽음을 촉발했기 때문이다.

　물론 죽음은 성서에서 이야기하고 있는 창조의 질서에 포함되기는
한다. 예를 들어 창세기의 J문서는 "생육하고 번성하라"는 하나님의 계
명을 이야기하고 있으며, 이것은 곧 생육과 번성이 죽고 태어나는 일이
없이는 불가능하다는 점을 의미한다. 그리고 우리는 태어나서 언젠가
가사적인 모든 것처럼 '자연적 죽음'(natürlichen Tod)을 죽는 것 역시 사
실이다.[6] 그러나 이러한 죽음의 정의에 있어서 몰트만은 '자연적'이란
형용사 자체를 독특한 방식으로 이해한다. 즉, 그것은 이미 태초의 상태
또는 궁극적 상태가 아닌 겨울에 비교될 수 있는 창조의 상태를 말한다.

6 앞의 책, 110.

창조는 아직 끝나지 않았기에 우리는 새로운 창조를 기다려야 한다. 그리고 그렇기 때문에 새로운 창조에서는 죽음 역시도 더 이상 자연적 죽음이 아니며, 지금 우리를 덮치고 있는 죽음이란 정말 자연스러운 것이라 말할 수 없다.

이처럼 몰트만의 죽음의 정의는 저주받은 죽음과 자연적 죽음과 관련하여 대립되어 평행구조를 유지하고 있는 죽음 논의에 어중간하게 머물러 있다. 물론 저주받은 죽음과 자연적 죽음 모두 요한계시록의 말처럼 마지막 때에 추방될 것이다.[7] 여기서 말하는 마지막 때란 모든 사물의 새 창조가 나타나는 옛 창조의 종말을 의미하며, 이때에 모든 죽음은 하나님의 새롭고 영원한 창조에서 추방될 것이고, 동시에 영혼의 죽음과 몸의 죽음 모두가 사라지게 된다는 것이다. 이러한 이유에서 몰트만은 죽음을 통해 우리는 가사성을 가지는 것이 맞지만, 그렇다고 해서 "이 가사성(Sterblichkeit)이 언제나 유한성(Endlichkeit)을 뜻하지는 않는다"[8]라고 말한다. 왜냐하면 예를 들어 한편으로는 천사들이 있는가 하면, 다른 한편으로는 돌과 같이 유한하지만 사멸하지 않는 존재들이 있기 때문이라는 것이다.[9]

---

7 앞의 책, 109.

8 앞의 책, 108.

9 물론 이러한 유한성과 가사성을 같이 보지 않는 몰트만의 죽음 이해는 어디까지나 모순이다. 유한하다(endlich)는 것은 독일어의 글자 그대로 끝(End)을 가지고 있다는 것이고, 따라서 유한성이라는 존재자의 성격은 죽음과 연관되어 있다. 그러나 그는 여기에서 천사라고 하는 신화적인 존재를 끌어들여 자신의 생각을 정당화하고 있다. 그러나 그가 주장하고자 하는 바를 잘 살피게 될 때, 우리는 이러한 애매함 속에서도 그가 이렇게 주장할 수밖에 없는 의도를 알 수 있게 된다. 그것은 하이데거의 죽음 이해와 같이 죽음을 인간의 본질로서 보는 이해를 거부하고, 그것을 단순히 실존적인 것이 아니라 그것과는 다른 어떤 것으로 정의하려는 것이다. 다시 말해 그는 죽음을 태초의 창조부터 주어진 우리의 고유한 본성으로 인정하지 않겠다는 의지를 드러내고 있다.

몰트만은 이를 통해 지금 우리에게 주어진 죽음이 자연적인 것이
아님을 주장하려고 한다. 오히려 그는 옛 창조로부터 유래된 자연적
죽음은 우리가 가진 가장 궁극적인 규정성이라고 본다. 그러나 이러한
옛 창조 역시 하나님의 정의의 관점에서 본다면, 극복되어야 할 어떤
것이다. 즉, 우리는 지금 죽는 것이 당연하지만, 무로부터 창조하시는
하나님은 그것조차 무화시킬 수 있다는 것이다. 이러한 역설적 성격은
어디까지나 하나님의 정의를 통해 죽음이 해석되었기 때문에 나타나고
있다.

나아가 몰트만의 죽음에 대한 이해는 하나님의 정의를 그 전제로
가진다는 점에서 여타의 죽음 이해와 차별성을 가지게 된다. 그는 그러
한 하나님의 승리와 희망이 하나님의 사랑을 통해서만 가능한 것이 아니
라 하나님의 정의, 즉 해방을 통해서도 가능해야 한다고 주장하는 것이
다. 특별히 그가 죽음이 유한성의 증거라고 본다는 것은 결국 우리가
죽을 수밖에 없다고 하는 사실에 대해 동조함을 의미한다. 물론 앞서
우리가 살펴본 하이데거와 융엘은 모두 우리에게 죽음이 유한성의 증거
로 주어져 있으며, 그것을 겪고 난 이후에야 우리에게 그다음의 희망이
있다는 사실을 분명히 이야기하고 있다. 그러나 여기서 몰트만은 이러
한 유한성에 대한 정의로부터 자신을 분리시키고 있다.

몰트만이 보기에 유한성은 하나님 앞에서 갖게 되는 피조물의 고유
한 본성임에 틀림없다. 그리고 죽음 역시 우리가 반드시 이 세상에서
한번은 맞게 될 수밖에 없는 어떤 것이다. 하지만 죽음은 우리가 하나님
의 정의를 고백하게 될 때, 필연성으로부터 가능성으로 변경되고 만다.
"부정적인 것의 부정을 생각할 수 있는 가능성의 근거는 존재의 새로운
위치에 있다. 죽은 사람들의 부활과 함께 영원하며 지나가 버리지 않으

며 사멸하지 않는 피조물들의 생명이 신적인 생명으로부터 현존하게
된다. 그러므로 죽음은 더 이상 존재할 수 없다."[10] 하나님에 대한 사유는
죽음을 역설적으로 만들어 버린다. 그것은 우리에게 필연적인 것이지
만, 역설적이게도 하나님이 관여하시면 그것은 새롭게 변화된다는 것
이다. 그렇다면 죽음이 새롭게 변화된다는 것은 무엇을 의미하는가?

몰트만에 따르면 구원을 통한 죽음의 새로운 변화는 예수 그리스도
의 죽음에서 이미 드러났다.[11] 그는 우리가 신앙에서 고백하는 바와 같이
죄인의 죽음을 당했지만, 그의 죽음을 통해 우리는 하나님의 화해에
도달한다. 그의 십자가의 죽음은 자기 자신을 위한 죽음이 아닌 자기가
아닌 다른 피조물들을 위한, 구체적으로는 우리를 위한 죽음이다.[12] 특
별히 성서는 이 죽음이 살아 있는 사람들에게뿐만 아니라 죽은 사람들까
지도 영향력을 미친다고 이야기한다. 따라서 그의 죽음을 통해 산 자와
죽은 자 모두가 하나님과의 관계를 회복하게 되었다.[13] 또한 이러한 관계
회복을 통한 죽음으로부터의 구원은 생태학적 구원을 포괄할 수밖에
없다.[14]

중세의 저주받은 죽음, 근대 이후의 자연적 죽음 모두는 언제나 인간
중심적인 죽음론을 통해 모든 것에 대한 지배를 정당화하고 있었다.
그러나 이러한 인간 중심주의는 이 세계의 나머지 피조물에 대한 치명적
파멸의 선언에 불과하다. 따라서 죽음에 대한 슬픔과 새로운 창조에서

---

10 앞의 책, 102.
11 앞의 책, 112.
12 앞의 책, 111.
13 앞의 책, 112.
14 앞의 책, 111.

나타날 죽음의 변형을 희망한다는 것은 이제 인간에게 국한된 것일 수는
없다. 오히려 인간 중심주의 때문에 우리의 삶은 단지 내가 중심이 되어
다른 것들을 해하게 되는 이기적인 삶으로 변경되고 말았다. 그러나
이 경외를 통해 하나님 앞에 유한한 자신을 인식하고, 나아가 나 이외의
모든 피조물에게까지 확대될 수 있다면, 죽음과 심판이 주는 불안은
결코 부정적인 것만은 아니다. 즉, 경외의 확대는 바로 하나님 앞의 겸손
과 피조물과의 연대(Solidarität)를 가능하게 만든다.

2. 불멸성이 아닌 전적 죽음

이와 더불어 몰트만은 그리스도교의 죽음 이해가 영혼불멸성보다
는 전적 죽음에 가깝다는 점을 분명히 밝힌다.

> 죽은 자들의 부활이라는 상징은 죽음 이후의 삶이나 영혼불멸이나 영혼의
> 방황에 대한 생각을 거부하며 예수의 일이 그의 영 가운데에서 계속한다는
> 생각도 거부한다. 이 모든 표상은 죽음과 같이 공존할 수 있다. … 예수는
> 겉으로 죽은 것이 아니라 참으로 죽었으며, 신체적으로만 죽은 것이 아니
> 라 완전히 죽었다. 그는 사람들에 대해서만 죽은 것이 아니라 하나님에
> 대해서도 죽었다.15

---

15 Jürgen Moltmann, Trans. Margaret Kohl, *The Way of Jesus Christ. Christology in
Messianic Dimensions* (London: SCM Press, 1990), 222-223.

특별히 우리는 몰트만의 전적 죽음에 대해 논할 때 다음과 같은 것에 주의해야 한다. 그것은 바로 그가 어디까지나 앞서 우리가 언급한 바 있는 '약한 전적 죽음론'을 주장하고 있다는 사실이다. 그는 플라톤의 영혼불멸이 영혼을 태어나지도 않고 죽지도 않는 어떤 신적 요소로 인정함으로써 사실상 몸의 부활을 인정하지 않는다고 비판한다.[16] 그러면서 그는 "인간이 전적으로(ganz) 살고, 전적으로 죽고 있으며, 하나님은 이러한 인간을 전적으로 부활시킬 것이다"라고 말한다.[17]

이러한 죽음은 그러나 영혼과 육체가 분리되지 않았다는 점에서 전적 죽음일 뿐이다. 왜냐하면 죽은 이후에도 사실상 인간의 전체성은 "그에 대한 하나님의 관계 속에서 그가 영위한 삶의 출발점과 결과로써 존속"[18]하게 되기 때문이다. 따라서 우리는 그가 플라톤적인 영혼불멸을 거절한다는 면에서 전적 죽음의 범위 안에 속해 있지만, 또 다른 불멸에 대한 희망을 가지고 있다는 점을 인정해야만 한다.

그에게 불멸이란 플라톤과 다르게 한 부분이 아닌 한 개체의 전적인 면, 즉 전체가 불멸하는 것을 의미한다. 그리고 한 인간의 전체적 형태란 '인간의 영'(Geist)이다. 따라서 인간이 죽을 때 그의 부분들의 총합은 붕괴되더라도 그의 전체는 붕괴되지 않고, 영으로서 있는 모습 그대로 하나님 앞에 존속하게 된다. 그때 한 인간이 살았던 삶은 하나의 다른 삶의 형식으로, 즉 영원한 생명의 형식으로 변화한다. 그리고 그는 하나님 앞에서 언제나 전체로서 나타난다. 죽음 속에서 인간 전체가 폐기되

---

16 Moltmann, *Das Kommen Gottes* , 75.
17 앞의 책, 94.
18 앞의 책

거나 인간의 정체성이 중지되는 것이 아니다. 모든 삶은 하나님 앞에 존속된다. 또한 "육체의 부활이라는 비유 안에서 생명과 죽음은 조화될 수 없기 때문에 죽음은 수용될 필요도 없거니와 억압될 필요도 없다."[19]

이처럼 몰트만의 죽음 이해는 자연적 죽음과 저주받은 죽음 사이의 역설과 불멸성과 전적 죽음 사이의 역설이 함께 투영되어 있다. 그렇다면 이러한 역설적인 성격을 지닌 죽음을 통해 그는 무엇을 이야기하고 있는가?

3. 대화적 불멸성과 부활 희망

앞서 보았듯이 몰트만은 죽음이 유한한 피조물에게 본래 주어진 본성임을 인정하지 않으며, 그와 동시에 영혼불멸은 비판하면서도 그것과는 다른 불멸, 즉 '불멸적 관계'(unsterbliche Relation)를 제시하고 있다. 그에 따르면 피조물은 하나님과 관계를 가지고 있으며, 이러한 그 둘 간의 관계란 '인간 안에 있는 신적인 생명의 영(Lebensgeist)'[20]을 의미한다. 그리고 이러한 관계적 불멸성을 우리는 '대화적 불멸성'(dialogische Unsterblichkeit)이라 명명할 수 있다.[21]

대화적 불멸성은 하나님과 자아의 관계가 그리스도 안에서 사라지

19 위르겐 몰트만/이신건 역, 『오늘 우리에게 그리스도는 누구신가?』 (서울: 대한기독교서회, 1997), 111.

20 Moltmann, _Das Kommen Gottes_, 89.

21 Jürgen Moltmann, _Im Ende – der Anfang. Eine kleine Hoffnungslehre_ (München: Chr. Kaiser, 2003), 120.

지 않음을 의미한다. 이것을 그는 다음과 같이 설명한다.

첫째, 대화적 불멸성은 "진노 가운데서든 혹은 은혜 가운데서든 간에 하나님과 대화하는 그 사람은 불멸한다"라는 루터의 말에서 입증된다.[22] 인간은 하나님에게 귀 기울이지 않더라도 그는 하나님의 대화 상대이며, 만약 인간이 귀 기울이게 되면 그의 전체 삶은 하나님께 응답하는 책임적 실존이 된다. 그리고 이러한 책임적 실존의 관계를 죽음조차 끊을 수 없다. 즉, 하나님과의 관계에 대한 한계가 죽음일 수는 없다.[23] 그렇기 때문에 죽음은 오히려 하나의 통과 관문 혹은 하나의 변화이다. 그 관계는 죽음을 넘어 존속되며, 그것은 그 관계의 상대자이신 하나님에 의해 가능해진다.

둘째, 그것은 신적인 영의 불멸이다.[24] 예를 들어 구약과 신약은 우리 인간과 이 세상의 모든 생명체를 살아있게 만드는 신적인 영(ruah, pneuma)이 언제나 불멸성을 지닌 것으로 기술하고 있다. 이러한 영은 거기로부터 생명과 생명의 축복이 나오는 하나님과의 관계를 의미한다.

셋째, 그것은 하나님의 형상의 불멸, 다시 말해 관계의 불멸이다.[25] 몰트만에 따르면 인간은 지상에서 하나님의 형상으로 창조되었고, 그것은 바로 하나님과의 관계를 의미한다.[26] 따라서 하나님이 인간에 대한 관계를 보존하시는 한, 인간을 하나님의 형상으로 삼은 그 결정은 철회되거나 파괴되지 않으며, 전적 죽음 이후에도 오히려 존속하게 된다.

22 Moltmann, *Das Kommen Gottes*, 92.
23 Moltmann, *Im Ende – der Anfang*, 120.
24 앞의 책, 119.
25 앞의 책, 118-119; Moltmann, *Das Kommen Gottes*, 91.
26 Moltmann, *Im Ende – der Anfang*, 118-119.

이러한 형상은 깨어지지 않고 불멸한다.

넷째, 이것은 삶 전체의 불멸이다.[27] 따라서 불멸하는 영(Geist)이란 정신적인 어떤 것이 아니라 오히려 한 생명력의 전체, 삶 전체(Leben im Ganzen)를 의미하게 된다. "전체성은 인간의 뻗어나간(thrust) 존재로서의 영이다."[28] 이러한 영의 의미에 대한 해석의 확장은 "그것의 히브리어인 '루아'(ruah)가 한 사람이 그 사람으로서 존재하는 그 삶의 역사 전체를" 의미하는 데에서 성서적으로 증명된다. 히브리적 전통에서 '루아'라는 단어는 그 사람의 이름과 연관된다. 몰트만에 따르면 이름이란 인간의 육체 없는 영혼 혹은 그의 영혼 없는 육체가 아닌, 그의 전체적인 삶의 형태, 시간적이고 공간적인 전체 삶의 역사를 나타낸다. 그리고 그러한 이름을 하나님께 불린다면, 그것은 곧 하나님과의 관계 속에서 기억되고 또한 불멸할 수 있다는 것이다.

다섯째, 대화적 불멸성은 완전히 일치하지는 않지만, 과정신학의 '객체적 불멸성'(objectively immortality)과 비교될 수 있다.[29] '객체적 불멸성'이란 과거의 순간들이 이제 더 이상 생성으로 활동하고 있지는 않지만, 미래의 순간들에 지속적으로 영향을 끼치면서 살아간다는 것을 의미한다. 과거의 현실적 존재들은 합생의 종료 이후에도 현재의 '완강한 사실'(stubborn fact)[30]로 존재하게 되며, 그래서 새로운 현실적 존재의

---

27 앞의 책, 119.

28 Moltmann, *The Way of Jesus Christ*, 266.

29 앞의 책, 119-120.

30 Tomas E. Hosinski, *Stubborn Fact and Creative Advance* (Maryland: Rowman & lit-tlefield Publisher, Inc. 1993), 23. 화이트헤드(Alfred N. Whitehead)는 『과정과 실재』에서 '완강한 사실'을 '굽힐 수 없는 엄연한 사실'로 표현하고 있다. 이 표현은 원래 윌리엄 제임스(William James)가 그의 동생 헨리 제임스(Henry James)에게 보낸 편지

생성 과정은 과거의 현실적 존재의 '있음'에 자신을 순응시킴으로써 시
작하게 된다. 다시 말해 현재의 현실적 존재는 과거의 '완강한 사실'이라
는 유산에 반응하여 생성하는 것이며, 생성이 종결되면 그 자신 역시
미래의 현실적 존재와의 관계를 위해 새로운 현실적 존재에게 '완강한
사실'이 되는 것이다. 이것을 신학적으로 해석하면, 죽음 이후에도 우리
는 하나님 안에서 영원한 현재를 가질 수 있음을 의미하게 된다. 즉,
우리의 삶의 역사는 마치 '삶의 책'과도 같이 하나님의 기억 속에 영원히
존속하고 있다.[31]

물론 몰트만이 말하고 있는 대화적 불멸성이 객체적 불멸성과 전적
으로 동일한 것은 아니다. 왜냐하면 시편에 의하면 하나님의 기억은
우리의 죄가 그의 자비에 의해 기억에서 지워지기 때문이다. 오히려
기독교 안에서 자비로운 하나님은 구원하고 교정하는 기억을 가지고
계시며, 그렇기 때문에 대화적 관계 안에 남아 있는 자료들은 하나님에
의해 언제든지 갱신될 수 있다.

여섯째, 이것은 동시에 '주체의(subjektische) 불멸성'과 '긍정적인 부
활 신앙'을 의미한다. 우리는 이러한 희망에 힘입어 이미 여기에서 하나
님의 미래적인 세계의 영원한 생명에 동참하게 된다.[32] 그 동참 안에서는
아무것도 사라지지 않는다. 왜냐하면 모든 것이 하나님 안에 머물기
때문이다. 이러한 대화적 불멸성은 하나님과 함께 우리 역시 불멸하게
된다고 이야기한다.

에 속하는 표현을 화이트헤드가 인용한 것이다. Alfred N. Whitehead, *Process and Reality* (New York: The Humanities Press, 1957), 43-44.

31 Moltmann, *Im Ende - der Anfang*, 120.

32 앞의 책, 121.

물론 우리는 유한하고 가사적인 존재이다. 그러나 하나님께서 우리의 삶을 경험하시고 있기에 우리는 영원히 불멸하는 존재이며, 나아가 영원한 생명으로 부활한다는 것이다. 그때 "영혼과 몸 모두를 지닌 전인이 신적인 것으로 변화된다. 왜냐하면 하나님이 남자와 여자를 자신의 형상대로 창조하셨다고 창조 기사는 말하기 때문이다. 생명을 거스르는 분리와 죽음을 추구하는 갈망은 극복된다. 죽음의 공포와 더불어 생명의 불안도 사라진다."33

일곱째, 부활의 희망은 하나님의 사랑의 관점에서뿐만 아니라 하나님의 정의의 관점에서도 우리에게 주어져야만 하는 필연적인 것이 된다. 왜냐하면 사람은 자신의 전체적인 삶 안에서 책임을 가지고 있기 때문이다. 그의 이러한 생각은 "개인적 완성을 위한 이기적인 동기에서도 아니고, 도덕적으로 어떤 정화 때문도 아니다." 그것은 그리스도의 십자가 위에서 스스로를 죽음에 자신을 내맡기신 "하나님의 첫째 선택이 정의이기 때문이며",34 그것이 사회정의적인 해방을 요청하고 있기 때문이다.

4. 죽음 이후의 장소로서의 그리스도의 사귐

그렇다면 이러한 죽음이 찾아온 이후에 죽은 자들이 거하게 될 장소는 어디인가? 몰트만이 가진 죽음 이후의 삶에 대한 표상들은 그리스도

---

33 몰트만, 『오늘 우리에게 그리스도는 누구신가?』, 110.

34 Moltmann, *Das Kommen Gottes*, 140.

로부터 출발한다. 왜냐하면 기독교 종말론의 중심, 다시 말해 '마지막 때'의 중심은 그리스도가 보여 준 미래의 하나님이며, 따라서 죽음 극복의 희망은 오직 예수의 인격 안에서만 실제적으로 전달되기 때문이다.[35]

이러한 하나님의 미래는 어디까지나 가까이 다가오고 있다고 하는 그의 미래적 성격에 의해 규정되어 있다. 따라서 거기에는 언제나 종말론적 유보(Vorbehalt)라고 불리는 간격이 존재한다. 여기서 유보란 그리스도가 부활하셨지만, 우리는 아직 부활하지 못했다는 사실을 의미한다. 우리는 그리스도 안에서 하나님과 화해했지만, 아직 우리의 세계 안에는 삶과 죽음이 계속적으로 일어나고 있으며, 그럼으로 세계와 함께 새 창조를 동경하며 나아가고 있다.[36] 따라서 우리의 세계는 중간의 시간 안에 거하는 것이며, 언제나 그리스도가 다스리고, 성령이 함께하고 있는 곳이다. 즉, 다스림은 이미 예수의 죽음과 부활에서 시작되었지만 아직-아니며(noch-nicht), 어디까지나 마지막에 그의 나라를 아버지에게 넘겨줄 때 완성된다는 것이다. 그렇다면 몰트만은 이 유보의 시기에 죽은 자들이 불멸하면서 어디에 존재한다고 말하는가?

몰트만은 전통적인 죽음 이후의 장소에 대한 이해를 넘어 보다 적극적으로 그리스도의 사귐을 그것으로 제안한다. 죽은 자들이 유보된 시간 중에는 그리스도의 다스림 안에 있다는 대안을 제시하게 된다. 즉, 죽은 자들은 대화적 불멸성을 통해 그리스도의 사귐(Gemeinschaft 혹은 공동체) 안에 존재하고 있다는 것이다.[37]

---

35 Wohlgschaft, Hermann. *Hoffnung angesichts des Todes. Das Todesproblem bei Karl Barth und in der zeitgenössischen Theologie des deutschen Sprachraums* (Paderbon: Ferdinand Schöningh, 1977), 166-167.

36 앞의 책, 125.

죽은 자들뿐만 아니라 살아있는 자들도 그 사귐 안에 살다가 그 안에서 죽게 된다. 그 안에 있다는 것은 그리스도 안에, 즉 모든 민족의 희망의 담지자(Träger) 안에 안겨 있다는 것을 가리킨다. 왜냐하면 그의 죽음과 부활이 "산 자와 더불어 죽은 자들에게도 다 주님이 되시려 하신 것"[38]이라면 죽은 자들 역시 그리스도 안에 있는 것이며, 우리와 함께 하나님 나라의 완성을 향해 가고 있는 것이 되기 때문이다. "죽은 자들은 죽었으며, 아직 부활하지 않았다. 그러나 그들은 이미 '그리스도 안에' 있으며, 그와 함께 그의 미래를 향한 길 위에 있다. 그가 영광 속에서 나타날 때 그들은 그에게 있을 것이며, 그와 함께 영원히 살게 될 것이다."[39] 따라서 죽은 사람들은 하나님으로부터 분리되어 있지 않으며, 잠자는 것도 아니고, 이미 부활하지도 않았다. 오히려 그들은 그리스도 안에 있을 뿐이다. 즉, 죽은 자들은 연옥에 있는 것도 아니고, 자는 것도 아니며, 곧바로 부활하는 것도 아니면서, 오히려 하나님과의 관계가 불멸하면서 그리스도 안에 있는 것이다. 그렇다면 이러한 죽은 자들의 존재 방식은 어떻게 해명될 수 있는가?

몰트만에 따르면 죽은 자들의 존재 방식은 시공간을 가진 존재 방식이다. 그들은 그리스도 안에서 시간을 가진다. 왜냐하면 그리스도가 그들을 위한 시간을 가지고 있기 때문이다. 따라서 "그리스도의 사귐은 그들을 경직되게(erstarren) 하지도 않고 잠자게 하지도 않는다. 그것은

37 몰트만은 이곳을 'Gemeinschaft Christi'라고 말하고 있다. 하지만 '게마인샤프트'라는 독일어는 '공동체', '사귐', '교제' 등의 뜻을 함께 가지고 있으므로 여기서는 각각의 문맥에 따라 어울리는 뜻으로 번역하기로 한다.
38 로마서 14장 9절.
39 Moltmann, *Das Kommen Gottes*, 126.

죽은 자들에 대한 그들만의 고유한 가능성을 가지고 있다."[40] 몰트만은 이러한 가능성이 그리스도의 시간 안에서 그리스도와 사귀면서 죽은 사람들이 믿음에 이를 수 있는 가능성이라고 말한다. 그리스도는 죽은 사람들과의 연대를 통하여 그들이 구원받을 수도 있는 가능성을 인지하고 죽은 사람들에게 희망을 가져다주었다. 그리고 이것은 그리스도의 시간에 그들이 참여하고 있음을 증명하고 있다.

나아가 몰트만은 죽은 자들이 공간도 가진다고 말한다. 물론 이것은 어디까지나 그리스도 공동체 안에서의 공간이며, 솔직히 죽지 않고 살아있는 우리는 이 공간을 전혀 알 수 없다. 그러나 그는 이러한 공간이 살아있는 자들과 공존하고 있으며, 동시에 그들과 연결되어 있다는 점은 명확하다고 말한다. 왜냐하면 그리스도의 공동체는 사랑의 공동체이며, 그럼으로 죽은 자들 역시 그 안에 속해 있기 때문이다. 따라서 이러한 시간과 공간 때문에 죽은 자들은 상실되어 버리지 않는다. 그들은 아직 궁극적인 구원을 얻지 못했을 뿐이며, 단지 그리스도의 승리가 확정될 때까지 그 안에서 서로의 사랑을 가지고 산 자들과 결합되어 새 창조와 영원한 생명을 희망하면서 존재하고 있을 뿐이다.[41] 그리고 바로 이것이 하나님 정의의 해방을 이루는 구체적인 모습으로 나타난다.

몰트만에게 해방이란 실존적 차원에서 멈춰서는 안 되는 개념이며, 반드시 예수 그리스도의 십자가와 부활을 통해 나타난 희망이 바로 이 세상 안에서 수행해야 할 책임, 즉 기독교적 해방을 의미해야만 했다.

---

40 앞의 책, 같은 곳.
41 앞의 책, 127.

즉, 하나님 나라의 희망을 가져야만 하는 그리스도인은 세상과 대응하여 갈등하면서도 세상의 해방을 수행하지 않을 수 없으며, 그렇기 때문에 해방은 그리스도인 됨 자체의 과제로 해석되어야 했던 것이다. 해방이란 解-放(Be-freiung), 즉 글자 그대로 '용서하고', '해결하여', '자유롭게 놓아줌'을 의미한다. 특별히 이 단어는 자유와 밀접한 관계를 가지고 있으면서도 접두어 be를 통해 타동사적인 의미를 포함하고 있으며, 그렇기 때문에 해방이란 '-로부터(von) 자유하게 함', 즉 억압이나 지배로부터의 자유의 의미를 보다 강하게 가지고 있다. 따라서 자유가 실존적 차원에 한정된다면, 해방은 사회적 · 정치적 차원으로까지 확장된다.

5. 하나님 정의의 해방

몰트만에 따르면 죽은 자들의 대화적 불멸성과 부활의 희망에 대해 논의하고 그것을 요청함으로써 아직 죽지 않고 살아있는 우리는 어떤 책임감을 요구받게 된다. 일반적으로 산 자들은 죽은 자들에 대해 무관심하며, 그들이 우리와 떨어져 있다고 생각한다. 그러나 이러한 우리의 일상적인 경험은 정의의 측면에서 다시금 생각되어져야만 할 사항이다. 특별히 몰트만은 그 단초를 그가 경험한 세계대전에서 끌어오게 된다. 이러한 몰트만의 입장은 나치에 동조하고, 거기에 대한 반성을 명시적으로 이야기하지 않은 하이데거와는 전적으로 다른 입장이다. 논자가 보기에 이러한 반성과 새로운 해석의 출발점은 그들이 가지고 있는 죽음 이해의 뚜렷한 차이에서 갈라지고 있다.

분명히 세계대전 당시 많은 사람이 희생되었고, 많은 민간인이 이유

없이 학살되었다. 아우슈비츠 감옥과 가스실에서는 육백만 명의 유대인들이 독일에 의해 죽임을 당했으며, 중국과 한국에서도 수십만 명이 일본에 의해 목숨을 잃었다. 이것은 교전 중에 죽은 사람의 숫자가 아니다. 그들은 순수한 민간인으로 단지 유대인, 중국인, 한국인이라는 이유만으로 학살당했다. 이러한 죽임의 고통 속에서 사라져간 이들에 대해 단순히 우리는 그들이 죽었기에 이제는 존재하지 않으며, 따라서 더 이상 우리와 아무런 관련이 없다고 말할 수 없다. 왜냐하면 그들이 더 이상 산 자들과 아무런 관계가 없다면 그리고 그들이 지금은 사라져 버렸고 단지 산 자들의 미래를 위한 참고 사항에 불과하다면, 결국 이것은 당시 그들을 죽였던 불의한 자들이 승리하는 것을 의미하게 되기 때문이다.

몰트만은 전쟁 당사자의 책임감을 가지고 해방을 요청한다. 그는 그 참혹한 현장에서 독일인들과 교회가 침묵했음을 고백한다. 오히려 침묵했던 독일인들에게는 그 시대에 유행했던 '신의 죽음의 신학'이야말로 가장 알맞은 변명이자 도피처였다. 그러나 그들은 고통스러운 기억 안에서 신앙의 행동과 신학을 발견하고자 한다. 그것은 곧 그 기억마저 새롭게 바꾸어 놓을 수 있는 새로운 희망을 향한 것이었고, 그 희망을 말하기 위해 여전히 남아 있는 과거의 책임들을 결코 간과할 수 없었음을 보여 준다. 이러한 필요에 의해 그들에게 나타난 것은 삶의 상황 안에서 진정한 그리스도인으로서의 비판과 참여 외에 다른 것이 아니었다. 그리고 그것은 단순한 신앙의 개인화가 아니라 구조적·사회적 현상에 대해 책임지고, 나아가 그것의 부정의에 대해 적극적으로 저항하고자 하는 해방의 움직임이었다.

물론 몰트만의 해방적 관심은 단순히 제1세계 안에서의 행동과 신학

에서 그치지 않는다. 그는 라틴 아메리카, 한국 그리고 필리핀에서 저항
하다 죽임을 당한 모든 이들 역시 바로 이 그리스도의 공동체 안에서
현존하고 있다고 고백한다. 또한 그에 따르면 그리스도는 바로 가장
작은 자, 가난한 자, 굶주리는 자, 감옥에 갇힌 자들 한중간에 있다.[42]
그렇기 때문에 우리는 성례전적 공동체와 가난한 사람들의 사귐을 통해
죽은 사람들에게 가까이 다가가야 하며, 이러한 살아 있는 사람들과
죽은 사람들의 사귐이 바로 부활의 희망이 요청하는 해방의 모습이라
는 것이다.

신학은 죽임의 범죄를 그냥 간과할 수 없다. 우리가 믿는 하나님 그리
고 우리를 위해 죽음을 받아들이셨던 하나님이 정의로우신 분이라는
우리의 신앙고백 안에서 죽은 자들의 삶을 그저 배제해 버리는 것은
결코 용납될 수 없는 일이다. 오히려 우리는 적극적으로 죽은 자들의
부활에 대한 희망을 고백하며, 그것을 통해 그들과의 사귐을 유지하면
서 그들과의 연대를 심화시켜야 한다. 이러한 연대성은 고통의 극복에
대한 희망이며, 그리스도인이 고통받는 세계와 맺는 연대이기도 하
다.[43] 또한 이것은 어디까지나 그리스도의 공동체 안에서 하나님의 조건
없는 사랑을 통해 이루어질 수 있다. 그리고 그리스도에게 가까이 올수

---

42 "내가 주릴 때에 너희가 먹을 것을 주었고 목마를 때에 마시게 하였고 나그네 되었을
때에 영접하였고 벗었을 때에 옷을 입혔고 병들었을 때에 돌아보았고 옥에 갇혔을
때에 와서 보았느니라. 이에 의인들이 대답하여 가로되 주여 우리가 어느 때에 주의
주리신 것을 보고 공궤하였으며 목마르신 것을 보고 마시게 하였나이까. 어느 때에
나그네 되신 것을 보고 영접하였으며 벗으신 것을 보고 옷 입혔나이까. 어느 때에 병
드신 것이나 옥에 갇히신 것을 보고 가서 뵈었나이까 하리니 임금이 대답하여 가라
사대 내가 진실로 너희에게 이르노니 너희가 여기 내 형제 중에 지극히 작은 자 하나
에게 한 것이 곧 내게 한 것이니라 하시고"(마 25:35-40).

43 Wohlgschaft, *Hoffnung angesichts des Todes*, 163.

록 우리는 죽은 자들과 더욱더 깊은 사귐을 맺을 수 있게 되며,[44] 그럼으로 이러한 하나님의 정의를 통한 죽은 자들과의 연대는 해방의 정신에 보다 더 강하게 속할 수 있게 되는 것이다.

해방이란 우리에게 가깝게 있다. 왜냐하면 그것은 예수의 삶에서 보인 그의 사역이었기 때문이다. 다시 말해 그것은 가난한 자, 약한 자들의 고난에 동참한 예수 그리스도의 삶이다. 우리는 "예수가 자신의 일상의 삶 안에서 불쌍한 자들, 비참한 자들 그리고 사회적으로 경멸받는 자들에게 하나님의 현재를 가져다주었다는 사실과 그가 병을 고치고 악한 영들을 쫓아내었다는 사실"[45]을 알고 있다. 그리스도인 됨이란 예수를 따름이며, 그가 보여준 야웨 하나님에 대한 신앙을 따르는 것이다. 그리고 "그리스도와의 사귐 안에 있는 삶은 '그리스도의 투쟁'(Kampf Christi)에의 참여함이다."[46]

나아가 기독교의 근거이며, 예수 그리스도가 자신의 삶과 죽음을 통해 우리에게 보여준 이스라엘의 하나님은 기본적으로 노예들을 구속으로부터 해방시켜 새로운 땅으로 인도한 분이다. 또한 그분은 바로 비참한 자들의 역사 안에서 활동하는 분이기도 하다. 그렇기 때문에 예전부터 선지자들은 이스라엘의 하나님이 사회에 대한 비판자이며 사회적 희생자들의 옹호자라고 고백할 수밖에 없었다. 구약과 신약 당시의 이스라엘에게 구원이란 결단코 죽은 이후의 내세만의 이야기가 아니었다. 오히려 그들에게 구원은 사회적 억압 체제로부터의 해방이

---

44 Moltmann, *Das Kommen Gottes*, 129.

45 Jüngel, *Tod*, 140.

46 Moltmann, *Das Kommen Gottes*, 220.

어야 했으며, 타자를 자유롭게 하는 것이었고, 마침내 처음의 평등사회
의 회복을 이루어 내신 하나님 자신의 정의의 행위였다. "아마도 예수에
대한 적절한 서술은 그분이 죄와 일체의 소외들에 의하여 억압된 의식의
해방자요, 세계와 타자와 하나님과의 관계에서 나타나는 저 슬픈 인간
조건의 해방자이시라는 말일 것이다."[47]

지금까지 우리는 몰트만의 논의에 따라 그리스도교적 해방의 측면
에서 죽음을 신학적으로 이해해 보았다. 몰트만에 따르면 먼저 죽음이
란 자연적 죽음, 저주받은 죽음 그리고 약한 전적 죽음으로 구분될 수
있으며, 이것은 곧 일반적인 죽음 이해와 다른 기독교의 특수한 죽음
이해임을 분명히 할 수 있다. 물론 신학적 입장 안에서 보면 죽음이란
분명 삶 안에서 위협적으로 다가오지만, 궁극적인 의미에서 그것을 통
해 인간 전체가 폐기되거나 인간의 정체성이 중지되는 것은 아니다.
왜냐하면 모든 삶은 하나님 앞에 존속하며, 실제적 죽음에서 하나님이
인간과 맺은 관계는 소멸하지 않고 존속하기 때문이다.

몰트만은 또한 이러한 관계가 곧 대화적 불멸성이라 명명될 수 있으
며, 끊임없는 하나님과의 대화 안에서 죽은 이들도 죽지 않고 불멸하고
있음을 분명하게 주장한다. 이것은 그리스적 전통의 영혼불멸을 넘어
서는 기독교 신학적 불멸성을 의미한다. 하나님과의 대화의 관계 안에
서 인간은 비록 죽을지라도 시간적으로 제한된 삶으로부터 불멸의 삶으
로 변화되며, 제한된 존재에서 현재적 존재로 변화된다.

이 대화적 불멸성의 관계는 끝내 예수 그리스도의 부활의 희망까지

---

47 레오나르도 보프/황종렬, 『해방자 예수 그리스도』(경북왜관: 분도출판사, 1993),
  313.

이어지며, 그럼으로 우리에게 죽음을 넘어서는 희망이 주어지게 된다.[48] 그가 부활하신 것처럼 우리도 그때에 일어날 것이다. 또한 일어나는 자들의 범위는 어느 한쪽으로 치우쳐 선택되지 않는다. 예수를 구주로 고백하는 자들만 이 땅 위에서 다시 일어나게 된다면, 세상에서 부정의에 의해 희생된 자들도 그리고 그것을 저지른 가해자들도 아무런 의미도 밝히지 못한 채 잊고 말기 때문이다. 그리고 모든 자들이 부활하여 자신들의 삶에 대해 평가받을 때, 하나님께서 그리스도의 죽음 안에서 보여주신 정의는 확보될 수 있으며 또한 그럴 때만 우리는 부활 이전과 이후의 삶에서 일종의 동일성과 연속성을 발견할 수 있다. "예수는 그들의 희망을 빼앗고 그들의 인간적 동일성을 전혀 알아볼 수 없도록 파괴하여 버린 세계 안에서 하나님에게 있는(bei Gott) 그들의 동일성(Identität)이었다."[49]

물론 이 세계 안에서 희망은 아직 실현되지 않았다. 다시 말해 그리스도가 하나님의 나라를 향한 길 위에 있기 때문에 우리 살아있는 자들과 더불어 죽은 자들은 아직 그 길 위에 있을 뿐이다.[50] 따라서 그리스도는 죽은 사람들로부터 이미 부활하였으나 우리는 아직 부활하지 못한다. 그리고 이러한 이유로 그리스도의 부활과 죽은 사람들의 보편적 부활 사이에는 시간이 존재하며, 이 기간 동안 죽은 자들은 그리스도 안에서 우리와 함께 존재하게 된다. 즉, 죽은 자들은 하나님과의 관계를 유지하며, 대화적으로 불멸하면서 그리스도와 함께 미래를 향한 길 위에 있다

48 Moltmann, *Im Ende – der Anfang*, 120.

49 Jürgen Moltmann, *Der gekreuzigte Gott. Das Kreuz Christi als Grund und Kritik christlicher Theologie* (München: Chr. Kaiser, 1972).

50 Moltmann, *Das Kommen Gottes*, 126.

는 것이다.

이러한 그리스도와 함께하는 미래의 길은 우리로 하여금 죽은 자들과 더불어 하나님의 정의 안에서 연대하도록 요청한다. 다시 말해 그리스도인들은 죽은 자들의 죽음에서부터 세상의 불의를 극복하기 위한 해방의 요청을 받는다. 왜냐하면 하나님은 그리스도 십자가의 죽음 안에서 보여주신 사랑과 자유를 통해서 정의를 선택하시기 때문이다.[51] 따라서 억울하게 악에 의해 학살되고 희생된 많은 이들은 그의 부활의 희망을 획득하게 된다. 이와 동시에 세상에서 행해지는 불의들 역시 보편적 부활을 통해 자신들의 행위에 책임질 수밖에 없게 된다.

특별히 여기서 우리가 주목해야 하는 것은 몰트만이 죽음과 죽임의 문제를 통해 해방을 요청하고 있지만, 만약 그가 예수의 십자가의 죽음에서부터 부활 희망을 거치지 않았다면 그의 해방 요청은 불가능했을 것이라는 사실이다. 그는 철저히 부활 희망에 의거하여 해방을 요청하고 있으며, 하나님의 정의를 기준으로 희망을 만민의 부활의 희망으로까지 확장하고 있다.[52] 그리고 바로 그렇기 때문에 신학적 해방은 개인적 죽음으로부터의 자기해방을 넘어 전체 타자의 자유의 영역, 즉 기독교적·사회적·정치적 해방의 영역까지 확장될 수 있게 된다.[53] 왜냐하면

---

51 앞의 책, 144.

52 앞의 책, 131.

53 앞서 언급한 몰트만의 보편적 부활은 소위 말하는 만민 부활설이라는 비판에 직면해 왔다. 다시 말해 모든 이들이 부활한다는 사실에 대한 언급이 과연 정의의 차원에서 타당한 것인지 하는 문제가 몰트만의 죽음과 부활에 대한 언급에서는 계속적으로 반복되어 왔다. 그러나 이 비판은 앞서 몰트만이 이야기한 대로 인간의 이기적인 욕심일 뿐이다. 의인들의 개인적인 불멸과 부활을 믿는 보수적인 신학들은 그래서 하나님의 정의라는 관점에서는 잘못된 이해를 가지고 있을 뿐이다. 따라서 몰트만은 보편적인 부활을 통한 삶의 책임 이후에 또 다른 새로운 창조에 모두 참여하게 된다는

오직 그것만이 하나님이 예수 그리스도를 통해 이 땅에서 보여준 십자가
의 죽음을 따르는 길이며, 나아가 그가 우리에게 준 부활 희망을 받아들
이는 진정한 길이기 때문이다.

만인구원설까지 자신의 논의를 확장하게 된다. 이러한 비판에 대한 논의는 Moltmann,
Das Kommen Gottes, III/§11, 226-284에서 다루어지고 있다.

마치며

지금까지 우리는 먼 길을 함께 걸으면서 현대의 철학과 신학이 어떻게 교차하면서 철학적 신학이라는 영역을 새롭게 구성하고 있는지 살펴보았다.

먼저 철학적 신학은 인간이 아무것도 할 수 없다는 한계를 고백하며 절망해야만 하는 철학의 숙명 그리고 한계를 통해 심연의 바다에 내팽개쳐진 이후 다시금 아무것도 없는 빈 바탕에서 신 자신의 계시로서의 신학을 구성하기 시작해야 하는 신학의 의무를 연결시키고 있었다. 또한 이것은 조직신학의 한 분과이자 출발로서의 원초적 신학이라는 자신의 위치를 확고히 함과 동시에 철학의 다양한 통찰들 안에서 신의 흔적을 찾는 철학적 신론으로서 위치를 드러내었다. 이제 임시적 논의를 내려놓으면서 다음 연구의 방향을 지시하며 글을 마무리해야 할 것 같다.

우리는 현대라는 제한된 시대의 논의를 다루었으며, 이제 현대 역시 포스트모더니즘의 종말과 더불어 전적으로 새로운 미래에 진입하게 되었다. "분명 인류는 새로운 시대 및 새로운 상황을 맞이하고 있다. 기존의 근대 휴머니즘과 더불어 포스트모던의 안티 휴머니즘을 넘어 이제 인류는 새로운 인류와 생명의 탄생을 예측하고 시행하기 시작한 전적으로 다른 '포스트'의 시대에 진입했다."[1] 이러한 세계 안에는 더이상 새로운 존재 관계도 새로운 세계의 의미도 개방될 수 없다. 가족도, 친구도, 우정도, 사랑도 사라지며, 또한 그럼으로써 찬란한 하늘도, 찬연한 바다도, 진실한 삶도 사라질지 모른다. 그리고 이것은 포스트 휴머니즘 및 트랜스 휴머니즘이라는 이름을 통해 이미 현대로부터 미래로의 이행을 준비하고 있다.

그렇다면 우리는 이러한 미래 시대를 어떻게 이해해야만 할까? 가장 먼저 이해할 수 있는 사항은 이제 더 이상 전통적 인간이 경험했던 사항들이 미래에는 불가능하게 될 것이라는 점, 그래서 우리의 삶이 지금 느끼고 있는 다양한 긍정적 경험을 잃어버리게 될 것이라는 점이다. 유한한 인간이 누리던 많은 고통이 사라질 것이지만 동시에 그 안에서 함께 하던 행복 역시 그저 과거의 기록으로만 남게 될 것이다. 게다가 우리가 겪게 될 사회 내의 많은 관계 역시 이제 전적으로 변경되고 소멸될지도 모른다. 새로움의 경험과 짜릿한 삶의 이행 과정 등도 더 이상 미래의 인류에게 허락되지 않는다. 그러나 이러한 부정적 전망과 더불어 우리는 이것이 미래의 그들이 아니라 단지 죽음 및 부정성을 알고 있는 기존의 우리에게만 해당 된다는 점을 기억해야 한다.

비록 전적인 미래로의 변화가 기존 인간에게는 엄청난 충격일 수 있었지만, 더 이상 부정성을 경험하지 않게 될 인류, 특별히 트랜스 휴머니즘이 지향하는 영생의 인간, 증강된 인간에게는 생각할 필요도 없는 것이다. 부정성을 본질로서 소유해야만 살아갈 수 있던 전통과 현대는

1 이관표, "미래 포스트/트랜스휴머니즘에서 정의의 문제: 전통 정의론으로 보는 미래 인간론," *The Journal of the Convergence on Culture Technology (JCCT)* Vol. 8, No. 5 (2022), 316.

이제 미래의 관심사가 아니다. 태생적으로 죽음과 고통을 극복한 상태라면 지금 우리가 느끼는 경험의 내용들은 불필요한 잡담에 불과하다. 그렇다면, 이것은 부정적 문제일까?

결코 그렇지 않다. 미래의 그들은 더 이상 인간으로 지칭될 필요조차 없기 때문이다. 포스트/트랜스 휴머니즘은 바로 이것을 예측하고 있으며, 우리가 현대에 경험하고 있는 포스트모더니즘의 뉴노멀, 언노멀, 비정상의 정상화 등의 사회운동은 이것을 준비해 온 한 과정이었는지도 모른다. 미래 인류에게 기존 인간의 경험은 소멸되겠지만, 이러한 기존 인간의 경험이 소멸된 삶은 오히려 이전의 인간을 넘어서는 초월이라는 점에서 긍정적일 수 있다. 즉, 미래 인류가 겪게 될 미래에 대해 우리는 감히 부정적으로 전망할 자격이 없다.

미래에 등장하게 될 인간 이후의 주인공이 무엇인지 우리는 아직 모른다. 그러나 여기서 분명한 사항은 더 이상 우리만 주인공이 되어 타자들을 지배할 수는 없다는 것이다. 그리고 여기에는 기독교 신학 역시 함께해야 한다. 미래 뉴노멀 시대의 기독교는 스스로를 전체 생명과 더불어 지구에 일치시키는 상상과 행동을 시도할 수 있어야 한다. 청지기로서의 인간 스스로가 다른 생명들의 고통을 이해하고자 시도하는 것이 필요하며, 나아가 이것은 지금까지의 폭력적 인간-타생명과의 관계를 극복하는 방향이다. 기독교 신학은 인간만이 중심이 되어 행했던 상황을 넘어서서 전적으로 다른 시대의 주인들에게 주도권을 넘겨줄 수 있는 준비를 시작해야 한다. 가나안땅을 유일하게 긍정적으로 보았던 여호수아-갈렙을 축복했던 모세의 마음처럼, 현대의 기독교 신학 역시 미래를 긍정적으로 바로 보는 미래 뉴노멀 시대의 요청에 '예'로 답할 준비를 시작해야 한다.

글의 출처

각 장들은 다음의 논문들을 수정·보완하여 기술되었다.

1장 | 신학에서의 '철학적 신학': 신학의 출발점

　　이관표, "신학의 원초적 방법론으로서의 철학적 신학 – 철학과 인간학(즉, 철학)의 관계를 중심으로", 「人文學硏究」 제29집 (2018).

2장 | 철학에서의 '철학적 신학': 토마스 렌취의 부정초월과 철학적 신론

　　이관표, "토마스 렌취의 부정초월과 철학적 신학의 과제", 「신학논단」 제71집 (2013).

3장 | 니체의 철학적 신론

　　이관표, "니체의 새로운 종교성과 신의 빈자리 – 서구 형이상학과 기독교 몰락이후 시대의 신론", 「철학논총」 제89집 (2017).

4장 | 하이데거와 비트겐슈타인의 철학적 신론

　　이관표, "현대에 신에 대해 말하기: 하이데거의 '마지막 신'과 비트겐슈타인의 '말할 수 없는 것'", 「신학논단」 제76집 (2014).

5장 | 하이데거의 무 물음과 현대 신론의 근거

　　이관표, "하이데거의 무 물음과 우상파괴의 문제", 「기독교철학」 제21호 (2015).

6장 | 현대 신학의 무로서의 하나님 이해

　　이관표, "현대의 무 경험과 그리스도교 신학의 무로서의 하나님 – B. 벨테와 A. 예거의 무와 신 논의를 중심으로", 「한국조직신학논총」 제58집 (2020).

7장 | 과정 사상의 철학적 신론

　　이관표, "과정신학과 만유내재신론의 문제 ", 「신학과세계」 제86집 (2016).

8장 | 에코페미니즘 신학의 철학적 신론

　　이관표, "생태여성주의신학과 환경위기의 문제 – 전통 신론과 기독론의 생태학적, 여성주의신학적 재구성에 관련하여", 「韓國東西精神科學會誌」 Vol. 22, No 1. (2019).

참고문헌

강남순.『현대여성신학』. 서울: 대한기독교서회, 1994.

권문상.『비움의 모범을 보이신 예수 그리스도』. 서울: 새물결플러스, 2008.

김경재. "유기체철학과 생명의 연대성: 화이트헤드의 과정철학과 한국의 유기체 철학을 중심으로."「신학연구」제29집(1998).

김균진.『자연환경에 대한 기독교 신학적 이해』. 서울: 연세대학교출판부, 2006.

_____.『죽음의 신학』. 서울: 대한기독교서회, 2002.

김광식.『토착화와 해석학: 토착화신학과 대화의 신학의 만남을 위하여』. 서울: 대한기독교출판사, 1997.

김기석.『과학과 종교의 대화: 빅뱅 우주론과 창조신앙』.「조직신학논총」제10집 (2004).

김도식.『현대 영미 인식론의 흐름』. 서울: 건국대학교출판부, 2006.

김승혜 편.『죽음이란 무엇인가: 여러 종교에서 본 죽음의 문제』. 서울: 도서출판 창, 1990.

김애영. "로즈마리 류터의 생태여성신학".「한국조직신학논총」Vol. 16(2006).

김현태.『철학과 신의 존재』. 서울: 철학과현실사, 2003.

김형효.『하이데거와 화엄의 사유: 후기 하이데거의 자득적 이해』. 경기 화성: 청계, 2002.

남경희.『비트겐슈타인과 현대 철학의 언어적 전회』. 서울: 이화여자대학교출판부, 2005.

니체, 프리드리히/김정현 옮김.『선악의 저편. 도덕의 계보』니체전집 14권. 서울: 책세상, 2002.

_____/백승영 옮김.『바그너의 경우. 우상의 황혼. 안티크리스트. 이 사람을 보라. 디오니소스송가. 니체 대 바그너』니체 전집 15권. 서울: 책세상, 2002.

도킨스, 리처드 외/존 브록만 엮음/김명주 옮김.『왜 종교는 과학이 되려 하는가: 창조론이 과학이 될 수 없는 16가지 이유』. 서울: 바다출판사, 2017.

라커그나, 캐서린 모우리 엮음/강영옥·유정원 옮김.『신학. 그 막힘과 트임 – 여성신학 개론』. 왜관: 분도출판사, 2004.

러블락, J.『가이아 - 생명체로서의 지구』. 서울: 범양사, 1990.

로핑크, 게르하르트/신교선·이석재 옮김.『죽음이 마지막 말은 아니다』. 서울: 성바오
로출판사, 2000.

류터, R. R./안상님 옮김.『성차별과 신학』. 서울: 대한기독교서회, 1985.

_____/이우정 옮김.『대지의 모신과 거대한 기계문명 — 여성들을 위한 신학』. 서울:
한국신학연구소, 1985.

리쾨르, 폴/양명수 옮김.『해석의 갈등』. 서울: 아카넷. 2001.

맥그래스, 앨리스터/황의무 옮김.『과학 신학탐구: 신앙의 관점에서 본 과학과 신학의
관계』. 서울: CLC, 2010.

몰트만, 위르겐/이신건 옮김.『삼위일체와 하나님의 역사』. 서울: 대한기독교서회,
2006.

_____/이신건 옮김.『오늘 우리에게 그리스도는 누구신가?』. 서울: 대한기독교서회,
1997.

_____/김균진 옮김.『생명의 영』. 서울: 대한기독교서회, 1992.

문창옥.『화이트헤드 과정철학의 이해』. 서울: 통나무, 1999.

바버, 이안/이철우 옮김.『과학이 종교를 만날 때』. 서울: 김영사, 2002.

박만.『현대 신학 이야기』. 서울: 살림, 2004.

보프, 레오나르도.『해방자 예수 그리스도』. 경북왜관: 분도출판사, 1993.

비저, 오이겐/정영도 옮김.『신의 추구자이냐 반그리스도이냐. 니체의 기독교비판』.
대구: 이문출판사, 1990.

비트겐슈타인, 루드비히/이영철 옮김.『문화와 가치』. 서울: 책세상, 2006.

서영화.『하이데거의 사유에서 무의 지위에 대한 해석 (1) —『존재와 시간』에서 무가
갖는 세계와 자기와의 관계를 중심으로』.「존재론 연구」Vol.25 (2011).

슈미탈스, 발터/변선환 옮김.『불트만의 실존론적 신학』. 서울: 대한그리스도교출판
사, 1983.

스태나드, 러셀/임보라 옮김.『과학. 신 앞에 서다: 진화에서 외계인까지』. 서울: 성바오
로, 2014.

세계화 국제포럼/이주명 옮김.『더 나은 세계는 가능하다』. 서울: 필맥, 2005.

신옥수.『몰트만의 창조이해에 나타난 하나님의 케노시스』.「한국조직신학논총」
Vol.27 (2010).

아베, 마사오/변선환 엮음.『선과 현대 신학. 종교부정의 이데올로기를 극복하는 길』.

서울: 대원정사, 1996.

야스퍼스, 칼/이진오 옮김.『니체와 기독교』. 서울: 철학과현실사, 2006.

윤병렬. "하이데거와 현대의 철학적 사유에서 초월개념에 관한 해석".「하이데거연구」 Vol. 18 (2008).

윤철호 책임편집.『과학과 신학의 만남: 기포드 강연을 중심으로』. 서울: 새물결플러스, 2021.

융엘, 에버하르트/백철현 옮김.『하나님의 존재는 '되어감' 속에 있다』 바르트신학연구 씨리즈 2. 서울: 그리스도교신학연구소, 1988.

이관표.『하이데거와 부정성의 신학: 하이데거의 죽음 이해와 무(無) 물음. 그리고 그 신학적 의미』. 서울: 동연, 2021.

_____. "미래 포스트/트랜스휴머니즘에서 정의의 문제: 전통 정의론으로 보는 미래 인간론." *The Journal of the Convergence on Culture Technology (JCCT)* Vol. 8, No. 5 (2022).

_____. "하이데거와 근대철학: 데카르트의 '코기토(COGITO)' 비판을 통해 현대 위기 극복의 단초 찾기."「현대유럽철학연구」Vol.53 (2019).

_____. 김소윤. "현대 의학의 영생 기술과 그 신학적 성찰: 텔로미어와 유전자 가위를 중심으로."「신학사상」. Vol.178 (2017).

_____. "하이데거 사상에서의 역설과 그 종교철학적 함의."「존재론연구」Vol.25 (2011).

이수정. "하이데거의 발현론. '철학에의 기여'를 중심으로."「하이데거연구」Vol. 20. (2009).

_____. 한국하이데거학회 편집. "하이데거의 신론."「하이데거연구」Vol.18 (2008).

이승종. "언어의 한계와 유아론. 청년 비트겐슈타인의 경우."「철학적 분석」Vol.26 (2012).

_____. "비트겐슈타인과 용수."「백련불교논집」. Vol.8 (1998).

이충만. "필리오케(Filioque) 논쟁의 교의적 문제들과 의의 - '신앙과 직제 위원회'의 1981년 제안서와 로마가톨릭교회의 1995년 해설서를 중심으로."「한국조직신학논총」Vol.60 (2000).

전현식. "인간줄기세포 연구에 대한 에코페미니즘의 비판적 성찰."「한국조직신학논총」Vol.16 (2006).

전동진.『창조적 존재와 초연한 인간. 하이데거가 말하는 존재의 구조』. 서울: 서광사,

2002.

정기철. "융엘의 죽음의 신학." 「한국기독교신학논총」 vol.55 (2008).

정재현. "신앙성찰과 신학하기. 한국 기독교 신앙에 대한 종교문화적 분석을 통하여." 「신학논단」 제53집 (2008).

_____. 『망치로 신-학하기』. 서울: 한울아카데미, 2006.

_____. 『신학은 인간학이다: 철학읽기와 신학하기』. 경북왜관: 분도출판사, 2003.

_____. 『티끌만도 못한 주제에. 사람됨을 향한 신학적 인간학』. 경북: 분도출판사, 1999.

존슨, 엘리사벳 A./함세웅 옮김. 『하느님의 백한 번째 이름』. 서울: 바오로딸, 2000.

칸트, 임마누엘/전원배 옮김. 『순수이성비판』. 서울: 삼성출판사, 1991.

쿨만, 오스카/김근수 옮김. 『신약의 기독론』. 서울: 나단출판사, 1993.

포이에르바하, 루드비히/강대석 옮김. 『종교의 본질에 대하여』. 서울: 한길사, 2013.

판넨베르크, 볼프하르트/데드 피터스 엮음/박일준 옮김. 『자연신학』. 서울: 한국신학연구소, 2000.

포그리믈러, 허버트/심상태 옮김. 『죽음 - 오늘의 그리스도교적 죽음 이해』. 서울: 성바오로출판사, 1985.

폴킹혼, 존 엮음/박동식 옮김. 『케노시스 창조이론. 하나님은 어떻게 사랑으로 세상을 만드셨는가?』. 서울: 새물결플러스, 2015.

플라톤. 아리스토텔레스/최명관 옮김. 『니코나코스 윤리학. 향연. 파이돈』. 서울: 을유문화사, 1995.

피터스, 테드 엮음/김흡영 · 배국원 · 윤원철 · 윤철호 · 신재식 · 김윤성 옮김. 『과학과 종교: 새로운 공명』. 서울: 동연, 2010.

하벨, 노만/정진원 옮김. 『땅의 신학』. 서울: 한국신학연구소, 2001.

하이데거, 마르틴/신상희 옮김. 『이정표 I』. 서울: 한길사, 2005.

_____/신상희 옮김. 『동일성과 차이 / 철학-그것은 무엇인가 / 사유의 경험으로부터 / 초연한 내맡김』. 서울: 민음사, 2000.

하지슨, Peter C./손원영 · 손호현 · 김영선 옮김. 『기독교 구성신학』. 서울: 은성, 2000.

한국조직신학회 엮음. 『성령론』. 서울: 대한기독교서회, 2017.

현요한. 『성령. 그 다양한 얼굴. 하나의 통전적 패러다임을 향하여』. 서울: 장로회신학대학교출판부, 1998.

호진스키, 토마스/장왕식 · 이경호 옮김. 『화이트헤드 철학 풀어 읽기』. 대구: 이물출판사, 2003.

알프레드 노스 화이트헤드/정강길 옮김. 『형성과정에 있는 종교』. 서울: 동과서, 2003.

Abel, Günter & Werner Stegmaier (Herausgegeben). *Nietzsche-Studien Bd. 43. Internationales Jahrbuch für die Nietzsche-Forschung.* Berlin: Walter de Gruyter, 2014.

Altizer, Thomas. *William Hamilton. Radical Theology and the Death of God.* Indianapolis: Boobs-Merrill, 1966.

Barth, Karl. *Die Kirchliche Dogmatik. Die Lehre von der Schöpfung. III. 2 § 47-5.* Zürich: Theologischer Verlag Zürich, 1992.

_____. *Der Römerbrief.* Zürich: Theologischer Verlag Zürich, 1989.

_____. "Das Wort Gottes als Aufgabe der Theologie." (1922) in *Gottes Freiheit für den Menschen. Eine Auswahl der Vorträge. Vorreden und kleinen Schriften Karl Barths. Herausgegeben von* Karl Barth und G. Kulicke. Berlin: Evangelische Verlagsanstalt, 1970.

_____. *Die Auferstehung der Toten. Eine akademische Vorlesung über I. Kor. 15.* München: Chr. Kaiser, 1953.

_____. *Die Kirchliche Dogmatik. Die Lehre von der Schöpfung. III/3.* Zürich: Theologischer Verlag Zürich, 1950.

_____. *Dogmatik im Grundriss.* München: Chr. Kaiser, 1949.

Bettenson, Henry. *Document of the Christian Church.* London: Oxford Univ. Press, 1963.

Bonhoeffer, Dietrich/Eberhard Bertge(Hg.). *Widerstand und Ergebung. Briefe und Aufzeichnungen aus der Haft.* München: Chr.Kaiser, 1970.

Breidert, Martin. *Die Kenotische Christologie des 19. Jahrhunderts.* Gütersloh: Gütersloher Verlagshaus, 1977.

Brunner, Emil. *Dogmatik. Bd. 2. Die christliche Lehre von Schöpfung und Erlösung.* Zürich: Theologischer Verlag, 1960.

_____. *Die Christliche Lehre von Schöpfung und Erlösung: Dogmatik Bd. II.* Zürich: Zwingli Verlag, 1950.

Bultmann, Rudolf. *Glauben und Verstehen 4. Gesammelte Aufsätze.* Tübingen: J.

C. B. Mohr(Paul Siebeck), 1993.

Casper, Bernhard. "Das Versuchtsein des Daseins und das Freiwerden von den Götzen" in *Herkunft aber bleibt stets Zukunft. Martin Heidegger und Die Gottesfrage.* Hg. Paola-Ludovica. Corando. Frankfurt(M): Vittorio Klostermann, 1998.

Caysa, Volker. *Das Seyn entwerfen. Die negative Metaphysik Martin Heideggers.* Frankfurt(M): Peter Lang, 1994.

Celan, Paul. *Die Niemandsrose.* Frankfurt(M): Ficher Verlag. 1964.

Cobb, John B. Jr. *The Process Perspective.* Saint Louis Missouri: Chalice Press, 2003.

_____/Ives Christopher Edited. *The Emptying God: A Buddist-Jewish- Christian Conversation.* New York: Orbis Books, 1990.

_____ & David Ray Griffin. *Process Theology: an Introductory Exposition.* Philadelphia: The Westminster Press, 1976.

Colditz, Jens Dietmar. *Kosmos als Schöpfung. Die Bedeutung der Creatio ex nihilo vor dem Anspruch moderner Kosmologie.* Regensburg: S. Roderer Verlag, 1994.

Crisp, Oliver D. *Divinity and Humanity. The Incarnation Reconsidered.* Cambridge: Cambridge Univ. Press, 2000.

_____. *Gesammelte Aufsätze.* Berlin: Evangelische Verlagsanstalt Berlin, 1973.

Cullmann, Oscar. *Unsterblichkeit der Seele oder Auferstehung der Toten? Anwort des Neuen Testaments.* Stuttgart: Stuttgart Verlag, 1986.

Dabney, Lyle. *Die Kenosis des Geistes. Kontinuität zwischen Schöpfung und Erlösung im Werk des Heiligen Geistes.* Neukirchen-Vluyn: Neukirchener Verlag, 1997.

Dante, Alighieri, Aus dem Italienischen übertragen von Wilhelm G. Hertz. *Die Göttliche Komödie.* München: Deutscher Taschenbuch Verlag, 1997.

Demske, James M. *Sein. Mensch und Tod. Das Todesproblem bei Martin Heidegger.* Freiburg/München: Verlag Karl Alber GmbH., 1984.

Doncel, Manuel G. "The Kenosis of the creator and of the created co-creator." in: *Zygon. Vol.39. no.4.* (2004).

Eliot, Thomas S. *Four Quartet.* London: Palgrave Macmillan, 1956.

Feuerbach, Ludwig. *Das Wesen des Christentums*. Stuttgart: Reclam, 1974.

Figl, Johann. "Nietzsche und die Religionsstifter." in: Volker Gerhardt und Renate Reschke (Herausgegeben). *Nietzsche-forschung Band 11. Jahrbuch der Nietzsche-Gesellschaft. Antike und Romantik bei Nietzsche*. Berlin: Akademie Verlag, 2004.

Fräntzki, Ekkehard. *Daseinsontolgie. Erstes Hautstück*. Dettelbach: J. H. Röll Verlag, 1996.

Frey, Christofer (Herausgegeben). *Repetitorium der Dogmatik: Für Studierende der Theologie 6. völlig neubearbeitete Auflage*. Waltrop: Hartmut Spenner. 1998.

Fukushima, Yo. *Aus dem Tode das Leben. Eine Untersuchung zu Karl Barths Todes und Lebensverständnis*. Zürich: Theologischer Verlag Zürich, 2009.

Gudmunsen, Chris. *Wittgenstein and Buddhism*. London: Palgrave Macmillan, 1977.

Hartig, Willfred. *Die Lehre des Buddha und Heidegger: Beiträge zum Ost-West-Dialog des Denkens im 20. Jahrhundert*. Konstanz: Konstanz Verlag, 1997.

Heidegger, Martin. *Geschichte des Seins. Gesamtausgabe Bd.69*. Frankfurt(M): Vittorio Klostermann, 2012.

_____. *Identität und Differenz*. Frankfurt(M): Vittorio Klostermann, 2006. (Abkürzung: GA11)

_____. *Bremer und Freiburger Vorträge*. Frankfurt(M): Vittorio Klostermann, 2005. (GA79)

_____. *Seminare*. Frankfurt(M): Vittorio Klostermann, 2003. (GA15)

_____. *Metaphysik und Nihilismus*. Frankfurt(M): Vittorio Klostermann, 1999. (GA67)

_____. *Besinnung*. Frankfurt(M): Vittorio Klostermann, 1997. (GA66)

_____. *Phänomenologie des religiösen Lebens*. Frankfurt(M): Vittorio Klostermann, 1995. (GA60)

_____. *Phänomenologische Interpretationen zu Aristoteles. Einführung in die phänomenologisch Forschung*. Frankfurt(M): Vittorio Klostermann, 1994. (GA61)

_____. *Heraklit*. Frankfurt(M): Vittorio Klostermann, 1994. (GA55)

_____. *Grundfragen der Philosophie. Ausgewählte 'Probleme' der 'Logik'*. Frankfurt

(M): Vittorio Klostermann, 1992. (GA45)

_____. *Grundbegriffe*. Frankfurt(M): Vittorio Klostermann, 1991. (GA51)

_____. *Metaphysische Anfangsgründe der Logik im Ausgang von Leibniz.* Frankfurt(M): Vittorio Klostermann, 1990. (GA26)

_____. *Beiträge zur Philosophie. Vom Er-eignis.* Frankfurt(M): Vittorio Klostermann, 1989. (GA65)

_____. *Prolegomena zur Geschichtesbegriff der Zeit.* Frankfurt(M): Vittorio Klostermann, 1988. (GA20)

_____. *Nietzsche. Der Europäische Nihilismus.* Frankfurt(M): Vittorio Klostermann, 1986. (GA 48)

_____. *Unterwegs zur Sprache.* Frankfurt(M): Vittorio Klostermann, 1985. (GA 12)

_____. *Grundbegriffe der Metaphysik. Welt-Endlichkeit-Einsamkeit.* Frankfurt(M): Vittorio Klostermann, 1985. (GA29/30)

_____. *Aus der Erfahrung des Denkens.* Frankfurt(M): Vittorio Klostermann, 1983. (GA13)

_____. *Parmenides.* Frankfurt(M): Vittorio Klostermann, 1982. (GA54)

_____. *Holzwege.* Frankfurt(M): Vittorio Klostermann, 1977. (GA5)

_____. *Wegmarken.* Frankfurt(M): Vittorio Klostermann, 1976. (GA9)

_____. *Zur Sache des Denkens.* Tübingen: Max Niemeyer, 1976. (GA14)

_____. *Grundprobleme der Phänomenologie.* Frankfurt(M): Vittorio Klostermann, 1975. (GA24)

_____. *Sein und Zeit.* Tübingen: Max Niemeyer, 1972. (GA2)

_____. *Schellings Abhandlung über das Wesen der menschlichen Freiheit (1809).* Tübingen: Max Niemeyer, 1971. (GA42)

_____. *Nietzsche Vol.II(1939-1946).* Pfullingen: Neske, 1961. (GA6II)

_____. *Was heißt Denken.* Pfullingen: Neske, 1954. (GA8)

_____. *Vorträge und Aufsätze.* Pfullingen: Neske, 1954. (GA7)

_____. *Einführung in die Metaphysik.* Tübingen: Max Niemeyer, 1953. (GA40)

_____. "Nur noch kann ein Gott uns retten!: Spiegel-Gespräch vom 23. 9. 1966." in *Der Spiegel Nr. 23.* (1976).

Hegel, G. W. F., Hrsg · von Eva Moldenhauer und Karl Markus Michael. *Bd. 16:*

Vorlesungen über die Philosophie der Religion I. Frankfurt(M): Suhrkamp Verlag, 1986.

von Hermann, Friedrich Wilhelm. *Die Selbstinterpretation Martin Heideggers.* Maisemheim am Glan:Anton Hain, 1964.

Hosinski, Tomas E. *Stubborn Fact and Creative Advance.* Maryland: Rowman & little-field Publisher, Inc. 1993.

Inwood, Michael. *A Heidegger Dictionary.* Oxford: Blackwell, 1999.

Jäger, Alfred. *Gott. 10 Thesen.* Tübingen: J. C. B. Mohr(Paul Siebeck). 1980.

_____. *Gott. Nochmals Martin Heidegger.* Tübingen: J. C. B. Mohr (Paul Siebeck). 1978.

Johnson, Elizabeth. *She Who is: The Mystery of God in Feminist Theological Discourse.* New York: Crossroad. 1993.

Jüngel, Eberhard. *Entsprechungen: Gott-Wahrheit-Mensch.* München: Chr. Kaiser, 1986.

_____. *Gottes Sein ist im Werden.* Tübingen: J. C. B. Mohr(Paul Siebeck). 1986.

_____. *Tod.* Gütersloher Taschenbücher. Stuttgart: Kreuz. Auflage. 2, 1983.

_____. *Gott als Geheimnis der Welt.* Tübingen: J. C. B. Mohr(Paul Siebeck), 1977.

_____. *Unterwegs zur Sache. Theologische Bemerkungen.* München: Mohr Siebeck, 1972.

Kienzler, Klaus. "Das Heilige im Denken Bernhard Welte." in: *Das Heilige im Denken. Ansätze und Konturen einer Philosophie der Religion.* Münster: Lit. 2005.

Lohner, Alexander. *Der Tod im Existentialismus. Eine Analyse der fundamental-theologischen. philosophischen und ethischen Implikationen.* Paderbon: Ferdinand Schöningh. 1997.

MacGregor, Geddes. *He Who Let Us Be: A New Theology of Love.* New York: Seabury Press, 1975.

Macquarrie, John. *Heidegger and Christianity. The Hensley Henson Lectures 1993-1994.* New York: Continuum, 1999.

_____. *Principles of Christian Theology.* London: SCM Press LTD, 1975.

_____. *Martin Heidegger. Makers of contemporary theology.* Cambridge. The Lutterworth Press, 1968.

Marcuse, Herbert. "Die Ideologie des Todes." in *Der Tod in der Moderne*. Hrsg., Hans Ebeling. Meisenheim am Glan: Anton Hain, 1979.

Mandel, Ross. "Heidegger and Wittgenstein. A Second Kantian Revolution." in *Heidegger and Modern Philosophy. Critical Essays*. edited by Michael Murray. 259-270. New Haven and London: Yale University Press, 1978.

Mansfeld, Jaap (Über. und Eräut. von). *Die Vorsokratiker I. Molesier. Pythagoreer. Xenophanes. Heraklit*. Parmenides. Stuttgart: Phillipp Reclam, 1999.

May, Reinhard Trans. with a complementary essay. by Graham Parkes. *Heidegger's hidden sources. East Asian influences on his work*. London and New York: Routledge, 1996.

McFague, Sallie. *Metaphorical Theology*. Philadelphia: Fortress Press, 1982.

McGill, Arthur · Foreword by Paul Ramsey ans William May. *Suffering. A Test of Theological Method*. Philadelphia: The Westerminster Press, 1982.

McGee, Gary B. "Historical Background." in Stanley M. Horton. ed. *Systematic Theology*. Springfield. MO: Logion Press, 1994.

Moltmann, Jürgen. *Im Ende - der Anfang. Eine kleine Hoffnungslehre*. München: Chr. Kaiser, 2003.

_____. *Wissenschaft und Weisheit. Zum Gespräch zwischen Naturwissenschaft und Theologie*. Gütersloh: Gütersloher Verlagshaus, 2002.

_____. *Das Kommen Gottes*. München: Chr. Kaiser, 1995.

_____. *Gott in der Schöpfung. Ökologische Schöpfungslehre*. Gütersloh: Gütersloher Verlagshaus, 1993.

_____/trans. Margaret Kohl. "The Way of Jesus Christ. Christology." in *Messianic Dimensions*. London, SCM Press, 1990.

_____. *Trinität und Reiche Gottes. Zur Gotteslehre*. München: Chr. Kaiser, 1980.

_____. *Der gekreuzigte Gott. Das Kreuz Christi als Grund und Kritik christlicher Theologie*. München: Chr. Kaiser, 1972.

Otto, Rudolf. *Das Heilige. Über das irrationale in der Idee des Göttlichen und sein Verhältnis zum Rationalen*. München: Bielderstein Verlag, 1947.

Ozankom, Claude. *Gott und Gegenstand. Martin Heideggers Objektivierungs- verdik und seine theologische Rezeption bei Rudolf Bultmann und Heinrich Ott*.

Schöningh: Paderborn. München. Wien. Zürich, 1994.

Parkes, Graham Edited. *Heidegger and Asian Thought.* Honolulu: Hawaii University. Press, 1990.

Parmenides, Fragment 9. in *Die VorsokratikerI. Molesier. Pythagoreer. Xenophanes. Heraklit. Parmenides.* Über. und Eräut. Jaap Mansfeld Stuttgart: Phillipp Reclam, 1999.

Placher, William C. ed. *Essentials of Christian Theology.* Lousiville: Westminster John Knox Press, 2003.

Platon. *Platon Werke III.* griesch und deutsch. Hrg. v. G. Eigler. Darmstadt: Wissenschftliche Buchgesellschaft Darmstadt, 1974.

Prudhomme, Jeff Owen. *God and Being. Heidegger's Relation to Theology.* New Jersey: Humanity Books, 1997.

Puntel, Lorenze. *Sein und Gott. Ein systematischer Ansatz in Auseinanderset- zung mit . Heidegger. E. Levinas und J.-L. Marion.* Tübingen: Mohr Siebeck. 2010.

Pöhlmann, Horst Georg. *Abriß der Dogmatik.* Gütersloh: Gütersloher Verlagshaus, 1973.

Rahner, Karl. *Grundkurs des Glaubens. Einführung in den Begriff des Christentum.* Freiburg/Basel/Wien: Herder. 1991.

_____. *Sacramentum Mundi. Vol. 2.* London: Burns and Oates. 1969.

Rentsch, Thomas. "Transzendenz - Konstitution und Reflexion. Systematische Überlegungen." in Markus Enders. Holger Zaborowski (Herausgegeben). *Jahrbuch für Religionsphilosophie Bd.10.* Freiburg/München: Verlag Karl Alber, 2012.

_____. *Transzendenz und Negativität. Religionsphilosophische und ästhetische Studien.* Berlin/New York: Walter de Gruyter. 2011.

_____. *Gott.* Berlin: Walter de Gruyter, 2005.

_____. *Negativität und praktische Vernunft.* Frankfurt(M): Suhrkamp, 2000.

_____. *Heidegger und Wittgenstein. Existential- und Sprachanalysen zu den Grundlagen philosophischer Anthropologie.* Stuttgart: Klett-Cotta, 1985.

Röhrig, Hermann-Josef. *Kenosis. Die Versuchungen Jesu Christi im Denken von Michail M. Tareev.* Leipzig: Benno Verlag, 2000.

Ruether, R. R.. "Christian tradition and feminist hermeneutics." in *The Image of God.*

Boston: Beacon Press. 1982.

_____. *Sexism and God-talk: Toward a Feminist Theology*. Boston: Beacon Press, 1983.

_____. *Womenguides: Readings Toward a Feminist Theology*. Boston: Beacon Press, 1985.

_____. "Sexism and God-Language." in *Weaving the visions - New Patterns in Feminist Spirituality*. ed. *Judith Plaskow and Carol Christ*. San Francisco. Harper Collins, 1989.

_____. *Gaia and God: An Ecofeminist Theology of Earth Healing*. San Francisco: HarperCollins. 1992.

Ruhstorfer, Karlheinz. "Der Gottmensche in Knechtsgestalt." Marx. Nietzsche. Heidegger - drei maßgebliche Negationen metaphzsischer Christologie. in *Babette Babich*. *Alfred Denker & Holger Zaborowski (Hrg.)*. Heidegger & Nietzsche. Amsterdam/New York: Rodopi, 2012.

Russell, Letty M. ed.. *Feminist Interpretation of the Bible*. Philadelphia. Westminster. Press, 1995.

Schimidt, Josef. *Philosophische Theologie. Grundkurs Philosophie Bd.5*. Stuttgart: W. Kohlhammer GmbH, 2003.

Seubert, Herald. "Kommender und letzter Gott zwischen Heidegger und Nietzsche." in *Babette Babich*. Alfred Denker & Holger Zaborowski (Hrg.). Heidegger & Nietzsche. Amsterdam/New York: Rodopi, 2012.

Sherburne, Donald W. *A Key to Whitehead's Process and Reality*. Chicago: The University of Chicago Press, 1966

Stannard, Russell. *The Divine Imprint: Finding God in the Human Mind*. London: SPCK, 2017.

_____. *The God Experiment: Can Science Prove the Existence of God?* Santa Monica: Hidden Spring, 2000.

Strolz, Walter. "Das Nichts im Schöpfungswunder. Ein philosophischer Vermittlungen- versuch in biblischer Absicht." in *Neue Zeitschrift für Systematische Theologie und Religionsphilosophie*. Band 38. Heft 1. (1996).

Swinburne, Richard. *Mind. Brain. and Free Will*. Oxford: Oxford University Press,

2013.

_____. *Is There a God?* Oxford: Oxford University, 2010.

_____. *The Evolution of the Soul. Revised Edition.* Oxford: Clarendon Press, 1997.

_____. *The Existence of God* (revised edition). Oxford: Oxford University Press, 1991.

Thistlethwaite, Susan Brooks. "I Am Become Death : God in the Nuclear Age." in *lift Every Voice - Lift Every Voice - Constructing Christian Theologies from the Underside.* (2001).

Waldenfels, Hans. *Absolutes Nichts. Zur Grundlegung des Dialogs zwischen Buddhismus und Christentum.* Freiburg i. Br.: Herder Verlag, 1976.

Welte, Bernhard, Eingeführt und bearbeitet von Holger Zaborowski. *Denken in Begegnung mit den Denkern. Hegel - Nietzsche - Heidegger. Bernhard Welte Gesammelte Schriften Bd.II/2.* Freiburg/Basel/Wien: Herder, 2007.

_____./Eingeführt und bearbeitet von Holger Zaborowski. *Zur Frage nach Gott. Bernhard Welte Gesammelte Schriften Bd.III/3.* Freiburg/Basel/ Wien: Herder, 2006.

_____./Eingeführt und bearbeitet von Elke Kirsten. *Leiblichkeit. Endlichkeit und Unendlichkeit. Bernhard Welte Gesammelte Schriften Bd.I/3.* Freiburg/ Basel/Wien: Herder, 2006.

_____. *Zeit und Geheimnis. Philosophische Abhandlungen zur Sache Gottes in der Zeit der Welt.* Freiburg/Basel/Wien: Herder, 1975.

_____. *Auf der Spur des Ewigen. Philosophische Abhandlungen über verschiedene Gegenstände der Religion und der Theologie.* Freiburg/Basel/ Wien: Herder, 1965.

White, Lynn. "The Historical Roots of Our Ecological Crisis." in *Eccological and Religion in Histoty. ed. David Spring and Eileen Spring.* New York: Haper, 1974.

Whitehead, Afred North. *Process and Reality.* New York: The Humanities Press, 1957.

_____. *Adventures of Ideas.* New York: New American Library, 1955.

_____. *Religion in the making: Lowell lectures.* New York: Macmillan Co., 1926.

Wirtz, Markus. *Geschichte des Nichts. Hegel. Nietzsche. Heidegger und das Problem der philosophischen Pluralität.* München: Karl Alber Verlag. 2006.

Wittgenstein, Ludwig. *Tractatus Logico-Philosophicus.* Side by side ed.. Version
    0.29., November. 17. 2012..

_____. *Philosophische Untersuchungen.* Frankfurt(M): Suhrkamp Verlag. 2003.

_____. Notebooks 1914-1916. Translated and edited by. G. H. von Wright and G. E.
    M. Anscombe. Oxford: Basil Blackwell, 1961).

Wohlgschaft, Hermann. *Hoffnung angesichts des Todes. Das Todesproblem bei Karl*
    Barth und in der zeitgenössischen Theologie des deutschen Sprachraums.
    Paderbon: Ferdinand Schöningh, 1977.

Zimany, Roland Daniel. *Eberhard Jügel's Synthesis of Barth and Heidegger.* London:
    University Microfilms International, 1980.